開明書店

重訪革命

中共「新革命史」的轉向

1921 - 1949

REVISIT
THE
REVOLUTION

李金錚 著

自　序

革命的涵義、類型極其廣泛，而以猛烈的政治革命和社會革命最為引人矚目。20 世紀是革命的世紀，中國以及其他不少國家都曾爆發了波瀾壯闊的革命運動。不研究革命，就無法理解中國和世界，也無法理解歷史和現實。現代意義的中國革命，包括辛亥革命、國民革命和中共革命，中國共產黨取得了勝利的桂冠，終結了中國近代史，為新中國成立和現代化建設開闢了新的道路。中共革命以其無可替代的鮮明特色、歷史地位和現實影響，受到中國乃至世界各國學者的關注和研究。

與悠久的傳統史學相比，革命史觀曾給中國史學帶來新的觀念、新的視角、新的活力，其成就是有目共睹的。然而，也不能不說，在運用這一史觀的過程中，存在着簡單化、教條化、單一化的現象，中國歷史包括中共革命史的描述和解釋都或多或少地出現了偏差。原本為了維護革命史的正面價值、維護革命史的合法性，卻由於誇大或縮小而變得沒那麼客觀可信，從而在實際上並未達到預期的效果。所謂好心辦壞事，直到今天仍是不少人沒弄明白的道理。

我主要研究中國近代鄉村社會經濟史，20 世紀 90 年代初介入中共革命史領域。前十年，我關注到一些新的課題，也發表了多篇文章，但總覺得面孔生硬，解釋力不夠。經過痛苦的學術史反思，才發現問題的根源主要是習慣思維導致的，不革新就沒有前進的可能。我明確提出了「新革命史」的研究思路，我堅信一切歷史只有讓人相信才有強大的生命力，而讓人相信的前提則是盡可能地還原歷史過程，呈現歷史的複雜性，並給予合乎歷史的解釋。

「新革命史」中的「新」和「革命史」，分別來看都是大家非常熟悉的，但將兩者結合起來並不容易。「新革命史」的核心是：強調回歸實事求是的史學軌道，提倡以常識、常情、常理和新的理念和方法來研究革命史，將革命史對象化、歷史化、學術化。這一理念在其他領域也許並不新鮮，但將它們運用於革命史研究，相信一定會帶來新的面貌。其實，即便在其他領域，也未見得都運用和解決了吧。

本書收錄的 15 篇文章，都是 2006 年以後發表的，大都體現了「新革命史」的理念和方法。根據出版社的圖書規範，對文章的註釋做了重新整理，個別錯漏之處也做了校正。這些文章既有宏觀的思考，也有具體的研究實踐，期冀對於中共革命史的認識有所深化。以上成果發表後，在學界同行中引起不同程度的反響，既有讚揚，也有質疑。令我欣慰的是，「新革命史」的提出及實踐在一定程度上推動了革命史研究。不過，近幾年我也有新的憂慮，有的論著的確比以前學術化、精細化了，但結論卻仍是先入為主的宏大意識，缺乏辯證的反思力量。

一切論文的完成，都是由各方力量相互作用的結果。個人的努力當然重要，但如果沒有家人的支持，沒有老師和同行的鼓勵，尤其是沒有編輯、匿名審稿專家的辛勤勞動，都是難以實現的。本書的出版，開明書店王春永經理付出了許多勞動。對以上各位的貢獻，一併致以衷心的謝忱！

目　錄

向「新革命史」轉型：中共革命史研究方法的反思與突破

近代中國，是一個風起雲湧、潮起潮落的「革命中國」；百年中國近代史，就是一部血雨腥風、可歌可泣的「中國革命史」。近代史上的中國革命包括中共革命，已過去多年，可謂漸行漸遠，淡出了一些人的視線，甚至有人指出：20世紀中國史研究已有「把中國革命從歷史舞台中心移開的傾向。」[1] 事實的確如此，從太平天國農民戰爭、義和團運動、辛亥革命到中共革命，除了輿論宣傳以外，在學界都發生了由熱變冷的趨勢。究其原因，筆者以為，一是長期以來革命範式嚴重地削弱了革命史研究的學術性，結果物極必反，一些學者對此領域表現出不耐煩乃至厭惡的情緒；二是改革開放以來現代化經濟建設佔居主導地位，這一社會現實自然也會影響學者的研究取向。除了以上兩點，還可能與前些年有人提出的「告別革命論」有關，或者說這一提法加劇了革命史弱化的傾向。「告別革命論」的核心觀點是：歷史上中國革命包括中共革命雖然有其產生和存在的理由和作用，但並非歷史的必然，歷史的發展道路還有其他可能性；革命給中國社會經濟帶來了巨大災難，是錯誤的，改良和建設才是中國乃至人類社會發展的最好途徑。[2] 在筆者看來，從理論上分析，改良與建設比暴力革命的成本要小，所以在今後中國乃至人類社

---

❶（美）周錫瑞：《把社會、經濟、政治放回二十世紀中國史》，《中國學術》第一輯，商務印書館2000年版，第201–204頁。

❷ 參見李澤厚、劉再複《告別革命——回望二十一世紀中國》，香港天地圖書有限公司2004年第五版。

會的發展進程中，的確應當注意和避免暴力革命，至少不可輕言革命。但「告別革命論」存在三個問題：一是當社會矛盾逼迫到一定程度，暴力革命非爆發不可之時，是否仍然說它是不合理的或者是錯誤的？二是中國革命是否就不是歷史的必然，必須經過深入的研究才可以下結論，而這點顯然「告別革命論」者沒有做到。三是「告別革命論」者特別突出了革命的「巨大破壞」，而對其產生和存在的理由、作用僅是蜻蜓點水，沒有任何深入的研究。以上三個問題，難免給人造成價值判斷大於實際判斷的印象。一個有趣的現象是，有些人沒有認真閱讀乃至沒有讀過《告別革命》，就人云亦云，或者不着邊際地瞎批一通，或者附和「革命破壞」論，進而情緒化地厭惡乃至反對革命史研究，這也許是「告別革命論」帶來的更大問題。其實，「告別革命論」尤其是附和者忽視或違背了歷史研究的一個最基本的方法，即:革命不全是一個價值判斷問題，不是革命該不該發生，而是革命已然發生，我們應該如何解釋這場革命的問題。換句話說，革命為什麼發生，革什麼，用什麼革，怎樣進行，如何影響了中國歷史進程，這才是歷史研究的應有之義。也就是說，你可以提出「告別革命論」，但無法也不可能告別革命史研究。

站在 21 世紀的偉大時代，筆者認為不僅不能削弱中國革命史研究，而且應該重提革命史，並加大革命史研究的力度。這裏，筆者只是就中共革命史談談自己的一點想法：為什麼要研究中共革命史，傳統革命史研究有何問題，應該從何處突破？諸此都應給出較之以往更有信服力的理由和解決方案。

一、中共革命史研究必要性之多元思考

以往學者似乎都這樣認為，中共革命史研究就是為了說明中共革命的重要性和必要性，論證中共革命道路的正確性。這一認識，當然有其充分的理據，其理論意義甚至是不言而喻的。但問題是如果僅限於此，就有些老調重談，並多少降低了中共革命研究的重大價值。筆者認為在

此基礎上還應該從其他角度進一步挖掘其學術意義，以下三點或可作一補充。

第一，中共革命是近代中國乃至整個中國歷史的關鍵問題，具有不可忽視的重大學術價值。

歷史發展的進程蘊含了人類社會的各個方面，相應地歷史學者的研究內容也就包羅萬象、豐富多彩。也就是說，凡是過去發生的一切都可以作為歷史研究的對象。儘管如此，它並不意味着所有歷史現象具有同樣的研究價值，而是有的可能高一些，有的低一些，有的甚至可以忽略不計。那麼，如何判斷歷史研究對象價值之高下呢？其中關聯的因素相當複雜，更可能是見仁見智，但有一點是應該首先考量的，這就是孟子說過的：「觀水有術，必觀其瀾」。也就是說，研究歷史最重要的是觀察歷史的重大轉變，看研究對象是否為歷史發展進程中的重大問題、關鍵問題、核心問題，看它是否影響或決定着一個國家、民族的歷史走向和歷史命運。如果是，那它就是研究價值極高的問題，從而最值得歷史學者的關注和探討。道理很簡單，關鍵問題搞不清楚，其他一切則無從談起。

也正因為此，歷史學者的一個重要任務，就是在學習和研究過程中，不斷思考哪些才是最有價值的領域和問題。按照上述標準衡量，這樣的領域應該很多，也許有一個比較簡單的辦法能夠說明，即中國通史類教科書所展示的多是此類問題。在這裏面，中共革命就是中國歷史尤其是中國近代史研究中具有重大學術價值的領域和問題。在近代中國百餘年的歷史風雲中，中共革命扮演了不可或缺的重要角色，是影響乃至決定中國歷史走向和民族命運的重大問題、關鍵問題與核心問題。不僅如此，透過中共革命，還可以窺見中華民族的特性，包括苦難、矛盾、傳統和變化。對於這樣一個領域進行研究，無疑有助於我們更好地理解中國近代政治、經濟和社會的演變。相反，如果忽略這樣一個重大領域，中國近代史的最終結局將很難解釋。

問題是，當今中國史學界似有忽略重大歷史課題而趨於枝微末節的

「碎化」現象。20世紀80年代以來，中國社會史研究異軍突起，成果不斷湧現，似乎已有從歷史學邊緣走向中心之勢。這一大喜形勢頗使社會史學者驕傲、自豪乃至自滿、自大。在筆者看來，社會史研究的蓬勃景象固然可賀，但如不居安思危，所謂中心可能很快淪為邊緣。近幾年史學研究「碎化」的呼聲越來越高，它主要指的就是社會史研究，衣食住行、婚喪嫁娶、風土民情無所不包，有的甚至一味逐新獵奇，完全失去了歷史研究的嚴肅態度。這一傾向，在年輕一代學者身上表現得尤其嚴重，似乎鄙視主流，追求邊緣成為一種時尚。倘此趨勢繼續蔓延和擴張，人們對中國社會長期趨勢和重大問題的了解將愈益模糊，深陷一堆亂麻而不能自拔。

其實，社會史作為一種視角和方法，本不應限於以上所謂下層「社會現象與社會關係」，而是可以研究幾乎任何重大的歷史現象，譬如以往被視為上層的政治制度、政治事件都可以從社會史視角進行研究。按此理解，中共革命也並不是一個傳統中共黨史、革命史才可研究的範疇，而是可以將革命與社會結合起來、用社會史方法進行考察，從而避免大而嘩之大而化之和深陷末節的兩極弊端。

第二，中共革命在全球民族革命史中有着重要的歷史地位，具有可資比較的典範和借鑒意義。

以上主要是從中共革命在中國歷史上的地位所做的闡述。實際上，其意義還不完全限於中國歷史，中共革命還是世界民族革命的典範。20世紀是一個風雲激蕩的革命世紀，「震撼全球的絕大多數革命運動發生於因國際因素而起變化的落後的農民社會。」[1] 在這個世紀前半葉的中國，正處於革命歷史的舞台之上，亦即屬於這個全球落後地區乃至整個世界革命的重要組成部分。在此革命進程中，以中國共產黨領導廣大民眾取得全國政權這一歷史性事件最為絢麗奪目。在上述宏闊的歷史背景下，

---

❶（美）撒克斯頓：《1931–1945年冀魯豫邊區的民眾起義和共產黨政權》，南開大學歷史系編：《中外學者論抗日根據地》，檔案出版社1992年版，第600頁。

中共革命就不應僅僅理解為在中國發生的一場革命，而是世界民族革命的一員，它既是地方的，也是世界的。正如美國學者弗里德曼和塞爾登所說，中共抗日戰爭「這段歷史，不但對中國人民來說是重要的，對一切試圖了解以『中國革命』而聞名的這一重要運動的人，對一切試圖理解出人意料地發生在殖民地半殖民地的非工業化農業社會的這場本世紀震撼世界的革命的人，都是極其重要的。」[1]

與其他國家或地區的革命相比較，中共革命的確有自己的特點。比如革命的背景與結果之間的關係，世界上許多國家的勞苦大眾受帝國主義、封建主義和殖民主義的壓迫，也都有共產黨組織，但革命獲得成功的卻很少。在幾乎相同的背景下，中共革命卻獲得了勝利，由此可見有其特別之處。[2] 又如戰爭與革命的關係，戰爭曾成為俄國、法國等地革命的酵母或為革命創造條件，但是在一場持久的戰爭中被中共動員起來的鄉下人和游擊隊與強大的日本（陸軍、海軍和空）軍作戰，不能不說是中共革命的金字招牌。[3] 特別值得指出的是，在戰爭期間，一般說來，居於統治地位的政黨十分便於從戰時民族主義中獲益，二戰中的美國、英國和德國等都是如此。但在中國卻出現了另外一種情形，抗戰爆發後，在日本侵略造成的「戰時無政府狀態」中，得益者不是處於統治地位、受國際承認的國民黨而是處於敵後游擊區的共產黨。也就是說，從外國侵略和被侵略國家民族主義興起這個角度無法解釋抗戰時期中共革命的發展，共產黨之所以得到廣大農民的普遍擁護，主要不是日本侵略導致的農民民族主義的加強，而是中共採取了一系列有利於農民的社會經濟

---

❶（美）弗里德曼、塞爾登：《抗日戰爭最廣闊的基礎——華北根據地動員民眾支援抗日的成功經驗》，南開大學歷史系編：《中國抗日根據地國際學術討論會論文集》，檔案出版社 1985 年版，第 90 頁。

❷（美）周錫瑞：《從農村調查看陝北早期革命史》，南開大學歷史系編：《中外學者論抗日根據地》，第 535–536 頁。

❸（美）馬克・塞爾登：《他們為什麼獲勝？——對中共與農民關係的反思》，南開大學歷史系編：《中外學者論抗日根據地》，第 607 頁。

政策。[1] 再如革命的武裝組織，中國以農村為基礎的武裝組織所取得的經驗，與南斯拉夫、阿爾巴尼亞、希臘、越南、阿爾及利亞、古巴、莫桑比克、津巴布韋、安哥拉、柬埔寨、薩爾瓦多、秘魯等既有相似也有不同之處。[2] 諸此種種，都顯示了中共革命的顯著特點。

由此，筆者認為，應立足全球視野，進行各地區革命史的比較研究，充分挖掘中共革命的獨特性和世界價值。就此意義而論，研究中共革命可以為人類革命史的研究提供具體實證和理論貢獻。

第三，中共革命史對新中國的發展演變具有十分重要的影響。這是研究中共革命史的又一層意義。

中共革命與新中國成立以後的後革命時代尤其是集體化時期具有十分密切的承繼關係，中國許多的政治、經濟及社會問題均淵源於此，至今仍有諸多方面呈現出革命遺產的特徵。日本學者顧琳就認為，「根據地是中國社會主義的『萌芽』」。[3] 英國學者艾麗絲做了進一步解釋：對於共產黨建國的研究通常將其起點定於 1949 年，大規模的戰爭結束，國家統一，中華人民共和國成立，故這一年往往被視為「舊」與「新」的分水嶺，或「解放」。就強調國家統一、體制化、經濟和社會復生的主題的討論及研究來說，1949 年作為起點不是完全錯誤的。但如果忽略或是低估了北方根據地在戰爭中對於建國的努力，則可能過於簡化了歷史的真實過程。「建國」與「戰爭」實不應被視為兩個不相容的過程，二者間的關係應是相輔相成的。我們應將共產黨的建國，視為一個包含了抗戰中各個根據地的特殊經驗，以及土地改革、內戰，獲取國家政權以及中華

---

❶（美）周錫瑞：《從農村調查看陝北早期革命史》，南開大學歷史系編：《中外學者論抗日根據地》，第 536 頁；（美）馬克 · 塞爾登：《他們為什麼獲勝？——對中共與農民關係的反思》，南開大學歷史系編：《中外學者論抗日根據地》，第 610–611 頁。

❷（美）弗里德曼、塞爾登：《抗日戰爭最廣闊的基礎——華北根據地動員民眾支援抗日的成功經驗》，南開大學歷史系編：《中國抗日根據地國際學術討論會論文集》，第 87 頁。

❸《張靜如、范力沛、顧琳三教授對本屆學術討論會的評議》，南開大學歷史系編：《中外學者論抗日根據地》，第 657 頁。

人民共和國早期各經驗之總成。[1] 中國學者陳德軍也認為，大約半個世紀前，革命的紅塵在中國基本落定。然而，革命從中源起、行進並且得以獲取最後成功的深厚的社會歷史基礎，在隨後的年月裏，依然以各種變化的，或者未曾變化的形式塑造和限制着新中國成千上百萬男男女女的行動和命運。在這個過程中，它愈益清晰地向人們表現出自己的一些頑強的結構性特徵。[2] 以上幾位學者的意見，都表明了這樣一個觀念：在新中國的歷史進程中，不能忽視「革命傳統」的重要價值，研究中共革命能使我們更加清晰地理解新中國歷史的發展脈絡。

由此筆者還想表達的是，所謂傳統不能僅僅限於當今熱鬧非常的傳統文化——「國學」，它還應包括歷史發展長河中逐漸累積而成的其他方面，中共革命的遺產就已經成為中國社會生活中的一部分，因而具有「傳統」的意義。對這一革命傳統的挖掘，將有助於我們理解新中國成立以來的歷史軌跡。

二、中共革命史的傳統書寫模式與問題

儘管中共革命史在當今學術界尤其是學院派學者那裏受到一些冷落，但並非意味着它完全處於停滯狀態。事實上，由於中共革命的巨大歷史魅力，也由於當今中國政治制度的影響，中共黨史學者對這一領域的論著還是相當之多。不過，這些論著似乎更多集中於歷史事件、歷史人物，主要在於呈現其政治意義。筆者不否認這種研究方法的價值，因為歷史變遷的表現形式，往往就是歷史事件和歷史人物，筆者也不否認已有學者對中共歷史人物和歷史事件做了全新的挖掘。

但這並不意味着筆者完全認同中共革命研究的現狀，畢竟歷史不僅

---

❶ 艾麗絲：《山東抗日根據地的創建》，馮崇義等編：《華北抗日根據地與社會生態》，當代中國出版社 1998 年版，第 236 頁。

❷ 陳德軍：《鄉村社會中的革命：以贛東北根據地為研究中心（1924–1934）》，上海大學出版社 2004 年版，第 1 頁。

僅是歷史事件和歷史人物，它還有更豐富的社會、經濟和文化內容。其實，即便是歷史事件與歷史人物，如果不與當時的社會聯繫起來進行考察，也不可能得到合乎實際的認識。這裏筆者最關心的，正是中共革命中社會、經濟與文化的變遷，或者說中共革命與社會變遷之間的關係。回顧以往的相關成果，恐怕不僅僅是數量少的問題，而是在研究思維與方法上存在着不可忽視的缺陷，現在需要對之進行深入的反思。

大致能夠反映中共革命社會變遷的論著，主要是根據地、解放區的研究。以中共華北革命根據地、解放區而言，成果不可謂不多，論文已達數百篇，著作數十部，最具代表性者為上個世紀八九十年代出版的魏宏運《華北抗日根據地史》、謝忠厚《晉察冀抗日根據地史》、張國祥《晉綏革命根據地史》、齊武《晉冀魯豫邊區史》等。必須指出，上述論著全面論述了根據地、解放區的發展演變，有力地推動了中共革命歷史的研究進程，具有極大的開創性意義。

但值得注意的是，時間又過去 20 年，迄今大多成果並未超出甚至低於上述論著的水平。尤其在研究方法上，仍然存在思維陳舊的簡單化傾向，即沿襲着革命歷史書寫的傳統革命範式，更準確地說是黨派史觀的範式。譬如中共革命為什麼取得最終勝利，以往成果尤其是大陸學者的「分析術語和思維方式都和當時的歷史文獻十分接近」，[1] 也就是和當時的革命宣傳相類似。

也正由於此，往往將中共革命的勝利從歷史必然性角度作線性解釋，亦即「好像普遍認為革命的勝利是不可避免的，認為封建主義和帝國主義的失敗是歷史潮流。馬克思對社會主義前景的預見，列寧的帝國主義論也都指出革命勝利的必然性。因而，革命為什麼成功是早已解決了的問題，有待解決的問題只是共產黨如何制定正確的方略和路線以贏得這一勝利。結果，黨史研究主要研究黨內路線鬥爭，證明的無非

---

❶（美）周錫瑞：《從農村調查看陝北早期革命史》，南開大學歷史系編：《中外學者論抗日根據地》，第 538 頁。

是毛的正確路線如何導致勝利，而錯誤路線如何導致失敗。」[1]

在此思維指導之下，問題最為嚴重的就是單一的「政策——效果」模式。譬如，在中共革命與農民關係的關係中，基本上就是中共政權的政策演變、農民接受並獲得了利益以及革命鬥爭、革命建設積極性提高的三步曲。換句話說，因為中共政權力量的強大，大多學者可能會有這樣不言而喻的認識，共產黨與民眾、共產黨與基層社會，就是單向的「揮手」和「跟隨」、「控制」和「被控制」的關係，共產黨正確的領導方針與農民革命認同之間是一種必然的邏輯關係，民眾的一切行為都是理所應當的。民眾行為似乎不如此，就不能表明中共政權的巨大權威和力量。[2]

顯然，這種認識將中共革命神話化了，進而大大遮蔽了中共革命的複雜性。因為它忽略了農民參加革命的主體性，忽略了傳統社會與革命政策的關係，忽略了農民的猶豫和掙扎[3]，忽略了共產黨遇到的困難、障礙和教訓。總之，將一道革命難題變得不費吹灰之力。筆者認為，這種表面上「高大全」式的稱頌實際則貶低了共產黨的偉大，「因為黑白評價，全白的任務和全白的政黨好像跟超人一樣萬能。那麼超人所作的事情不管有多麼偉大，哪怕是奇跡，我個人很難感覺到什麼佩服和尊敬，對超人來說，創造奇跡是很平凡的易如反掌的事。這並不是很了不起的事情。可以反過來說，要是把領導中國革命的人物和政黨看成跟一般血肉之軀的人一樣，他們所作的事才真的值得佩服尊敬。只要能夠承認他們的缺點、短處、錯誤與失敗才能夠欽佩他們的天才、長處、智慧與成就。」[4]

---

❶（美）周錫瑞：《從農村調查看陝北早期革命史》，南開大學歷史系編：《中外學者論抗日根據地》，第 537 頁。

❷ 參見本書《土地改革中的農民心態：以 1937–1949 年的華北鄉村為中心》。

❸ 黃琨：《從暴動到鄉村割據：1927–1929 ——中國共產黨革命根據地是怎樣建立起來的》，上海社會科學院出版社 2006 年版，第 2–3 頁。

❹《張靜如、范力沛、顧琳三教授對本屆學術討論會的評議》，南開大學歷史系編：《中外學者論抗日根據地》，第 656 頁。

為了對傳統革命史學所存在的問題進行深入的解剖，筆者以中共民間借貸政策的演變為例，稍作比較詳細的闡述。

在中共根據地、解放區鄉村，中共政權以從未有過的外在強勢，推行革命性的土地政策，或廢債或減息，使得原來盛行的傳統借貸尤其是高利貸受到空前的衝擊、削弱乃至消失殆盡。也正因為此，以往的學者都有一種既定的認識：中共的革命性政策是以一貫之的，抗戰時期始終是實行減息 1 分或 1.5 分，解放戰爭時期一直是廢除債務政策。也就是說，對傳統借貸從未妥協、調和，而是順風順水，所向披靡，由此跳出和避免了歷代王朝所遇到的困境，解決了長期困擾農民的借貸難題，從而受到農民的極大歡迎。這恰恰就是典型的傳統革命史書寫模式。

事實究竟如何呢？革命政策與民間傳統的關係遠非人們想像的那樣簡單。以 1937－1949 年中共華北抗日根據地、解放區為例，民間借貸政策先後經歷了三個階段：

1937 年抗戰開始到 1941 年底為第一階段，借貸政策的主題是不論新債舊欠，一律減息。各個根據地的利率限定，大體都在 1－1.5 分之間。這就意味着，不管放貸者是誰，只要超過 1－1.5 分，即與高利貸沒什麼區別，不會受到法律的承認和保護。在此階段，減息政策已經實施的地區，傳統借貸尤其是高利貸受到前所未有的衝擊，農民債務負擔明顯減輕，似乎中共已經斬斷了農民與傳統借貸尤其是高利貸的臍帶，甚者說萬事大吉了，這也正是以往學者所着力渲染的一點。其實這僅是問題的一面，而另一面卻是：農民曾經對減息之後借不到債的擔心竟變成了事實，地主高利貸者不再借給農民錢的威脅也變成了事實，農民借貸停滯已成為農家經濟生活繼續運行的障礙。減息本來是為了緩解農民債務負擔，為其創造一個有利的金融環境，但減息之後令人沮喪的借貸停滯的現象，引起了中共中央及根據地領導的注意。如何解決減息政策所帶來的借貸困難呢？最直接的辦法，當然是政府、銀行向農民發放貸款，但在艱苦的戰爭環境下，財力拮据，遠不能滿足農民的需求。政府又發起民間「互借」運動，鼓勵有餘糧餘錢的人借出來，但也沒有顯著的改善。況且這種行政命令式的干預，常常釀致強迫借貸之事，反使得富戶不敢出借。可以說，這兩種方式都未曾有效地解決農民金融問題。也正因為此，政府對借貸利率過低的減息政策提出疑問，並重新審視傳統借貸對農民經濟和生活的價值，形成兩點共識：一是農民在減租減息後必須交租交息，二是利率限制不應低於社會經濟基礎所允許的程度。[1]也就是說，革命政策的實行並不是那麼一片坦途，民間借貸秩序的死滯促使中共政權對鄉村經濟運行規律進行了解，認識到革命無法斬斷傳統制度的價值，社會經濟發展的內在基礎無法逾越，於是對傳統借貸開始產生了尊重、妥協和利用的傾向。但正是這一問題，為以往學者不曾注意，或者說不願意面對和承認的。

1942年初至1946年「五四指示」頒佈前，為華北根據地、解放區民間借貸政策演變的第二階段。其主題是對舊債繼續實行減息，而新債利率則自由議定，革命政策與傳統借貸達成一定的調和，借貸政策開始具有革命、妥協與調和的多面性。以往對此階段減息政策的研究，只注意如何開展和擴大減息的一面，對新債利率自由議定的政策卻視而不見。具體情況是：經過對第一階段減租減息政策的思考，中央對土地政策進行總結並於1942年1月、2月頒佈了《中共中央關於抗日根據地土地政策的決定》、《關於如何執行土地政策決定的指示》，這一文件標誌着抗戰時期中共土地政策的完全形成，也為根據地的借貸關係提供了指南。[2]一方面對舊債繼續實行減息，仍以1.5分為標準，但與以前新債舊債一律減息不同，強調減息是抗戰前成立的債務，不是減今後的；二是新債利率自由議定，與以往有關條例相比，這一規定是最大的變化。

❶ 劉少奇：《關於抗日游擊戰爭中的政策問題》（1938年2月），《中共中央文件選集》（1936–1938），中共中央黨校出版社1985年版，第434頁；《中央關於華中各項政策的指示》（1940年12月），《中共中央文件選集》（1939–1941），中共中央黨校出版社1986年版，第560頁；毛澤東：《論政策》（1940年12月），《毛澤東選集》第2卷，人民出版社1991年版，第762頁。

❷《中共中央關於抗日根據地土地政策的決定》及附件，1942年1月；《關於如何執行土地政策決定的指示》，1942年2月，《中共中央文件選集》（1942–1944），中共中央黨校出版社1986年版，第11–22頁。

追溯土地革命時期，中央文件更是從未有過新債利率可以自由議定的任何表示。還值得注意的是，以上文件中沒有一處提到禁止高利貸，個中原由不得而知，但想必不是無意的疏忽。儘管如此，中共對新債利率自由又保留了一個迴旋的空間。也就是說，雖然借貸雙方可以自由議定利率，但如果債戶遇到不可抗拒的困難無力還債，仍可以提出減息，這時就等於回到了先前的減息狀態。可見，對傳統借貸不尊重、不妥協不行，完全妥協也不行，反映了革命政策與傳統制約的內在緊張、困難選擇和調和性質。

1946 年「五四指示」頒佈至 1949 年 10 月新中國成立之前，為華北根據地、解放區民間借貸政策發展的第三階段。借貸政策的中心是廢除封建舊債，但在某些地區仍然實行減租減息；與此同時，繼續沿用新債利率自由議定的政策。在此階段，由於土地改革的大規模推進，革命政策對傳統借貸的衝擊空前激烈，已由減息提升為廢債了。儘管如此，激烈之中也有些許調和。以往對這一階段借貸關係的研究，只注意到如何開展廢債運動的一面（儘管是主要方面），對新債利率自由的一面忽略了。其實，但從文件上看，如果說 1942 年以後中央及各根據地對新債利率自由仍有一定的限制，而解放戰爭時期 1946 年《五四指示》、1947 年《土地法大綱》之後，中央及各解放區在正式文件上對新債利率沒有表示任何的限制。[1] 這說明，儘管土地改革和廢除封建舊債非常激烈，但在新的借貸關係中，中共對傳統借貸方式仍採取了比較溫和的態度。這一態度取向，一是因為地主高利貸者的舊債消滅之後，新債主要是普通民眾之間的借貸關係，普通債務當然是受到鼓勵的；二是即便號召新債利率自由議定，實際上很難執行，這一結果反又成為中共強調新債利率自由的因素，二者是相互作用的一體。

---

1 《關於土地改革中各社會階級的劃分及其待遇的規定》（1948 年 2 月）；《中共中央關於借貸問題的指示》（1948 年 2 月），《解放戰爭時期土地改革文件選編》，中共中央黨校出版社 1981 年版，第 223、259 頁。

不過，新債利率自由議定的政策比抗戰時期更難實施。在砸爛舊世界的土地改革中，地主高利貸者及其剝削受到史無前例的蔑視和痛恨，它已成為幹部、群眾最覺可恥的東西。這種心態很容易走向另一極端，將反封建剝削擴大化。這種意識也反映到私人借貸關係之中，一些人甚至認為只要有利息就是剝削，私人借貸不能認利。在這種思想的支配下，所謂新債利率自由議定就成了一句空話。結果就出現了這樣的現象，在土地改革消滅地主高利貸者，農民歡呼雀躍的同時，借貸困難繼續纏繞着農民，而且比過去更為凝滯。可見，在此階段，封建舊債廢除與新債的自由約定仍是一對極難解決的矛盾，對傳統借貸的妥協與調和並未取得明顯的實效。民間借貸在革命期間始終未能活躍起來，農民借不到債的痛苦一直存在。值得注意的是，即便在和平建設的今天，國家金融法令與民間借貸制度的關係仍是一道難以求解的問題。

以上所述才是中共民間借貸政策制定與實施的歷史真相，而傳統「政策——效果」的論述模式卻大大掩蓋了中共革命鬥爭的複雜、曲折、艱難與痛苦。表面看來，真實的往往不是十全十美的，但恰恰是這種艱苦的努力彰顯了中共革命的光輝。

三、中共革命史研究從何處突破？

如何改進傳統革命史的書寫方式？上節所舉例證，實際上已經顯示了筆者要提出的研究取向，這裏再從兩個角度做一申論。

第一個角度是加強中共革命史與中國鄉村史的連接。

所謂二者之間的連接，也就是將中共革命納入鄉村史範疇，反之亦然。這一方法並非是人為的臆造，而是中共革命和中國鄉村社會之間的關係所決定的。

歷史已經證明，中共革命的成功與中國農村、中國農民有着不可分離的密切聯繫。從 1927 年中共發動武裝起義開始，毛澤東率先在井岡山地區創建農村革命根據地，隨着各個根據地以及中央根據地的建立，中共政權初具規模並形成獨特體系。而後，經過抗日戰爭時期、解放戰爭時期，中共革命根據地、解放區不斷發展壯大，直至建立新中國，政權組織日益複雜和完整。在這一過程中，農民始終是中共革命的主體力量，農村一直是中共革命的重要依托，中共革命依靠中國農村、中國農民才取得了成功。也就是說，中共革命實質上是農村革命、農民革命，中共政權與農村、農民的關係是最值得重視的核心問題。也正因為此，著名中共歷史研究專家塞爾登指出「半個世紀以來引起人們對中國革命展開爭論的中心問題是中共與農民的關係，正是這種關係決定了中國的游擊戰爭或人民戰爭的特色。」[1] 中共革命與中國農村、中國農民的這一密切關係，決定了它在中國鄉村尤其是中國近現代鄉村史上具有十分重要的地位和意義。也正因為此，才使得我們有可能也必須從鄉村史視角考察中共革命問題，也只有將中共革命納入鄉村史範疇，才能避免就中共革命論中共革命，從而真正理解中共革命的起源與變遷。

反過來，從鄉村史而言，中國鄉村史包括中國近現代鄉村史的研究應該包括所有在鄉村發生的歷史現象。由此，它就不能僅僅限於傳統鄉村以及向近代轉型的近代鄉村，還應將中共革命納入鄉村史研究的範疇。否則，就很難說是完整的鄉村史，也不能理解中國鄉村史的發展趨向。

就以上思路而言，目前的研究顯然不能令人滿意。中共革命史與中國近現代鄉村史似乎是兩股道上跑的車，老死不相往來。

中共革命史學者雖然都認為農村與農民是中共革命的核心問題，但很少有人從鄉村史角度理解這一問題，結果就導致了筆者上節所舉民間借貸政策的例證中忽視傳統鄉村社會因素對革命策略的制約，以為中共革命性借貸政策以一貫之，所向披靡，從而簡化乃至迴避了中共革命政策實施的複雜和曲折。究其原因，主要是他們不懂得或不熟悉中國傳統

---

❶（美）馬克．塞爾登：《他們為什麼獲勝？——對中共與農民關係的反思》，南開大學歷史系編：《中外學者論抗日根據地》，第 607 頁。

鄉村歷史，不知道農民離開借貸無法運轉自己的經濟與生活。如果了解這一歷史現象，就會明白，通過政府命令的方式雖然可以削弱乃至廢除高利貸，但只能是奏效於一時，仍很難從根本上解決農民借貸問題，中共對民間借貸政策的調整正是對傳統借貸需求的一種反映。

反過來，中國鄉村史學者也很少有人關注中共革命史，在他們的論著中幾乎沒有中共革命中農村問題、農民問題的位置。這種傾向同樣導致了對中國歷史認識的偏離，比如中國農村的社會矛盾在很大程度上集中於土地分配關係和封建剝削關係，現在學界似乎越來越認為土地分配是高度分散的，租佃關係比例不大，地租剝削不嚴重，主佃關係和睦。如果說這種認識對以往階級分化和階級鬥爭的極端化理解有一定糾偏作用，但同時也走入了另一淡化社會矛盾的極端。倘若對中共革命歷史有所認知，就會明白，果真如此，中共革命尤其是得到農民支持的一場革命將無從談起，難道革命的發生是一個偶然的意外嗎？顯然，不研究中共革命史，對中國社會歷史發展趨勢就難有準確的把握。

第二個新角度是社會史研究中的一個很重要的方法——國家與社會互動關係的視角。

如前所述，用社會史角度，將革命與社會結合起來，是研究中共革命史的重要方法。其實，早在 1991 年著名中共黨史學者張靜如就發表過一篇論文《以社會史為基礎深化黨史研究》[1]，號召中共黨史學者參與社會史研究、豐富黨史研究的內容。這篇文章引起了中共黨史學者的關注，隨之也出現了注重從民眾視角進行研究的社會史成果。但總體來看，效果不夠顯著，中共黨史、中共革命史的複雜關係仍未真正揭示出來。

筆者以為，要想實現中共黨史或革命史的真正突破，固然應該增添和豐富為以往忽視的社會史內容，譬如中共政權下的家庭宗族、衣食住行、風土民情等，但最關鍵的恐怕還在於研究思維的轉換和研究視角的

---

❶《歷史研究》1991 年第 1 期。

創新。否則，即便是從社會史方向研究中共黨史或革命史，仍然會出現筆者上面所談到的弊端，或者研究陷入碎化，或者是表面上強調社會史方法，實際上仍未擺脫傳統革命史的研究範式。進而言之，這實際上不僅是中共黨史、中共革命史的問題，也是整個社會史研究應該反思的問題。

在所有的方法轉換中，最應強調的是改進上述傳統革命範式下的簡單思維模式，並將此作為今後中共革命史研究的首要目標。簡單地說，就是在回歸實事求是基本精神的同時，應進一步尋求新的研究視角，注入新的理論與方法。在新的理論與方法中，筆者以為，從國家與社會的關係即國家政權與民間社會雙重互動角度研究中共革命史，是一個值得注意的新的切入點和突破點。

在國際學術舞台上，國家權力與基層社會互動關係的視角已越來越成為分析人類社會尤其是農村社會發展的一個有效路徑，而以西方學者的成就最大。國家與社會的關係，簡單說來就是政府權力的實踐形態以及民間社會對政府權力的制約。早先的主流意識強調的是國家權力對社會單向地施加權力，將政府與社會僅僅表現為二元對立、排斥與衝突的關係。而今理論界已改變了這一看法，普遍認為二者的關係應該是雙向甚至是多向的、重疊的互動，研究政府與社會的關係，就是研究來自政府的自上而下的權力和來自社會的自下而上的力量之間的相互作用。所謂互動既包括兩者間的排斥、衝突，也關聯到二者的融合與轉換，或者排斥中有融合，融合中有排斥，總之是排斥、融合乃至轉換的互動過程。

就此而論，筆者不太贊成目下中國有些社會史學者特別強調的「自下而上」的單一視角。「自下而上」儘管對傳統的「自上而下」模式是一種糾偏，也是社會史興起的理論基礎，但矯枉過正，甚至將「上層」邊緣化了，則是犯了傳統模式同樣的錯誤，也不可取。其實，所謂「自下而上」並不能完全取代「自上而下」，自上而下仍有其方法論價值，如果對上層政策及其對民間社會的影響不了解，很難想像可以從下而上看歷史。就此而言，比較合理的還是上下互動的研究方法。

這一視角與中共革命的歷史實際是契合的。自清末民初以後，政府力量逐漸向農村滲透，但真正比較徹底進入鄉村、控制鄉村的力量是中國共產黨。可以說，歷史上沒有任何一個時期，也沒有任何一種力量，能像共產黨那樣，對農村社會面貌進行了巨大規模的改造，國家與社會的互動關係由此變得空前頻繁、密切。正是這一歷史構造，為國家與社會互動關係的視角提供了用武之地。使用這一方法之後，就可以解決為傳統研究所忽視的中共革命與鄉村社會之間的複雜面相。其中，最為重要的是揭示中共革命策略與具體實踐之間的張力。

如前所述，傳統的單向度思維對中共革命的政策威力過於渲染甚至神化，農民的主體性消失了。實事上，中共政權與基層社會之間的關係並非人們想像的這樣簡單，而是一個相互排斥、融合乃至轉換的互動過程。民間社會、廣大民眾並非完全被動的角色，民間傳統運行方式、民眾傳統心態及其行為也在相當程度上制約着共產黨的政策，塑造着中共政權本身，由此可以說「我們的革命是在改造社會，但社會也在改造我們的革命」[1]，甚至還可以說，這種傳統的「連續性比那些表面的明顯變化更基本」[2]。也正是由於民間傳統對革命策略的制約，中共革命政策、方針的貫徹實施並不像有些人所描繪的那樣一路高歌，中共革命法令與具體實踐、實際效果之間經常存在着同一性與差異性，因為「在其操作層面上，則往往難於避免層層加碼和層層過濾，發生各種變通和扭曲。正因為此，在考察鄉村社會轉型時，不僅要重視關於鄉村轉型的各種理論、學說，解決鄉村問題的相關路線、方針、政策，而且更要重視研究所有這一切如何落實於鄉村社會實際，以及鄉村社會本身如何接受、消化這些理論、學說、路線、方針和政策。」[3] 也就是說，我們不僅看表面的政

❶《陳旭麓文集》第 4 卷《浮生錄》427 條與 442 條，華東師範大學出版社 1997 年版。

❷（法）畢仰高：《抗日根據地中農民對中共動員政策的反應：一些西方的觀點》，南開大學歷史系編：《中外學者論抗日根據地》，第 650 頁。

❸ 姜義華：《革命與鄉村》總序，黃琨：《從暴動到鄉村割據：1927－1929 ——中國共產黨革命根據地是怎樣建立起來的》，第 5 頁。

策、法令，更應重視實際發生了什麼，並探究為什麼有時是一致的，有時是背離的。

以上觀點在中共革命進程中的證據俯拾皆是。前述中共民間借貸政策所遇到的農民借貸停滯的困境以及將政策調整為新債利率自由議定，就充分體現了傳統民間借貸習慣的強大慣性以及對中共革命政策的反作用力。再以土地改革時期的階級劃分和階級鬥爭為例，中共政權的官方建構與社會現實之間的偏離存在於多個層次，階級鬥爭的主要舞台是村莊，但真正的大地主通常都是不在村地主，他們中的許多人完全逃過了階級鬥爭。在村莊裏面，那些被作為地主和富農進行鬥爭的人中，只有一部分符合中共土地改革的劃分標準，其他根本不應該但又確實被劃為地主和富農的人，絕大多數是在土改的激進階段被當作鬥爭對象的。一些人被劃為階級敵人，並不是他們的階級身份，而是因為他們的逾越規範的行為：參加或同情國民黨，皈依外國宗教，當過漢奸，或者做過錯事、壞事；另外一些錯劃分子，僅僅因為是幹部的對頭。[1] 由上可見，共產黨的宏觀政策與各地的具體實踐之間是有相當距離的，農村社會按照自身的邏輯對中共政策進行了過濾和變通，反多來對中共政策的調整又會產生影響。此例表明，要想對中共策略的制定和實施進行深入研究，就必須改變以往革命史研究自上而下的固化思維，從革命權力與農村社會的互動視角來考察、理解中共革命的複雜軌跡。

進一步言之，在革命策略與具體實踐的張力之間，不同層級幹部、不同階層群體和不同個體對革命策略的態度，既可能作出相同的反應，也會因利益的差別而有不同的選擇，從而影響着革命策略的實施。以參軍為例，此謂中共革命研究的核心問題。傳統描述多為中共政權和軍隊一號召，就出現了「妻子送郎上戰場」的動人場面，似乎是農民都有高度的革命覺悟。實際上，面對擴軍動員，農民參軍的動機是非常複雜

1 黃宗智：《中國革命中的農村階級鬥爭》，黃宗智主編：《中國鄉村研究》第二輯，商務印書館 2003 年版，第 82 頁。

的。在山東莒南縣，解放戰爭時期農民參軍有以下類型：「甲、快勝利了。這是一般的動機，佔大多數。乙、快『實行了』要翻身，不受壓迫，打倒大肚子。這是一般黨員和工人的動機。丙、八路軍生活好。丁、為了學習進步。這是一般青年的動機。戊、老六團武器好。這也是青年，尤其是慰問團員的動機。己、抗戰後找個好老婆。這是沒老婆或夫妻不和的參軍動機。庚、家庭壓迫，如兄弟父母叔伯等等壓迫。辛、升官。中農成分及少數英雄思想較濃厚的村幹部，都有這種動機。壬、報仇、或怕鬥爭。這是個別的。」正是根據以上具體情況，莒南縣委要求領導幹部要善於把握各種對象的參軍動機，進行具體動員。[1] 參軍如此，入黨也相類似，不再贅述。此例再次表明，只有通過政權與社會互動的視角，才能看到傳統革命史學經常忽略的東西。

令人欣喜的是，近幾年已有少數學者開始從國家與社會的角度研究中共革命史。其中，成績較為突出的是人類社會學者和政治學者。代表作有：海外學者弗里德曼的《中國鄉村：社會主義國家》（社會科學文獻出版社 2002 年版），黃宗智的《中國革命中的農村階級鬥爭》（黃宗智主編：《中國鄉村研究》第二輯，商務印書館 2003 年版），何高潮的《地主、農民、共產黨：社會博弈論的分析》（牛津大學出版社 1997 年版），丸田孝志的《太行・太嶽根據地的追悼儀式及民俗利用》（《近きに在りて》第 49 號，2006 年）、《國旗、領袖像：中共根據地的象徵（1937–1949）》（《アジア研究》第 50 卷 3 號，2004 年）以及大陸社會學者郭於華的《訴苦：一種農民國家觀念形成的中介機制》（載楊念群主編：《新史學》，中國人民大學出版社 2003 年版），李放春：《北方土改中的「翻身」與「生產」》（黃宗智主編：《中國鄉村研究》第三輯，社會科學文獻出版社 2005 年版），張佩國：《山東「老區」土地改革與農民日常生活》

---

[1] 《濱海區莒南縣委關於擁軍參軍工作具體總結》，莒南縣檔案館編：《無私奉獻的人們——莒南縣戰時擁軍參軍檔案資料選編》，1991 年印，第 80–81 頁，轉引自王友明：《解放區土地改革研究：1941–1948 ——以山東莒南縣為個案》，上海社會科學院出版社 2006 年版，第 113–114 頁。

（《二十一世紀》2003 年 4 月號），黃道炫：《洗臉—— 1946 年至 1948 年農村土改中的幹部整改》（《歷史研究》2007 年第 4 期），韓曉莉：《戰爭話語下的草根文化——論抗戰時期山西革命根據地的民間小戲》（《近代史研究》2006 年第 6 期）。以上論著都對中共革命政權與普通農民的關係進行了頗富價值的探討，其挖掘檔案資料、注重理論分析給人留下了深刻印象。筆者近年也開始關注這一問題，發表了《土地改革中的農民心態：以 1937－1949 年華北鄉村為中心》（《近代史研究》2006 年第 4 期），《革命策略與傳統制約：中共民間借貸政策新解》（《歷史研究》2006 年第 3 期）等論文。儘管這些成果仍是零散的、初步的，距離全方位透視中共革命政權與農村社會的互動關係仍相差甚遠，但仍為今後的研究奠定了基礎，並提供了可資借鑒的範本。

綜上所述，中共革命史雖然是一個老問題，但它的研究遠未走到盡頭。只要繼續開拓新視野，老樹仍可以綻放新的花朵。筆者以為，中共革命與鄉村社會的相互聯結和互動視角就具有這樣的使命和價值，它將為中共革命的歷史進程提供一個新的解釋構架，從而實現中共歷史研究的突破。也許只有如此，才能真正證明中共革命勝利來之不易！不僅如此，通過這一視角的研究還可以為建立和諧的國家與社會、為當今新農村建設提供歷史的經驗與教訓，也為國際上普遍使用的國家與社會關係理論提供新的實證支撐和理論貢獻。

原刊《中共黨史研究》2010 年第 1 期

再議「新革命史」的理念與方法

拙作《向「新革命史」轉型：中共革命史研究方法的反思與突破》（《中共黨史研究》2010 年第 1 期）發表後，引起了學界較大的反響。不少學者在《近代史研究》《中國社會科學報》《清華大學學報》《史學月刊》《重慶社會科學》《黨史研究與教學》《中國農史》《中共中央黨校學報》等學術刊物上撰文，對此文給予了高度評價和殷切鼓勵。「新革命史」作為一種新的理念和方法，已被不少中共革命史學者、黨史學者所運用，這為筆者增添了許多信心。不過，仍有一些同行對此不甚了了，多次問筆者幾個同樣的問題，如什麼是「新革命史」，傳統革命史研究到底出了什麼問題，如何開展「新革命史」研究等。有的學者還提出了頗有價值的建議。黃正林認為，「新革命史」需要突破的不僅僅是「政策—效果」模式，而是應是對傳統革命史研究的史觀、方法、視野、資料以及書寫方式等進行全方位的反思[1]。把增強也指出，「新革命史」研究理念仍有待於進一步完善。比如，除從鄉村社會史的層面反映中共革命的艱難與複雜之外，有沒有其他釋讀中共革命史的視角？如何構建多元化的研究路徑方能更好地更加全面地解讀中共革命史的全部內容？[2] 以上建議都促使筆者進一步思考相關問題。必須承認，任何學術理念、方法從醞

❶ 黃正林：《近代中國鄉村經濟史的理論探索與實證研究——評李金錚的〈傳統與變遷：近代華北鄉村的經濟與社會〉》，《中國農史》2015 年第 2 期。

❷ 把增強：《中國近代鄉村史治史的新門徑——從李金錚〈傳統與變遷〉所見》，《史學月刊》2016 年第 2 期。

釀、產生到成熟，都有一個艱難的、反覆的蛻變過程，「新革命史」也當作如是觀。筆者不擬過多重複曾經發表過的言論，只想在既有的基礎之上，對「新革命史」的理念和方法做一申述。

首先，需要界定兩個概念，什麼是中國革命史？什麼是「新革命史」？

在 20 世紀人類社會的演進之河中，革命無疑是最為重要的「風景」之一。就中國而言，近代以來，中國人民為了反帝反封建、為了獨立解放、自由民主和現代化而進行的一系列革命鬥爭，包括太平天國農民戰爭、義和團運動、辛亥革命、國民革命和中共革命等，都可稱之為中國革命史。考慮到歷史的連續性，新中國成立以後至 1978 年改革開放之前的社會主義革命，也屬於革命史的範疇，或可稱為中國革命的後半場。[1] 革命影響乃至決定了 20 世紀人類歷史的發展大勢，反思革命、研究革命已經成為世界性的學術論題。筆者側重研究的是中共革命史，近年所提倡的「新革命史」的研究對象也主要指的是中共革命史，但更多是戰爭年代的革命史。它既是中國近代史的重要組成部分，更是近代中國系列革命中帶有結局性的革命，還與當代中國的發展進程有着十分密切的關係，總之是中共一切歷史的基礎。

如果說要給「新革命史」做一個比較明確的界定，大概可以這樣表述：「新革命史」是回歸樸素的實事求是精神，力圖改進傳統革命史觀的簡單思維模式，嘗試使用新的理念和方法，對中共革命史進行重新審視，以揭示中共革命的艱難、曲折與複雜性，進而提出一套符合革命史實際的概念和理論[2]。傳統革命史觀最大的問題，就是凸顯了政治、黨派、主義、階級和革命史本身，而忽略了其他面相，「新革命史」是一種

---

❶ 新中國成立後前三十年仍是中共革命的延續，這點與王奇生的認識是基本一致的。參見王奇生《中國革命的連續性與中國當代史的「革命史」意義》，《社會科學》2015 年第 11 期。

❷ 所謂實事求是的精神，就是回到歷史現場，在當時的歷史條件和語境下，考察人們是如何想、如何做的。2016 年 5 月 17 日，習近平在哲學社會科學工作座談會上的講話中指出，理論的生命力在於創新。如果不能及時研究、提出、運用新思想、新理念、新辦法，理論就會蒼白無力，哲學社會科學就會「肌無力」。哲學社會科學創新可大可小，揭示一條規律是創新，提出一種學說是創新，闡明一個道理是創新，創造一種解決問題的辦法也是創新。

試圖改進這種史觀的視角和方法[1]。筆者以為，即便想維護和建立中共革命史的合法性，僅僅靠喊口號、靠增加外力的影響是很難達到的，甚至起到了相反的作用。其實研究者完全可以通過嚴謹的學術研究獲得使人信服的權威性力量，這是今天黨史研究、革命史研究頭等重要的任務。筆者堅決反對沒有任何研究基礎的極端「妖魔化」言論，但也不要將在認真研究基礎上所揭示出來的「問題」簡單理解為影響了中共的形象，而是應該視之為革命過程中所遇到的「難題」。更重要的是，這些難題往往是傳統社會留給革命的，而非革命本身產生的。中共正是發現和解決了這些難題，才取得了革命的成功，並真正彰顯了革命之光輝。也不要將「新革命史」誤解為一個新的研究領域，更不能說革命史本身有什麼問題，其研究對象與傳統革命史沒什麼兩樣，只是視角和方法發生了變化。[2] 如果用一個比喻，「山還是那座山，風景依舊」，但美麗的風景需要發現，我們要有發現風景和欣賞風景的眼睛。筆者所要強調的是，在學術史的譜系中，反思不是苛責前人，而是避免事後重陷已有之誤；變化不是造反，不是「革命」，不是終結，而是改良，是揚棄，是超越。邁出傳統革命史學之門，目標仍是回到原本魅力無窮的革命史之家。[3] 針對傳統革命史存在的具體問題，「新革命史」的研究方法主要包括以下既有區別又相互聯繫的五個方面，即運用國家與社會互動關係的視角、強調基層社會和普通民眾的主體性、革命史與大鄉村史相結合、從全球史視野考察中共革命以及開拓新的研究視點等。這一看法，較之《向「新

---

❶ 近些年來，一些學者針對傳統革命史觀之弊，提出以「現代化範式」來研究中國近代史。筆者以為，「現代化範式」在一定程度上彌補了傳統革命史觀的缺陷，有其進步意義，但不能不說，它仍然是一種線性史觀，未能脫離「目的論」的邏輯，並遮蔽了中國近代史的許多豐富面相。本書所提倡的「新革命史」理念和方法，雖然主要適用於中共革命史的研究，但對整個中國近代史的研究也可能具有某種啟發意義。

❷ 革命史本身是一個客觀存在，不因任何人的喜惡而發生變化。但如何描述革命史，如何解釋革命史，則因視角和方法不同而不同。

❸ 譬如傳統革命史觀中的階級分析方法，就依然具有一定的解釋力，此為眾所周知，無需強調和重複。筆者所主張的「新革命史」理念和方法，更多的是針對傳統革命史觀之弊而言，並不否定其具有解釋力的部分。

革命史」轉型：中共革命史研究方法的反思與突破》一文有明顯的拓寬和深化。

一、運用國家與社會互動關係的視角

傳統革命史觀存在的第一個問題，是筆者曾概括的「政策—效果」模式，也可以說是「兩頭」模式，還可以稱之為「三部曲」思維，即中共政權的政策演變，農民接受並獲得了利益，最終是革命鬥爭、革命建設積極性的提高。這種思維模式，顯然是勝利者的書寫姿態。本來，宏大構架、宏大敍事的方法是無可指責的，歷史研究的最終目的無不追求對宏大問題的解釋。但如果將中共革命史籠罩在這樣一個模式之下，一場艱難的、曲折的、複雜的革命就變得簡單化了。

所謂複雜，就是在中國共產黨領導的主要由廣大農民參加的革命中，革命領導者、中共政權與鄉村社會、農民群眾之間，原本存在着相當複雜的互動關係。對於中共領袖和中共政權而言，要動員農民參加革命，並非一蹴而就，而是非常不容易的。與此同時，要進行政治、經濟、軍事和社會等一系列建設，也會遭遇諸多困境，甚至可以形容為「蜀道難，難於上青天」。面對以上問題，共產黨總是要想辦法克服和解決。而對農民群眾而言，共產黨是陌生的黨，中共政權是陌生的政權，他們對共產黨和中共政權的了解以及建立聯繫的過程，同樣不是一拍即合的，他們對革命有過猶疑、掙扎和痛苦。

然而，在傳統革命史觀的宏大構架之下，我們很少見到鮮活的、艱難的、複雜的革命過程，中共政權與鄉村社會、與廣大民眾之間儼然成了單向的「控制」和「被控制」、「揮手」和「跟隨」的關係。共產黨的領導策略與農民的革命認同之間，呈現為一種必然的邏輯關係。中共領導的農民革命變成了舉手之勞，變成了萬能的神話，似乎不如此，就不足以顯示出革命領導者和中共政權的正確性、權威性。問題是，「高大全」式的超人就能抬高共產黨革命的形象嗎？恰恰相反，筆者以為它極大地貶抑了共產黨的作用。因為誰也不會認為簡單的革命是可敬的，這應該是不難理解的道理。

那麼，如何改變以上這種「兩頭」的「政策—效果」模式，還原和反映中共革命與鄉村社會、農民群眾的複雜關係呢？筆者認為，可以嘗試採用國家與社會互動的理論和方法。國家與社會的互動關係，不是西方學術視野中國家與社會的二元對立，而是指來自政府的自上而下的權力，和來自社會的自下而上的力量之間的相互作用。二者之間既有融合與轉換，也有排斥與衝突，或者說是相互排斥、融合乃至轉換的「合力」，形成了極為複雜的歷史面相。這一視角愈益成為分析國家、地區和民間社會也可以說是自身「空間」關係的一個有效路徑。而這一理論工具恰恰與中共革命的進程是頗相契合的。回顧自清末民初以降的歷史可知，政府向鄉村社會的滲透和控制呈不斷加大的趨勢。不過，只有中共領導的革命才真正深入而徹底地控制了鄉村。甚至可以說，歷史上沒有任何一個時期，也沒有任何一種力量，能夠像共產黨那樣，對鄉村社會進行了如此巨大規模的革命性改造。正因為此，上層政權與基層社會的互動，變得比以往任何一個歷史時期都要頻繁和密切得多。這一歷史實際為國家和社會互動關係的方法提供了用武之地。

茲以抗戰時期中共華北根據地的錢糧徵收為例，說明傳統方法之弊以及國家與社會互動方法的作用。錢糧徵收為中共革命生存和發展的財政命脈，其重要性不言而喻。但在傳統革命史觀的著述中，我們所看到的就是如上所說的「政策—效果」的「兩頭」模式。譬如，影響頗大的權威著作《華北抗日根據地史》，應該說已經與傳統黨史撰述有了不小區別，但即便如此，這一思維模式仍然清晰可見。無論是合理負擔還是統一累進稅的實行，都是在敍述完共產黨的政策、辦法，之後就是結果：「華北抗日根據地由於實行了合理負擔政策，整頓了財政，使根據地人民的負擔得到了不同程度的減輕⋯⋯抗日經費來源保持了穩定並能逐年增加。合理負擔調動了根據地各階層人民的抗日和生產積極性，鞏固了抗日民族統一戰線，促進了生產力的發展」，「華北抗日根據地推行統累稅的負擔政策後，克服了財政上的紊亂現象，使人民的負擔更加合理。它體現了中國共產黨的抗日民族統一戰線的基本政策，不僅從人力上保障抗日戰爭的需要，同時通過財力分配，在調節各階層人民的收入，為建立和發展新民主主義的經濟奠定了基礎」[1]。如果在戰爭時期將以上描述作為政治宣傳的話是可以理解的，然而作為歷史研究的對象，則丟失了太多的東西。

此類著作最大的問題，是錢糧徵收的過程沒有了。我們難以看到錢糧是如何徵收的，尤其看不到農民以及地主、富農對徵收政策的反應，看不到他們與根據地政權之間的關係。而藉助於國家與社會互動的視角，就可以發現，無論是普通農民還是地主、富農，他們對共產黨的錢糧徵收，就像對待歷史上的錢糧徵收一樣，一般不會抱着積極歡迎的態度。尤其是貧苦農民，經濟條件差，收入水平低，生活已屬極其艱難，多拿出一點錢糧都可能影響其生存。所以，為了少納錢糧，古已有之的隱瞞「黑地」現象，到根據地時期仍然存在，甚至有所增加。也正因為此，中共政權始終進行着反「黑地」的鬥爭。[2] 另外，不同地區在錢糧分配時的討價還價，農民尤其是地主、富農抵制繳納錢糧的現象，同樣不是個例。在錢糧徵收過程中，中共政權恰恰就是要解決這些難題的。[3] 但如何解決的歷史細節，恰恰為傳統革命史學所遮蔽了。

傳統革命史學之所以遮蔽這些現象，恐怕主要是因為它不利於革命政策所產生的正面效應的解釋。其實，完全沒有必要迴避。相反，恰恰是這些現象，才讓我們真正理解中共革命勝利來之不易和中共革命的光輝。如果不顯示解決這一難題的複雜性，革命之不易又從何說起！

---

❶ 魏宏運、左志遠主編：《華北抗日根據地史》，檔案出版社 1990 年版，第 128–132、215–219 頁。

❷ 相關文件如中共冀中六地委：《關於深入減租查租及開展控訴復仇運動的思想領導與鬥爭策略的指示》（1945 年 12 月），《河北減租減息檔案史料選編》，河北人民出版社 1989 年版，第 414–415 頁；中共晉察冀中央局：《關於傳達與執行中央「五四指示」的決定》（1946 年 7 月），《晉察冀解放區歷史文獻選編》，中國檔案出版社 1998 年版，第 139 頁，等等。

❸ 筆者正在以中共華北根據地、解放區為主研究這一問題，可望作出新的闡釋。

二、強調基層社會和普通民眾的主體性

傳統革命史觀存在的第二個問題，是革命史書寫中很少出現基層社會的運行和普通民眾的身影。我們一直宣傳，中共革命是一場中共領導的廣大農民群眾的革命，「人民才是創造歷史的動力」，但傳統革命史著述中的一幕幕卻是由革命志士、領袖人物、上層政權和革命策略構成的，基層社會和普通民眾似乎無足輕重。

當然，這並非革命史才有的問題，而是中國傳統史學都存在的現象。在傳統史觀之下，絕大多數歷史著述都是帝王將相史、英雄豪傑史、知識精英史，反映的都是有關民族和國家的宏大敘事和必然趨勢，而很少展現基層社會和普通民眾的角色，「我們不關心他們的情感，他們的生活方式，他們對世界的看法，他們的遭遇，他們的文化、他們的思想，因為他們太渺小，渺小到難以進入我們史家的視野。因此，我們所知道的歷史是一個非常不平衡的歷史，我們把焦距放在一個帝王將相、英雄馳騁的小舞台，而對舞台下面千變萬化、豐富多彩的民眾的歷史卻不屑一顧」[1]。不過，近年來，其他歷史研究領域已經比較關注基層社會和普通民眾，而中共革命史還相差甚遠。即便談到普通民眾，中共革命史也主要是從整體或集體而言的。問題是，整體或集體能夠代表個體的命運嗎？「集體生活是生活在組成這個集體的一些個人的行為中。我們想像不出不靠某些個人的行為而有所作為的集體。所以要認識整個的集體，就得從個人行為的分析着手。」[2] 因此，未來的新革命史研究尤其需要從人性的視角出發，反映人的情感和需求。

要想改變這一忽視基層社會和普通民眾的思維方式，我們需要特別

---

❶ 王笛：《茶館：成都的公共生活和微觀世界，1900–1950》，社會科學文獻出版社 2010 年版，「中文版序」第 8–9、13–14 頁；王笛：《走進中國城市內部——從社會的最底層看歷史》，清華大學出版社 2013 年版，第 9、14–15 頁。

❷〔奧〕路德維希·馮·米塞斯著，夏道平譯：《人的行為》，上海社會科學院出版社 2015 年版，第 43 頁。

強調挖掘基層社會和普通民眾的資源，以突出其主體性和能動性。進一步說，不能將基層社會和普通民眾視為完全被動的角色，而是有意識地站在基層社會和普通民眾的立場上，從人性視角、從人的情感和需求出發，來考察中共革命的歷史進程。這一視角與前述國家與社會的互動方法有密切的關係，但又有所超越。近年來，無論是新政治史還是新社會史、新文化史，都強調從宏觀歷史轉向地方性的微觀歷史，強調基層社會和普通民眾的主體性，強調從邊緣、弱勢、下層的立場出發，重新思考多元發展的歷史過程。以上新史學的方法與新革命史所倡導的理念是完全契合的，頗值得革命史學者關注、學習和借鑒。當然，強調基層社會和普通民眾的主體性，並非與宏大敍事存在着二元對立的衝突。恰恰相反，通過發掘基層社會和普通民眾的主體性，完全可以深化對革命史之宏大問題的認識。

茲以 1946 年至 1949 年國共決戰時期的農民參軍為例，來表明研究理念轉變的重要性。在中共革命史中，農民參軍與上述錢糧徵收具有同等重要的意義。在傳統革命史觀之下，無論是官方史書還是一些學者的論著，都將農民參軍與土地改革之間視為存在着必然的內在關係。如胡繩主編的《中國共產黨的七十年》指出，經過土改運動，到 1948 年秋，在 1 億人口的解放區消滅了封建的生產關係。廣大農民在政治和經濟上翻身以後，政治覺悟和組織程度空前提高，大批青壯年農民潮水般湧入人民軍隊。[1] 至於各省市縣的地方黨史著作，幾乎也是千篇一律，如出一轍。如果將這一觀點與戰爭年代中共政權的表述相對照，就可以發現，二者是極其相似的。比如，1947 年 9 月，劉少奇在全國土地會議上的報告中指出，解決土地問題是直接關係到幾百萬幾千萬人的問題。只有發動群眾，徹底進行土地改革，才能戰勝蔣介石。我們解放區有一萬萬五千萬人口，群眾自動參戰，人力、財力、物力是無窮的。[2] 與上

---

❶ 胡繩主編:《中國共產黨的七十年》，中共黨史出版社 1991 年版，第 92、99、170、240–242 頁。
❷《劉少奇選集》上卷，人民出版社 1981 年版，第 394–395 頁。

述錢糧徵收一樣，如果將之置於戰爭語境，作為動員農民的宣傳手段是可以理解的，但進入歷史學之門，則挖掘歷史過程，尋求歷史真相永遠是第一位的。

事實到底如何呢？如果土地改革與農民參軍之間真的存在如此緊密的必然聯繫，那麼共產黨徵兵或農民參軍應該是一個易如反掌的問題。因為在土地改革中，分得土地的農民的數量畢竟比徵兵數量多得多。如冀魯豫邊區，到 1949 年 8 月，除了少數新區之外，約有 70% 的村莊和近 1000 萬農民得到了土地。而此前該邊區一共發起過五次大參軍運動，結果有 14 萬個青壯年農民參軍。[1] 按照傳統革命史觀的邏輯，14 萬與 1000 萬相比，應該是一個微不足道的、很容易完成的數字。

然而，發動農民參軍談何容易，否則，共產黨屢屢頒佈動員農民參軍的指示，批評地方徵兵不力，就不可理解了。其實，如果從農民個體、從人性視角來看，則不難發現參軍動機絕非鐵板一塊。有的農民的確是因為土地改革的「報恩」和「保衛勝利果實」而自願參軍的，這點與歷史上其他政權包括國民黨政權不同，不過，也經過了中共的「感恩」和「保衛果實」的說「理」工作。而且，可以肯定地說，這種情況的比例是非常之低的。相反，不少農民不僅不領土改的情，反而以逃跑、裝病、自殘等方式，對參軍進行了躲避與抵制。即便有一些農民，雖然也是自願參軍，但主要是為了獲得各種私利的行為。更有一部分農民，是被迫參軍的，連朱德都承認有一半戰士是被迫來的。無論是出自私利，還是被迫參軍，都與歷史上其他政權並無太大區別。所以，筆者認為「理」「利」「力」的合力，才是促使農民參軍的真相。[2]

但在傳統革命史觀之下，為了凸顯革命政策的正面效果，更多地關注了農民獲得土地後自願參軍的光輝一面，而對自利參軍和被迫參軍的一面忽略了。其實，如果改換一種理解方式，即不管農民是出於何種目

---

❶ 王傳忠主編：《冀魯豫邊區革命史》，山東大學出版社 1991 年版，第 686、735 頁。
❷ 參見本書《「理」「利」「力」：農民參軍中共土地改革關係考（1946–1949）》。

的參加革命的，都是中共革命成功不可或缺的要素，就完全沒有遮掩的必要了。何況，即便是自利參軍和被迫參軍的農民，經過中共的政治宣傳和思想改造，也逐漸變成了堅強的革命戰士，這恰恰是共產黨遠比歷史上其他政權、政黨厲害的地方，也是共產黨革命不易之體現。以往傳統革命史中強調階級鬥爭和路線鬥爭不無道理，但除此以外，也應該關注共產黨與自己所依靠的同盟軍的「鬥爭」。

三、革命史與大鄉村史相結合

傳統革命史著述的第三個問題，是對共產黨革命之前的鄉村史缺乏深入的了解和研究，從而影響了對中共革命史的合理解釋。中共革命根據地是在鄉村建立、發展和壯大的，革命的核心在鄉村，革命隊伍無論是革命領袖、革命幹部還是普通士兵和工作人員，絕大多數也來自鄉村。就此而言，中共革命史無不帶有濃厚的「鄉土中國」的特色，因此可以被視為鄉村史的一部分。更具體一點說，共產黨革命之前的傳統鄉村，無論是生態環境、基層政權還是農民意識、民間習俗，無論家族、家庭、階級階層、土地分配關係、人地比例關係還是農業經營方式、手工業生產、民間金融、市場貿易、賦稅徵收等，都極大地制約着中共革命的理論和實踐，影響着中共革命的政治、經濟、社會和文化變遷。但不能不說，以往傳統革命史觀指導之下的論著，幾乎都限於單一的革命史、黨史領域，就革命史論革命史或就黨史論黨史，比較缺少縱向的時間維度或者說歷史的慣性、連續性，結果，中共革命成了無源之水、無本之木。中共革命的理論、實踐以及出現的某些問題，中共革命與基層社會和農民群眾的關係，農民參加革命的心態和行為，以及革命領袖、革命幹部的思想和行為等，似乎都變得難以理解。

沒有傳統社會，沒有傳統鄉村，何來中共革命？筆者認為，應將中共革命史納入到大鄉村史的視野來考察。其實，鄉村史並無所謂大小之分，只是由於以往中共革命史學界缺乏鄉村史視角，筆者才提出大鄉村史的說法。大鄉村史的基本涵義，就是在鄉村地域所發生的一切都應納入鄉村史範疇。當然，將革命史納入到鄉村史之中，並不意味着鄉村史替代了革命史，而是它有助於我們從鄉村史的視角來考察中共革命史上的問題。

反過來講，如果將鄉村史納入中共革命史的範疇，同樣可以增強我們對鄉村史的理解。上述傳統鄉村史的許多問題，既制約和影響着中共革命的理論和實踐，也是中共革命進程中所遇到的現實問題。如果我們對革命進程中的這些問題有深入了解，也勢必會加深對中國鄉村史的認識，鄉村史上的一些問題由此變得容易理解。也就是說，革命史與鄉村史的研究之間是相輔相成的。但同樣令人遺憾的是，目前鄉村史學界也存在着與革命史一樣的問題，絕大多數鄉村史學者都不曾深入了解和研究革命史，鄉村史與革命史似乎是兩股道上跑的車，老死不相往來，結果自然是不利於鄉村史的解釋。

以抗日戰爭和解放戰爭時期中共的民間借貸問題為例，大概可以說明革命史與鄉村史研究相結合的必要性[1]。在傳統革命史觀的表述之下，中共根據地、解放區對傳統民間借貸進行了改造，革命的減息和廢債政策，一以貫之，所向披靡，解決了長期困擾在農民頭上的高利貸剝削。正因為此，減息廢債政策受到農民的極大歡迎。不過，當我們爬梳具體的歷史資料就會發現，如果真像傳統著述所描述的，就會有兩個現象難以理解：第一，農民對共產黨的民間借貸政策也表示過不理解乃至不滿。的確，農民曾因為高利貸剝削的減輕乃至廢除而歡呼雀躍。但他們很快就發現，以後再進行借貸也遇到了前所未有的困難。因為出借錢糧有被視為剝削並劃為地主、富農、高利貸者的危險，有餘錢餘糧者不再敢借給其他人。結果，農民遇到青黃不接或其他變故需要借貸調劑時，卻沒

---

1. 參見李金錚《借貸關係與鄉村變動：民國時期華北鄉村借貸之研究》，河北大學出版社 2000 年版，第 104－114 頁；《民國鄉村借貸關係研究：以長江中下游地區為中心》，人民出版社 2003 年版，第 176－194 頁；《革命策略與傳統制約：中共民間借貸政策新解》，《歷史研究》2006 年第 3 期。

有了以往的來源渠道。於是，他們由減輕借貸剝削的愉悅，變為借不到債的痛苦，甚至對中共政權產生了埋怨。在山東根據地，借貸困難成為「今天廣大農民群眾最感痛苦的事，也是廣大農民群眾最切望的事」[1]。在晉綏邊區，臨縣上西坡村的農民說：「沒有放債的了」，「死水一池，可是受治了」[2]。在晉冀魯豫邊區，黎城縣南堡農會主席說：「以前困難還能借當（指戰前），現在出大利也鬧不來，真把人憋死了。」[3]可見，減息廢債政策的推行，並非像以往所說的那般簡單和順利。第二，中共領袖、中共政權對民間借貸政策進行了調整，自 1942 年以後，實行借貸利率自由議定的辦法，而不是不像傳統革命史論著中所描述的那樣，完全是減息廢債政策。具體地說，就是 1942 年 1 月中央政治局通過的《中共中央關於抗日根據地土地政策的決定》《中共中央關於抗日根據地土地政策決定的附件》，以及同年 2 月頒佈的《關於如何執行土地政策決定的指示》，對舊債、新債採取分別對待的策略，舊債仍舊實行減息政策，新債則借貸雙方自由議定利率。抗戰勝利後，無論是 1946 年頒佈的「五四指示」，還是 1947 年頒佈的土地法大綱，對新債利率仍繼續沿用自由議定的政策。當然，在革命氛圍愈益激烈之下，新債利率能否做到完全自由，仍是中共政權面臨的一道難題。

但在傳統革命史論著之下，為了表明革命策略的正面價值，將以上兩個矛盾現象忽略了。其實，這種遮掩同樣是沒有必要的。只要對傳統鄉村史有所了解和研究就知道，在農家經濟和農民生活中，借貸調劑是不可或缺的。如果沒有民間借貸乃至高利貸的調劑，農家經濟和農民生活有時是很難進行的，也不一定變得更好。農民對中共減息廢債之後借債停滯的埋怨，恰恰就是傳統鄉村社會農民的正常反應。中共政權對借貸政策的調整，也不過是反映了鄉村社會的經濟基礎和農民的客觀需求

---

❶《中共山東分局關於減租減息改善僱工待遇開展群眾運動的決定》，《大眾日報》1942 年 5 月 25 日，第 1 版。

❷ 群一：《必須活躍農村借貸關係》，《晉綏日報》1946 年 9 月 28 日，第 2 版。

❸《黎城二區村幹部集會討論開展信用借貸》，《新華日報》（太行版）1947 年 4 月 25 日，第 2 版。

罷了，革命與傳統並不是完全對立的。反過來說，從中共對民間借貸政策的調整，是否也會對傳統鄉村社會尤其是民間借貸關係的研究有所啟發呢？回答是肯定的。由此進一步證明，農家經濟、農民生活與民間借貸包括高利貸具有密切的內在關係。與此同時，共產黨對傳統借貸的革命也反映了傳統高利貸對農民的剝削是不容否認的。否則，革命就完全變成了無源之水。

四、從全球史視野考察中共革命

傳統革命史觀的第四個問題，是對世界其他國家和地區的革命缺乏了解和研究。除了少數著述關注中共革命與共產國際和蘇聯的關係，對於中共革命與其他國家和地區的互動關係、對於中外革命的比較研究幾乎還是一片空白[1]。這一狀況，既影響了對中共革命的解釋，也很難凸顯中共革命應有的特色。

其實，在中共革命的年代，世界上並不是只有中國發生了革命。20世紀是一個風雲激蕩的革命的世紀，「震撼全球的絕大多數革命運動發生於因國際因素而起變化的落後的農民社會」[2]。在這個世紀的前半葉，中國正處於革命歷史的舞台之上，屬於全球落後地區乃至整個世界革命的重要組成部分。在中國革命的進程中，又以中國共產黨領導廣大民眾取得全國政權的歷史性事件最為燦爛奪目。正因為此，不能將中共革命僅僅理解為在中國發生的一場革命，還要將其作為世界民族革命的一員。中共革命既是地方的，也是世界的，其意義不能完全限於中國歷史，而是世界民族革命的一個典範。美國學者弗里德曼和塞爾登以中共抗日戰爭

---

❶ 在中共革命與其他國家或地區的關係的研究中，沈志華的《若即若離：戰後中朝兩黨關係的初步形成》(《近代史研究》2016 年第 2 期)，是除蘇聯之外，難得一見的成果。

❷〔美〕拉爾夫．撒克斯頓著，馮崇義譯：《1931–1945 年冀魯豫邊區的民眾起義和共產黨政權》，《中外學者論抗日根據地——南開大學第二屆中國抗日根據地史國際學術討論會論文集》，檔案出版社 1992 年版，第 600 頁。

為例指出：「這段歷史，不但對中國人民來說是重要的，對一切試圖了解以『中國革命』而聞名的這一重要運動的人，對一切試圖理解出人意料地發生在殖民地半殖民地的非工業化農業社會的這場本世紀震撼世界的革命的人，都是極其重要的。」[1] 不過，以往傳統革命史學者幾乎沒有意識到這一問題的重要性，更多只就中共革命談中共革命，難以看到中共革命在世界革命中的地位，以及與其他革命的聯繫與區別。

要想改變這種單一的論域，可以借鑒近些年來聲勢勃勃的全球史視野。全球史觀的核心是，不同國家和地區處於聯繫、交往和互動的狀態之中[2]。與前述國家與社會互動關係的內部視角不同，全球史視野側重於外部關係。立足於這一視野，可以嘗試從兩個角度對中共革命進行考察：

第一，中共革命與其他國家或地區的關係。這些國家既包括與中共革命具有密切關係的蘇聯，也包括日本、美國、歐洲以及朝鮮、越南、東南亞等國家和地區；既包括支持過中共革命的國家和地區，也包括反對中共革命的國家和地區。最值得關注的是，諸國家和地區對中共革命產生了哪些影響，反過來中共革命對這些國家和地區又產生了哪些影響？尤其是，不同國家和地區的革命的關係是怎樣的，如何構成了世界性的革命？

第二，更為重要的是，將中共革命與其他國家或地區的革命進行比較，以凸顯其特點。比如關於革命的背景與革命的結果之間的關係，中共革命就有自己的特性。世界上許多國家的勞苦大眾，都受到帝國主義、封建主義和殖民主義的壓迫，也有共產黨組織，這點與中共革命幾乎相同，但革命獲得成功的則很少。在幾乎相同的歷史背景下，中共革命卻獲得了勝利，表明其確有特別之處。[3] 又如戰爭與革命的關係，也別

---

❶〔美〕愛德華・弗里德曼、馬克・塞爾登：《抗日戰爭最廣闊的基礎——華北根據地動員民眾支援抗日的成功經驗》，南開大學歷史系編：《中國抗日根據地史國際學術討論會論文集》，檔案出版社 1985 年版，第 87 頁。

❷ 劉新成：《互動：全球史觀的核心理念》，《全球史評論》第 2 輯，中國社會科學出版社 2009 年版，第 4、8 頁。

❸（美）周錫瑞著，馮崇義譯：《從農村調查看陝北早期革命史》，《中外學者論抗日根據地——南開大學第二屆中國抗日根據地史國際學術討論會論文集》，第 535−536 頁。

有意味。在戰爭期間，一般說來，居於統治地位的政黨十分便於從戰時民族主義中獲益，二戰中的美國、英國和德國等都是如此。但在中國，卻出現了另外一種情形。抗戰爆發後，在日本侵略造成的「戰時無政府狀態」中，得益者不是處於統治地位、受國際承認的國民黨，而是處於敵後游擊區的共產黨。也就是說，從外國侵略和被侵略國家民族主義興起這個角度，無法解釋抗戰時期中共革命的發展，共產黨之所以得到廣大農民的普遍擁護，主要不是日本侵略導致的農民民族主義的加強，而是中共採取了一系列有利於農民的社會經濟政策。[1] 再如革命的武裝組織，中國以農村為基礎的武裝組織所取得的經驗，與南斯拉夫、阿爾巴尼亞、希臘、越南、阿爾及利亞、古巴、莫桑比克、津巴布韋、安哥拉、柬埔寨、薩爾瓦多、秘魯等既有相似也有不同之處[2]。諸此種種都表明，全球史視野能夠更加彰顯中共革命的獨特性和世界價值。

當然，從這一視角進行研究，所要求的知識結構較高，研究難度是很大的。

五、開拓新的研究視點

傳統革命史觀的第五個問題，是論題主要集中於政治、經濟和軍事等方面（當然，這些方面的繼續研究仍是重要的，還有諸多問題需要深入研究），缺乏新的研究視點，在一定程度上不利於揭示中共革命的豐富面相。

新的視點包括以下既有區別又相互聯繫之諸方面：話語、符號、象徵、形象、想像、認同、身份、記憶、心態、時間、空間、儀式、生

---

❶（美）周錫瑞著，馮崇義譯：《從農村調查看陝北早期革命史》，《中外學者論抗日根據地——南開大學第二屆中國抗日根據地史國際學術討論會論文集》，第 536 頁；〔美〕馬克・塞爾登著，馮崇義譯：《他們為什麼獲勝？——對中共與農民關係的反思》，《中外學者論抗日根據地——南開大學第二屆中國抗日根據地史國際學術討論會論文集》，第 610–611 頁。

❷〔美〕弗里德曼、塞爾登：《抗日戰爭最廣闊的基礎——華北根據地動員民眾支援抗日的成功經驗》，南開大學歷史系編：《中國抗日根據地國際學術討論會論文集》，第 90 頁。

態、日常生活、慣習、節日、身體、服飾、影像、閱讀等。這些視點的來源，受到新政治史、新社會史、新文化史的理論和方法的啟發。[1]其中，有的可能是後來的名詞、概念，但作為現象，早就存在於革命進程之中，只是為以往傳統革命史所忽視罷了，甚至可以說不曾有這個意識，因而成為「沉睡」中的問題。相比之下，其他歷史領域對此已經有了較多關注。可以相信，考索以上每一個視點或者說每一個「碎片」，都可以增加中共革命史的分析角度，進而豐富相關內容，深化歷史認識。筆者嘗試提出如下問題：

在話語、概念方面，如中華、民族、國家、政治、經濟、社會、人民、大眾、自由、民主、平等、富強、革命、解放、共和、道德、封建、階級、五四、敵人、帝國主義、半殖民地、漢奸等，在中共革命進程中是如何建構和演變的？話語、概念的演變與這一歷史時期的政治、社會關係如何？話語實踐對中共革命產生了什麼影響？[2]

在想像、形象方面，共產黨以及與共產黨有關係的各種力量，如國民黨、日軍、偽政權以及美國、蘇聯等強國之間，是如何相互認識、形塑乃至想像的？共產黨的領袖形象，在社會各個階層、各種力量中是怎

---

❶ 迄今，已有不少成功的代表作，如美國學者林・亨特著，汪珍珠譯：《法國大革命中的政治、文化和階級》，華東師範大學出版社 2011 年版；林・亨特著，鄭明萱、陳瑛譯：《法國大革命時期的家庭羅曼史》，商務印書館 2008 年版；法國學者埃馬紐埃爾・勒華拉杜裏著，許明龍、馬勝利譯：《蒙塔尤》，商務印書館 1997 年版；莫娜・奧祖夫著，劉北成譯：《革命節日》，商務印書館 2012 年版；雅克・梅耶著，項頤倩譯：《第一次世界大戰時期士兵的日常生活》，上海人民出版社 2007 年版。留美華裔學者王笛著，李德英、謝繼華、鄧麗譯：《街頭文化：成都公共空間、下層民眾與地方政治，1870－1930》，中國人民大學出版社 2006 年版；王笛著譯：《茶館：成都的公共生活和微觀世界，1900－1950》，社會科學文獻出版社 2010 年版；盧漢超著，段煉、吳敏、子羽譯：《霓虹燈外—— 20 世紀初日常生活中的上海》，上海古籍出版社 2004 年版；董玥：《民國北京城：歷史與懷舊》，生活・讀書・新知三聯書店 2014 年版等。文學史作品劉劍梅：《革命與情愛——二十世紀中國小說史的女性身體與主題重述》，上海三聯書店 2009 年版，也具有啟發價值。大陸學者黃興濤：《「她」字的文化史——女性新代詞的發明與認同研究》，福建教育出版社 2009 年版；陳蘊茜：《崇拜與記憶——孫中山符號的建構與傳播》，南京大學出版社 2009 年版；李恭忠：《中山陵：一個現代政治符號的誕生》，社會科學文獻出版社 2009 年版等，也是運用新理論方法的力作。

❷ 顯然，其中一些話語和概念恰恰成為傳統革命史觀和宏大結論的理論源泉。

樣形成和演變的？這些認識和想像如何影響了他們的行為，進而如何影響了領袖的行為？除了領袖人物，普通民眾如農民、工人、女性以及地主的形象，又是如何變化的，相互之間的關係如何？

在歷史記憶方面，共產黨如何將中華民族歷史、民族英雄史、農民戰爭史、近代以來的革命史，經過加工並運用於革命的宣傳和動員之中？歷史記憶與革命需求有無衝突，如何解決的？民眾的傳統歷史記憶和黨派、政府的記憶宣傳，是怎樣的一種關係？新的民族集體記憶對革命產生了哪些影響？[1]

在新名詞方面，紅軍、八路軍、新四軍、擴紅、長征、兩面政權、堡壘戶、地道戰、地雷戰、敵後武工隊、鐵道游擊隊、減租減息、土地改革、邊幣、精兵簡政、大生產運動等是如何產生和發展的？它們所反映的政治、社會等方面的含義如何？

在心態方面，農民、工人和知識分子等參加中共革命的初衷是什麼？這些初衷與共產黨的宣傳是什麼關係？面對日本侵略，普通民眾以及共產黨革命幹部有何反應？有一些人屈服於日寇和日偽政權當了漢奸、偽軍，其初始動機又是什麼？在革命政權實施的策略和措施之中，不同社會階層和群體是如何反應的，這種反應反過來又產生了哪些影響？

在生態方面，自然環境與革命政權、革命策略等是一種怎樣的互動關係，具體而言，就是自然生態環境對革命政權的策略、手段和行為有何制約？反過來，革命政權的策略、手段和行為對當地的自然生態環境又產生了哪些影響？

在日常生活方面，革命根據地之內不同人群的日常生活是怎樣的？日常生活與政治、經濟、軍事的關係如何？在這裏面，士兵的日常生活尤其值得關注。士兵並不總是處於打仗狀態，也有自己的日常生活，包括婚姻、疾病、衣食住行、閒暇娛樂等。

---

❶ 這裏所謂歷史記憶與今天對歷史現象的「記憶史」研究不同，它主要指革命進程與歷史記憶之間的關係。

在象徵物方面，服飾、旗幟、徽章、圖像、標語、紀念碑、遺址等，是如何被革命政權作為一種力量運用的，對這一時期的革命認同和政權認同產生了哪些影響？這些象徵物如何體現了革命時期的政治與社會關係，如何體現了政治與社會的新舊交替？

在身體方面，革命政權是如何滲透、發動、改造和利用民眾的身體的？無論男性還是女性，他們的身體包括物質的身體和精神的身體，在革命年代的反應、行動是怎樣的？身體的變化隱含了怎樣的權力關係、社會觀念和歷史特性？這種變化對革命的影響如何？

在閱讀方面，無論是革命政權的政策文件，還是報刊雜誌、文學作品等等，是如何形成、生產和發行的？有哪些傳播渠道和網絡？哪些人群（性別、年齡、文化程度、社會成分等）在閱讀，尤其是普通民眾是如何閱讀、接受或抵制的？反過來，這些閱讀對政權、作者、報刊以及革命進程又有哪些影響？

上述視點，在革命史領域都是相對陌生的面孔。筆者除了土地改革中的農民心態一文[1]，也沒有太多涉獵，但相信這些所謂「碎片」必將是今後革命史研究中非常令人興奮和期待的視閾。

以上五個方面，只是針對傳統革命史觀之弊而提出的。它決不意味着完全了、結束了，我們應對之持一種開放、包容的態度。甚至可以說，所有能夠進一步推動革命史研究的視角和方法，皆可視之為新革命史。[2]這些變化，除了實事求是的基本原則和歷史時間的特質之外，大多都與相關學科方法的應用有關，它們可以幫助我們擦亮發現問題的眼睛，增添分析問題的翅膀。歷史學本身難以「生產」理論。綜觀當今史學，除了一般的史實考證以外，凡屬專深的研究僅憑自己的資源，很難解決所有的問題，或者說幾無不依賴相關學科的支撐。這是我們心有不

❶ 參見本書《土地改革中的農民心態：以 1937–1949 年華北鄉村為中心》。

❷ 隨着新革命史的研究視角和方法不同程度地發生了變化，在史料挖掘、問題意識等方面也會有所不同，此為應有之義，恕不贅述。

甘，但又無可奈何的事情。當然，我們僅僅是將它們作為「傭工」而使用，而不是變為「東家」控制我們。即便吸納了外來智慧，仍應強調歷史學包括革命史領域有其自身的獨立性，應有發現革命史獨特概念乃至理論的雄心，並使它們成為相關學科的知識資源。

有的學者也許帶着懷疑的眼光問，新革命史不能停留於理念和方法，有無研究範例可以借鑒？筆者只能說，始生之物，其形必醜。新革命史研究遠未蔚為大觀，不過也有了比較成功的論著，如何高潮的《地主、農民、共產黨：社會博弈論的分析》（香港牛津大學出版社，1997年）、丸田孝志的《革命的儀禮——中國共產黨根據地的政治動員與民俗》（日本汲古書院，2013年）、台灣學者黃金麟的《政體與身體——蘇維埃的革命與身體》（台北聯經出版事業股份有限公司，2005年）以及齊小林的《當兵：華北根據地農民如何走向戰場》（四川人民出版社，2015年）。不管是有意識還是無意識的，在筆者看來，這些著作都可以被視為符合「新革命史」理念和方法的作品。其他學者也有「新革命史」意味的論文[1]。筆者本人對土地改革農民心態、中共民間借貸政策以及農民何以參加革命、農民參軍與土地改革關係的研究，也都是「新革命史」研究的具體實踐[2]。當然，以上學者不能說都明顯具有了新革命史的自覺意識。

最後，筆者還想強調的是，所謂「新革命史」的理念和方法，不僅限於中共革命史，也可用之於近代以來的其他革命史直至當代中國史。這倒不是筆者有什麼雄心，而是理念和方法本身具有一定的普遍意義。

原刊《中共黨史研究》2016年第11期

---

❶ 僅舉戰爭年代中共革命史研究之例，值得關注的相關學者有周錫瑞、劉昶、孫江、王奇生、黃道炫、李放春、郭於華、李裏峰、張佩國、岳謙厚、黃正林、徐進、黃文治、韓曉莉、楊豪、李軍全等。

❷ 參見本書《土地改革中的農民心態：以1937–1949年華北鄉村為中心》，《革命策略與傳統制約：中共民間借貸政策新解》，《「理」「利」「力」：農民何以支持與參加中共革命》，《農民參軍與中共土地改革關係考（1946–1949》。

「新革命史」：由來、理念及實踐

中國近代革命史尤其是中共革命史，無論對於歷史還是現實之重要性，學界已經形成共識而毋庸再做過多的論證了。所謂「重提革命史」，如果放在七、八年乃至十年以前尚有必要的話，到今天恐怕已經不是什麼重提的問題，而是如何更好地開展研究、推進研究了。只要對中國近現代史的學術動態多少有所了解，就不難看到，近些年革命史尤其是中共革命史研究掀起一股不大不小的熱潮。在這一熱潮之中，儘管仍有不少出版物老調重彈，重複勞動，但更要承認一些成果取得了顯著的進步。這些成果，既有紮實的實證研究，也有宏觀的方法論思索，都在一定程度上深化了革命史的認識，乃至引起了學界的討論。筆者雖不專門耕耘革命史，但也算得上革命史領域的一員，而且由於較早以 1949 年前中共革命史為例發表了「新革命史」的理念和方法而受到學界的關注。經常有同行尤其是年輕朋友問我：你是經歷了怎樣的研究過程才想到這個提法的？新革命史作為一種理念，與傳統革命史觀究竟有什麼區別？新革命史有哪些具體方法能夠深化革命史的研究？新革命史有哪些比較成功的研究實踐？應該說，以上問題在我已經發表的文章中或多或少都有所涉及，但以上追問，仍然促使我對此進行更系統、更深入的思考，並作出更具說服力的闡述。[1] 本文仍以 1949 年前中共革命史為例，在以往

---

❶ 近幾年王奇生、應星、韓曉莉、常利兵也或多或少涉及「新革命史」的理念和方法，給人不少啟發。（參見王奇生《高山滾石：20 世紀中國革命的連續與遞進》，《華中師範大學學報》2013 年第 5 期；應星：《「把革命帶回來」：社會學新視野的拓展》，《社會》2016 年第 4 期；韓曉莉：《社會史視角下中共革命史研究的突破與反思》，《中共中央黨校學報》2015 年第 6 期；常利兵：《新革命史研究何以可能》，《中共歷史與歷史研究》總第 5 輯，社會科學文獻出版社 2017 年版）筆者以往有關文章以及本書，則是專門對「新革命史」研究理念、方法和實踐所做的闡述。

研究之基礎上，繼續對此做一闡釋，希望得到相關學者的批評。

一、「新革命史」的提出

我對「新革命史」的提出，並非一蹴而就，而是有一個較長的研究與反思過程。當然，我的研究經歷恐怕不僅僅屬於個人意義，而是改革開放以來中共革命史學術發展的一個見證。將這個自我解剖的個案呈現出來，或許對年輕學者有些微啟發。

在上個世紀八十年代中後期，我是從中國近代鄉村社會經濟史研究開始起步的，這一選擇與我出身農村的經歷和當時農業生產責任制改革的影響有關。我的本科畢業論文題目是《中國近代家庭手工棉紡織業的解體和延續》，碩士論文題目為《論近代冀中定縣的農家經濟與農民生活》，兩篇論文的時間下限都是到 1937 年抗日戰爭爆發之前，與中共革命史沒有關係。此後又做過中國近代企業家盧作孚等人的研究，與中共革命史同樣無關。但我偶然翻閱到期刊《中共黨史研究》，卻為我增加了一個研究領域。此前在學習名家論文時，我最關注的史學期刊是《歷史研究》《近代史研究》和《中國經濟史研究》，當我看到《中共黨史研究》時，了解到這是一份中共黨史、革命史的專刊，於是就產生了一個想法，中國近代史專刊本來就很少，發表文章不易，如果能關注一下中共黨史，或許能多一條出路。何況，我的老家河北是中共晉察冀、晉冀魯豫兩大根據地的核心地區，從這裏面大概不難找到有價值的課題。1991 年《抗日戰爭研究》創刊，讀了魏宏運先生發表的一篇關於晉察冀抗日根據地史研究綜述，更堅定了我的想法。現在看來，這是很很功利的動機，但在當時的確促使我開始接觸中共黨史。1990 年初，我開始蒐集和閱讀晉察冀邊區的資料，1992 年在《中共黨史研究》第 4 期發表了《抗戰時期晉察冀邊區的農業》，這是我研究中共根據地史的處女作。此文雖然對以往所謂「直線上升」論提出了質疑，認為邊區農業生產呈曲折上升的趨勢，也談到農業生產的失誤和教訓，但總體上仍然沿襲了傳統的「政策——貢獻」框架，所謂失誤和教訓只是在「貢獻」之後一種輕描淡寫的「但是」表述，既沒有詳細探討政策措施的實施過程，更缺乏呈現其間的矛盾、衝突、艱難和複雜性。此後，我在《抗日戰爭研究》1994 年第 4 期發表了第二篇黨史文章《晉察冀邊區 1939 年的救災渡荒工作》，與上一篇一樣，其價值只能說以往學者關注較少，但在研究理念和方法上仍一如既往。讀博士之前，在《抗日戰爭研究》1996 年第 1 期發表了《抗日根據地社會史研究的構想》，意在呼應社會史復興的潮流，提出從社會史角度研究抗日根據地普通民眾的生活史，引起一些學者的興趣。不過，更多仍是領域或課題範圍的擴大，並沒有觸碰傳統革命史的思維方式。

攻讀博士、撰寫博士論文，迎來思想轉變的契機。我的畢業論文是《民國時期華北鄉村借貸關係研究》，不僅研究傳統借貸方式和現代金融機構的借貸，也涉獵中共根據地的革命式借貸。我在梳理中共減息廢債政策及其實施的過程時發現，農民既有減輕高利貸負擔的歡欣，也有政策執行後借貸停滯的痛苦。更沒想到的是，共產黨為此做過借貸政策上的妥協，甚至宣佈新的借貸利率自由。看來，減息廢債政策的推行比以往所謂雷厲風行要複雜得多，我由此開始了對傳統革命史觀的反思。博士畢業後，我在《中共黨史研究》2000 年第 3 期、《近代史研究》2000 年第 4 期以及《抗日戰爭研究》2001 年第 3 期相繼發表了《私人互助借貸的新方式——華北抗日根據地、解放區「互借」運動初探》、《論 1938–1949 年華北抗日根據地、解放區的農貸》、《華北抗日根據地私人借貸利率政策考》，都比較注重革命政策實施過程的描述，並將「績效與問題」並列起來討論，一定程度上體現了歷史的複雜性，多少改變了傳統革命史思維。

而後，兩年多的博士後是我對中共革命史研究的空檔期。我的博士後報告是以長江中下游地區為中心，繼續探討近代中國鄉村的借貸關係，但沒有涉獵中共革命借貸問題。出站後，在原來的基礎上接續中共革命史研究，在《歷史研究》2006 年第 3 期、《近代史研究》2006 年第 4 期先後發表了《革命策略與傳統制約：中共民間借貸政策新解》、《土地改革中的農民心態：以 1937－1949 年的華北鄉村為中心》。這兩篇文章比較充分地反映了革命與傳統、革命與鄉村、革命與農民關係的曲折和複雜性，是我用「新革命史」的理念和方法來研究中共革命史的標誌。與此同時，我成功申報國家社科基金課題和教育部人文社會科學研究基地項目，目標也是用新的理念和方法來探究中共革命與鄉村社會的複雜關係。

不過，至此我仍然只是在研究實踐中運用了較新的理念和方法，還沒有正式提出「新革命史」的說法。2008 年 10 月，山西大學主辦「中國社會史研究的理論與方法暨紀念喬志強先生誕辰 80 周年國際學術研討會」，為此提供了契機。我決定藉此會議，將對中共革命史研究的新想法寫出來，供大家討論。此文重新闡釋了中共革命史研究的重要價值、革命史的傳統書寫模式的問題以及向新革命史視角轉型的思路，這就是後來《中共黨史研究》2010 年第 1 期發表的《向「新革命史」轉型：中共革命史研究方法的反思與突破》的雛形。不過，文章的標題為《何以研究中共革命與鄉村社會》，並未突顯「新革命史」四個字，只是最後一節的標題為「向新革命史視角轉型」。翌年 9 月，南開大學中國社會史研究中心舉辦全國社會史研究生暑期學校，由我主講一次，我對上文的內容進行了充實，標題也改為《向「新革命史」轉型：中共革命史研究的社會史視野》。之後，又對標題和內容做了進一步修改，投稿《中共黨史研究》，正式發表。

文章發表後，一些中共革命史、社會史、鄉村史學者給予了積極評價，認為「創造性地提出了『新革命史』研究理念……可謂對中國革命史研究學科理論建設和實踐發展的重要貢獻」。「為中共黨史研究提供了一個新的理論範式，為中共革命史研究提供了一個新的解釋構架」。「不僅具有極強的可操作性，而且對於今後切實深化中共黨史研究具有積極的示範效應和普遍的指導意義。」[1] 以上評論顯然為過譽之辭，但的確使我深受鼓舞，大大增強了信心。

也有學者指出，應該進一步拓寬研究視角，以便更好、更全面地理解中共革命史的內容，這一建議推動我繼續思考。特別是經過數年的研究實踐，無論是個人研究還是指導博士、碩士研究，我發現《向「新革命史」轉型》一文主要強調中共革命史與鄉村史連接、國家與社會互動關係的視角兩個路徑有其局限性，至少還應該增加幾個方面，即突出基層社會和普通民眾的主體性、從全球史視野考察中共革命和開拓新的研究視點等。這一進展以《再議「新革命史」的理念與方法》為題，發表在《中共黨史研究》2016 年第 11 期。

以上就是我進入中共革命史的學習歷程、研究歷程和心路歷程。由此表明，「新革命史」的提出不是「眉頭一皺，計上心來」，而是經過了長期的、漸進的思考過程。這裏面，主要是對中共革命史研究進行學理性的反思，但也有對中共執政機制進行歷史溯源的目的。不能不說，與改革開放以來中國史其他領域相比，中共革命史研究的步伐是較慢的。

思考無止境。發表《再議「新革命史」的理念和方法》之後，我仍在琢磨如何更好地回答同行特別是青年學者的問題：「新革命史」是如何提出的，如何繼續完善「新革命史」的理念和方法，如何梳理比較成功的研究經驗和不足？本文即在以往基礎之上，對這些問題分別作的闡

❶ 如朱文通、把增強：《「新革命史」範式提升中共黨史研究》，《中國社會科學報》2014 年 1 月 29 日；行龍：《中國社會史研究向何處去》，《清華大學學報》2010 年第 4 期；黃道炫：《改革開放以來的中國革命史研究及其趨向》，《史學月刊》2012 年第 3 期；李曉蔚、朱漢國：《近年來中國當代社會史研究綜述》，《重慶社會科學》2011 年第 3 期；曹守亮：《中國當代政治史研究的回顧、反思與展望》，《黨史研究與教學》2014 年第 2 期；黃正林：《近代中國鄉村經濟史的理論探索與實證研究——評李金錚的〈傳統與變遷：近代華北鄉村的經濟與社會〉》，《中國農史》2015 年第 2 期；韓曉莉：《社會史視角下中共革命史研究的突破與反思》，《中共中央黨校學報》2015 年第 6 期；把增強：《中國近代鄉村史治史的新門徑——從李金錚〈傳統與變遷〉所見》，《史學月刊》2016 年第 2 期；滿永：《革命歷史與身體政治——邁向實踐的中共歷史研究》，《黨史研究與教學》2016 年第 1 期；朱文通：《新生代史學家的崛起與卓越追求——以李金錚教授及其新著《傳統與變遷》為例》，《河北學刊》2016 年第 6 期；魏宏運：《讀書與治學：李金錚教授學術研究散評》，《歷史教學》2016 年第 9 期。

釋，也是我自以為更加合理的表述。

二、「新革命史」的涵義與理念

如前所述，我是以 1949 年以前的中共革命史為例討論「新革命史」的理念與方法。其實，這一時期的中共革命不僅是中國近代革命史中的一段，也是整個中共革命史的一段。完整意義的革命史並不限於近代，而是延續至 1949 年中華人民共和國成立之後。有鑒於此，在界定「新革命史」的涵義和理念之前，先討論什麼是中國革命史？

眾所周知，二十世紀是人類歷史上變化最為劇烈的歷史時期，其變化之速度、廣度和深度都是空前的。這一個世紀的變化，大多可以稱之為「革命」性的變革，波及範圍極其廣泛，它不僅表現為工業革命、知識革命、技術革命，也表現為政治革命、社會革命。然而，在所有的革命領域，最能引發社會震蕩、最能影響歷史轉捩也最引人矚目者，當屬政治革命和社會革命。這就是我們通常所說的現代「革命」，它與傳統的農民暴動、改朝換代有着根本的區別。

就中國歷史而言，如果按照現代革命的標準來衡量，中國革命是指近代以來尤其是 1851－1978 年一百二十餘年間，中國人民為了獨立解放、自由民主和現代化建設而進行的一系列革命運動。依此判斷，太平天國農民戰爭、義和團運動、辛亥革命、國民革命、中共革命都屬於中國革命史的範疇。

這一時間斷限，打通了 1949 年前後的歷史間隔，與我們習以為常的以「1949 年」為止的界分有所不同。之所以如此，是因為 1949 年新中國成立之後的前三十年，儘管現代化建設是我們追求的目標，但戰爭年代革命的思維、革命的行動並沒有完全停止，繼續革命和現代化建設幾乎是同步進行的。革命與建設之間的矛盾、衝突及其效果暫且不論，總之革命仍在進行之中。當然，仍不能不說，1949 年仍是一個劃時代的重要節點。如果進一步劃分，大致可以說，1851－1949 年為中國革命史的前半場，1949－1978 年為中國革命史的後半場[1]。

不過，太平天國農民運動、義和團運動是否為現代意義的革命，學界是存有較大爭議的。胡繩認為，1840－1919 年中國近代史的前期史有三次革命高潮，即太平天國農民革命、戊戌維新和義和團運動、辛亥革命。[2] 但近些年來，一些學者對三次革命高潮的說法提出了質疑，認為前兩個稱不上現代意義上的革命。這一問題還可以繼續討論，如果是否定的，則中國革命史的起訖時間為 1911－1978 年，1911 年辛亥革命是一場現代意義的革命沒有任何疑義。在此期間，仍以 1949 年為分水嶺，1911-1949 年為中國革命的前半場，1949－1978 年為中國革命的後半場。

如果將中共革命史獨立出來，則是指 1921－1978 年中共革命的歷史。[3] 它同樣分為前半場和後半場，前半場即 1921－1949 年，後半場為 1949－1978 年，各有三十年的時間。我自己的研究已經涉及中共革命史的前半場和後半場，但更多精力仍是放在 1921－1949 年前半場。這一歷史階段的中共革命，既是中國近代史的重要組成部分，也是近代中國革命史的重要組成部分，還是中共革命史的重要組成部分。它不僅影響着中國近代史、中國近代革命史的結局，也與中國當代革命、與中國當代社會的發展進程有着十分密切的關係。我在論證「新革命史」的看法時所舉之例，仍然是 1949 年以前的中共革命史。

如果要給「新革命史」做一個比較明確而簡潔的界定，我想大致可以這樣表述：

新革命史是回歸歷史學軌道，堅持樸素的實事求是精神，力圖改進傳統革命史觀的簡單思維模式，重視常識、常情、常理並嘗試使用新的

---

❶ 新中國成立後前三十年仍是中共革命的延續，這點與王奇生的認識是基本一致的。王奇生：《中國革命的連續性與中國當代史的「革命史」意義》，《社會科學》2015 年第 11 期，第 151－152 頁）

❷ 參見胡繩《從鴉片戰爭到五四運動》，人民出版社 1981 年版，前沿及目錄。

❸ 也可往前適當追溯，毛澤東就講過，研究黨史，只從 1921 年起還不能完全説明問題，從辛亥革命説起差不多，從五四運動説起可能更好。（毛澤東：《如何研究中共黨史》（1942 年 3 月），《毛澤東文集》第二卷，人民出版社 1991 年版，第 402 頁）

理念和方法，對中共革命史進行重新審視，以揭示中共革命的運作形態尤其是艱難、曲折與複雜性，進而提出一套符合革命史實際的問題、概念和理論。

所謂實事求是的精神，就是回到歷史現場，從當時的歷史條件和語境下，考察人們是如何想、如何做的，不誇大也不縮小。所謂常識、常情和常理，是人們在日常生活中所獲得的經驗、知識、情理以及形成的行為習慣。諸如「人之常情」、「豈有此理」等，都含有此等意味。無論是歷史現象還是社會現實，我們僅憑此「三常」就大致能夠做出一個不太離譜的判斷。當然，「三常」畢竟更多是基於感性的認識，要想對社會事物進行更具說服力的解釋，還需要比較科學的理論和方法進行分析，從而由感性認識上升到理性認識。[1] 所謂「揭示中共革命的運作形態尤其是艱難、曲折和複雜性」，是「新革命史」所要達成的一個基本目標。至於「提出一套符合革命史實際的問題、概念和理論」尤其是「概念和理論」則是更高一層的追求，是從現象到本質的昇華，難度是相當之高甚至很難實現的。

「新革命史」中的「新」，並非像某些「新××」、「新××」那樣唯新而新，譁眾取寵，而是針對傳統革命史觀提出的一種必要的「新」。如果沒有傳統革命史觀這個前提，或者說如果傳統革命史觀不存在任何問題，那就沒必要提出什麼「新革命史」。正是因為傳統革命史觀在某些方面和某種程度上，與真正的歷史學研究有一些距離，已經阻礙了革

❶ 所謂理論和方法更多指相關學科的理論和方法。歷史學原本就是一門研究過去的社會的學問，而社會是包羅萬象的存在，要想深入解釋這個存在，就不能不需要相關的知識、理論和方法。然而，歷史學科本身難以「生產」理論，不用說專深的研究僅憑歷史學的資源很難解決所有的問題，即便是史實考證也可能依賴相關學科的支撐。歷史學者無論直覺能力多強，誰也不敢說完全靠歷史學方法就能完成研究任務，甚至從其他學科獲得的啟示比自己從事的歷史學科還多。就革命史而言，馬克斯．韋伯、巴林頓．摩爾、查爾斯．蒂利、西達．斯考切波等社會學家、政治學家的革命研究著作，就特別值得我們中國革命史學者借鑒。這是我們歷史學者心有不甘，但又無可奈何的事情。當然，我們應該有意識地將它們作為「僱工」而使用，而不是變為「東家」控制我們、消解我們。即便吸納了外來智慧，仍應強調歷史學包括革命史領域有其自身的獨立性，應有發現革命史的問題、概念乃至理論的雄心，並使它們成為相關學科的知識資源。

命史研究的發展，所以才有糾偏、革新和提出「新革命史」之必要。

那麼，傳統革命史觀的問題是什麼？籠統地講，其突出的表現有四點：

一是將革命時期的理論與研究革命史的理念混為一談。革命時期的理論是當時的革命宣傳，當然是有其道理的，但在後來和今天的歷史研究中，則已經變為歷史學者的研究對象，而不是指導歷史研究的理論了。如上所述，歷史學者應該用學術的理論和方法對革命史進行研究，才能真正提高理解和分析問題的能力。

二是與上一點相聯繫，將革命者、現實角色與歷史研究者混為一談，革命史學者自覺不自覺地將自己變成了革命者、變成了革命理論、政治話語的宣傳者。革命史學者不是不可以宣傳革命理論、宣傳革命史的重要性，但不能替代實際的歷史研究，歷史研究有其必須遵守的學術規範。

三是對中共革命的理解簡單化。其實，革命時期的領袖對中共革命的艱難、曲折和複雜性往往是有深刻認識的[1]，但後來的革命史學者尤其是傳統革命史著述沒有很好地繼承，反而為了抬高中共革命形象，將此遮蔽了。

四是所關注的對象更多限於「革命」本身，而且主要突顯了政治、黨派、主義、階級、英雄、反帝反封，而忽略了革命史的其他面相。[2] 中共革命本來是一場轟轟烈烈、多姿多彩的運動，革命內容可謂相當豐富，但傳統革命史著述，總給人一種乾癟枯燥之感。

「新革命史」就是一種試圖改進這種史觀的視角和方法[3]，將原本屬於

❶ 譬如毛澤東《關於十五年來黨的路線和傳統問題》(1937 年 6 月)，《毛澤東文集》第 1 卷，人民出版社 1993 年版，第 505–510 頁。

❷ 這種現象並非只存在於中國革命史領域，在整個中國近代史乃至古代史領域同樣存在。

❸ 在中國近代史學界，近些年一些學者針對傳統革命史觀之弊，提出以「現代化範式」來研究中國近代史。我以為，「現代化範式」一定程度上彌補了傳統革命史觀的缺陷，有其進步意義，但不能不説，它仍然是一種線性史觀，未能脱離「目的論」的邏輯，並遮蔽了中國近代史的許多豐富面相。

歷史的內容還給歷史，將某些政治宣傳意義的歷史與具有獨立學術價值的歷史區別開來。必須承認，中共革命史研究與其他歷史領域的確有一定的區別，它本來就有比較強的政治性，受現實政治、意識形態的影響較大。[1] 如何處理學術與政治的關係，是革命史、黨史學者面臨的極大難題。可能以往人們更多地關注政治與學術的矛盾和衝突，但我們能否尋求政治與學術的統一性，以便於學術的生存和發展？我以為，即便從現實政治和意識形態着眼，從維護和建立中共革命史的合法性出發，也不能僅僅靠口號式的宣傳、說教，否則就很產生應有的效果，甚至起了相反的作用。為什麼不少年輕學生不願意聽公共政治課程、革命史課程，為什麼歷史學界、中國近現代史學者從事中共革命史研究的比例很小，其道理即在於此。其實，我們完全可以通過嚴謹的學術研究，獲得使人信服的解釋和權威性力量，這才是今天黨史學者、革命史學者應有的擔當，也是「新革命史」研究的重要任務。

對於某些中共革命史的戲說尤其是極端「妖魔化」言論，我是堅決反對的。的確有人帶着有色眼鏡，專門盯問題，挑毛病，以「陰謀論」來裁決革命史。這種以偏概全、信口雌黃的「歷史虛無主義」做法，顯然違背了實事求是的基本原則。不過，稍作觀察就會發現，他們往往不是嚴謹的學者。這些離譜的言論原本是不值一駁的，但由於影響廣泛，也不能聽之任之，置之不理。但如上所述，真正有力的回應辦法，不是靠高喊「政治正確」的口號，更非以罵對罵，而是用經過史實考證的、真正有說服力的成果，以正視聽。在我看來，更重要的是如何對待一些嚴肅的學者所提出的「問題」。有人將一些學者呈現的中共革命中所遇到的「問題」理解為負面甚至是給共產黨抹黑的說法，就言過其實了。我認為，應該將革命中所出現的「問題」看作中共政權需要克服和戰勝

1 在國家學科設置上，中共黨史屬於法學門類、政治學一級學科。在中國大陸，絕大多數涉獵革命史的學者就是在此學科之內。在歷史學科之內，真正研究中共黨史、革命史的學者並不多。在我看來，中共黨史、革命史既可以獨立為一門學科，也可以是歷史學尤其是中國近現代史學科的一個分支。不過，它無疑是一門具有政治學色彩的學科。

的難題，經過從問題到難題的思維轉換，所謂抹黑論基本上就不成立了。進一步說，只有實現這種轉換，才能真正理解中共革命勝利來之不易，真正維護中共革命的合法性。[1]

我還要強調的是，「新革命史」並不是一個新的研究領域，更不意味着革命史本身有什麼問題，革命史是一個客觀存在，不因任何人的喜惡而發生變化，也即新革命史在研究對象、研究範圍與傳統革命史沒什麼兩樣。當然，在具體內容的取向上，可能偏重於以往關注相對較少的領域，但最大的變化是研究的視角和方法。[2] 其實，也不僅僅是革命史，幾乎所有史學領域都是如此，學術進步往往是由於新的視角和方法的推動才實現的。可以說，自 20 世紀初梁啟超提出「新史學」以來直到今天，無一例外。

我再強調的是，在學術史譜系中，反思不是苛責前人，而是避免事後重陷已有之誤；變革不是造反，不是「革命」，不是終結，而是改良，是揚棄，是超越。「新革命史」的理念和方法更多是針對傳統革命史觀之弊而言的，並不否定其具有解釋力的部分。譬如階級分析方法就依然具有一定的解釋力，除了這一方法與中國歷史實際有某些吻合之處，也因為中共革命本身就與階級鬥爭理論具有密切的聯繫。甚至整個馬克思主義理論體系，都依然具有強大的解釋力，它在許多方面與其他理論方法並不存在截然對立的矛盾。也許傳統革命史觀的更大問題在於排他性，也即將此作為解釋中國近現代史、革命史的唯一方法，而不是研究歷史的一種方法。

---

❶ 參見本書《從「問題」到難題的思維轉變：「中共革命勝利來之不易」一解》。

❷ 2016 年 5 月 17 日習近平總書記在哲學社會科學工作座談會上的講話中指出：理論的生命力在於創新。如果不能及時研究、提出、運用新思想、新理念、新辦法，理論就會蒼白無力，哲學社會科學就會「肌無力」。哲學社會科學創新可大可小，揭示一條規律是創新，提出一種學説是創新，闡明一個道理是創新，創造一種解決問題的辦法也是創新。（《人民日報》2016 年 5 月 19 日，第 1 版）按此而言，「新革命史」就是「一種解決問題的辦法」。

三、「新革命史」研究的方法

針對傳統革命史觀及其著述所存在的突出問題，我將「新革命史」的研究方法大致歸納為六個方面[1]，並用我熟悉或研究過的例子作出說明：

第一、注重革命政策與具體實踐的互動關係

「政策——效果」模式，是我概括的傳統革命史觀存在的第一個問題。如果通俗一點，也可以稱之為「兩頭」模式，即：一頭是中共政權的路線政策演變，另一頭是農民接受並獲得了利益，由此革命鬥爭、革命建設積極性大大提高。在這一宏大敘事中，最突出的問題是缺少了艱難、曲折、複雜的革命過程，從而削弱了革命史立論的根基。在此模式之下，我們不清楚革命的路線政策是如何出台的，哪些人主導或參與了討論，討論過程中發生了哪些矛盾和鬥爭。更不知道路線政策是如何進行具體實踐的，其間遇到了哪些困難，如何解決的？尤其是農民面對一個陌生的黨和政權，對革命的路線政策有什麼樣的反應，有無猶疑和掙扎？這些反應對革命的路線政策又產生了哪些影響？結果，中共政權與鄉村社會、中共革命與廣大民眾之間就變成了一種簡單的「揮手——跟隨」關係；共產黨的革命策略與農民的革命認同成了一種不證自明的邏輯。中共領導的農民革命儼然不費吹灰之力的神話，似乎不如此就不足以顯示中共領袖及其政權的正確性、權威性。

以抗戰時期中共根據地的錢糧徵收為例，在傳統革命史著述中，這是我們所看到的很典型的「政策——效果」模式。無論是合理負擔還是統一累進稅的徵收，都是先敘述共產黨的徵收政策、徵收辦法之後，然後就是農民負擔減輕、積極繳納錢糧與生產積極性提高的結果。從這

---

1 不是全面闡述，譬如史料，在「新革命史」理念和方法指導之下，相關史料範圍一定會擴大，此為應有之義，不贅。另外，中共革命根據地主要在鄉村，所舉例證中多為中共革命與鄉村社會的關係，但並不否認中共革命與城市社會的關係，這一層關係同樣值得研究。2017 年 10 月 14 日晚，在華中師範大學中國近代史研究所、歷史文化學院做「新革命史」講座，有一學生提出此問題，謹此致謝。

種描述中，我們看不到錢糧徵收政策的制定過程，更不清楚是如何徵收的，尤其看不到農民以及地主、富農對徵收政策的反應。事實上，在徵收錢糧過程中，既有農民的討價還價，也有地主、富農的抵制行為，為了少納錢糧而隱瞞「黑地」的現象一直存在。而從農村社會的常識常情常理來看，這是再正常不過的事情。除此以外，如果我們再參酌國家與社會互動的理論和社會博弈論的方法[1]，就更能理解中共革命政策和民間社會之間的互動作用，明白錢糧徵收過程中「上有政策，下有對策」的複雜關係。中共政權就是要想辦法解決這些困難，才完成徵收錢糧任務的。也正因為此，才彰顯了共產黨的能力和光輝，也證明了中共革命勝利來之不易。反之，如果像以往傳統革命史觀之下「一呼百應」式的稱頌，是否可以理解為降低了中共革命的形象了呢？

第二、挖掘基層社會和普通民眾的主體性

歷史創造的主體，既有英雄人物，也有普通民眾，但傳統革命史著述更多表現了上層權力和英雄人物，而忽略了基層社會和普通民眾的主體性，我認為這是傳統革命史觀存在的第二個問題。在這一慣性作法之下，我們不清楚基層社會是如何運作的，也不清楚普通民眾參加或支持中共革命的動力來自何處？應該說，這一問題與上一方面有某種程度的重合，但又有各自不同的角度。這一現象雖然在整個史學領域都存在，但在中共革命史中的表現更為突出。

以 1946－1949 年國共決戰時期的農民參軍為例，對於中共革命來說，它與錢糧徵收具有同等重要的意義。傳統革命史論著認為，農民參軍與土地改革之間存在着必然的關係，實行土地改革後，大批青壯年農民如同潮水般湧入人民軍隊。[2] 暫且不論這一認識是否正確，關鍵是在這種敍述中，我們看不到農民個體是如何看待參軍的，更看不到他們有

---

1. 參閱龐金友：《現代西方國家與社會關係理論》，中國政法大學出版社 2006 年版；（美）喬爾·S·米格代爾著、張長東等譯：《強社會與弱國家——第三世界的國家社會關係及國家能力》，江蘇人民出版社 2009 年版；張維迎：《博弈與社會》，北京大學出版社 2013 年版。
2. 胡繩主編：《中國共產黨的七十年》，中共黨史出版社 1991 年版，第 92、99、170、240－242 頁。

哪些具體的表現，農民的心態及其行為完全被後來者代言了。其實，只要我們從基層社會和普通民眾的主體性、能動性出發，只要打破為農民「代言」的慣性思維，就不難發現：農民的參軍動機是相當複雜的，有的農民的確是因為土地改革的「報恩」和「保衞勝利果實」而自願參軍，但更多農民的自願參軍，是出於獲得房地、衣食、錢財、解決個人和家庭困難等個人私利動機。還有一些農民不僅不領土地改革的恩情，反而以逃跑、裝病、自殘以及公開對抗等方式對參軍進行了躲避與抵制。還有一部分農民，是被迫參軍的。[1] 在那樣一個戰火紛飛的年代，農民的以上表現其實是完全符合常識常情常理的，試問有多少人願意主動冒生命之險呢？此外，如果我們學習和借鑒新政治史、新社會史和新文化史的方法，則更能加深對中共革命中基層社會和普通民眾的心態及其行為的理解。

小農經營方式下的農民，天生不是革命者。共產黨的能力就在於不僅能動員他們參軍，還能夠通過政治宣傳和思想改造等方法，使他們在參軍之後變為堅強的革命戰士，這也是共產黨與國民黨的本質差別，是中共革命勝利的一個重要原因。而傳統革命史觀為了肯定革命政策的正面效果，更多地突顯了農民土改報恩自願參軍的光輝一面，而遮蔽了農民參軍的其他面相。這種簡單化的思維到底是提升了中共革命的形象，還是降低了共產黨的作用呢？

第三、革命史與鄉村史相結合

對共產黨革命之前的鄉村史缺乏深入的了解和研究，從而影響了對中共革命史的深入解釋，是傳統革命史著述的第三個問題。中共革命根據地在鄉村，革命隊伍絕大多數也來自鄉村，中共革命帶有濃厚的「鄉土」特色，因此稱之為中國鄉村史的一部分也不為過。正因為此，傳統鄉村社會極大地制約着革命的理論和實踐，革命過程中出現的問題和困難也往往與鄉村社會基礎有關。但不能不說，以往傳統革命史學者基本

---

❶ 參見本書《「理」、「利」、「力」：農民參軍與土地改革關係考（1946–1949）》。

上是「純牌」的黨史學者、革命史學者，就革命史論革命史，就黨史論黨史，對鄉村史的了解和研究很少，由此缺少縱向的時間視野，缺乏連續性思維，這就使得中共革命成了無源之水，無本之木。

以根據地的民間借貸為例，在傳統革命史觀的表述之下，中共革命的減息廢債政策一以貫之，所向披靡，對傳統借貸特別是高利貸進行了革命性改造，解決了長期困擾在農民頭上的高利貸剝削。在此情況下，減息廢債政策受到農民的極大歡迎。但事實上，這只是問題的一面，還有另外一面，即減息廢債政策的推行並非像以往所說的那般簡單和順利，這一點是傳統革命史學者所忽視或者難以理解的。一是農民對共產黨的借貸政策表示過不理解乃至不滿。他們發現，在高利貸剝削減輕乃至廢除的同時，有餘錢餘糧者不敢再向外出借，因此面臨着借貸停滯的困難。另一個是，面對農民借貸的困難，中共政權對民間借貸政策進行了調整，自 1942 年以後實行借貸利率自由議定的辦法，而不是不像傳統革命史論著所描述的那樣完全是減息廢債政策。當然，在革命氛圍愈益激烈之下，新債利率能否做到完全自由是另一回事。[1]

其實，只要對傳統鄉村史有所了解和研究，就不難明白，借貸調劑對農家經濟和農民生活是多麼的重要，這早就是鄉村社會的常識、常情和常理了。而農民對中共減息廢債之後借債困難的埋怨，恰恰就是鄉村農民的正常反應。中共政權對借貸政策的調整，也不過是反映了鄉村社會的經濟基礎和農民的客觀需求罷了。可見，革命與傳統並不是完全對立的，革命史研究與鄉村史研究之間應該是相輔相成的。

第四、加強區域和層級間關係的研究

忽視中共革命區域與其他統治區域之間的關係以及中共革命區域內部不同地區之間、上下層級之間的關係，是傳統革命史觀存在的第四個問題。忽視這些「關係」的結果，就是革命史研究變得比較孤立、隔膜、自說自話。譬如抗日戰爭時期，暫且不談中共根據地與國統區、敵占區

---

❶ 參見本書《革命策略與傳統制約：中共民間借貸政策新解》。

之間犬牙交錯的關係，僅就根據地內部而言，它就包括中共中央和地方根據地之間的關係、不同根據地之間的關係以及一個根據地自身內部的關係。以往從多面關係的角度所進行的探討是極為有限的，即便那些稱為中共抗日根據地或華北抗日根據地一類的研究，也多是不同根據地敘述的疊加，而對以上所說的各種關係都未曾給予應有的注意，這就削弱了歷史的複雜性。

以中共中央和地方根據地之間的關係為例，傳統革命史學者之所以忽視這一關係，大概是基於一種不言而喻的認識：中共中央與地方根據地之間是指揮與服從、控制與被控制的關係，從而無需做進一步的研究。這一認識確有一部分道理，但同時也要看到，中共革命政權與中國歷史上的集權制有顯著的區別，它是一個在「正統」政權統治之下的「局部執政」。如果說中共中央政權是一種「割據」性存在，那麼它下面的地方根據地就更非鐵板一塊了。一旦我們有意識地強化「關係」史的視角，就更能發現，在交通工具落後、敵人封鎖嚴密的惡劣環境下，中央不可能對地方根據地實行完全的控制，這就為地方的獨立性、自主性提供了空間。抗日戰爭時期更是如此，在國共合作和承認國民政府領導的情況下，中共除了中共中央、中央軍委以外，並未像蘇區時期那樣建立一套中央一級的行政機構，這似乎是一個以往極少注意的現象。陝甘寧邊區政府雖是中共中央所在地，其重要領導崗位也主要是由中共領導幹部擔任的，但名義上仍是國民政府承認的地方政權，不可能以邊區政府的名義對地方根據地發號施令。正因為此，中共中央對地方根據地的控制主要是黨和軍隊，而對於政務則更多是負政策指導之責，地方根據地在經濟、金融乃至土地政策等方面都具有較多的自主性，二者之間並非完全步調一致，而是具有統一與分散的對立統一性。在此情況下，地方根據地顯示出高度的創造性，甚而影響了中共中央的決策。[1]

可見，只要加強區域和層級間關係的研究，就可以進一步揭示中共

---

❶ 參見本書《抗日根據地的「關係」史研究》。

革命的複雜性和多面性。

第五、從全球史視野研究中共革命

對中共革命與世界其他國家和地區尤其是發生過革命的國家和地區的關係缺乏了解和研究，是傳統革命史觀存在的第四個問題。20世紀是革命的世紀，不能將中共革命僅僅理解為在中國發生的一場革命，而是將其作為世界民族革命的一員，中共革命既是地方的，也是世界的。以往傳統革命史學者很少意識到這一問題的重要性，更多只就中共革命談中共革命，從而難以看到中共革命的特色、中共革命在世界革命中的地位以及與其他革命的聯繫與區別。要想跳出這種單一的「地方」革命局限，可以借鑒全球史視野，即跨越不同國家和地區之間的邊界，強調相互之間的聯繫、交往、互動和比較。[1] 立足於此，可以嘗試從兩個角度對中共革命進行考察：

一是中共革命與其他國家或地區的關係。這些國家既包括與中共革命具有密切關係的蘇聯，也包括歐洲、日本、美國以及朝鮮、越南、東南亞等國家和地區；既包括支持過中共革命的國家和地區，也包括反對中共革命的國家和地區。最值得關注的是，諸國家和地區對中共革命產生了哪些影響，反過來中共革命對這些國家和地區又產生了哪些影響？尤其是，革命信息在不同國家和地區是如何傳播和交流的，如何構成了世界性的革命？

二是更為重要的是，將中共革命與其他國家或地區的革命進行比較，以突顯其特性。比如關於革命的背景與革命的結果之間的關係，中共革命就有自己的特點。世界上許多國家的勞苦大眾都受到帝國主義、封建主義和殖民主義的壓迫，也有共產黨組織，但為什麼很少像中共革命那樣獲得了成功的，中共革命一定有其特別之處。又如戰爭與革命的關係，一般說來，居於統治地位的政黨能夠從戰時民族主義中獲益，但在中國，日本侵華戰爭的得益者不是處於統治地位的國民黨，而是敵後

---

❶ 參閱夏繼果《全球史研究：互動、比較、建構》，《史學理論研究》2016 年第 3 期。

游擊區的共產黨。[1]

可見，全球史視野有助於理解中共革命的獨特性和世界價值。當然，從全球史視角對中共革命史進行研究，所要求的外語程度較高、知識結構更加複雜，研究之大不言而喻。恐怕單憑革命史學者乃至中國近現代史學者都是無法完成的任務，有待多科學的交流與合作。

第六、開拓新的研究視點

研究論題主要集中於政治、經濟和軍事事件，而對其他豐富面相有所忽略，是傳統革命史著述存在的第六個問題。這些面相，既是革命史本身已有的內容，也是當今國際學術潮流所關注的問題，具體講就是話語、符號、象徵、形象、想像、認同、身份、記憶、心態、時間、空間、儀式、生態、日常生活、慣習、節日、身體、服飾、影像、閱讀等等。諸此之類，在新政治史、新社會史、新文化史等領域都多有探討，但傳統革命史學者仍是鮮有涉及的。譬如：

我們特別熟悉中華、民族、國家、政治、經濟、社會、人民、群眾、農民、自由、民主、平等、富強、革命、解放、共和、社會主義、道德、封建、階級、五四、敵人、帝國主義、半殖民地、統一戰線、根據地、游擊戰等話語、概念和名詞，問題是：它們在中共革命進程中是如何建構和演變的，與革命之前的歷史有何關聯，與革命之後的政治、社會關係又是如何？話語實踐對中共革命產生了什麼影響？

歷史學者很注重挖掘歷史記憶，但這裏不是指革命親歷者的歷史記憶，而是共產黨如何運用歷史記憶服務於革命的目標。進一步說，就是對中華歷史、民族英雄史、農民戰爭史、近代以來的革命史，如何通過加工服務於革命的宣傳和動員之中？這些歷史記憶與革命需求有無衝突，如何解決的？新的民族集體記憶對革命產生了哪些影響？

我們是否可以生態環境的視角，探討中共革命與生態環境的互動關係？革命根據地多名之為「邊區」，本身就表明了生態環境的重要性。

---

❶ 南開大學歷史系編:《中外學者論抗日根據地》，檔案出版社 1992 年版，第 535–536、610–611 頁。

我們應該關注的是，自然生態環境對革命政權的策略、手段和行為有何制約？反過來，革命政權的策略、手段和行為對當地的自然生態環境又產生了哪些影響？

任何時期任何人都離不開日常生活，那麼，中共革命下不同人群的日常生活是怎樣的，與革命前有什麼變化？日常生活與政治、經濟、軍事的關係如何？一般都想像，士兵就是打仗的，其實也有自己的日常生活，包括婚姻、疾病、衣食住行、閒暇娛樂等。

一切具有符號意義的象徵物，都可能為政權所用。那麼，服飾、旗幟、徽章、圖像、標語、紀念碑、遺址等象徵物是如何被中共革命作為一種力量運用的，對民眾的革命認同和政權認同產生了哪些影響？這些象徵物如何體現了政治與社會的新舊交替？

可以斷言，開拓以上每一個視點或者說每一個「碎片」都可以增加革命史研究的角度和內容，都能深化革命史的認識，頗令人期待。

必須說明的是，以上六個方面或維度只是針對傳統革命史著述所存在的突出問題而提出的。[1] 不過，這些問題不一定都在革命史範疇，也在其他歷史領域或多或少地存在，「新革命史」的研究取向同樣是適用的。

四、「新革命史」研究的實踐

任何學術理念、方法與具體實踐的關係，都不是先後、切割而是一個連綿不斷的互動過程。就我個人而言，如本文第一節所述，「新革命史」的理念和方法的提出本來就是一個較長時間的研究實踐和不斷思考

---

[1] 它決不意味着完全了、結束了，我們應持一種開放、包容的態度，甚至可以說，一切能夠反思傳統革命史觀、進一步推動革命史研究者，皆可視之為新革命史。譬如社會學者應星提出的「革命的社會學研究」，給人頗多啟示，他認為，從中國共產黨的基本文獻和組織結構入手，將那些原本被視為意識形態的術語及規則如民族革命與與民主革命、民主集中制、群眾路線等轉化為學術分析對象，由此理解中國共產黨獨特的政治文化及其所產生的複雜的歷史效果。（應星：《「把革命帶回來」：社會學新視野的拓展》，《社會》2016 年第 4 期，第 13–35 頁）以往革命史學者對這些研究對象不是沒有注意，而是缺乏政治文化、政治文明的視角。當然，從我所理解的「新革命史」來看，以上問題也需要結合基層社會、普通民眾以及各種「關係」等視角才能進行透徹的研究。

的過程，二者相互促進，相輔相成。在正式提出之前，已經開始運用這一理念和方法研究中共華北根據地、解放區的借貸關係、土地改革中的農民心態等問題。2010 年正式提出之後，除了《再議「新革命史」的理念與方法》之外，還發表了六篇或大或小與中共革命史有關的文章：

《從「問題」到難題：「中共革命勝利來之不易」一解》（《社會科學輯刊》2017 年第 1 期），強調只有體現中共革命過程的艱難、曲折和複雜性才能真正理解「中共革命勝利來之不易」。這一過程中所呈現的一些「問題」，不能理解為「抹黑」，而是中共克服的難題。《農民何以支持與參加中共革命》（《近代史研究》2012 年第 4 期），梳理和總結了國內外學者對於中共革命與農民之間關係的論爭，強調重視農民的主體性、能動性，打撈被遮蔽的農民的聲音。《抗日根據地的「關係」史研究》（《抗日戰爭研究》2016 年第 2 期），以抗日根據地為例，強調研究中共革命區域與其他統治區域之間的關係以及中共革命區域內部不同地區之間、上下層級之間的關係，改變中共革命研究的孤立、隔膜狀態。《外國記者的革命敘事與中共形象》（《河北學刊》2015 年第 3 期、2016 年第 2 期），通過無黨無派的外國記者對中共革命的觀察和記述，比較客觀地呈現局部執政時期中共的理念、行為、績效和精神面貌。《「理」、「利」、「力」：農民參軍與土地改革關係考（1946－1949）》（台北《中央研究院近代史研究所集刊》第 93 期，2016 年），提出農民參軍除了與土改報恩和保衞勝利果實有關，更多的是出於自利動機，也有躲避乃至抵制的現象，但共產黨有能力將他們變為堅強的革命戰士。《歷史教科書中的「紅軍長征」》（《蘇區研究》2016 年第 5 期），以紅軍長征為例，指出海內外中國近現代史教科書中對中共革命史的描述有諸多不統一乃至矛盾之處，教科書如此，其他著述更可想而知。此外，我還將觸角延伸之後革命時期，發表了《問題意識：集體化時代中國農村社會的歷史解釋》（晉陽學刊》2011 年第 1 期）、《勞動、平等、性別：集體化時期太行山區男女的「同工同酬」》（《中共黨史研究》2012 年第 7 期）等文章，不贅。

以上成果，儘管有的不一定完全具有我所界定的「新革命史」的意味，但大致能夠反映出我的努力和追求。迄今，我還積累了數十個題目，有的自己正在進行研究，有的建議博士生、碩士生作為論文選題。此外，為南開大學歷史學院本科生開設了「新革命史」課程，博士生招生設立專門的「新革命史」方向，為中國近現代史專業博士生開設「新革命史研究」課程。培育相關人才，也算是我倡導「新革命史」研究的重要組成部分。

我指導的博士論文、博士後報告，與新革命史相關者已有十數篇，主要有：《中共革命、工作隊與華北鄉村（1946–1949）》，《利益、制度與信仰：抗戰以來華北革命根據地基層幹部研究（1937–1949）》，《中共士兵、革命政權與華北鄉村：1937–1949》，《中共黨員與鄉村革命：以1937–1949年的華北鄉村為中心》，《困局與應對：抗戰時期中共精兵簡政研究——以華北抗日根據地為中心》，《中共革命與華北鄉村租佃關係的變遷》，《華北根據地、解放區農業建設研究（1937–1949）》，《革命與傳承——晉西北互助合作運動之研究（1940–1949）》，《中共革命與太行山社會文化的變遷》，《中共革命政權與煙毒治理研究——以華北鄉村社會為中心（1937–1949）》，《流動的革命：華北解放區南下幹部研究》。此外，還有中共革命後半場的《中共政權對天津的接管研究》，《1949–1966年天津的疫病及其防治》，《水利與民生：「根治海河」運動與流域鄉村社會研究》，《涼山彝族地區民主改革研究》等。碩士論文也有涉獵，如家庭手工業、民間文化、陋俗改造、社會流動、英雄模範、堡壘戶等。有的論文出版後，獲得學界同行的高度評價。如齊小林的博士論文《中共士兵、革命政權與華北鄉村》，以《當兵：華北根據地農民如何走向戰場》為題在2015年由四川人民出版社出版，有學者認為該書「回答了前人沒有關注或沒有解決的一系列重要問題，提出了有別於傳統認識的新觀點。」[1]

---

1 把增強：《探尋中共根據地農民如何走向戰場的多維面相——讀齊小林〈當兵：華北根據地農民如何走向戰場〉》，《抗日戰爭研究》2017年第2期，第155頁。

以上成果，大多以華北根據地、解放區為研究區域，討論的主要是中共革命與鄉村社會的關係，還鮮有探討中共革命區域與其他統治區域之間的關係以及中共革命區域內部不同地區之間、上下層級之間的關係，也沒有從全球史視野研究中共革命，沒有觸及新的革命史研究視點，諸此都是今後應該努力的方向。

相關學者也或早或晚地發表了在我看來屬於「新革命史」的論著，當然作者是否認可是另一回事。僅以 1949 年以前中共革命史特別是中共革命與鄉村社會的關係為例，比較有影響的專著有：何高潮《地主、農民、共產黨：社會博弈論的分析》，香港牛津大學出版社 1997 年版；黃道炫《張力與限界：中央蘇區的革命（1933－1934）》，社會科學文獻出版社 2011 年版；黃金麟《政體與身體——蘇維埃的革命與身體》，台北聯經出版事業股份有限公司 2005 年版；孫江《近代中國の革命と祕密結社——中國革命の社會史的研究（1895－1955）》，汲古書院 2007 年版；丸田孝志《革命の儀禮——中國共產黨根拠地の政治動員と民俗》，汲古書院 2013 年版等。較有代表性的論文主要有：劉昶《在江南幹革命：共產黨與江南農村，1927－1945》，《中國鄉村研究》第一輯，商務印書館 2003 年版；王奇生《黨員、黨組織與鄉村社會：廣東的中共地下黨(1927－1932 年)》，《近代史研究》2002 年第 5 期；應星《中共早期地方領袖、組織形態與鄉村社會：以曾天宇及其領導的江西萬安暴動為中心》，《社會》2014 年第 5 期；孫江《革命、土匪與地域社會——井岡山的星星之火》，《二十一世紀》2003 年第 12 月號；黃文治《山區「造暴」：共產黨、農民及地方性動員實踐——以大別山區中共革命為中心的探討（1923－1932）》，《開放時代》2012 年第 8 期；孟慶延《「讀活的書」與「算死的賬」：論共產黨土地革命中的「算賬派」》，《社會》2016 年第 4 期；黃正林《地權、佃權、民眾動員與減租運動——以陝甘寧邊區減租減息運動為中心》，《抗日戰爭研究》2010 年第 2 期；韓曉莉《戰爭話語下的草根文化——論抗戰時期山西革命根據地的民間小戲》，《近代史研究》2006 年第 6 期；孫江《文本中的虛構——關於「黎城離卦道事件調查報告」之閱讀》，《開放時代》2011年第4期；胡永恆《陝甘寧邊區民事審判中對六法全書的援用——基於邊區高等法院檔案的考察》，《近代史研究》2012年第1期；李裏峰《「運動」中的理性人——華北土改期間各階層的形勢判斷和行為選擇》，《近代史研究》2008年第1期；李放春《苦、革命教化與思想權力——北方土改期間的「翻心」實踐》，《開放時代》2010年第11期；郭於華《訴苦：一種農民國家觀念形成的中介機制》，載楊念群主編：《新史學》，中國人民大學出版社2003年版；張佩國《山東「老區」土地改革與農民日常生活》，《二十一世紀》2003年4月號；黃道炫：《洗臉—— 1946年至1948年農村土改中的幹部整改》，《歷史研究》2007年第4期；徐進《政治風向與基層制度：老區村幹部「貪污問題」》，《近代史研究》2012年第2期；岳謙厚、黃欣《「郭四顆事件」與「反封先鋒」的構建》，《中國鄉村研究》第七輯，福建教育出版社2010年版；楊豪《象徵的革命與革命的象徵：以華北解放區翻身運動中的儀式為中心》，《江蘇社會科學》2015年第3期；李軍全《肖像政治：1937－1949年中共節慶中的領導人像》，《抗日戰爭研究》2015年第1期，等等。以上所列顯然還不能涵蓋所有相關學者，而且有的學者發表了多篇相關論文，此處僅擇一篇。這些成果具有多學科色彩，不僅有歷史學者，也有社會學者、人類學者、政治學者。他們都衝破了傳統革命史範式，用較新的理念和方法對中共革命史尤其是革命與社會、革命與民眾的關係進行了深入的分析，得出了耳目一新的看法。當然，也不能不說，與我和我的學生一樣，仍有諸多方面尚未論及。

總之，既有的成果為今後的研究奠定了學術對話的基礎，而沒有觸及的方面為今後的研究提供了廣闊的空間。「新革命史」的目標是非常明確的，既要在「寫什麼」上有所突破，更要在「怎麼寫」上有所作為，由此形成中共革命史研究的新局面、新境界、新高度。

原刊《江海學刊》2018年第2期

從「問題」到難題的思維轉變：「中共革命勝利來之不易」一解

1949年10月新中國成立後，海內外社會各界尤其是學術界一直沒有停止討論一個最基本的命題——中國共產黨為什麼取得了革命的勝利？討論的焦點一般集中於兩個方面：一是中共革命成功的經驗，比如「統一戰線」、「黨的建設」、「武裝鬥爭」三大法寶。應該說，對於革命成功經驗的探討是最多、也最深入的。另一個方面是中共革命勝利來之不易，比如共產黨的仁人志士和普通民眾為了革命而拋頭顱、灑熱血，革命勝利是用他們巨大的奉獻和犧牲換來的。與此相聯繫，也會談到中共革命遇到困難和克服困難的過程，尤其是「左」傾機會主義者對革命造成的巨大危害和革命失敗的慘痛教訓。不過，相比而言，對中共革命遇到那哪些困難，為什麼暫時遭到了挫折，中共又是如何克服困難、如何走出困境的，仍遠遠關注不夠、研究不夠，鮮見具有強大解釋力的論著。這一狀況，不僅對中共革命史的深入研究是不利的，也不利於中國共產黨汲取歷史的經驗教訓，更不利於推進社會主義建設事業的順利發展。

之所以如此，原因很多，很複雜，但有一個原因是必須提到的，這就是，有人以為，揭示困難、困境就是暴露中共革命的「問題」，就是給共產黨抹黑，就是影響了中共革命的光輝。如果中共革命存在如此多的「問題」，革命還能成功嗎？

應當說，的確有人帶着有色眼鏡，專門盯問題，挑毛病，以「陰謀論」來裁決革命史。這種以偏概全的「歷史虛無主義」做法，顯然違背了實事求是的基本原則。但他們往往不是嚴謹的學者，而是藉助網絡，匿名發帖，擾亂思想，破壞秩序。這些離譜的、聳人聽聞的言論原本是不值一駁的，但由於影響廣泛，也不能聽之任之，置之不理。但有力的回應辦法，不是高喊「政治正確」的口號，更非以罵對罵，而是經過史實考證，用真正有說服力的成果，以正視聽。在我看來，批駁這些極端言論並不是特別費力，而是如何對待一些嚴肅的學者所提出的「問題」。針對有人將中共革命所遇到的「問題」理解為負面，甚至是給共產黨抹黑的說法，我則認為，如果反向提出，將革命中出現的「問題」視為中共政權需要克服和戰勝的難題，所謂抹黑論就基本上不成立了。進一步說，只有實現從「問題」到難題的話語轉換，且講全、講深、講透，才能真正理解中共革命勝利來之不易，並真正維護中共革命的合法性。

「左」傾機會主義給中共革命造成的問題和危害，是我們最熟知的例子。即便如此，也不能將揭示這些問題僅僅理解為「問題」，更不能理解為抹黑，而是應該作為中共革命所遇到的難題來對待。任何一場規模巨大的革命，都是前所未有的實驗，都不是一片坦途，都可能出現種種難以預料的問題。關鍵是領導者有無應對問題的勇氣和決心，有無解決難題的辦法，是否最終獲得了勝利。歷史證明，共產黨不僅做到了，而且還獲得了成功。其間儘管有反覆，但也正因為此，更加體現了中共革命的艱難、曲折，更能證明中共革命的偉大。否則，何談革命勝利來之不易？當然，「左」傾現象的反覆出現的確值得反思和研究。

中共革命所遇到的問題，更多地不是表現於「左」傾機會主義傾向，而是共產黨如何動員農民支持革命、參加革命或者說廣大農民如何對中共革命認同的過程。[1] 在傳統革命史觀的著述中，為了表現共產黨的偉大、權威和正確，將中共政權與廣大民眾之間視為簡單的「領導」與「被領導」，「動員」與「被動員」、「控制」與「被控制」、「揮手」與「跟隨」的關係，將共產黨的領導策略與農民的革命認同之間呈現為一種必

---

❶ 參見本書《農民何以支持與參加中共革命》。

然的、理所應當的邏輯關係，輕而易舉的結果。譬如：中共實行土地改革政策，給人們呈現的是雷厲風行、所向披靡。農民不僅很快接受了土改政策，而且在獲得了土地之後，革命積極性大大提高，大批青壯年如潮水般湧入人民軍隊。[1] 又如，中共實行革命性的錢糧徵收政策後，不僅解決了根據地、解放區的財政收入，農民的負擔也大大減輕，生產積極性和革命積極性隨之提高。[2]

那麼，事實究竟如何呢？當然不會如此簡單。在中共建立根據地、解放區之前，農民一直生活在傳統社會之中，或主動或被動地認同傳統的租佃制度、僱傭制度和借貸制度，因此他們的直接反應是，不願意或者說不敢響應對他們極為有利的土地改革政策。[3] 農民因為獲得了土地，有的會基於感恩和保衛勝利果實之心而參加到革命隊伍，但更多的人並不是因為土改，而是為了獲得其他私利而參軍，更有農民躲避乃至抵制參軍和被迫參軍的。[4] 至於錢糧徵收，農民也多不會抱着歡迎的態度積極繳納，而是依然按照傳統的方式，通過隱瞞「黑地」的方式規避徵收，對徵收數額也是討價還價。以上現象顯然是中共革命過程或者說中共政策「地方化」中遇到的問題，更是難題。尤其值得注意的是，這些問題更多是傳統社會的慣性力量帶來的，而非中共革命本身滋生的。但恰恰是這些難題，被僅僅關注「政策—效果」的人忽視了，反而視為突出了革命的所謂「問題」和「陰暗」面，有損於中共革命的光輝。他們更忽視了中共政權解決這些難題的過程，其實正是經過這一過程，才得到了應該得到的結果。具體地說，通過階級意識的啟發，通過訴苦，解決了

---

❶ 胡繩主編：《中國共產黨的七十年》，中共黨史出版社 1991 年版，第 92、99、170、240－242 頁。

❷ 魏宏運、左志遠主編：《華北抗日根據地史》，檔案出版社 1990 年版，第 128－132、215－219 頁。

❸ 參見李金錚《土地改革中的農民心態：以 1937－1949 年華北鄉村為中心》，《近代史研究》2006 年第 4 期；《革命策略與傳統制約：中共民間借貸政策新解》，《歷史研究》2006 年第 3 期。

❹ 參見李金錚《「理」、「利」、「力」：農民參軍與土地改革關係考（1946－1949）——以北嶽、太行和冀南區為例》，《台灣中央研究院近代史研究所集刊》第 93 期，2016 年。

農民地主之間「誰養活了誰」的思想觀念，從而推動農民投入到土地改革運動之中；通過調整民間借貸政策，緩解乃至解決了減息廢債和借貸停滯之間的矛盾；通過政治思想工作和物質利益的刺激，使為了各種私利參軍和被迫參軍的農民變成真正的革命戰士；通過調查土地分配、反「黑地」鬥爭，儘量合理地分配負擔，促使農民繳納錢糧。當然，問題產生和解決難題始終處於矛盾和統一之中，問題的反覆出現同樣值得反思和研究。

無論如何，正是經歷了以上過程，才真正反映了中共革命勝利來之不易。相反，如果僅僅像傳統革命史著述所描述的那樣簡單，表面上看似乎是極大地抬高了中共革命的偉大形象，實際效果卻是相反的。因為誰也不會認為簡單的革命是可敬的，這應該是不難理解的道理。所謂「好心辦壞事」，斯之謂也！

近些年，針對傳統革命史觀所存在的問題，我提倡中共革命史研究要向「新革命史」轉型，也許可以為「中共革命勝利來之不易」的研究提供一定的理念和和方法支撐。概括地說，新革命史是回歸歷史學軌道，堅持樸素的實事求是精神，力圖改進傳統革命史觀的簡單思維模式，重視常識、常情、常理並嘗試使用新的理念和方法，對中共革命史進行重新審視，以揭示中共革命的運作形態尤其是艱難、曲折與複雜性，進而提出一套符合革命史實際的問題、概念和理論。[1] 這一理念和方法，既可以對中共革命勝利之道，也能對中共革命遇到的困境，作出具有說服力的解釋。我要特別強調的是，冷靜、理性的態度、同情理解的精神是研究一切歷史領域的不二法門，一切極端的情緒化的表達，無論是左派還是右派，都不能視之為學術，都應該反對。

原刊《社會科學輯刊》2017 年第 1 期

---

❶ 參見本書《再議「新革命史」的理念與方法》《向「新革命史」轉型：中共革命史研究方法的反思與突破》。

抗日根據地的「關係」史研究

任何社會、事物和現象，都是由「關係」及其相互作用聯結而成的，並由此形成「聯繫」的客觀性和普遍性。正是從這個意義上，一切歷史也可以說是「關係」史。歷史研究的一個重要任務，就是挖掘和揭示各種「關係」的互動性、豐富性和複雜性。在抗日戰爭時期，中國的政治版圖發生了前所未有的變化，國統區、中共抗日根據地、敵占區三個區域同時並存，各個區域以及區域內部的關係犬牙交錯，波詭雲譎。每一區域既是相對獨立的存在，又不是孤立的存在，而是與其他區域發生「關係」的產物。不同區域之間的複雜關係，形成了整體的抗日戰爭史。這一迷離的形態和格局，為歷史學者提供了難得的機遇，但無疑也增加了研究的難度。

試以其中一個區域，來說明以上意涵。譬如，關於中共抗日根據地，要想做出真正有深度的研究，就必須以此為中心呈現「關係」的多面性。它至少包括這樣幾個關係：根據地自身內部的關係，不同根據地之間的關係，根據地與國民黨敵後游擊區的關係，根據地與大後方國統區的關係，以及根據地與敵占區的關係。除此以外，或許還應該涉及根據地與其他國家的關係。然而，不能不說，以往學界也包括我自己，對抗日根據地的研究，多是孤立的個案，從多面「關係」的角度所進行的探討，還是有限的。即便那些稱為中共抗日根據地或華北抗日根據地一類的研究，也多是不同根據地敘述的疊加，而對各個根據地之間的關係，以及根據地發展過程中與國統區、淪陷區乃至其他國家之間的關係，都未曾給予應有的注意。結果，使得本來極其複雜的歷史顯得簡單化了。

再進一步，就抗日根據地內部而言，這裏面同樣存在着諸多層面的「關係」，譬如政治、軍事、經濟、文化、社會等方面的相互關係。應當說，在一些個案研究中，這些「關係」都曾受到學者較多的關注。但還有一個「關係」，卻似乎被忽略了，這就是中共中央與地方根據地之間的關係，也可稱之為「央地」關係。這是一個特別有意思的問題，我想就此略談一點想法。

學界之所以對根據地的「央地」關係有所忽略，大概與一種不言而喻的認識有關，即：中共中央與地方根據地之間，是指揮與服從、控制與被控制的關係，從而無需做進一步的研究。應該說，這一認識有一部分道理。共產黨自從建立根據地以來，無論是蘇區時期還是抗日戰爭時期，中共政權所施行的都是比較單一的集權制，而非地方分權模式。在這種體制下，中央對地方擁有巨大的權威，地方沒有太多的自主性，這恰恰使得共產黨能夠完成其他政黨政權往往不能完成的目標。不過，與此同時，我們也要看到，在革命戰爭時期，中共政權與中國傳統歷史的一統集權制有顯著的區別，它是一個在「正統」政權統治之下的「割據」性政權。也正因為此，中共政權被稱為「局部執政」。抗戰時期，中共特別提倡孫中山的地方自治思想，恐怕這也是一個重要的原因。如果說，中共中央政權是一種割據性存在，那麼它下面的地方根據地就更非鐵板一塊了。在交通工具落後、敵人封鎖嚴密的惡劣環境下，中央不可能對地方根據地實行完全的控制，這就為地方的獨立性、自主性提供了空間，但隨之也就一定程度上消解了所謂單一集權制的力量。

在蘇區時期，中共與國民政府完全對立，建有獨立的中華蘇維埃共和國中央政府及其行政機構，而到抗戰時期，在國共合作和承認國民政府領導的情況下，中共除了中共中央、中央軍委以外，並未建立中央一級的行政機構。這似乎是一個以往極少注意的現象。陝甘寧邊區政府雖是中共中央所在地，但名義上是國民政府承認的地方政權。儘管邊區政府的重要領導崗位主要是由中共領導幹部擔任的，但與中央行政機構並不是一回事，所以它不可能以邊區政府的名義對地方根據地發號施令。也正因為此，中共中央對地方根據地的政務，主要是負政策指導之責，地方根據地具有較多的自主性，二者之間並非完全步調一致，而是具有統一與分散的對立統一性。

地方根據地的自主性，主要表現在經濟方面。以財政稅收為例，中共中央更多是從原則上強調發展經濟、保障供給的策略，而財政收支的具體解決則各有辦法。中共中央、中央軍委直屬機構的財政，主要是依靠陝甘寧邊區政府（以及國民政府）解決的，而與地方根據地無關。相反，地方根據地的財政，則對中央也無財政責任，主要是自行決策，自行收支。其中一個典型例子是，1940 年、1941 年，當晉察冀邊區、晉冀魯豫邊區由過去的合理負擔政策轉行統一累進稅時，晉綏邊區、山東根據地仍然實行合理負擔政策。陝甘寧邊區在抗戰期間則一直徵收救國公糧，1942 年又增加了一種農業統一累進稅。這表明，不同根據地具有財政稅收上的獨立性。

金融更是如此。中央沒有設立央行，只是強調儘量減少通貨膨脹的基本原則，而地方根據地則不僅設立了自己的銀行，還實行獨立的貨幣政策。陝甘寧邊區在 1937 年 10 月就成立了邊區銀行，但並沒有發行自己的貨幣，而是仍以國民政府法幣為市場流通的主幣。只是由於輔幣缺乏，第二年以光華商店的名義發行了代價券。直到 1941 年 1 月，才發行邊幣，禁止法幣的使用。晉察冀邊區則不同，1938 年 3 月邊區銀行一成立，就馬上發行邊幣，而且在 3 個月後頒佈了禁止法幣的法令。山東根據地於 1938 年 8 月成立北海銀行，發行北海幣，但與法幣同時流通，直到 1942 年初才禁止使用法幣。晉冀魯豫邊區於 1939 年 10 月成立冀南銀行，發行冀鈔，也與法幣同時流通，但到翌年 7 月就禁止法幣使用了。以上事實，如果在一個統一的集權體制之下，是難以想象的。

土地政策更能說明問題。「減租減息」是最能反映抗戰時期中共革命的目標和策略的，但令人驚奇的是，直到 1942 年 1 月以前中共中央竟未制定和頒佈一個統一的土地政策。我查閱了這一時期幾乎所有的中共中央文件，發現有 14 個對「減租減息」有所提及，但沒有一件是以減租減息的名義發佈的。[1] 陝甘寧邊區雖然是中共中央所在地，但從減租減息措施的制定和實踐來看，卻不是先行者，而是晚於華北抗日根據地的。陝甘寧邊區在 1937－1941 年僅為口頭宣傳階段，只有綏德分區在 1940 年 7 月公佈過《減租減息暫行條例草案》，但該草案並未實施，邊區政府甚至指示綏德分區「暫不頒佈減息條例」。而在華北根據地的晉察冀邊區，早在 1938 年初就率先頒佈了減租減息的明確條例，並於 1940 年初做了修訂。其他如晉冀魯豫邊區、晉綏邊區和山東根據地，也在晉察冀邊區之後相繼頒佈了減租減息條例。可見，中共中央基本上處於一種政策指導地位。直到 1942 年 1 月，在詳細研究各個根據地的經驗之後，中央政治局才頒佈了《中共中央關於抗日根據地土地政策的決定》以及《中共中央關於抗日根據地土地政策決定的附件》。同年 2 月，又頒佈了《關於如何執行土地政策決定的指示》。這幾個文件，標誌着抗戰時期中共土地政策的完全形成。而所謂研究各個根據地的經驗，與 1941 年 6–8 月中共中央北方分局書記彭真向中央匯報晉察冀的減租減息執行情況有密切的關係。也可以說，地方根據地的作法上升為中央政策了。

儘管如此，中共中央仍然強調這一政策只是提供了一個指南，「由於各根據地情況不同及在一根據地內情況亦有不同者，故關於解決土地問題的具體辦法，不能施行整齊劃一的制度。中央在關於土地政策決定內規定了統一施行的原則，而在本附件內則根據此種原則提出具體辦法，以供各地採用，本附件內所列各項，凡與各地實際情況相合者，均應堅決執行之。其有不合情況而須變通辦理者，各地得加以變通。」[2] 事實上，各個根據地在中央土地政策的框架之內，仍依據各自的具體狀

---

❶ 參見中央檔案館編《中共中央文件選集》（1936–1938），中共中央黨校出版社 1985 年版，第 318、545、601、608 頁；《中共中央文件選集》（1939–1941），中共中央黨校出版社 1986 年版，第 208、213、278、280、305、393、451、531、560、642–643、709、800 頁。

❷《中共中央關於抗日根據地土地政策決定的附件》（1942 年 1 月），《中共中央文件選集》（1942–1944），中共中央黨校出版社 1986 年版，第 14 頁。

況，或早或晚地執行了中共中央的政策，並做了或多或少的變通。

以上事例表明，鑒於地方根據地的情況非常複雜，中共中央在統一原則的指導下，允許各根據地有一定的行動自主權，而根據地也的確顯示出高度的創造性，甚而影響了中央的決策。

與此同時，從中央頒佈的文件，我們還強烈地感覺到，中央一直強調地方根據地要保持與中共中央的一致性，以防止滋生地方諸侯。不過，它主要表現為對黨和軍隊的控制。譬如：

1937年10月，中共中央軍委《關於成立總政治部的決定》指出：「為統一併加強前後方部隊政治工作的領導，貫通前後方的聯繫，決定成立軍委總政治部……所有第八路軍和各留守部隊醫院、學校及邊區各地區部隊、全國各游擊區部隊的政治工作，均由軍委總政治部負統一之責。希望上述各政治機關即與軍委總政治部發生工作關係，並望將部隊重要政治情報書面報告，如組織統計幹部的履歷等，須所屬政治部隨時送來軍委總政治部。」[1]

1938年3月，《中央關於北方局領導人分工的決定》指出，劉少奇擔負華北黨的領導工作，暫住延安。楊尚昆率北方局工作人員在呂梁山脈就近與華北各地黨部聯絡。「華北各地黨與群眾工作及地方武裝情形，除向尚昆同志報告外，同時須直接向胡服同志報告。」[2]同年4月，中央《關於黨報問題給地方黨的指示》規定：「在今天的新條件之下，黨已建立全國性的黨報和雜誌，因此必須糾正過去那種觀念，使每個同志應當重視黨報，讀黨報，討論黨報上的重要論文。黨報正是反映黨的一切政策，今後地方黨部必須根據黨報、雜誌上重要負責同志的論文當作是黨的政策和黨的工作方針來研究。在黨報上下列幾種論文……必須在支部及各級委員會上討論和研究。」[3]

---

❶ 中央檔案館：《中共中央文件選集》（1936–1938年），第359頁。
❷ 中央檔案館：《中共中央文件選集》（1936–1938年），第494頁。
❸ 中央檔案館：《中共中央文件選集》（1936–1938年），第495頁。

1941 年 1 月，針對新四軍副軍長項英未聽中央指揮、遭遇皖南事變之事實，中央做出《關於項袁錯誤的決定》，強調「軍隊幹部，特別是各個獨立工作區域的領導人員，由於中國革命中長期分散的游擊戰爭特點所養成的獨立自主能力，決不能發展到不服從中央領導與中央指揮，否則是異常危險的。……須知有槍在手的共產黨員，如果不服從中央領導與軍委指揮，不論其如何自以為是與有何等能力，結果總是失敗的。」[1] 同年 5 月，中央發佈《關於統一各根據地內對外宣傳的指示》，要求「我黨統一對外宣傳及採取慎重處事態度。從近幾個月中各根據地的廣播與戰報看來，我黨的對外宣傳是不適合於這個要求的。特別應引起我們注意的，是……各地對外宣傳工作中獨立無政府狀態的存在。」強調「一切對外宣傳均應服從黨的政策與中央決定」，「各地報紙應經常發表新華社廣播。」[2] 除此，還發表了《關於增強黨性的決定》：「我們的環境，是廣大農村的環境，是長期分散的獨立活動游擊戰爭的環境，黨內小生產者及知識分子的成分佔據很大的比重，因此容易產生某些黨員的『個人主義』、『英雄主義』、『無組織的狀態』、『獨立主義』與『反集中的分散主義』等等違反黨性的傾向。幹部中、特別是高級幹部和軍隊幹部中的這些傾向，假如聽其發展，便會破壞黨的統一意志、統一行動和統一紀律。」為此，「應當在黨內更加強調全黨的統一性、集中性和服從中央領導的重要性……要求各個獨立工作區域領導人員，特別注意在今天比任何時候更需要相信與服從中央的領導。」[3]

1942 年 2 月，中央軍委下達《關於部隊幹部實行交流的指示》，「我軍所處環境，交通不便，上下隔閡，各地情況特殊，很不一致，因此幹部太流動是不容易熟識情況，有礙於正確領導，但幹部太固定，亦使幹部進步停滯，上下隔閡，故在適當程度內（如政治部之科員科長，司令

---

❶ 中央檔案館：《中共中央文件選集》（1939–1941 年），第 601 頁。
❷ 中央檔案館：《中共中央文件選集》（1939–1941 年），第 664–665 頁。
❸ 中央檔案館：《中共中央文件選集》（1939–1941 年），第 698–699 頁。

部之參謀長與科長等等）實行幹部交流之必要。即：上面與下面交流，前方與後方交流，軍隊與地方交流。這樣既可以從工作中更好的來培養幹部，又可以溝通情況，密切領導與加強部隊的工作和戰鬥力。」[1] 同年9月，中央《關於統一抗日根據地黨的領導及調整各組織間關係的決定》指出：「中央代表機關及區黨委地委的決議、決定或指示，下級黨委及同級政府黨團，軍隊軍政委員會，軍隊政治部及民眾團體黨團及黨員，均須無條件的執行。政府、軍隊、民眾團體的系統與上下級隸屬關係仍舊存在。……各根據地領導機關在實行政策及制度時，必須依照中央的指示。在決定含有全國全軍普遍性的新問題時，必須請示中央，不得標新立異，自作決定，危害全黨領導的統一。」[2]

由以上文件不難看出，中央主要是從黨和軍隊的角度對根據地進行一元化的領導和管理，而很少對行政尤其是經濟問題發佈類似的指示。[3] 當然，在黨和軍隊方面中央和地方是如何互動的，一元化領導是如何實現的，尚待大量的具體研究來證明。

如果用一句話來概括，中共中央與地方根據地之間主要表現為集中和分散、領導和服從的關係，但根據地又有一定的自主性、獨立性和靈活性，甚至地方創造有上升為中央決策的可能。與其他歷史時期中國政權的形態比較，抗戰時期共產黨的「央地」關係帶有明顯的戰時性和過渡性，但為其取得全國政權之後的政治體制建設奠定了基礎。

以上所述抗日根據地的央地關係，多少能夠反映抗日根據地「關係」的複雜性，筆者期冀對相關研究能起到些微提醒之作用。

原刊《抗日戰爭研究》2016年第2期

---

❶ 中央檔案館：《中共中央文件選集》（1942–1944年），第34頁。
❷ 中央檔案館：《中共中央文件選集》（1942–1944年），第125、130頁。
❸ 解放戰爭時期，中央對地方的管理更為加強。而且，隨着戰爭勝利的擴大，對經濟方面也加強了管理。（參見《毛澤東選集》，人民出版社1991年版，第1264頁；《中共中央文件選集》（1948–1949年），中共中央黨校出版社1987年版，第100、164–165、344–353頁）

農民何以支持與參加中共革命？

中共領導的革命戰爭，從進行到結束乃至於今，人們從來沒有停止過追問，中共為什麼取得了成功？這可以說是中共革命史的一個元典問題。原因當然是非常複雜的，甚至還存在一些偶然的因素。[1] 儘管如此，有一點是大家都基本上認同的，這就是，農民的支持與參加是中共革命勝利的重要保證。沒有這一基礎性的條件，一切都不會發生，一切也無從談起。1944 年，地方實力派閻錫山曾感慨：「今天共產主義者之所以能夠擁有如此強大的武力是因為有這麼多的人追隨他們。」[2] 1970 年代以後，法國學者畢仰高認為：「農民的參與是中共革命勝利的基本保證。」[3] 美國學者塞爾登也指出：「如果說城市各階級的立場往往決定着其他地方革命的結果；那麼，農民的支持，或者更確切地說，農民和城鄉知識分子的聯盟則在中國革命中具有決定性意義。」[4]

時至今日，問題的關鍵已經不是農民是否支持與參加了中共革命，

---

❶ 美國歷史學家周錫瑞認為，一系列偶然事件的相互作用，制約並最終決定了中共革命的結果。Joseph W. Esherick, "*Ten Theses on the Chinese Revolution,*" *Modern China*, Vol.21, No.1（1995）, pp.54–55.

❷ Katheen Hartford and Steven M.Goldstein, *Single Spark: China's Revolutions*（New York: M.E.Sharp and the East Asian Institute of Columbia University, 1989）, p.4.

❸ Lucien Bianco, *Origin of the Chinese revolution, 1915–1949* (Stanford: Stanford university press, 1971), p.205.

❹〔美〕馬克．塞爾登：《他們為什麼獲勝？——對中共與農民關係的反思》，南開大學歷史系編：《中外學者論抗日根據地》，檔案出版社 1993 年版，第 606–607 頁。

而是他們為什麼支持與參加中共革命？[1] 事實上，正當中共革命發生之時，就曾有一些人對此的確表示難以理解。著名哲學家、鄉村建設實踐家梁漱溟就說過，中國農民散漫非常，只有個人，不成階級。將如何期望他們革命？將如何依以為基礎呢？在革命家想像他是「絕對革命」，其實他是與革命無緣的！一切勞苦群眾但有工可作，有地可耕，不拘如何勞苦，均不存破壞現狀之想，除非他們失業流落，或荒唐嗜賭，或少數例外者。然即至於此，仍未見得「絕對革命」。[2] 梁漱溟所言，大概反映了那個年代不少精英知識分子的想法。更為有趣的是，即便是中國共產黨自身，因為受到蘇俄革命經驗的影響，一直到 1933 年中共中央機關從上海遷到蘇區之前，大部分中共領袖仍然認為農民不是「革命」的真材實料，搞「革命」必須依賴城市的無產階級。他們無法想像單憑農民運動就可以達到共產革命的目標。[3] 甚或當中共革命勝利之後，依然有一些國外學者充滿了懷疑。在他們看來，按照革命的一般邏輯，農民不可能成為革命的主體，「因為無論從藐視農民而矚目於無產階級革命的馬克思主義理論來說，還是就人們關於中國農民心胸狹窄、家族觀念和家鄉觀念嚴重、自私自利、蒙昧迷信的一般觀念而言」，農民害怕革命、不敢革命，或者說「不是造成革命的材料」。[4] 然而，歷史已經證明，中國農民恰恰參加了革命運動，於是他們感到特別驚奇：「中國革命的結果都

---

❶ 需說明，儘管中共革命的勝利取決於農民的支持和參加，但並非意味着所有的農民都會支持和參加革命。真正參加革命的，與廣大農民相比，究屬少數。所謂「參加革命」，就是在中共革命過程中農民參加中共正規軍隊、游擊隊，或者沒有參加以上革命隊伍，但在鄉村中加入共產黨，領導農民鬧革命者，都可稱之為參加革命，這一部分農民顯然是中共革命的核心力量。所謂「支持革命」，與參加革命既有密切聯繫乃至重合，但又不全是一個概念。凡是贊成和擁護中國共產黨及其革命的，都應該算支持革命。但值得注意的是，農民支持革命並不一定參加革命，而參加革命又不一定擁護革命。

❷ 梁漱溟：《我們政治上的第二個不通的路》（1932 年 4 月），中國文化書院學術委員會編：《梁漱溟全集》第 4 卷，山東人民出版社 1992 年版，第 272–273 頁。

❸ 陳永發：《中國共產革命七十年》上，台北，聯經出版事業公司 2001 年版，第 224、230 頁。

❹ 〔美〕范力沛：《西方學者對抗日根據地的研究》，南開大學歷史系編：《中國抗日根據地史國際學術討論會論文集》，檔案出版社 1985 年版，第 97 頁。

太出人意料了。」[1] 不過，也正因為這一似乎矛盾的現象，才極大激發了學者們探究中共革命史的興趣。人們不禁要問，這一切究竟是為什麼？本文之主旨，即梳理以往成果關於這一問題研究的發展脈絡，尤其是理清各方論爭的焦點所在，為今後的相關研究提供一個具有理論意義的問題意識和對話的起點。我想，這也正是歷史學者研究學術史的根本目的。當然，如果由此能為當今共產黨、國家與民間社會的和諧建設提供一些參考，就更是達到乃至超出筆者的預期了。

一、土地集中、家庭貧困與農民革命

土地分配不均、家庭貧困與農民革命之間存在着必然聯繫，是中國大陸學界最為傳統的解釋，也是傳統革命史觀的基本體現。

早在革命戰爭年代，一些馬克思主義學者和中共革命領導人就對此作過闡述。著名學者陳翰笙，是持此觀點的代表性人物。在 20 世紀二三十年代，他曾主持大量的農村社會調查，目的是論證農村經濟的全面崩潰、根本原因和中國所應走的道路。換句話說，即證明中國社會的半殖民地半封建性質以及土地革命的必然性，為中共革命理論和革命政策提供事實依據。即便到抗日戰爭時期，他仍然指出：中共抗日根據地存在的基礎是土地分配不均和農民貧困。華北許多的游擊區域，它的力量不是建築在革命的農民身上嗎？華北的自耕農，和華中華南的佃農，是一樣的貧窮，一樣的受壓迫。所以他們的革命情緒，是沒有兩樣的。在半封建半殖民地的社會裏，佃農和自耕農的經濟地位，沒有多大分別。北方自耕農和南方的佃戶，在經濟上既是同處低落的地位，他們對於革命的要求是沒有分別的。現在中國農民不論南北，多武裝地加入了民族革命戰爭，就表現了全國農民迫切地要脫離半殖民地半封建的痛

---

❶ 馬克·塞爾登：《他們為什麼獲勝？——對中共與農民關係的反思》，南開大學歷史系編：《中外學者論抗日根據地》，第 607 頁。

苦。[1] 總之，土地集中、農民貧困與農民革命之間有着天然的內在聯繫。

中共革命領導人劉少奇，從土地改革的角度作出類似的解釋。1947年9月，他在中共中央全國土地會議上報告指出：實行徹底平分土地的政策，直接的目的就是為了廣大農民的利益。只有發動群眾，徹底進行土地改革，才能戰勝蔣介石。我們解放區有一萬萬五千萬人口，蔣管區有三萬萬多人口，比我們多，但蔣介石那裏農民沒有翻身，在反對他，在他的腳下安了「滾子」。我們這裏農民翻了身，我們腳跟站得更穩了。這樣，就將使我們與蔣介石的力量對比上發生根本的變化。我們有一萬萬五千萬人，群眾自動參戰，人力、財力、物力是無窮的。中央蘇區過去只有二百多萬人口，幾個縣的土地改革搞徹底了，支持了多年戰爭，抵住了蔣介石，直到現在還在那裏搞。土地改革搞徹底，群眾發動好，力量是無窮的。[2]

新中國成立迄今，最具統治力的意見，依然是土地分配不均和土地改革是農民支持中共革命的基本原因。著名馬克思主義學者胡繩主編的《中國共產黨的七十年》，集中地反映了這一觀點。書中指出：農民是最講究實際的，他們最關心的是關係到自身根本利益的土地問題。獲得土地，是貧苦農民祖祖輩輩以來的夢想。在中國的民主革命中，沒有武裝鬥爭的勝利和堅持，談不上進行有效的土地革命；而沒有土地革命，沒有廣大農民的全力支持，武裝鬥爭也會歸於失敗。在土地革命戰爭時期，中國共產黨領導農民進行土地革命，使他們迅速地分清了國共兩黨和兩個政權的優劣，極大地調動了他們支援革命戰爭、保衛和建設革命根據地的積極性。作為小生產者的農民，自然是有弱點的，目光比較狹窄，行動比較散漫，因而有一個需要教育和改造的問題，但他們中間蘊

---

[1] 孫曉村：《中國農村經濟研究會與農村復興委員會》，中國人民政治協商會議全國委員會文史資料研究委員會編：《文史資料選輯》第84輯，中國文史出版社1986年版，第31頁；陳翰笙：《三十年來的中國農村》（1941年1月），《陳翰笙文集》，復旦大學出版社1985年版，第128頁。

[2] 劉少奇：《在全國土地會議上的結論》（1947年9月），《劉少奇選集》上，人民出版社1981年版，第394–395頁。

藏着反帝反封建的巨大積極性是許多其他社會力量難以比擬的。大革命失敗後，儘管民族資產階級一度退出革命，城市小資產階級表現出很大的動搖性，中國革命仍然能堅持下來並不可遏制地得到發展，關鍵就在於中國共產黨緊緊依靠佔全國人口絕大多數的農民，深入地開展土地革命。在抗日戰爭時期，為了開展敵後抗戰，發動和組織農民抗戰，同時為了改善他們的物質生活，中共中央決定實行減租減息政策，同時也適當地保證佃權。經過減租減息，農民不僅得到了經濟實惠，而且增強了自己的政治優勢，大大提高了農業生產積極性。在解放戰爭時期，解放軍轉入戰略進攻的新形勢，要求解放區更加普遍深入地開展土地制度改革的運動，以便進一步調動廣大農民的革命和生產的積極性，使正在勝利發展的解放戰爭獲得源源不斷的人力物力的支持。在如此廣闊的範圍內進行土地制度改革，是中國幾千年歷史上一次翻天地覆的社會大變革。經過土改運動，到 1948 年秋，在 1 億人口的解放區消滅了封建的生產關係。廣大農民在政治和經濟上翻身以後，政治覺悟和組織程度空前提高。在「參軍」保田的口號下，大批青壯年農民潮水般湧入人民軍隊。各地農民不僅將糧食、被服等送上前線，而且組成運輸隊、擔架隊、破路隊等隨軍組織，擔負戰地勤務。他們還廣泛建立與加強民兵組織，配合解放軍作戰，保衛解放區。人民解放戰爭獲得了足以保證爭取勝利的取之不竭的人力、物力的源泉。[1]

由上可見，中共革命的傳統解釋主要有兩個方面：一方面是農民在土地分配不均和家庭貧困的壓迫下，具有天然的革命性，此即所謂社會經濟結構決定論；另一方面，中共針對農民的這一狀況實行相應的社會經濟改革，直接促動了農民支持和參加革命。問題是，土地分配不均、家庭貧困、土地改革與農民革命之間，一定存在着天然邏輯關係嗎？

美國學者較早提出不同解釋。他們認為，土地分配不均和土地改革不是農民支持中共革命的唯一或主要原因。如中共革命史學者霍夫海因

---

❶ 胡繩主編:《中國共產黨的七十年》，中共黨史出版社 1991 年版，第 92、99、170、240–242 頁。

茨指出，土地分配的不平等程度、佃戶比例、各種租佃矛盾等結構性條件，與中共成敗之間沒有重要的關係，或只有非常無關緊要的關係。在有成就的農民組織和高地租率之間，關係不大。譬如，在佃租最高的廣東珠江三角洲地區，開展農民運動最為困難，因為那裏的士紳統治特別牢固，有錢人得到穩妥的保護。[1]

美籍華裔學者黃宗智，也是持此觀點的代表人物。他主治中國近代農村社會經濟史和法律社會史，在對華北和長江三角洲農村社會經濟史的研究中，涉及農民群眾與中共革命的關係問題。通過南北兩個地區的比較，他發現長江三角洲的階級分化要比華北地區大，租佃率也高得多，按照革命的理論預言，共產黨組織在長江三角洲應比在華北更受歡迎。然而，事實卻與之相反，共產主義運動在長江三角洲遠不如在華北平原成功。究其原因，與該地區社會分化主要存在於村民與城市地主之間，而不是村民與村民之間有關。儘管其商品化程度較高，但村社內部比華北還要均勻，所以對共產黨的組織活動不易接受。[2]

如果說黃宗智只是提出了這一現象和基本看法，他的博士劉昶則對此進行了專門探討，學術見解可謂一脈相承。劉昶指出，在土地革命戰爭時期，中共成功地建立了江西根據地，以及湖南、湖北、四川、安徽等根據地，但在江南地區從未成功地建立根據地。問題是，江南地區有全國最發達的租佃關係，70% 以上的農民為佃農；又有全國最高的城居地主率。自清中葉以來，城居地主和佃農之間圍繞收租問題而展開的階級鬥爭超越了村莊社區的界限，支配了地方政治。這種經典意義的階級鬥爭，在全國是絕無僅有的。這樣的階級結構似乎將有利於中共所倡導的農民革命，但事實並非如此。從 1927－1930 年，中共在這一地區組織

---

❶ Roy M. Hofheiz, *The Peasant Movement and Rural Revolution: Chinese Communists in the Countryside, 1923－1927*（Harvard: Ph.D.diss, 1966）, p.191，轉引自〔美〕魏斐德著，梁禾主編《講述中國歷史》下，東方出版社 2008 年版，第 774 頁；鄒讜：《中國革命再闡釋》，香港，牛津大學出版社 2002 年版，第 120－121 頁。

❷〔美〕黃宗智著，程洪、李榮昌、盧漢超譯：《長江三角洲小農家庭與鄉村發展》，中華書局 1992 年版，第 315 頁。

了多次不成功的農民暴動，他們很快發現要在江南農民中發動抗租鬥爭非常容易，但要推動農民超越這一鬥爭，投入到以推翻現存秩序為目標的革命中卻十分困難。不僅如此，共產黨人還面臨着一個十分嚴峻的困難，那就是他們無法從江南農村獲得持續穩定的人力和物資的支持。一方面，他們無法招募到農民來組織自己的武裝，因為江南地區高度商業化的經濟使農民有更多的謀生機會，當兵吃餉對他們並沒有吸引力。另一方面，共產黨人無法在鄉村徵到糧餉，因為大多數農民是佃農，他們對國家沒有納稅的義務。地主和剩餘的糧食都集中在城鎮，城鎮是政府控制的中心，共產黨對此力所未及，他們在組織發動起義的初期通常無法奪取城鎮的物資來供應自己。可以理解，沒有穩定可靠的人力和物資支持是造成共產黨這一時期在江南反覆受挫、失敗的一個主要因素。在抗日戰爭時期，情況亦是如此。抗日戰爭爆發後，中共也想在江南地區努力迅速抓住這個機會，它所領導的新四軍在南京淪陷後的 4 個月就進入江南並建立了第一個抗日根據地——茅山根據地。此後，在江南的不同地區建立和擴張了他們的游擊根據地，並歸併為蘇南根據地。但抗日戰爭並未改變江南農村的經濟社會結構，也沒有改變江南農民對當兵的看法。共產黨人仍然很難招募到當地農民來參軍，因此無法擴大他們的力量。基於此，加之其他政治、軍事的因素，中共決定把華中主要的抗日根據地放在蘇北而不是江南。從地理和社會經濟的角度來說，蘇北是華北平原的一部分。與江南相比，蘇北在戰略上更為安全，因為它遠離日寇佔領的主要城市，共產黨還可以在這裏找到一個更為有利的生存環境。雖然蘇北比蘇南要貧窮得多，但由於在當地貧苦農民中很容易徵募到兵員，所以在建設根據地和擴張力量時並未遇到嚴重困難。[1]

周錫瑞也發現，土地分配與革命運動沒有必然聯繫。周氏曾以研究

---

❶ Chang Liu, *Peasants and Revolution in Rural China: Rural Political Change in the North China Plain and the Yangze Delta, 1850–1949*（U K: Routledge, 2007）, pp.91–113,165–190；劉昶：《在江南幹革命：共產黨與江南農村，1927–1945》，《中國鄉村研究》第一輯，商務印書館 2003 年版，第 113、118、133 頁。

義和團運動、辛亥時期的兩湖革命而知名，後來也研究過陝甘寧邊區，從而構成其革命史研究的系列成果。通過對陝甘寧邊區的實地調查和研究，他認為，地主的剝削並沒有直接導致革命。不僅如此，革命運動的發展與地主擁有土地的面積還成反比。如無定河一帶，地主佔有土地最多，米脂、綏德尤其顯著，但抗戰以前，革命運動在這一帶的發展卻微乎其微。即使是 1940 年以後，王震的部隊趕走了米脂和綏德的國民黨勢力，共產黨在地主勢力佔統治地位的村莊仍沒什麼影響。雖然那裏的黨員大部分是抗戰期間入黨的，但身份是祕密的，直到 1947 年以後才公開，但還不是所有的人都敢露面。[1]

美國學者胡素珊甚至認為，中共進行土改之後，農民更不願意參加革命了。一些幹部抱怨，土改以後徵兵甚至比土改之前還難，農民只想留在家裏享受鬥爭成果，特別是因為這一成果中還包括了一塊土地。[2]

繼美國學者之後，近些年來，隨着改革開放和中外交流的日益擴大，一些大陸學者也開始重新審視中共革命史，進而顛覆了傳統解釋。其中，以王奇生、黃道炫的研究較為引人矚目。

王奇生以大革命結束後的廣東地區為例，認為地主的壓迫剝削與農民參加革命並不構成必然關聯。參加革命踴躍的鄉村往往是一些偏僻的小鄉村，這些鄉村自耕農居多，一般沒有或少有豪強地主，中共組織力量容易滲透進去；而一些地主勢力佔統治地位的大鄉村，中共勢力不易打入，農民多受族長、耆老等豪紳地主的控制，革命運動不易開展。[3]

黃道炫以土地革命時期的蘇區為例，也提出土地分配與農民革命沒有必然聯繫。他說，當人們習慣地將地主、富農佔地比例加以誇大的時

---

❶ 〔美〕周錫瑞：《從農村調查看陝北早期革命史》，南開大學歷史系編：《中外學者論抗日根據地》，第 542 頁。

❷ 〔美〕胡素珊著，王海良等譯：《中國的內戰—— 1945–1949 年的政治鬥爭》，中國青年出版社 1997 年版，第 340 頁。

❸ 王奇生：《黨員、黨組織與鄉村社會：廣東的中共地下黨》，《近代史研究》2002 年第 5 期，第 40–41 頁。

候，實際上就預設了這樣一個前提，即土地革命的可能和土地集中程度是成正比的。但東南地區的土地集中程度並不像許多論著認為的那樣嚴重，最具影響的中央蘇區所在地閩、贛兩省更屬於土地分散區域，而且根據江西的調查，蘇區、游擊區和白區各村莊土地佔有也與土地革命呈現負相關狀態，即蘇區村土地集中程度是最低的。有關研究將土地革命和土地集中必然聯繫的習慣做法，在這裏並沒有得到充足的證據支持。其實，中國農村中大地主無論是地理距離還是心理距離都和普通農民拉開較大，其對佃農的壓榨程度往往相對較輕，恰恰是中小地主在與佃農及普通農民的密切接觸中，易於產生利益衝突。所以，把土地集中看作土地革命主要成因的觀念似乎並不具有充足的說服力。不僅如此，黃道炫還強調，貧困與農民支持中共革命之間也沒有必然的邏輯性。他說，從貫穿中國長歷史的角度看，貧窮確實是農民屢屢尋求變局的一個基礎性原因，20 世紀初以來隨着人口增加、外國資本入侵、政治力量榨取形成的農村貧困的趨勢，尤其使農民革命具有了更多的可能性。不過，貧窮是革命的溫床，但貧窮並不一定意味着革命，何況作為土地革命集中地區，東南乃至贛南閩西和中國西北乃至北方廣大地區比，生存環境也不能算是很惡劣的。因此，雖然東南地區存在土地佔有不平衡、地主與農民間關係緊張、農民日益窘困等種種導致土地革命的因素，但和中國其他地區比，這裏並不具有多少特殊性，上述因素尚不足以說明何以正是在這一地區形成蘇維埃革命的巨大聲勢。[1]

其他學者如黃琨、王友明、陳耀煌等，也分別提出了大致類似的意見。黃琨以蘇區革命根據地為例，認為土地集中、家庭貧困與農民革命並無必然聯繫。他指出，在「愈窮愈革命」的意識形態中，貧窮的農民毫無疑義是中共忠實而又堅強的後盾。不過，事實上，貧困並不是農民參加革命的唯一理由，否則無法解釋為什麼只有一部分農民參加了革

---

❶ 黃道炫：《一九二 0 ——一九四 0 年代中國東南地區的土地佔有——兼談地主、農民與土地革命》，《歷史研究》2005 年第 1 期，第 35、49–50 頁。

命。因為經濟地位同參加革命之間並不形成固定的關聯，破產的農民並非只有革命這一條道路可以選擇，很多人就加入了土匪的行列；相反，富裕農民出於多種目的，對革命也並非完全排斥。革命農民固然出於對物質利益的渴求，但傳統的價值判斷和道義準則仍在考慮之列，革命所面臨的風險也常使他們邁不出革命的腳步。只有當革命的口號與農民的個體生存感受產生共振，並且革命的組織能夠提供給農民所需要的安全感時，才能吸引他們加入。正是農民會從自身的生存性感受出發，各地的土地佔有、賦稅收取情況的差異會造成同類型的革命運動在各地的不同遭遇。如果僅僅認為土地革命的開展使貧苦農民得到土地是共產黨獲得農民支持的原因，就忽視了事情的複雜性。不僅如此，在自耕農佔居優勢的地區，由於苛捐雜稅繁重，自耕農更傾向於革命，革命組織發展很快。雖然不必得出自耕農是最積極的革命者的論斷，但「怨恨心理」的確在參加革命者的動機裏起着重要作用，構成了他們參加革命的原始動機。尤其是捐稅，不僅給貧苦農民帶來痛苦，對於富農、自耕農甚至中小地主亦是同樣，而後者的態度也是傾向革命的。在他們看來，減低租稅就意味着革命的成功。儘管怨恨心態並不能使農民直接走向革命，但當革命的目標指向與其吻合併在他們認為許可的情況下，他們就會是革命的擁護者或是參加者，革命這種形式提供了他們解除以往的無能感，進行報復的重要平台。[1]

台灣學者陳耀煌以大別山區鄂豫皖根據地為例，認為困苦的環境固然有助於中共農村根據地的建立，但中共農村根據地所以在某一地區建立，並不必然意謂着該地農民生活困苦，兩者之間並非總是互為因果的。中國農村中存在着各式各樣的矛盾，有階級矛盾、外來軍隊與當地群眾之間的矛盾、宗族間的矛盾等。不同地區的人民有不一樣的感受，有的人可能對階級壓迫感受較深，有的人則對苛捐雜稅等政治壓迫感受

---

❶ 黃琨：《從暴動到鄉村割據：1927－1929 ——中國共產黨革命根據地是怎樣建立起來的》，上海社會科學院出版社 2006 年版，摘要第 2 頁，前言第 1、7 頁，正文第 45 頁。

較深。在大別山地區，鄂豫皖蘇區的建立並不代表這一地區就存在着嚴重的階級矛盾，複雜的環境使得中共不可能僅僅以土地革命的口號就能動員農民為其所用。回鄉策動農民暴動的黨員，大多是藉由地方精英的地位及關係來動員農民群眾，並不曾向農民進行土地革命或政治的宣傳。下層農民群眾所以參加暴動，並不代表他們對共產黨或土地革命政策有任何的信仰或認識。[1]

與南方相比，華北農村是自耕農集中的地區。王友明對中共在山東莒南縣的土地改革進行深入研究，也認為土地改革對農民支持革命未起到什麼作用。他說，傳統黨史編纂中，認為農民得到了土地，翻了身，自然就有了參軍支前的要求，在土改與參軍之間建立了直接的聯繫。但大量材料顯示，事實並非如此簡單。從參軍動機上看不出因實行了減租減息、分配了土地就產生了擁軍支前、參軍參戰的要求。也正因如此，才使黨組織將參軍支前工作經常列入中心工作範圍，動用各方面的力量，甚至包括地主、富農等所謂「上層」力量，全方位動員，以達到完成參軍任務的目的。當然，他並非否認土改對參軍支前的作用，只是認為農民分到土地之後，並不是積極主動地參軍支前，而是通過黨的各級組織以及在減租減息和土改過程中建立並逐步得到強化的各種組織細密的組織動員而實現的。[2]

那麼，到底是哪些動力促使農民支持和參加中共革命呢？以下解釋提供了認識這一問題的多面性。

二、社會經濟改革與農民革命

儘管上述學者認為土地分配、家庭貧困與農民革命沒有必然聯繫，

---

❶ 陳耀煌：《共產黨．地方菁英．農民——鄂豫皖蘇區的共產革命》，台北，台灣「國立」政治大學歷史學系 1992 年版，第 27、53、187 頁。

❷ 王友明：《解放區土地改革研究：1941－1948 ——以山東莒南縣為個案》，上海社會科學院出版社 2006 年版，第 109、114 頁。

也就是說，農民革命不具有天然性，不過大多數學者仍都承認，中共進行社會經濟改革，給農民看得見的物質利益，是農民支持中共革命的重要原因。所謂社會經濟改革，既指土地改革，也涉及減租減息、減輕賦稅等措施，還包括給農民必要的社會尊重和社會地位。可見，這些學者的看法，既與中共傳統解釋有矛盾的一面，又有一致之處，但對社會經濟改革的解讀視角又有所不同。

其實，早在革命年代，中共革命領袖以及國外記者就提出了這一觀點。

毛澤東在 1934 年 1 月江西瑞金第二次全國工農代表大會上報告指出：「要得到群眾的擁護麼？要群眾拿出他們的全力放到戰線上去麼？那末，就得和群眾在一起，就得去發動群眾的積極性，就得關心群眾的痛癢，就得真心實意地為群眾謀利益，解決群眾的生產和生活的問題，鹽的問題，米的問題，房子的問題，衣的問題，生小孩子的問題，解決群眾的一切問題。我們是這樣做了麼，廣大群眾就必定擁護我們，把革命當作他們的生命，把革命當作他們無上光榮的旗幟。國民黨要來進攻紅色區域，廣大群眾就要用生命同國民黨決鬥。這是無疑的。」[1]

美國著名記者斯諾 1936 年訪問延安和陝甘寧邊區，明確提出了這樣的觀點：中共的社會經濟政綱是革命政黨與那些因為赤貧而將土地、糧食和生存放在首位的農民建立起密切關係的關鍵。美國外交官謝偉思 1944 年訪問延安後也認為，農民支持中共的基礎在於中共的社會經濟政綱具有民主性，就是照顧大多數人的利益。農民願意與中共軍隊一起戰鬥，因為他們認定共產黨是為了他們的利益而戰。[2]

抗戰後期和國共決戰時期，哈里森·弗曼、根德·斯坦、白修德和安那莉·雅科比所寫的關於共產主義運動的著作，認為中共成功動員農

---

1. 毛澤東：《關心群眾生活，注意工作方法》（1934 年 1 月），《毛澤東選集》，人民出版社 1969 年版，第 124–125 頁。
2. 馬克·塞爾登：《他們為什麼獲勝？——對中共與農民關係的反思》，南開大學歷史系編：《中外學者論抗日根據地》，第 608 頁。

民的關鍵在於他們在農民中間推行民主。白修德和雅科比說：「對於世世代代被整天役使、欺詐、毆打的農民，如果你將他們當人看，徵求他們的意見，讓他們選舉地方政府，讓他們自己組織警察和憲兵，自己來決定稅額，自己投票來減租減息，如果這些事情你都做了，農民們便有了戰鬥目標、而且他們會為了保護這些權益而與任何敵人作戰，無論是日本人還是中國人。」[1]

如果說斯諾和謝偉思等人的觀點還只是親身經歷者的看法，而到1970年代以後，不少外國學者也傾向於社會經濟改革的解釋，不過其分析視角與中共傳統解釋有所不同。也就是說，他們雖然否認土地分配等社會經濟結構與農民革命之間存在着天然聯繫，但又認為中共社會經濟改革對動員農民革命起了重要作用。這種看法在西方學者看來，屬於「社會交換理論」，內涵道德經濟論和理性經濟論兩個方面，總之就是通過給農民最急迫的實在利益換取他們的廣泛支持。

美國著名政治學家、革命史專家斯考切波對法國、俄國和中國革命進行了比較研究，認為在這幾個國家的革命中，農民的目標與先前農民在起義或暴動中的目標並沒有什麼內在的差異。參與這些革命的農民，並沒有轉向追求建立全國性新社會的激進願望，也沒有成為全國性的有組織的自為的階級。相反，他們所奮鬥的是一些具體的目標——通常都涉及獲得更多的土地，或者是擺脫那些索取其剩餘財產的特權。農民是在既有的經濟和政治環境中來認識自身的，因此他們在這種環境中所提出的這些目標完全是可以理解的。在中國，農民被中國共產黨重新組織起來，然而即使到那時候，中國的農民所追求的還是具體的、直接的目標，這些目標與他們在歷史上的暴動和起義活動中所追求的目標並無二致。如果共產黨沒有表現出是為農民利益而鬥爭，並且採取符合農民習慣的地區主義習慣的方式而行事的話，農民是不會情願、更不會堅定地

---

1 白修德和安那莉．雅科比：《中國雷鳴》，轉引自馬克．塞爾登《他們為什麼獲勝？——對中共與農民關係的反思》，南開大學歷史系編：《中外學者論抗日根據地》，第608頁。

為紅軍提供這種支持。[1]

另一美國政治學者湯森指出，中共提出了比較傳統的農民經濟要求和社會正義觀念，共產黨人對社會和經濟變革的承諾，特別是他們所許諾的土地改革，是該黨歷史上許多時期獲得大眾支持和吸引他們加入革命的一個根源。[2]

美國歷史學者卡特福特以晉察冀抗日根據地為例認為，中共獲得了少數農民的支持和多數農民的順從。社會改革，特別是減租減息和統一累進稅政策，是農民參加群眾組織和中共政權活動的根本原因。邊區的徵稅、徵兵和對鄉村的控制，都有賴於社會經濟改革政策的實行。[3]

另一美國歷史學者范力沛的解釋更加詳細。他認為，在中共抗日根據地，共產黨人經受住了日本的強化治安和鎮壓時，大部分觀察家將其歸功於群眾動員和民眾支持，並將這種支持追溯到由侵略者暴行激起的抗日民族主義或社會經濟改革和「群眾路線」。無疑這兩種因素都起了某種作用。不過，實際上日本人的暴行，使民眾變得冷漠，甚至與他們合作，削弱了對中共的支持。對於社會經濟改革和群眾路線，也要看到，必須給農民看得見的實際利益，又不承擔過多風險，才能組織起來。比如，中共每到一處都設法緩解農民對服兵役懷有怨恨與不信任，使每個人都熟悉年輕人在田間勞動而於必要時保衛家園的觀念。特別是，如果他們的家庭得到某些減稅優待，莊稼有人幫助照料，並被給予對子弟兵做出貢獻的光榮。范力沛還強調，共產黨領導人對一個地區的條件是否使農民受更多剝削，生活更為悲慘，並不感興趣。因為毛澤東等中共領導人相信，只要黨有機會堅持在那裏活動，原則上根據地可以在任何地方建立，鄉村中每個地方都不乏悲慘與不公，足以激起革命性

❶〔美〕斯考切波著，何俊志等譯：《國家與社會革命——對法國、俄國和中國的比較分析》，上海人民出版社 2007 年版，第 143–144、304–305 頁。

❷〔美〕湯森著，顧速等譯：《中共政治》，江蘇人民出版社 2003 年版，第 12 頁。

❸ kathleen Hartford, *Step by step: reform, resistance and revolution in the Jin-Cha-Ji: border region, 1937–1945* (Stanford: Stanford Universty, Ph.D.dissertation, 1980), pp.56,129,139,405–415.

的變革。如果說租佃率在華北地區相當低，減租政策的吸引力有限，還有其他的問題、其他的剝削形式可以代替。事實表明，最成功的根據地位於較為貧窮的地區，或者就在傳統的匪區。[1]

還有學者認為，賦稅壓迫和賦稅改革與農民支持革命有密切的聯繫。顯然，這也是社會經濟改革的一部分，只是被更加強調和突出罷了。

日本學者岡徹男、馬場毅認為，普通的貧僱農缺少民族意識。比如對日本打垮韓復榘，普通農民就可能幻想，可能不再徵收賦稅、強制勞動；對日本侵略直接或間接地威脅了農村統治者地主的安全，也心中竊喜。中共對農民的吸引力不只在於抗日愛國，而是社會經濟方面的改良，例如累進稅給貧僱農和中農很多好處，這是中共得人心的基礎。[2]

美國學者塞爾登認為，中國革命的動力在於被剝削的農民群眾，農民階級是通過社會經濟改革發生革命轉變的。不僅如此，相比而言，賦稅改革比減租減息更為重要，賦稅改革是連結中共和農民的紐帶。因為，第一，華北和華中大部分根據地的地租率本來就低，大多數家庭並未受到減租的影響；第二，農民們長期以來義憤最大的是人頭稅；第三，中共在激烈爭奪的地區、包括在日本佔領過的地區所建立的根據地，從未成功地實行土地改革，而賦稅改革則廣泛地實施了。由此看來，收入差別的縮小幅度比擁有財產的縮小幅度要大得多。由於對赤貧的人免除了全部賦稅，對相對貧困的大部分家庭減輕了賦稅負擔，這種賦稅改革便成為連結中共和農民的紐帶。[3]

另一位美國學者撒克斯頓，先是以太行山區為例，認為農民對民族救國宣傳並不感興趣，抗日和推翻國民黨都不能自動導致農民支持中

---

❶〔美〕費正清等編：《劍橋中華民國史》下，中國社會科學出版社 1998 年版，第 715、744–747、770 頁。

❷〔日〕片岡徹男：《中國的抗日與革命：共產黨和第二次統一戰線》，轉引自周錫瑞《從農村調查看陝北早期革命史》，南開大學歷史系編：《中外學者論抗日根據地》，第 537 頁；〔日〕馬場毅：《抗日根據地的形成與農民》，南開大學歷史系編：《中外學者論抗日根據地》，第 96–99 頁。

❸ 馬克．塞爾登：《他們為什麼獲勝？——對中共與農民關係的反思》，南開大學歷史系編：《中外學者論抗日根據地》，第 612 頁。

共。如果不是從地主那裏恢復農民的生存條件，如果不是迫使地主對農民的減輕剝削，緩解農民的飢餓，中共就不可能獲得農民的支持。[1] 後來又以冀魯豫邊區為例，認為地主剝削和階級不平等造成了農民的苦難，共產黨通過減輕社會苦難和農民疾苦的政綱贏得民眾，這兩種解釋都無助於解釋共產黨的力量在華北落後平原的冀魯豫交界地區的興起和發展。它們都沒有考慮第二次世界大戰前中央政府在農村的變幻無窮的稅收政策是導致民眾反叛的因素之一，沒有論證民眾反對蔣介石苛捐雜稅的內戰和共產黨領導下的反抗日本的國際戰爭這兩者之間的關係。在日本侵略這一地區前的 10 年中，中央政府財政部轄下的鹽警企圖對鹽業市場實行壟斷並壓制農民製造土鹽，激起農民造反，1934 年後是國民黨政府的行為而非共產黨的宣傳造成農民的反叛。他們通過集體反抗鬥爭迫使國民黨縣官承認他們製鹽的權利。在二戰期間，共產黨充分利用了這一有利形勢，一方面共產黨重申他們維護農民製鹽和賣鹽的權利，八路軍設立制度確定這一權利；另一方面，利用戰爭緊急狀態用較好的武器武裝起鹽農來反抗日本侵略者。而製鹽農民也明白，如果大戰結束國民黨稅警重新回來壓制他們生產土鹽，壓迫他們的市場經濟，他們能夠用這些武器來對付國民黨政權，維護他們的市場。[2]

相比而言，大陸學者對社會經濟改革與農民革命的聯繫的學術研究，反而較少，也可能認為這是理所當然，無須論證。管見所及，只有黃道炫的研究較為深入。他儘管不認為土地分配、家庭貧困與農民革命有着必然關係，但同時又指出，在中央蘇區，要理清中國農村土地革命的動力，理解農民對土地的渴望仍具重要意義。在土地分配存在着相當

---

❶ Ralph A.Thaxton, "*On Peasant Revolution and National Resistance: Toward a Theory of Peasant Mobilization and Revolutionary War with Special Reference to Modern China*," World Politics, Vol. 30, No. 1 (1977), pp.30–32, 55–57.

❷ Ralph A.Thaxton, *Salt of the Earth: The Political Origins of Peasant Protest and Communist Revolution in China* (*Berkeley ane Los Angeles*: Univ.of California Press,1997, pp.319–329;〔美〕撒克斯頓：《1931–1945 年冀魯豫邊區的民眾起義和共產黨政權》，南開大學歷史系編：《中外學者論抗日根據地》，第 600–603 頁。

不平衡的情況下，作為基本的生存要素，擁有更多的可以自主的土地是農民衷心的期盼。所以，當土地革命廣泛開展後，沒收地主土地在農民中平分，對農民具有極大的吸引力，對土地的渴望是農民理解、接受、走向革命最直接的利益驅動。農民作為被「發動」的革命者，其階級意識和自覺的階級對立是在中共領導的土地革命中逐漸發展起來的。此外，黃道炫還從社會平等、尊嚴等角度，提出新的解釋。他認為，蘇維埃革命為農民提供的平等、權利、尊嚴，也是農民投身革命不可忽視的政治、心理原因。蘇維埃革命前後農民的精神狀態變化，當時多有反映。這種狀況和蘇維埃革命為普通農民提供的政治訓練、社會角色、活動空間及社會政治地位流動直接相關。資料顯示，當時中共在各個群體中受到擁護的程度由高到低排列大致是：婦女、少兒、青年、中年、老年，而這恰恰和蘇維埃革命前後權利、地位發生變化的大小是一致的。千百年來一直被忽視的普通農民第一次走入社會政治活動中並成為主導者，其產生的影響、震動絕非尋常。[1]

三、民族主義與農民革命

與中共革命的另兩個歷史階段——土地革命戰爭和解放戰爭時期不同，抗日戰爭是全中國的民族抗戰，中共革命作為整個戰爭的重要組成部分，具有了民族革命的性質。也正因為此，民族主義與農民革命到底是什麼關係，一直是中共革命史研究中有爭議的問題。

有關爭論，主要發生在美國學者之間。早在 1940 年，曾任燕京大學教師的美國人喬治・泰勒，在對中共華北游擊隊親身觀察後認為，日本侵略為中共在農村掀起全國性運動提供了大好時機。從這一意義上說，中共與農民關係的關鍵是戰爭引起的民族主義而不是中共的社會經

---

❶ 黃道炫：《一九二〇——一九四〇年代中國東南地區的土地佔有——兼談地主、農民與土地革命》，《歷史研究》2005 年第 1 期。第 50-53 頁。

濟綱領。[1] 這一觀點與前述同一時期美國外交官謝偉思的觀察顯然有別。

到 1960 年代初，美國學者詹姆斯・約翰遜對此進行了深入的學術研究。他認為，中日戰爭爆發之前，經濟剝削、軍閥戰爭、自然災害等不足以催生農民群眾運動。在第一次國共內戰時期，中共鼓吹「激進」的土地革命遭到失敗，失去了民眾的支持。因為當中共游擊戰爭僅在貧農和佃農中間有吸引力，而疏遠了中農、富農和地主，它是很難穩固的。但日本侵華戰爭爆發後，民族矛盾突出，中共停止了激進的土地革命主張，改為減租減息政策，鼓勵所有愛國的人民進行抗日，結果獲得了民眾的廣泛支持。也就是說，在抗日根據地，是日本侵略動員了北方農民，農民支持中共革命，支持游擊戰，主要取決於他們對敵人的仇恨。共產黨是依靠農民的愛國主義精神，贏得了普遍的擁護，奪取了政權，而與中共領導建立共產主義、民族國家的目標以及推行社會革命無關。總之，在約翰遜看來，民族主義比激進主義更有號召力，如果沒有日本侵略帶來的暴行和剝削，中共將與江西和其他老根據地一樣遭到失敗。共產黨起來掌權應理解為一種民族主義運動，中日戰爭的到來對中國共產黨是件僥倖的事。[2]

約翰遜的研究一經發表，立即引起學術界的強烈反響。對日本暴行是否導致了中國農民的民族愛國主義，贊同者有之，批評者更多。而在前節所述中，支持社會經濟改革與農民革命關係密切看法的學者，幾乎都對民族主義與農民革命的關係表示了質疑。

實際上，最先對約翰遜的觀點提出批評的是唐納德・紀林，並引發了關於中國共產主義勝利根源的大辯論。與約翰遜相反，唐納德・紀

---

❶ 馬克・塞爾登：《他們為什麼獲勝？——對中共與農民關係的反思》，南開大學歷史系編：《中外學者論抗日根據地》，第 608 頁。

❷ Chalmers A. Johnson, *Peasants Nationalism and Communist Power. the Emergence of Revolutionary China, 1937–1945*（Stanford: Stanford University Press,1962）, pp.2–7, 16–19; Chalmers A. Johnson, "*Civilian Loyalties and Guerrilla Conflict*," *World Politics*, Vol. 14, No. 4 (1962), pp.657–658;〔美〕范力沛：《西方學者對抗日根據地的研究》，南開大學歷史系編：《中國抗日根據地國際學術討論會論文集》，第 96 頁。

林以山西為例指出，在日本大規模侵華之前，中共就因為增加了群眾的社會經濟利益，而獲得了他們的支持。日本侵華之後，中共力量的擴大也不是農民民族主義，而同樣是社會經濟改革的結果。當日軍進攻山西時，抗日主力不是中共，而是閻錫山軍隊和中央軍。如果農民渴望打敗日本，理應擁護閻軍和中央軍。然而，事實上，在晉北戰鬥中，因為工錢高，農民還為日軍挖掘戰壕，修築工事。在臨近前線的地方，村民甚至躲避中國軍隊，拒絕賣給他們食物，對傷病員不予理睬。他們甚至認為，中日戰爭不過是另一場軍閥之間的爭奪。尤其是閻軍南撤時，到處掠奪，糟蹋百姓，以至於農民對他們的畏懼比日軍有過之而無不及。相比而言，中共部隊卻受到普通農民的歡迎，但主要不是因為抗日，而是中共實行了徹底的社會經濟改革，農民得到了好處。[1]

卡特福特和馬克·塞爾登的看法，也頗有針對性。卡特福特認為，日本侵略初期，對中共政權和政策的最早支持幾乎全是來自農村上層和底層。農村上層比其他階層更具有民族主義激情，起來抵抗日本侵略者的大都是大學生、中學生和其他知識分子，或者是地主、小資本家和富農。他們的文化程度較高，在日本人的侵略中損失較大。雖然這些人並不是革命事業可靠的、無私的戰士，但由於在初期不易得到農民的支持，中共別無選擇，只好大量吸收他們。所以，中共抗戰初期發動農民運動是非常困難的。在農村社會的另一端，遊民、流氓或其他粗野之徒也比較容易被動員起來反對外來的侵略軍或地方的當權者。而其他多數人即一般群眾，則抱着「等着瞧」的立場。百團大戰引來的日本大掃蕩，使晉察冀邊區的多數村民疏離了中共隊伍。也就是，它一方面直接地將農民從中共運動中嚇跑；另一方面也間接地削弱了農民對邊區政府的信心，不僅包括農民對於八路軍和民兵有能力抵抗日軍的信心，還有農民

---

❶ Gillin Donald, *Peasant Nationalism in the History of Chinese Communism, Journal of Asian Studies*, vol.23, No.2（1964）, pp.277,280−281,288; Chalmers A.Johnson, "*Peasant Nationalism Revisited: The Biography of a Book,*" *China Quarterly*, No.72（1977）, p.780.

對於中共社會改革綱領的信心。由此，中共社會經濟改革政策的實施，變得相當困難。[1]

塞爾登也認為，約翰遜的「民族主義」理論存在着無法理解的缺陷。首先，這一理論以社會動員來定義的民族主義在 1942－1943 年幾乎難以想像，因為這幾年，華北根據地的人口從 4400 萬人降至 2500 萬人，八路軍從 40 萬人降至 30 萬人，90% 的平原根據地落入日本人手中。可見，日軍的進攻遠沒有起到動員民眾的作用，而是使廣大民眾脱離抗戰隊伍，甚至還遷怒於抵抗運動、指斥抗戰激怒了敵人。另外，如果說「農民民族主義」是決定性因素，那麼，在日本侵略造成的「戰時無政府狀態」中，為什麼得益者不是國民黨而是共產黨？戰爭爆發的時候國民黨畢竟處於統治地位，得到國際承認。像在美國、英國和德國那樣，居於統治地位的政黨是很便於從戰時民族主義中獲益的，中國卻沒有這種優越性。所以，約翰遜解釋不了為什麼是共產黨而非國民黨成功地建立了後方根據地。[2]

在美國芝加哥大學獲得政治學博士學位的華裔學者何高潮，對約翰遜的觀點也做了評論。他認為，約翰遜試圖從「民族主義」和「權力真空」的角度出發，去解釋中共在抗日戰爭時期成功地發動農民運動的根本所在。這種解釋的確抓住了當時社會歷史條件的兩個重要方面，比起那種把革命作為一種社會病態去理解的「自然歷史」學派要更為貼切於歷史真實。但是，問題在於，對具體社會歷史條件的把握並不能代替對人們在歷史過程中的行為分析。同樣的社會條件下往往會同時存在着

---

❶ Katheen Hartford, "*Repression and Commmunist Success: the Case of Jin-Cha-Ji, 1938–1943*," in Katheen Hartford and Steven M.Goldstein(ed.), *Single Spark: China's Revolutions* (New York: M.E.Sharp and the East Asian Institute of Columbia University, 1989), pp.94–95,100–112；〔法〕畢仰高：《抗日根據地中農民對中共動員政策的反應：一些西方的觀點》，南開大學歷史系編：《中外學者論抗日根據地》，第 643–644、647 頁。

❷ 馬克．塞爾登：《他們為什麼獲勝？——對中共與農民關係的反思》，南開大學歷史系編：《中外學者論抗日根據地》，第 610–611 頁；馬克．塞爾登等：《革命中的中國：延安道路》，社會科學文獻出版社 2002 年版，第 281–284 頁。

並非唯一的行為選擇。人的主觀能動性以及在此基礎上的行為選擇互動性，常常使歷史在看起來非常簡單的結構性條件下，演變出令人眼花繚亂的複雜過程。約翰遜的解釋正是在相當大的程度上忽略了這種主觀能動性和策略互動性。因此，它並不能幫助我們了解，在同樣的權力真空和農民的反日民族主義的條件下，為什麼是中共而不是其他政治力量能成功地把農民動員起來，不僅去從事抗日活動，而且去參與廣泛的社會革命性變革。實際上，如何把農民對日軍侵略的仇視上升到民族主義的高度，並把它變成對一種特定政治力量的支持，是一個並非簡單的過程。即使我們把農民對日軍的仇視簡單地等同於農民民族主義，我們也只能解釋農民與中共在反日問題上的同仇敵愾，但卻不能解釋他們以及他們與地主等其他鄉村勢力之間在社會革命過程中的複雜關係。[1]

比較而言，中國大陸學者對此關注很少。只有兩位學者對此作了較多的分析。劉一皋認為，從華北事變前後的農民動員結果來看，當對生存的直接威脅到來之前，單純的民族主義的號召在農村要受到多種條件的制約，並無一呼百應的效果。抗戰初期，華北農民的自發反抗和響應動員積極參戰的英雄事跡，固然可歌可泣，但是抱怨民眾動員水平低、政府軍隊軍紀敗壞和土匪的趁火打劫，使得日軍未遇到多少抵抗便長驅直入的事例，也許更多。民族主義是一種強烈而且穩定的文化情感，在嚴重的外來壓力下，可以成為政治動員的有效手段和宣傳口號，但不是組織動員群眾的重要內容。整體而言，農民在國家政治、經濟、文化生活中處於弱勢地位，是社會上的弱勢集團，農民只有在一定條件才能響應外部動員，結成有效的組織聯繫，不畏犧牲奮起反抗，成為社會變遷中決定性的力量。也就是說，當戰時條件一旦具備，民族主義號召的動員才釋放出的巨大威力難以估量，而且成為整個戰時乃至戰後各種政治、經濟群眾運動重要武器。具體說，就是當共產黨領導的八路軍和根

---

❶ 何高潮：《地主・農民・共產黨：社會博弈論的分析》，香港，牛津大學出版社 1997 年版，第 8–9 頁。

據地政權成為華北敵後的國家象徵，農村社會有了新的力量基點，民族主義口號才變得堅實有力。戰時社會改革是在民族戰爭過程中進行的，使得中國社會變遷以及對於民主的認識，也不可避免地具有強烈的民族主義色彩。他還指出，儘管農民中可以產生自發的民族主義的反抗，但都只能分散地發生於局部區域、規模小，且難以持久，只有外部力量的有效發動，農民才能在抗戰中發揮巨大的作用。[1]

著名歷史學家魏宏運的看法有所不同。儘管他也認為有些農民麻木不仁，乃至作了漢奸，但對大多數農民的民族愛國主義情感高度肯定。他說，抗戰開始後，農民一盤散沙，不關心戰爭的不乏其人。一些農民害怕參軍或參軍後開了小差，需要做說服動員工作。但這只是問題的一個方面，更重要的是農民認識到客觀現實，特別是日軍殘暴的鐵蹄踏上自己的鄉土，野蠻本性暴露無遺時，農民怒火滿腔，加之抗戰勇士壯烈犧牲和無辜民眾慘遭塗炭，更激起了他們的民族意識和愛國熱情。國破家亡，這是再淺顯不過的道理。農民因此很快認識到，抵抗是唯一的出路，引頸待斃不如拼個你死我活，坐着死不如站着生。所以，假如說，農民對戰爭漠不關心，是與事實不符的。被戰爭激怒的廣大農民，作為中國人其情感是無法抑制的。他們對戰爭並不是持消極態度，沉默不言，而是表現了自己鮮明的立場。戰爭教育了農民，使他們產生了忘我無私的思想。以上可以說代表了農民的總體意識。如果要問，華北農民想的是什麼，可以肯定地回答，想的是國家和民族的解放，想的是自己及其家人的生存和自由。但是不是每個人都這樣呢？當然不是，麻木不仁的人有沒有？有的，甚至還有當順民的思想。但這只是個別的。為什麼有些農民沒有民族氣節，充當了日本的漢奸？主要是這些人經不起金錢的誘惑，以至受日軍的驅使。[2]

---

❶ 劉一皋：《農民動員與社會變遷——華北事變前後之農村社會分析》，中國現代史學會編：《二十世紀中國社會史研究》，當代世界出版社 1998 年版，第 113、124–126 頁。

❷ 魏宏運：《抗戰第一年的華北農民》，《抗日戰爭研究》1993 年第 1 期，第 12–25 頁。

四、中共動員與農民革命

也許可以這樣說，無論是土地分配不均、苛捐雜稅繁重，還是土地改革和減輕賦稅等社會經濟改革，以及民族主義情感的上升，都可能對農民支持和參加中共革命起了一定的或重要的作用，或者至少是一個輔助性因素。與此同時，還有學者強調中共動員和組織工作的重要性，認為以上因素之所以能夠發揮出作用，與此有密切的關係。

美國學者霍夫海因茨指出，在大多數情況下，社會生態和接納共產主義訴求之間並不存在明顯的相互關係。相反，革命在一些地方的極大成功，只是由於共產黨碰巧在那些地方建立了組織。或者也可以說，革命成功的條件基本是人們行動的產物，而不是社會結構、經濟或人口的確定不移的事實。[1] 也就是說，中共在這些地區的動員是最重要的原因。

美籍華裔政治學者鄒讜，在霍夫海因茨的基礎上進一步指出：我們是否可以在史實、事件、事變、巧合等中間，發現結構結束與人的選擇之間的關係。中國共產主義運動可以描述在既定社會經濟結構下人的選擇的範圍所在。這種關於人的選擇和行動的理論，或許要比在結構決定論或徹底的主觀決定論基礎上所引申出來的歷史視野更為有利。鄒氏將此稱為「結構約束範圍內的人的選擇」，並進一步引申，中共革命並不是自發的，它是在極端不利的條件下製造出來的。中共的勝利在相當大的程度上取決於其靈活的戰略策略。除非行動者認識到現存社會經濟結構對他的選擇具有結構性的結束，並使自己的選擇與這種約束相適應，他將不可能取得勝利。[2] 這就是說，儘管社會經濟基礎有助於革命的發生，但如果不是中共進行主動選擇和行動，也不可能成功。

曾在美國加州伯克利獲得博士學位的台灣學者陳永發，對中共華

---

❶ Roy M. Hofheinz, *The Ecology of Chinese Communisit Success: Rural Influence Patterns, 1923–1945*, in A. Doak Barnett(ed.), *Chinese Communist Politics in Action*（Settle and London: University of Washington Press,1969）, pp.73–74.

❷ 鄒讜：《中國革命再闡釋》，第 122、124、145 頁。

中、華東抗日根據地有深入的研究。他認為，發動農民並非約翰遜所說的民族主義那樣自然而然和簡單。在日本綏靖區，不存在什麼農民民族主義。有時農民甚至將新四軍當作土匪，有時將日本軍隊當作前來恢復秩序表示歡迎。應該說，中共推行的社會經濟綱領、再分配政策符合農民的利益，對發動農民抗戰發揮了作用。不過，就總體而言，中共在抗戰時期的農村運動，主要取決於對農民的操縱和對地主的鎮壓。他從「鬥爭」以及對鬥爭操縱的角度，來解釋中共農民運動的成敗。中共不僅與作為革命對象的地主之間有矛盾，而且與所依靠的主要革命力量——農民之間，在利益權衡、目標設立、行為規範等方面也存在着各種矛盾。中共一方面以無情的打擊方式控制地主，另一方面通過召開鬥爭大會等形式，操縱農民的情緒，使本來與地主並無仇恨的農民，敢於拋棄傳統倫理規範的約束，參與到鬥爭地主之中。[1]

澳大利亞學者古德曼指出，越來越多的證據表明，黨對軍隊和政權的掌握是最至關重要的。抗日根據地的建立，自上而下依靠軍事和政治的支持，至少比社會變革重要。一般來說，每個根據地都有一個明顯的方式，建立政治秩序和制度優先於對社會變革做的嘗試。[2] 他還通過對太行邊區黎城縣離卦道暴動的研究認為，中共並不能任意所為，即便在其統治最為穩固、集中了大量幹部和積極分子的地區，也有對中共領導與組織的挑戰。基於民族主義的民眾支持是不可靠的，日本人的殘暴行為擴大了中共與民眾的距離。中共必須盡最大努力，才能使其政策得以實施，並得到政治與軍事的極大支持。[3]

---

❶ Yungfa Chen, *Making Revolution: The Communist Movment in Eastern and Central China, 1937–1945*（Berkely and Los Angeles: University of California Press,1986）, pp.99,513–514；周錫瑞：《從農村調查看陝北早期革命史》，南開大學歷史系編：《中外學者論抗日根據地》，第 537 頁；費正清等編：《劍橋中華民國史》下，第 734 頁。

❷〔澳〕古德曼著，田酉如等譯：《中國革命中的抗日根據地社會變遷》，中央文獻出版社 2003 年版，第 5 頁。

❸ David S.G. Goodman, *The Licheng rebellion of 1941*, *Modern China*, Vol.21, No.1（1997）, pp.216–217, 240.

中國大陸也有少數學者對此進行了闡述。中國蘇區史專家何友良指出，農民的奮起、革命的發生，除了貧困的社會根源之外尚須另一個必備的條件，即有先進的個人和組織、新的思想理論來揭露社會的腐敗、人民的困苦和規劃革命的道路。沒有這個條件，革命不可能成為現實運動，農民也很難相率奮起。這也可以解釋為，在中國的任何地方都充滿了貧困和壓迫、不滿和疏離的同樣條件，但為什麼蘇維埃革命運動僅在一部分地區發生而未成為全國性運動，為什麼蘇維埃革命的發生地並不全是或多半不是全國最貧困的地區。從根本上說，農民群眾的熱情投身於社會變革鬥爭，是中共廣泛深入動員的結果。動員給他們輸入了新思想，使他們產生了新認識，進而影響或改變了他們的眼光與行為。動員和爭取農民的基本做法，是讓理論宣傳深入下層群眾，以消滅地主武裝等實際鬥爭「搶取」群眾，以及用動員起來的群眾力量去影響尚未覺悟的群眾。除了地方黨用抗租抗債抗捐抗稅來發動鬥爭，組織游擊隊來武裝群眾，動員工作大量由主力紅軍來做。正是通過先進政黨的教育灌輸，蘇區農民在世界觀、人生觀和價值觀上確實發生了新的變化。他們廣泛接受新知識，普遍具有相當高的政治水平；思想傾向明確，敢愛敢恨，愛憎分明；階級觀念增強，對外具有追求階級解放、維護階級利益的強烈意願和自覺，能夠以階級觀點認識和對待敵方的進攻和宣傳，對內對地主、富農等剝削階級鬥爭堅決，乃至發生對人身過分打擊的錯誤。[1]

陳德軍以贛東北根據地為例指出，在農民和革命精英之間，有關權利和道義的革命性認知在程度和時間上存在着很大的不平衡。因此，在其合理性尚未成為農民自身認知的一部分的情況下，革命運動發生與維持，或者說一個村莊革命場域的形成，就基本上繫於作為倡導者的革命知識分子身上。處身於一定社會經濟條件下的農民，與處身於革命之中

❶ 何友良：《中國蘇維埃區域社會變動史》，當代中國出版社 1996 年版，第 53–55、147–154 頁。

的農民之間需要一些過渡的途徑才能連接起來，革命本身不會「不脛而走」。從某種角度來說，與其以經濟生活水平來解釋革命在某一地方的發生、發展，倒不如從社會的分裂、散沙化的程度來尋找理解革命及其表現形態的線索更為合適。在這片相對獨立的區域裏，農民組織起來開始採取革命行動的，往往是那些地勢偏僻、民情散漫的村落。[1]

有些學者還指出，在動員農民參加革命的過程中，發生了強迫現象。其實，這些現象恰恰表明了中共動員所起的重要作用。王奇生指出，大革命結束後，中共中央為了恢復和壯大黨員的力量，指示各地黨組織大力發展黨員，給各省市委下達任務指標，以期快速擴大黨組織。在此情況下，基層黨組織為了完成任務，採取「拉夫式」地吸收黨員，濫收濫拉。[2]

黃琨指出，在蘇區，1927－1928 年，由於中共急於發展組織進行暴動，下達發展黨員指標。有的地方為了完成任務，濫拉濫收，造成黨員素質下降。為了執行上級黨組織的暴動命令並表示自己不是機會主義，就命令群眾去幹，當命令不動時就哄騙群眾，甚至有的地方還威脅迫使群眾參加暴動。[3]

黃道炫認為，蘇區中央不切實際，片面追求擴紅高指標，而蘇區人力有限，許多地區出現強迫現象，甚至不去當紅軍就封房子。隨着反「圍剿」戰爭的進行，蘇區不斷壓縮，人力供應更為困難，而中央仍一味要求擴充主力紅軍，1934 年 9 月面對蘇區日益縮小、人力已基本耗竭的狀況，仍提出一個月擴充 3 萬紅軍的指標。基層為了完成任務，除了強迫命令之外，不可能有其他辦法，這就更加劇了群眾的對立情緒，逃跑

---

❶ 陳德軍：《鄉村社會中的革命：以贛東北根據地為研究中心（1924－1934）》，上海大學出版社 2004 年版，第 42－43、111－115 頁。

❷ 王奇生：《黨員、黨組織與鄉村社會：廣東的中共地下黨》，《近代史研究》2002 年第 5 期，第 8－9 頁。

❸ 黃琨：《從暴動到鄉村割據：1927－1929 ——中國共產黨革命根據地是怎樣建立起來的》，第 43 頁。

現象有增無已，甚至反水當土匪。[1] 張鳴還指出，中共中央在蘇區曾有所謂「燒殺政策」，即用燒殺使農民變成赤貧，然後驅使他們參加革命。擴紅之時，還經常出現捆人上送的現象。[2]

筆者指導的博士生齊小林，對 1937–1949 年中共在華北革命過程中的士兵問題進行了深入的研究，揭示了農民參軍尤其是中共動員與農民參軍關係的真相。他認為，農民對中共動員參軍顧慮重重，譬如擔心死亡，擔心家庭的生產生活水平下降，擔心婚姻不穩定，擔心時局變化，害怕「變天」等。於是，他們想盡各種辦法進行規避乃至對抗，如躲藏、逃跑、裝病乃至自殘等。在此過程中，革命動員的力量非常之大。譬如，充分利用村政權的黨政系統進行徵兵動員，期間發生隱瞞欺騙、強迫拉兵的現象是很嚴重的。[3]

前述王友明對山東解放區的研究，已經表明中共動員在農民參加革命的重要性，不贅。

五、農民參加革命的多重動機

關於農民支持與參加中共革命的原因，以上解釋基本上代表了迄今學術界的認識水平。也可能還有其他各種各樣的看法，不再贅述。應當說，諸家說法都不那麼單一和純粹，甚至有交錯，但可以肯定，它揭示了問題的一個主要方面。這些解釋也各有道理，但必須強調的是，歷史事實遠比結論複雜得多，多種因素的湊合也許才能揭示問題的真相。當然，在歷史研究或所有社會現象研究中，不能否認探討最重要或較為重

❶ 黃道炫：《逃跑與回流：蘇區群眾對中共施政方針的回應》，《社會科學研究》2005 年第 6 期，第 127–128 頁。

❷ 張鳴：《紅色的個案——蘇維埃鄉村追求》，《鄉村社會權力和文化結構的變遷（1903–1953）》，廣西人民出版社 2001 年版，第 137、157 頁。

❸ 齊小林：《中共士兵、革命政權與華北鄉村（1937–1949）》，博士學位論文，南開大學歷史學院，2011 年，第 26–40、57–187 頁。

要原因的必要性，此為歷史研究的辯證邏輯。

問題還不在於此，以上各種說法的缺陷，恐怕主要是研究者大多是從自上而下的視野分析農民革命及其原因，缺乏農村和農民本身的聲音，尤其是缺乏對農民個體或群體感受的關懷。事實上，討論農民支持和參加中共革命，理應首先對農民主體的心態和行為進行實證研究，否則理論和邏輯性再強，也難以服人。以往之所以陷入無休止的爭論，症結就在於它們展示的農民是籠統的、模糊的，而非具體的、鮮活的農民。在所有問題中，最為關鍵的是，在同一外部條件比如中共經濟政策、社會動員、外國侵略，或同一社會經濟基礎比如土地分配不均、生活貧困之下，為什麼有的農民參加了革命，有的農民卻沒有？那麼，不同的農民究竟是受哪些因素的刺激才參加了革命呢？

應當說，在個別歷史學者的研究中，對此問題已多少有所涉及。

在陝甘寧邊區，周錫瑞認為，陝北農民的生活極端貧窮，他們抱着改變生活的願望而投身到共產黨領導的鬥爭中來。當土匪或當紅軍，都是逃避苦難的出路。參軍的動機不是千篇一律的，中共的土地改革顯然具有極大的感召力，但很多人說他們當初參加革命是因為家庭或個人方面的原因。有人是因為失去生母，覺得受到後母虐待。也有人說他跟幾個同伴參加紅軍是為了趕時髦，因為游擊隊常路過他們村，游擊隊的生活令村裏的年輕人覺得很帶勁，也很風光。還有人說，他們參加革命是因為覺得反正呆在家裏也是捱餓，倒不如參加游擊隊。游擊隊經常襲擊地主，可以吃得很好。最後，也有人是因為具有一技之長而特別成為中共的發展對象，共產黨也需要會說、會寫、會槍的人。大部分農民黨員沒有文化，他們都承認，入黨時對社會主義和馬列主義一無所知。一般說來，共產黨在他們眼裏只是窮人黨，紅軍是窮人的軍隊，並會給窮人帶來新生活，這所謂新生活大概就是「樓上樓下，電燈電話」。農民並不懂這些事，這些烏托邦幻想都是有文化的黨員講給他們的。總之，檢查一下最初參加革命的那些農民的生活經歷和動機，就會發現許多人參加紅軍並不是階級鬥爭的表現，更談不上民族主義。這些民眾總動員和政治參與也不沾邊。我們看到的不過是追求個人權力的慾望。這些人在家庭中和村子裏都無權無勢，對他們來說參加紅軍是一個機會，可以使自己成為一個「很厲害」的組織的一部分，他們當中那些有一定能力或受過一定教育的後來成為幹部。對另外大部分的人來說，參加革命意味着不再受別人的欺負，可以活得揚眉吐氣。這正符合年輕人的心理願望。[1]

在廣東地區，大革命結束後，仍有不少農民加入共產黨組織。王奇生認為，普通農民加入中共的情形比較複雜。大革命時期農運基礎較好的地區，農民對中共已有一些粗淺的認知，認為共產黨是「窮人的黨」。但總體而言，當時廣東農民對中共的認知程度相當低。不少農民黨員分不清農會與共產黨的區別，以為農會便是共產黨。入黨如同大革命時期入農會一樣隨便，相當一部分農民加入共產黨是一種盲目行為。還有部分懷有入黨謀生的動機，亦即出於個人生存需要而投身革命。[2]

在蘇區革命根據地，黃琨指出，農民參加革命與具有革命觀念不能等同。革命運動並非只是具有革命觀念的群眾的集合，許多人懷着不同的目的參加革命運動，有的為減租稅獲田地，有的為泄私憤及宗族間的衝突，更有的為乘機獲得財物或在從眾心態之下加入。方志敏領導群眾攻打張姓劣紳時，應召到的群眾只有 300 多人，但沿途臨時加入的就有 3000 多人。[3]

以上學者的看法，應該說均有比較充分的歷史依據。事實上，當中共領導的革命戰爭正在進行之時，就已有人注意到了這一問題。

大革命結束後的廣東，據南雄縣委報告，1928 年 2 月，一些村莊要

---

❶（美）周錫瑞：《從農村調查看陝北早期革命史》，南開大學歷史系編：《中外學者論抗日根據地》，第 542–545 頁。

❷ 王奇生：《黨員、黨組織與鄉村社會：廣東的中共地下黨》，《近代史研究》2002 年第 5 期，第 7–11 頁。

❸ 黃琨：《從暴動到鄉村割據：1927–1929 ——中國共產黨革命根據地是怎樣建立起來的》，第 28–29 頁。

求全村加入共產黨。原因是上年早稻不熟，許多村莊糧食恐慌。而加入共產黨可以暴動「吃大戶」，在短期內解決吃飯問題。不過，後來這些農民由於受到地主的誘惑而又反動。海豐蘇維埃初建時，因黨員分得的土地比普通農民多1倍，於是農民為了分雙份田而紛紛要求入黨。[1]

抗戰時期，劉少奇1939年7月在延安馬克思列寧學院演講《論共產黨員的修養》，對農民入黨動機有深刻的論述。他指出：加入黨的人是帶着各色不同的目的和動機而來的。很多黨員是為了實現共產主義，為了無產階級和人類解放的偉大目的加入共產黨。但是，另外一些人，卻是為了其他的原因和目的入黨。比如，過去有些農民出身的同志，以為「打土豪、分田地」就是共產主義。真正的共產主義，他們在入黨時是不懂得的。另外，還有些人主要是在社會上找不到出路——沒有職業、沒有工作、沒有書讀，或者要擺脫家庭束縛和包辦婚姻等，而到共產黨裏找出路。甚至還有個別的人是為了依靠共產黨減輕捐稅，為了將來能夠「吃得開」，以及被親戚朋友帶進來的，等等。[2]

在山東抗日根據地濱海區，有一份組織工作總結對新黨員的入黨動機作了分析：一、解決生活問題。富裕的為少拿給養，貧苦的為了可以吃給養。二、得到其他好處。有的以為可以免去拔兵，有的為了抗戰後可以做官，也有的為了打官司得便宜，有的為了可以共產共個老婆。三、私人面子。不好意思不參加，父兄參加自己也參加。四、封建思想。參加了會門，當了南海大士的徒弟，和某人拜了把子等。五、掛名就算了。如發展時談話，你參加後可以做官，「我是莊戶人不想做官」，你參加後可以想法得點東西，「我家夠吃不想得到什麼東西」，「反正你參加了沒什麼，掛個名就算了」，「那樣就可以加入」。六、作擋箭板。「參加共產黨可沒有人說咱當漢奸了」，「參加後可沒有來捐的了」，「沒

---

❶ 轉引自王奇生《黨員、黨組織與鄉村社會：廣東的中共地下黨》，《近代史研究》2002年第5期，第12頁。

❷ 劉少奇：《論共產黨員的修養》（1939年7月），《劉少奇選集》上卷，人民出版社1981年版，第137頁。

有人敢欺的了」，有的因為給他父親報仇，有的是「幹上了，做小買賣公平，八路軍不查，查着時露示露示就送到門上來了」。七、有的為了「國民黨四產（私），共產黨五產（無），比人家多一產」，有的為了「誰加納多少給養，辦個什麼事都得商量咱」。八、婚姻問題（女）。如有的受丈夫壓迫另找丈夫，有的怕丈夫遺棄，有的受壓迫另找出路而入黨。這些人的入黨動機是一般的，當然也有少數正確的入黨動機，但也有更壞的入黨動機。[1]

同樣是山東濱海區，在莒南縣，有一份縣委對參軍對象的動機的分類，目的是在動員農民參軍時，作為領導的參考。參軍對象的動機有以下幾類：甲、快勝利了。這是一般的動機，佔大多數。乙、快「實行了」要翻身，不受壓迫，打倒大肚子。這是一般黨員和工人的動機。丙、八路軍生活好。丁、為了學習進步。這是一般青年的動機。戊、老六團武器好。這也是青年，尤其是慰問團員的動機。己、抗戰後找個好老婆。這是沒老婆或夫妻不和的參軍動機。庚、家庭壓迫，如兄弟父母叔伯等等壓迫。辛、升官。中農成分及少數英雄思想較濃厚的村幹部，都有這種動機。壬、報仇、或怕鬥爭。這是個別的。[2]

美國人韓丁的名著《翻身》，記載了他 1948 年 4 月親自參加的晉冀魯豫邊區張莊的整黨運動。村支部有 28 個黨員，在過關會上，黨員們講了入黨動機問題。其中，想爭取平等權利、言論自由的，10 人；因為翻了身而擁護黨的，3 人；想為人民服務的，2 人；想打倒地主的，1 人；想當幹部的，4 人；想掩蓋缺點的，4 人；想在黨的保護下躲避財產沒收的，1 人；不知道是為什麼的，1 人；由於在縣裏坐牢情況不明的，2 人。[3]

---

❶《濱海區五年組織工作總結》，臨沂市檔案館藏，3-1-4，轉引自王友明《解放區土地改革研究：1941–1948 ——以山東莒南縣為個案》，第 93–94 頁。

❷《濱海區莒南縣委關於擁軍參軍工作具體總結》，莒南縣檔案館編：《無私奉獻的人們——莒南縣戰時擁軍參軍檔案資料選編》，1991 年印，第 80–81 頁，轉引自王友明《解放區土地改革研究：1941–1948 ——以山東莒南縣為個案》，第 113–114 頁。

❸〔美〕韓丁著，韓瓊等譯：《翻身——中國一個村莊的革命紀實》，北京出版社 1980 年版，第 420–421 頁。

由以上材料可見，農民支持與參加革命的動機是十分複雜的，很難用一條或幾條理論所能解釋和概括。也就是說，究竟土地分配、家庭貧困、社會經濟改革以及民族主義、動員農民等等，在農民支持或參加中共革命的行動中起了什麼作用，仍需要做大量的農民個體與群體的實證研究。只有在此基礎上，方可真正還原農民的革命動機，也才有利於解釋中共革命勝利的原因。

最後，筆者還想表明，在對中共革命與鄉村農民關係的研究中，較早掀起爭論的多是國外學者尤其是美國學者。究其原因，當然與美國陷入國共兩黨鬥爭的進程有關，戰爭的結局迫使他們特別關注中共革命的勝利及其原因。但近些年來，由於「革命似乎對目前的中國已經不那麼重要了，探求革命的社會起源對於那裏想理解過去的人們仿佛也就不那麼重要了」。於是，「革命已經被搬離中心舞台，歷史研究的關注點就基本從農村轉向了城市」。對此，周錫瑞懷疑「我們是否走過了頭。在使革命脫離中心的過程中，我們不應該根本忘掉它」。[1] 在中國大陸學術界，20 世紀五六十年代因為新政權剛剛建立，中共革命史領域可謂炙手可熱，但囿於政治形勢的約束，解釋單一，爭論很少，更不可能參與國際性的討論。改革開放以來，由於社會經濟建設的戰略轉變，中共革命史乃至整個中國近代革命史的研究都由熱變冷。而今，似乎又趨於熱鬧起來。之所以如此，既與中國近代史研究對象的轉換有關，也與中國當代社會的危機有關，人們總是想從歷史中尋求經驗和智慧。在相關解釋上，也已經由單一轉向多元化。應該說，這是學術發展的標誌。與此同時，也必須承認，我們的許多研究並未進行很好的學術史梳理，沒有建立在以往研究的基礎之上。譬如，20 世紀六七十年代國外學者的研究，現在看來仍頗具啟發價值，而我們的研究卻很少與之進行對話，由此淡化了問題意識，降低了學術價值。當然，中外交流應該是雙向的、互動

---

❶ 〔美〕周錫瑞：《把社會、經濟、政治放回二十世紀中國史》，《中國學術》第 1 輯，商務印書館 2000 年版，第 201–204 頁。

的，國外學者也不能忽視中國學者的成果，畢竟我們的研究已和過去不可同日而語。

歷史研究幾乎是個無止境的建構和解釋過程。也正因為此，學界經常有人引用胡適說過的一句話，「歷史是個任人打扮的小姑娘」，以此表明後人對歷史現象隨意解釋，無所適從。現在，有人考證胡適沒說過這句話。其實，問題不在於是否說過，而是它已經約定俗成，成為諷刺歷史研究的口頭禪。我倒以為，小姑娘是應當允許打扮的，只是看誰打扮得更加漂亮，更加符合小姑娘的形象。其實，再怎麼打扮，她還是個小姑娘，而不可能變成別的。歷史也是如此，它如同小姑娘一樣，是一種客觀存在，只是解釋不同罷了。應當允許不同的解釋，而非遵從一種聲音，否則由政府發佈一個指令就解決了，但那是歷史研究嗎？我們相信，史學史一定程度上存在着「進化論」，也就是說，歷史是越辯越明的，歷史研究總是朝着逼近歷史真相的方向前進。

原刊《近代史研究》2012 年第 4 期

土地改革中的農民心態：以 1937–1949 年的華北鄉村為中心

關於土地改革的必要性，已論述太多，毋庸贅言。儘管新的研究表明，舊中國地權分配與剝削關係並非以前所說的那樣嚴重，即地主富農佔有土地的 50%–60%，而非 70%–80% 以上；地租率也不是佔農民收入的百分之七八十以上，而是長期維持在 50% 左右。但問題沒那麼嚴重，並不等於說問題不嚴重，亦即這一修正仍不足以動搖已有的基本結論：地主土地所有制居於統治地位，地主高利貸者與農民之間存在着剝削與被剝削的關係，貧富差別明顯，農民生活貧困不堪，中共領導農民革命和土地改革有其深厚的社會經濟基礎。[1] 我不想繼續申論這一問題，而是主要探討中共土地政策實施過程中農民的心態變化及其行為。回顧以往的土地改革研究 [2]，在視角和方法上仍嫌單一，最為典型的就是「政策——效果」模式，亦即中共的政策演變、農民獲得了利益以及擁護共產黨、革命積極性提高的幾步曲，而作為土地改革主體農民大眾的複雜心態及其行為基本上成了被壓抑、被湮沒的失語群體，由此很難真正理解這樣一場規模宏大、空前曲折的運動。事實上，土地改革是一個土地政

---

❶ 李金錚等：《20 年來中國近代鄉村經濟史研究的新探索》，《歷史研究》2003 年第 4 期，第 170–171 頁；李金錚：《近代華北農民生活的貧困及其成因》，《城市史研究》第 21 輯，天津社會科學院出版社 2002 年版，第 163–174、188 頁。

❷ 代表作有肖一平等：《抗日戰爭時期的減租減息》，《近代史研究》1981 年第 4 期；高德福：《華北抗日根據地的減租減息運動》，《南開學報》1985 年第 6 期；董志凱：《解放戰爭時期的土地改革》，北京大學出版社 1987 年版；趙效民主編；《中國土地改革史》，人民出版社 1990 年版。迄今，尚無這一時期中共政權下農民心態研究的專門成果。

策與廣大農民的互動過程，農民面對的畢竟是一個自己原來並不熟悉的政黨、政權及其全新的政策，那麼，其傳統心態、慣行與土地政策有哪些暗合與衝突？它在新形勢下發生了哪些變化，哪些仍在延續或在延續中有所變異？它們又是怎樣影響着土改進程和鄉村社會面貌？諸此都是應該挖掘、分析但一直沒有引起學者們充分注意的問題。有鑒於此，本文擬以 1937–1949 年的華北鄉村為中心[1]，探討中共土地改革中的農民心態及其行為[2]，由此揭示土地改革運動的複雜面相，同時也為大眾心態史學的研究貢獻一得之見。

一、不敢鬥爭的怯懦心態

就結果而言，土地改革無疑得到了廣大農民的積極擁護。但倘若僅限於此，就將複雜、艱難和曲折的土改進程簡單化了。事實上，當土改政策或措施在一個地區開始推行時，大多數農民往往是膽小怯懦，顧慮重重，不敢響應和執行的。按照一般的社會經濟邏輯推論，無論是抗戰時期的減租減息，還是解放戰爭時期的分田廢債，皆意味着對地主、高利貸者的剝奪，從而為農民帶來巨大的物質利益和心理尊嚴，廣大農民理應對這些政策抱有極大的熱情，並堅決地付諸實施。然而，農民並沒有遵循這種邏輯而行動，那麼，到底是哪些因素導致了農民的畏縮心態呢？

心理學者認為，預測人們是否將採取某種行動，最好是了解其是否採取行動的意向，而它又取決於兩種因素：一是主觀規範，即頭腦中已經存在的某些行為準則和信念；二是對行為的後果是贊成還是反對。[3] 這

---

❶ 本書所指土地改革，並非狹義的解放戰爭時期的土地改革，而是廣義的土地改革，它包括土地革命、減租減息和土地改革三個主要歷史階段。在華北鄉村，經歷了抗日根據地減租減息和國共決戰時期解放區的土地改革兩個階段（未完成土改的地區在新中國成立後繼續進行）。儘管屬於兩個階段，但其中所涉及的問題往往是類似的，只是後一階段更為突出罷了。

❷ 本書所述農民心態及其行為是土改過程中發生的比較普遍的現象，並非指所有農民都是如此。

❸ 章志光：《社會心理學》，人民教育出版社 1996 年版，第 198 頁。

一理論對於分析土地改革中的農民心態具有一定的指導意義。

土改政策的基本前提是：不合理的土地分配制度以及與此扭結的租佃關係、僱傭關係、借貸關係，是導致貧富差異、階級差別和農民生活困苦的重要源頭，但這一高度概括並不為普通農民很快理解。農民長期生活於半封閉的鄉土社會中，他們固守着自己的道義經濟觀，高度認同現存制度，對地主、高利貸者有極強的依賴性，甚至「感恩戴德」。中共將此概括為「糊塗思想」。

人們普遍追求富裕，並認為家庭富裕與努力經營、勤儉持家有着必然聯繫。的確，在傳統的社會經濟體制下，只要努力經營，勤儉持家，並遇上好機會，貧困戶有可能變富，僱農、佃農可以上升為自耕農、富農、地主；相反，富人不努力經營，也會家道敗落。所以，在農民看來，「財主」、「東家」並非革命者眼中生活腐化的代名詞，反而是土地越多、財富越大「成了道德高尚的證明」。[1] 我和我的學生對舊中國河北農村的調查顯示：村裏象樣的地主鳳毛麟角，窮奢極侈者極少，地主家的伙食，除了家長稍好外，其他成員與普通農民區別不大。所以，村民對他們欽佩有加，認為他們都是靠起早摸黑、辛勤勞作、省吃儉用，才慢慢起家的。[2] 在此情況下，要發動農民鬥爭地主並非輕而易舉。

儘管現實中的貧富分化、貧富差別，使得在艱難困苦中掙扎的農民也產生心理上的不平衡，但他們從未意識到地主對農民存在着剝削關係，沒有意識到剝削與貧困的必然聯繫，所以不可能問罪於現存體制。相反，他們往往援引「生死有命，富貴在天」的宿命論，以求自我解脫。1943 年晉察冀平北區的減租鬥爭，有些農民就認為：「受罪捱餓是

❶（美）韓丁著，韓瓊等譯：《翻身——中國一個村莊的革命紀實》（本書以下簡稱《翻身》），北京出版社 1980 年版，第 52 頁。

❷ 1999–2004 年調查，李金錚收藏。對此，費孝通也有深刻的認識：「有限的土地生產力和農民已經很低的生產水准是經不起地主階層的揮霍的。把中國一般中小地主描寫成養尊處優、窮奢極侈的人物，我覺得是不太切當的。」（費孝通：《鄉土重建》1948 年 6 月，《費孝通文集》第 4 卷，群言出版社 1999 年版，第 375 頁。）

命裏註定，沒法解決的。減租也頂不了受罪的命。」[1]1944 年冬季太行區的減租運動，區委組織部長賴若愚也指出這一問題，「有的依然相信『命運』，說自己命窮。」[2]1947 年 6 月，晉冀魯豫邊區總結一年來的土改運動，認為部分農民沒有發動起來的原因之一，是受「命運」思想的束縛，認為「外財不富命窮人」，「豬毛安不在羊身上」。[3]

農民不僅沒有革命者眼中的被剝削意識，相反視地主富農為衣食父母，交租還債為天經地義，甚至心存感激之情。以租佃關係而言，地租率一直保持在百分之五十左右，地主對佃農的剝削是明顯的，但長期以來一直卻是佃戶基本認可的比例。除了災年，正常情況下農民很少會起來要求減租，提出減租要求則有違傳統倫理。冀魯豫區範縣 1942 年的減租增佃運動，農民就有這樣的認識，「他們認為老輩子就這樣，減租不見得合理。」[4] 在太行區，1944 年冬和順縣檢查減租中，農民也普遍存在這種觀念，「人憑良心虎憑山」，自己依靠地主吃飯，應受統治。[5]1946 年初潞城縣第五區召開清算地主討論會，不少村幹部也認為：「要是地主不把土地租給我們，我們就得捱餓。」「我給地主幹活，人家管我飯吃，年底還給工錢，這都是說好了的…… 人家確實給錢了，也給飯吃了，那還有什麼錯處？」[6] 美國人韓丁（William Hinton）1948 年作為觀察員參加了這一地區張莊的土改運動，發現「全村很少有人、甚至根本無人對現存

---

❶《平北的減租鬥爭》（1943 年），魏宏運主編：《抗日戰爭時期晉察冀邊區財政經濟史資料選編》（本書以下簡稱《晉察冀》）農業編，南開大學出版社 1984 年版，第 72 頁。

❷ 新華社：《太行區一九四四年冬季減租運動的基本經驗》（1945 年），魏宏運：《抗日戰爭時期晉冀魯豫邊區財政經濟史資料選編》（本書以下簡稱《晉冀魯豫》）二，中國財政經濟出版社 1990 年版，第 691 頁。

❸《晉冀魯豫邊區土地改革運動的基本總結》（1947 年 6 月），本書編輯組：《華北解放區財政經濟史資料選編》（本書以下簡稱《華北解放區》）一，中國財政經濟出版社 1996 年版，第 919 頁。

❹ 高元貴：《冀魯豫區範縣一、二、三、四區減租增佃工作初步總結》（1942 年 12 月），《晉冀魯豫》二，第 607 頁。

❺ 王宗淇：《平順縣一九四四年冬檢查減租運動總結》（1945 年 3 月），《晉冀魯豫》二，第 657 頁。

❻《翻身》，第 145 頁。

的制度提出疑問。」[1] 認同傳統制度，已深入農民的骨髓。

不僅如此，傳統上地主與村民的關係並不像革命者所描述的那樣緊張，由此進一步消弭了農民的鬥爭心理。歷史表明，所謂橫行鄉里、作惡多端的地主畢竟是少數，「大量在現實和具體生活中的農民面對更多的可能並非這種惡霸，或者說碰上惡霸的幾率並沒有與碰上平平常常的富人那麼高。」[2] 對此，費孝通也指出：「中國傳統租佃關係裏還常充滿着人的因素。這因素又被儒家的『中庸』、不走極端，所浸染的富有彈性……確曾減少過農民反抗的可能。」[3] 筆者對河北農村的調查也顯示，在年成不好時，地主往往減免地租。村民有病有災時，地主也常借錢使用。周扒皮式的東家並不多，大多僱主對僱工態度較好，關係和睦，有一技之長者尤其受到尊重。僱工伙食與僱主家人基本相同，甚至還要好些。[4]

地主與農民之間的這種狀態，往往與雙方為本家、親戚、鄰里的血緣地緣關係有關。美國學者弗里德曼（Edward Friedman）對冀中饒陽縣五公村的考察發現，舊中國時期，農民是按照群落和親族關係，而不是按被剝削階級和剝削階級來看待他們自己的。[5] 這在一定程度上模糊甚至消解了相互之間的矛盾。1942 年冀魯豫區範縣的減租增佃運動表明，「有些佃戶與地主是一家一戶，是親戚鄰居，說到減租，真有點不好意思。」[6] 1947 年冬晉綏邊區河津縣土改運動，農民也是「對地主富農拉不下面皮，他們認為大家都是同村，或同姓本家，實在是破不開情面。」[7]

以上分析表明，在傳統社會，儘管農民與地主貧富有別，地主對農民存在着剝削關係，農民生活貧苦不堪，但農民沒有階級劃分意識，沒

---

❶《翻身》，第 52、145 頁。

❷ 張鳴：《鄉村社會權力和文化結構的變遷》，廣西人民出版社 2001 年版，第 253 頁。

❸ 費孝通：《鄉土重建》（1948 年 6 月），《費孝通文集》第 4 卷，第 375–376 頁。

❹ 1999–2004 年調查，李金錚收藏。

❺（美）弗里德曼等著，魏曉明等譯：《中國鄉村：社會主義國家》，社會科學文獻出版社 2002 年版，第 124 頁。

❻ 高元貴：《冀魯豫區範縣一、二、三、四區減租增佃工作初步總結》（1942 年 12 月），《晉冀魯豫》二，第 607 頁。

❼ 崔秀峰：《河津縣的土地改革運動》，《文史月刊》1996 年第 1 期，第 11 頁。

有強烈的被剝削感，他們有的只是「財主」、「東家」與一般貧苦農民之別，故不會輕易滋生反體制的念頭。正如王宗淇總結 1944 年冬太行區平順縣的減租運動時指出的，農民的思想問題首先是「根本不知道階級剝削；不知道社會是誰創造的，不知道自己終日勞動是給地主階級幹的，而認為是給自己幹的。」[1] 正是認識，掩蓋了地主對農民的剝削關係。當然，也不是說農民與地主沒有矛盾，但這種矛盾往往以宗族、鄰里、個人衝突表現出來，而非自覺地指向現存體制的階級衝突。歷史上的民變雖屢有發生，但主要是反抗當局及其稅收，很少對准地主富農，與地主富農的壓迫剝削關係不大。

如果說傳統的社會經濟體制、農民與地主的關係準則阻礙了農民對中共土地政策的響應，而「安全第一」的日常生活觀念則起到了推波助瀾的作用。正如美國學者斯科特（James C. Scott）所說，對於瀕臨生存邊緣的農民而言，安全第一是農民的生存經濟學，它遠遠優於經濟利益。[2]

任何一種新的包括對自己有利的變動和嘗試，都可能導致某種程度的危險和不確定性，因此使人變得格外小心。在一個人權得不到法律保障的社會中，尤為如此，正如作家林語堂所說的：「消極避世是最安全的政策」，「於是中國人就這樣地生活着，極少鬥爭，也極少反抗。」[3] 規避風險的處世警語比比皆是，如「多一事不如少一事」，「得縮頭時且縮頭」，「出頭椽子先爛」，「忍一時之氣，免百日之憂」等等，反映了惡劣環境下農民的生存理念。這一消極防禦心態，大大限制了農民的激進行動。1942 年冀魯豫區範縣的減租增佃運動表明，佃戶「是不敢出頭減租的。經我們鼓動後，他們雖然認為是應該的、合理的，但還不願意自己

---

❶ 王宗淇：《平順縣一九四四年冬檢查減租運動總結》（1945 年 3 月），《晉冀魯豫》二，第 657 頁。
❷（美）斯科特著，程立顯等譯：《農民的道義經濟學》，譯林出版社 2001 年版，第 16 頁。
❸ 林語堂：《中國人》，學林出版社 1994 年版，第 61-62 頁。

出頭，希望工作人員辦好，省的自己得罪東家。」[1]

農民首先是害怕實行土地政策後，將導致地主不再租地放債的後果。1938 年冀中區定縣開始減租減息，佃戶不敢起來，擔心「減了租明年地主不讓種地吃什麼！」[2] 1945 年晉綏邊區的侯喜花也說「減了怎好跟人家再借糧食吃？」[3] 事實上，農民的擔心並非多餘，地主以不租地不借債對抗土地政策的現象確實發生了。1942−1944 年冀魯豫區，地主使用各種辦法抵抗減租，如辭去佃戶、收回自耕、僱工耕種等，佃戶生活受到嚴重威脅。[4] 晉綏邊區也是如此，地主聲稱「減了租子就收地，寧荒不出租」，這「就使佃戶不敢要求減租，或明減暗不減，或被迫增加租額。」[5] 如果說土地無法移動，革命政權尚可以強制地主必須出租土地，而借貸則很難控制，富戶不外借、農民借貸停滯已成普遍現象。抗戰時期，在晉察冀邊區，「減了息財主就不借錢給農民了。」[6] 晉綏邊區，「有錢人不放賬，借貸停滯。」[7] 在山東，「債主們都隱蔽起來，不敢公開放債。」[8] 解放戰爭時期仍是如此。太行區黎城縣南堡農會主席說：「以前困難還能借當，現在出大利也鬧不來，真把人憋死了。」[9] 在此情況下，農民不敢得罪、更不敢鬥爭地主。

農民還有一層心病，即對中共的前途捉摸不定，怕中共勢力不能堅持長久。生活經驗告訴他們，中共一旦走了，地主反戈一擊，倒黴就來了。1943 年太行區井陘縣防口村減租減息，20 餘個佃戶只有兩三戶敢

---

❶ 高元貴：《冀魯豫區範縣一、二、三、四區減租增佃工作初步總結》(1942 年 12 月)，《晉冀魯豫》二，第 607 頁。

❷ 梁雙壁：《在減租減息中農會與地主的鬥爭》，《定縣黨史資料》總第 37 期，1984 年，第 22 頁。

❸ 侯喜花：《自述》，《抗戰日報》1945 年 4 月 29 日，第 4 版。

❹《冀魯豫、冀南行署關於減租增佃幾個問題的決定》(1944 年 7 月)，謝忠厚主編：《冀魯豫邊區群眾運動資料選編》，河北人民出版社 1991 年版，第 483 頁。

❺《晉西北行政公署關於防止非法奪地的説明》，《抗戰日報》1943 年 2 月 13 日，第 4 版。

❻ 聶榮臻：《晉察冀邊區的形勢》(1940 年 2 月)，《晉察冀》總論編，第 81 頁。

❼《減租交租和減息交息》，《抗戰日報》1942 年 10 月 10 日，第 4 版。

❽ 薛暮橋：《抗日戰爭時期和解放戰爭時期山東解放區的經濟工作》，山東人民出版社 1984 年版，第 93 頁。

❾《黎城二區村幹部集會討論開展信用借貸》，《新華日報》太行版 1947 年 4 月 25 日，第 2 版。

和地主鬥爭，其餘都怕地主報告敵人，「覺着八路軍在這裏，我們實行減租改善了生活是好的，但怕八路軍離開這裏，地主的地不出租了，我們不就要餓死了嗎？」[1] 1947 年 4 月中共佔領晉綏邊區河津縣時，群眾普遍懷疑「解放軍能否持久，閻錫山的軍隊還回來不回來，群眾思想搞不清楚。不要說鬥地主，分東西，就是讓群眾說地主富農的剝削行為，開始都沒人敢公開講。」[2]

上述表明，當農民面對中共對地主、高利貸者的革命政策時，首先是用祖輩傳下來的規矩、道理和意識來應付這一社會變動。它既是一種慣習選擇，也有理性成分。但在中共看來，農民的膽小怯懦已構成土地改革的巨大障礙，不解決這一矛盾，土地改革就無法順利進行。

二、被剝削感與階級意識的孕育與增強

面對農民的「糊塗思想」和消極反映，中共要想將自己的意志轉化為現實能力，不僅從政治上、組織上建立起農民可以倚重的政權機構、群眾組織，增加農民的安全感，還從顛覆鄉村社會的傳統倫理入手，強化革命意識形態，使農民認識到對地主、高利貸者的鬥爭是必要的、合乎情理的、心安理得的。其中，最為重要的是將農民生活困苦的根源挖掘出來，即農民不是命苦，而是地主階級的剝削造成的，「教育農民知道剝削，知道階級，知道社會是誰創造的，才會使農民覺悟起來，有鬥爭的勇氣。」[3]

那麼，如何使農民習得地主階級及其剝削這一提法，如何使農民感受到自己是一個受苦受難的被剝削階級？也就是，「突然發現他們原來是『類存在體』，一個在舊的文化系統中不存在的範疇，」[4] 從而使農民個體

---

❶《五專區全面貫徹減租運動總結》（1944 年 6 月），《晉察冀》農業編，第 112－113 頁。
❷ 崔秀峰：《河津縣的土地改革運動》，《文史月刊》1996 年第 1 期，第 3 頁。
❸ 王宗淇：《平順縣一九四四年冬檢查減租運動總結》（1945 年 3 月），《晉冀魯豫》二，第 657 頁。
❹ 趙力濤：《家族與村莊政治 1950－1970》，《二十一世紀》（香港）1999 年 10 月號，第 47 頁。

的疾苦與階級苦、階級仇聯結起來。在土地改革的實踐中，中共發明了「訪貧問苦」、「倒苦水」、「算帳」、「挖窮根」、「鬥爭大會」等辦法，以引發農民的痛苦回憶，發現痛苦根源。

在抗戰時期，以 1944 年冬太行區的減租運動為例，新華社總結道：「一般的作法，是引導農民結合自己親身經歷的痛苦生活，抓住最痛苦的一點，進行反省（特別是最受剝削最受痛苦的群眾反省），即所謂『訪痛苦』、『騰肚子』，提出『窮人是怎樣窮的』，『地主是怎樣富的』，這樣來找到窮根子。使農民了解，只有勞動者才是世界的主人，不是農民靠地主吃飯，而是地主靠剝削農民吃飯；窮是被剝削窮的，富是因剝削別人而富，不是命運決定，有些頑固地主口說『良心』，卻拚命剝削農民，這是騙人的把戲；然後引申到減租不但是合法的，而且是合理的，應該的。當農民從思想上根據自己切身經驗解決了這些問題之後，階級覺悟提高了，了解應該減租了，自然和地主劃清界限。」[1]

如果說新華社的總結比較抽象，平順縣的算帳做法則頗為具體，「這種算帳一般的是算租佃帳（地主對農民租額剝削帳），算農民家庭帳（農民過去怎樣受剝削，現在怎樣），地主家帳（地主怎樣富起來的），全村帳（幾個地主對全村的統治壓迫剝削）……經驗告訴了我們：必須引導農民從歷史上算家庭帳，給地主出多少租，出了多少利錢，吃了多少打，多少罵，自己是怎樣一天一天的被地主剝削窮了……經過算租佃帳，算家庭帳之後，群眾的階級義憤情緒是會極其高漲，但缺乏明確的階級鬥爭對象，同時一部分落後群眾上年紀人，舊中農、富農、中小地主，在恐慌不滿彷徨。因此，必須引導農民開展全村的算大帳運動……這樣實質是農民向地主的一個控訴運動，地主的一切醜惡都會被揭露無遺，使農民認識階級剝削，認識到自己力量，認識到必須團結鬥爭。」[2]

---

❶ 新華社：《太行區一九四四年冬季減租運動的基本經驗》（1945 年），《晉冀魯豫》二，第 691 頁。
❷ 王宗淇：《平順縣一九四四年冬檢查減租運動總結》（1945 年 3 月），《晉冀魯豫》二，第 658–659 頁。

日本投降後的解放區，中共仍以開大會、訴苦、找窮根的方法，啟發、教育農民的階級剝削和階級鬥爭意識。

以晉冀魯豫邊區為例，「五四」指示實行一年來的土改運動總結顯示：通過訴苦反省，「群眾從自己親身的慘痛經歷中可以找到自己的『窮根』，找到了『吸血鬼』。群眾以這樣的方法來教育自己，覺悟到世界上只有兩姓的人群——一群『姓富』，一群『姓窮』；覺悟到『天下農民是一家』、『中貧農是一家』；覺悟到兩個不同的社會制度——兩個『世道』。」「總之，群眾的訴苦反省是隨着運動發展的，而且是隨着時間事件的不同，非常靈活生動的。在打通落後分子的思想的時候，最普遍的方法是『摸心事』『以苦引苦，苦連苦』，『打到痛處，然後插根想起』，即以別人的或自己的苦難、觸動你歷史的創傷，引導你從一點想起，連貫整個一生的經歷，啟發你對於地主階級的仇恨，積極的起來鬥爭。最苦的人不一定是最覺悟的，用這樣的方法往往可以出現典型訴苦，更推動其他人的覺悟。」[1]

不少地方在具體實踐中創造了許多行之有效的做法，具有較強的推廣性。譬如：

鑒於廣大農民接受教育的難度較大，有的地方先是啟發村幹部的思想意識，然後由他們影響普通農民。如太行區潞城縣第五區，1946 年初在李村溝召開各村幹部大會，區領導給他們作了關於舊社會的經濟基礎的報告，計算了一個勞力一年能夠生產的糧食，又計算了一個僱農每年從地主那裏得到的糧食和工錢，結果表明，這中間不但存在着剝削，而且是很嚴重的剝削。大會結束時，村幹部頭腦裏明確了三個問題：「（一）地主完全是靠農民勞動過活的；（二）富人之所以富是因為他們剝削窮人；（三）不應當給地主交租子。」[2] 這就為村幹部開導村民奠定了思想基礎。

有的地方則是首先發現積極分子、勇敢分子，再由他們串聯、組織

---

❶《晉冀魯豫邊區土地改革運動的基本總結》（1947 年 6 月），《華北解放區》一，第 916 頁。
❷《翻身》，第 145 頁。

農民，挖出窮根，醞釀階級意識。如冀中區寧晉縣提出「充分醞釀適時掀鍋」，要求幹部深入貧苦群眾中挨門訪問，發現骨幹，通過骨幹把農民組織起來，「他們會各找各的知己人，組成小組，在小組會上進行訴苦、算帳，並討論誰養活誰？土地是誰的？訴苦過程由小到大，小組訴，大會訴，到處訴，到處串通，反覆的訴，越訴越痛，越痛越傷，越傷越氣，越氣越起火，越起火越勁頭大，大家宣誓結成鞏固的陣營，浩浩蕩蕩遊行示威，燃燒着遏止不住的怒火，理直氣壯的去找地主鬥爭。」[1]

有的地方以冬學為陣地，對農民學員進行「苦」的討論和教育。如太行區長治縣南莊村，1945 年底算賬委員會提出問題組織學員討論：「皇兵來了起糧搶東西，老百姓很難活，為什麼老皇不來時許多人也是窮呢？後台老闆用啥辦法統治全村老百姓？討論中，群眾一般認為南村的窮根，是因為有了吸血鬼秦英貴一夥人……在群眾這種思想覺悟基礎上，召開了全村訪痛苦、找窮根大會。」[2]

有的地方，形式廣泛，靈活多樣。如太行區路北縣（今井陘），1946 年 7–8 月各區編演了《鬥惡霸》、《大報仇》、《窮人翻身》等 20 多個文藝節目；還採用秧歌舞、「霸王鞭」、黑板報、街頭詩、大字標語、集市講話、民校講課和屋頂廣播等形式，宣傳土地政策和土改意義；通過召開支部會、黨員會、各團體會、佃戶會、窮人會、骨幹會和中農會等一系列會議，發動憶被壓迫苦、算被剝削賬，「天下農民是一家，鬥倒地主咱當家，實行耕者有其田，土地才能回老家」的口號普遍深入人心，伸冤仇、鬥地主、分田地的運動風起雲湧。[3]

經過上述活動，農民在幹中學，學中幹，其被剝削意識、階級意識越來越強烈，地主也被迫承認其剝削行為。階級分析的理論言辭和對地

---

❶《中共冀中區黨委執行中央『五四』指示的基本總結》（1947 年 4 月），《華北解放區》一，第 816 頁。

❷《反奸轉向減租清債》，《新華日報》太行版 1945 年 12 月 21 日，第 2 版。

❸ 欒克新：《井陘土地改革運動概述》，《石家莊文史資料》第 11 輯，1990 年印，第 215、217 頁。

主形象的革命描畫，不僅成為革命領導者也成為鄉村社會流行的日常話語。1946 年 6 月太嶽區孟縣喬溝村農民與地主衞士道的交鋒，就是非常傳神的反映。農民質問衞士道：

「你怎富的？」

「我是剝削大家富的」

「你吃的是啥？」

「我吃的是白饃」

「白饃裏包的是啥？」

「豆子」

群眾大大激憤起來！

「不是，你吃的是我們窮人的血汗，饃裏包的是我們父母妻子」

說到這裏，有的痛哭，有的怒火衝天，提出怎辦？都說拿啥退啥。[1]

1948 年 4 月太行區武安縣十里店村農會主席王喜堂在村民代表大會上更是說了一句帶有結論性的話：「我們都是階級弟兄，天下窮人是一家。」[2]

可見，中共已打破了傳統鄉土觀念，緩解和平衡了農民在土地政策開始實施時的心理差異、矛盾和衝突，農民原來的對地主、東家的恩德記憶、宿命意識、親族意識變為對地主階級殘酷剝削的認識，農民已被塑造成具有階級意識、革命意識和富於戰鬥力的新式群體。

美國學者杜贊奇（Prasenjit Duara）在論述國家政權與中國革命問題時談到，在大部分華北鄉村的村莊之內，地主同佃農之間的關係並不十分緊張，因此難以用階級觀念來動員民眾，那種依靠貧僱農來發動革命的最初設想很難實施。實踐表明，利用村內的階級鬥爭難以燃起「燎

---

❶《訴窮苦中揭露富根》，《新華日報》太嶽版 1946 年 8 月 1 日，第 2 版。

❷（加）伊沙貝爾 · 柯魯克：《十里店——中國一個村莊的群眾運動》（本書以下簡稱《十里店》），北京出版社 1982 年版，第 257 頁。

原之火」。[1] 我認為，用階級觀念動員民眾和燃起「燎原之火」的確較難，但並非無法做到。上述論證說明，中共通過一系列手段，施加外部影響，培育和強化了農民的被剝削感和階級意識，並發生了如下所述的對地主鬥爭的熱潮。

三、將地主打翻在地的復仇心態

在日常生活中，中國農民主要表現為溫和、忍讓，但也不是沒有復仇心態。中共冀豫晉省委 1938 年 3 月就曾指出，一般農民除了保守、散漫以外，還具有「報復性」。[2] 農民自己也承認這一點，武安縣十里店村民傅有河就說：「這是人的本性，人只要活着，遇到機會就會設法報仇的。」[3] 不過，在中共發動土地改革之前，農民的復仇往往限於個人之間的糾紛，既可能發生在一般農民之間，也可能發生在農民與地主之間，尚無由階級剝削而引起的復仇思想。參加過十里店土改的伊沙貝爾·柯魯克（Isabel Crook）曾指出：「在舊社會，農民的苦難以及他們對壓迫者的仇恨，通常會突然爆發出來，但是，最終卻表現為對個別地主或富農發泄個人不滿和仇恨的徒勞情緒。」[4] 而土改之後，對地主的復仇儘管仍有個人恩怨的情結，但更多地滲入了階級復仇的色彩，復仇對象遠遠超越了地主個人，它波及的是整個階級。

農民對地主復仇意識的產生和增強，與以下因素有關：

首先，遭受地主剝削的意識激發了農民的復仇心態。

高元貴在總結 1942 年冀魯豫區範縣減租運動時說：「佃戶是充滿着

---

❶（美）杜贊奇著，王福明譯：《文化、權力與國家—— 1900−1942 年的華北農村》，江蘇人民出版社 1996 年版，第 239 頁。

❷ 冀豫晉省委：《關於建立根據地的基本工作問題》（1938 年 3 月），《太行革命根據地史料叢書之七：群眾運動》，山西人民出版社 1989 年版，第 98 頁。

❸《十里店》，第 94 頁。

❹《十里店》，第 11 頁。

鬥爭的熱情，不過平日是潛伏的，只要想出辦法激動了他，這種熱情就會燃燒起來。」[1] 我以為，說佃戶平日潛伏着鬥爭熱情可能有所誇大，但通過一些辦法能夠激發農民的鬥爭熱情，尤其是將平日已有的報仇習性挖掘出來，卻是成立的。如前所述，經過一系列手段的啟發，農民開始認識到地主階級的殘酷剝削是他們生活貧困的根源，而「以怨報怨」的復仇習性意味着，許你不仁就許我不義，由此不願或不敢鬥爭地主的心理障礙被打破，不敢冒頭的怯懦心態轉變為積極鬥爭乃至復仇的心態，正所謂苦大仇深。1944 年冬太行區平順縣的減租運動，王宗淇對此指出：「群眾充分發動之後，農民在深刻的階級仇恨的基礎上，往往會產生過火報復消滅地主的想法與行動。」[2]

第二，農民階級隊伍的形成增加了復仇力量。

在群體中比獨自一人有更多的攻擊性，群體優勢使得個人感到背後有群體力量的支持，由此弱化了原來的怯懦心理，減少了鬥爭對象反攻倒算的後顧之憂。群體規模越大，氣氛越熱烈，攻擊傾向就越明顯，正所謂「群眾起來賽如虎，地主只有把頭低。」[3]1944 年滑縣的減租減息運動頗有代表性，在訴苦會上，群眾以說理的形式鬥爭地主，但這種說理，是農民佔絕對優勢、地主處於絕對劣勢下進行的。「很明顯，不是這樣的形勢，地主當然不會允許農民來和他說理的。因此，說是鬥理，又是鬥力，理和力結合的非常明顯非常具體。農民是講理，但因自己有了力量就不能允許地主不講理，不許地主的強詞奪理，當他惡理強辯時，群眾就要以力量威脅之，『反對亂鳥理』的口號就會普遍會場。群眾的憤怒、威風，會迫使地主不得不低下頭來。參加鬥爭的群眾，對出面說理訴苦的農民以有力的支持，群眾的齊聲吶喊、表決，群眾性的對證，處處給地主以力量的威脅，平日會花言巧語、沒理能說三分理的地主，在

---

❶ 高元貴：《冀魯豫區範縣一、二、三、四區減租增佃工作初步總結》（1942 年 12 月），《晉冀魯豫》二，第 607 頁。

❷ 王宗淇：《平順縣一九四四年冬檢查減租運動總結》（1945 年 3 月），《晉冀魯豫》二，第 661 頁。

❸ 胡正：《鬥垮地主白老婆》，《晉綏日報》1947 年 4 月 16 日，第 4 版。

這種情況下，也竟目瞪口呆了。」[1]

在農民階級隊伍中，積極分子的鬥爭示範作用為人們提供了摹仿和學習的機會。面對土地改革這種新生事物，仍有個別人會大膽嘗試，衝鋒陷陣，他們往往是處於社會邊緣的遊手好閒者，只要有好處，什麼都敢幹。太行區潞城縣張莊第一次進行財產分配時，農民不敢起來向地主豪紳鬥爭，土改工作隊就提出「誰鬥誰分」的口號，「那些敢於挺身而出進行控訴的人自然也應該得到報償」。人們都說這下算是悟開了，「只要積極參加鬥爭，就可以實實在在地分到土地、房屋、衣服和糧食。大夥一旦看清了這個事實，就都相繼投入到以後的運動中去。」[2]

第三，革命政權為農民的復仇提供了合法性保障。

如果說以上兩點為農民的復仇做了心理上和群體上的準備，而革命政權的政策法令在一定程度上則刺激、容許和推動了農民的復仇行為，它常常是以左傾的面目出現。回顧中共左右傾錯誤的歷史，左傾更為突出，左比右好的觀念在許多幹部中非常牢固，認為「對基本群眾有利是左，群眾對地主、富農讓步是右。」[3]

在減租減息、土地改革運動中，從中央到地方都有左的體現，而且越到基層越是左傾和激進。

抗戰時期，1942 年初中共中央制定了統一的抗日根據地土地政策，對地主採取「先打後拉，一打一拉，打中有拉，拉中有打」的靈活策略，但究其內容，「打」的意味似乎更為濃厚，因為目前「嚴重的問題，是有許多地區並沒有認真實行發動群眾向地主的鬥爭⋯⋯應當強調反對這種右傾。」[4] 各個根據地對這一政策的理解更偏向左。冀中區有的幹部將打

---

❶ 趙紫陽：《滑縣群眾是如何發動起來的》（1944 年 10 月），張文傑等主編：《冀魯豫抗日根據地》二，1993 年印，第 144 頁。

❷《翻身》，第 172 頁。

❸ 彭德懷：《對冀南工作轉變的估計與問題的提出》（1941 年 12 月），《晉冀魯豫》一，第 482、485 頁。

❹ 中央檔案館編：《中共中央文件選集》（1942－1944），中共中央黨校出版社 1986 年版，第 19－21 頁。

拉政策理解為打就是打人、拖人，不打解決不了問題，不搶東西發動不來群眾，有的直接提出窮人「有仇報仇有冤報冤」的口號。許多幹部就怕別人說自己右了，獻縣的幹部聽別人說自己左心裏就痛快，定南區幹部佈置工作時甚至說：「『左』了我負責，右了你負責。」[1] 在冀魯豫區，有些幹部把大膽放手誤認為大幹、重罰，乃至「要群眾不要政策」、「要群眾不要法令」、「群眾做啥算啥」。[2]

解放戰爭時期，隨着土地改革的加速進行，對地主階級的打擊政策更為激烈了。「五四指示」頒佈後，冀中區的一些幹部認為群眾不左起不來，鼓動打人或帶頭打人。[3] 冀魯豫區書記潘復生指出，中心區的土地改革，處理地主惡霸，「要經過群眾，群眾要放就放，要清算就清算，要鎮壓就鎮壓。」「群眾要殺就一定殺，群眾不要求殺，一定不殺；地主報復，一定還以革命的反報復。」[4] 冀東區十八地委更強調「群眾說了算」，殺人用不着批准，樂亭縣提出由群眾投票處決地主。[5]

以上三個方面的合力，將一向溫和、忍讓的農民帶進一個勇敢的新世界。而且，如作家丁玲所描述的：「開弓沒有回頭箭」，「農民的心理，要麼不鬥，要鬥就往死裏鬥。」[6] 韓丁也說，農民「一旦行動起來，他們就要走向殘忍和暴力的極端。他們如果要動手，就要往死裏打，因為普通的常識和幾千年的痛苦教訓都告訴他們，如果不是這樣，他們的敵人早晚要捲土重來，殺死他們。」[7]

---

❶《冀中區一九四四年大減租中幾個問題的總結》（1945 年 12 月），《晉察冀》農業編，第 152 頁。
❷《冀魯豫分局關於糾正執行大膽放手中的偏向的指示》（1945 年 2 月），《冀魯豫邊區群眾運動資料選編》，第 541–542 頁。
❸ 中共冀中區黨委：《關於老解放區內檢查政策糾正錯誤的指示》（1946 年 6 月），河北省檔案館編：《河北土地改革檔案史料選編》，河北人民出版社 1990 年版，第 30–34 頁。
❹ 潘復生：《在民運部長聯席會議上的總結發言》（1947 年 1 月）、《在聽取四、八地委典型匯報後關於貫徹複查的發言》（1947 年 6 月），《冀魯豫邊區群眾運動資料選編》，第 728、763、767–768 頁。
❺ 張明遠：《我的回憶》，中共黨史出版社 2004 年版，第 258–259 頁。
❻ 丁玲：《太陽照在桑乾河上》，人民文學出版社 1955 年版，第 280 頁。
❼《翻身》，第 60 頁。

農民的報復情緒及打擊行為呈愈演愈烈之勢，訴苦大會、鬥爭大會已成為復仇的大會。

在抗戰時期的減租減息運動中，一些地區很快發生了農民拒絕交租交息乃至倒租倒息現象。如晉察冀邊區，有些地方的農民，「在減租減息之後，已經兩三年沒有繳租沒有還債。」[1] 有的還無原則的退穀，甚至退到四五年以前；地主已經把地賣了一二年甚至轉到佃戶手裏，也要退租；[2]「有的贖地換約運動，變成無償抽地運動」；「清理舊債變成廢除債務了。」[3] 在晉冀魯豫，1942 年 5 月群眾運動發起以後，潞城縣辛安村村長過去欠人 5 元，清債後人家倒貼了他 8 石小米。[4] 1944 年以後更為嚴重，「各種稀奇古怪的辦法便應運而生：不過相當於一枚雞蛋的債利，用雞生蛋、蛋生雞多年累計，再用複利計算，可以算回兩畝土地。」「為追舊賬，可以上溯高曾，旁及親族。」[5] 晉綏邊區興縣，1943 年後的減租運動中，發生了農民吃地主糧，凍、捆地主的現象。[6]

解放戰爭初期的反奸清算和減租減息中，除了倒帳大大超過地主的家產以外，打人、殺人現象明顯增加。如冀東區，1945 年 10 月反奸清算以來，最嚴重的是亂鬥，不經政府，不通過手續，濫捕濫罰，分糧，吃大戶，甚至搶奪、殺人。[7] 在太行區，潞城縣張莊 1946 年 1 月底清算和追查地主，對村裏的首富申金河，先是一股勁打，後來用鐵火棍燒；對地主王來順，用腰帶和拳頭痛打了一頓飯功夫，王暈倒在地，一家子被趕出了村莊。其他地主也是或被打死，或被掃地出門。[8]

「五四」指示以後的土改運動，農民的復仇情緒達到高潮。晉綏邊

❶ 彭真：《關於我們的目前施政綱領》（1940 年 9 月），《晉察冀》總論編，第 321 頁。
❷《五專區全面貫徹減租運動總結》（1944 年 6 月），《晉察冀》農業編，第 114–115 頁。
❸ 彭真：《關於晉察冀邊區黨的工作和具體政策報告》，中共中央黨校出版社 1981 年版，第 89 頁。
❹《太行區社會經濟調查》第 1 集（1944 年 8 月），《晉冀魯豫》二，第 1376 頁。
❺ 齊武：《晉冀魯豫邊區史》，當代中國出版社 1995 年版，第 328、330 頁。
❻ 晉綏邊區行政公署：《晉綏邊區的減租工作》（1944 年），《晉綏邊區》農業編，第 103 頁。
❼ 李康：《西村十五年：從革命走向革命》，北京大學博士論文 1999 年，第 70 頁。
❽《翻身》，第 152、154–155、157、159、160 頁。

區臨縣，對「五四」指示只念了兩遍就幹了起來，結果逼死 20 多人。[1] 1947 年初土改復查，冀晉區阜平縣好多村莊將地主掃地出門，半月左右時間打死 300 餘人。[2] 冀東區殺死 7600 人，薊縣馬伸橋在打土豪鬥爭大會上半小時內打死 48 人，樂亭縣處決、自殺 100 多人。[3] 1947 年 10 月土地法大綱頒佈後，冀東第 15 地委專員常佩池在冀東土地會議上匯報：「這時農民對地主仇恨極了，每村都要搞死一個兩個的。只要認為他是罪大惡極，就把他捆起來，到處是公審法庭⋯⋯薊縣組織一個聯村鬥爭是自上而下的十個莊公審，豪紳惡霸，一次即打死 20 多人。」據 7 個縣統計，殺掉豪紳惡霸 2321 人，其中群眾自行打死 2122 人，自殺 66 人。[4] 其中有一個村，鬥地主的力度不斷加大，冷向義回憶：「那時候打人，誰不打也不中。誰拿着？？(輕細)棍子打人也不中，非得拿着？？(粗重)棍子。我拿着個？？(粗重)棍子出去了，把他們吊在當街裏頭，這個打那個打的⋯⋯你不打他就給了（指底財）？把烙鐵擱在火裏燒紅了，烙地主。你有啥說啥，你別不說。一烙就哎呀呀，就說了。在外頭那個一聽屋裏直叫喚，不定哪天拾掇他，就說了。方式不一樣，有的是真烙——我們莊是真烙啊。」[5] 尤其是有些積極分子、村幹部，因每次鬥爭都是衝鋒在前，自以為理應享有特權，便為所欲為，復仇情緒的宣泄達到極點。

參加十里店土改的韓丁認為：「中共並沒有引進階級鬥爭，他們只是設法引導農民意識到階級鬥爭的存在，進而解放整個國家並建立新的社會秩序。」[6] 但上述事實包括韓丁所著《翻身》所描述的事實表明，農民不僅意識到了階級鬥爭的存在，而且將階級鬥爭推演到了非常激烈的程度。

---

❶《分局關於發動群眾解決土地問題的補充指示》(1946 年 10 月)，《晉綏邊區》農業編，第 346 頁。

❷ 李昌遠：《彭真與土改》，第 216 頁。

❸ 張明遠：《我的回憶》，第 258–259 頁。

❹ 李康：《西村十五年：從革命走向革命》，第 87–88 頁。

❺ 李康：《西村十五年：從革命走向革命》，第 103 頁。

❻《十里店》，第 11 頁。

四、侵犯中農利益的絕對平均主義心態

土改中的絕對平均主義心態，主要表現為貧僱農對中農利益的侵犯。

絕對平均主義，與均平意識、均貧富是一組既有聯繫又有區別的概念。均平意識的涵義最為寬泛，凡是平均心態皆屬此類；均貧富，則是普通農民對地主富戶財產的剝奪；而絕對平均主義，指不允許有任何的差別，已經超出了均貧富的範圍。從歷史上看，以上三種情形都是古已有之。在正常秩序下，均貧富心理處於隱藏狀態，日常生活中主要表現為一般意義上的均平意識和超出均貧富的絕對平均主義意識，如家庭財富的統收統支、分家析產中的諸子均分傳統，即都堅持平均分配，不想讓其他人多佔自己的便宜。但在農民暴動的非常時期，均貧富就可能如野馬由韁，很難束縛。歷代農民起義中都曾高舉「等貴賤」、「均貧富」的大旗，就是這一傾向的集中反映。共產黨領導的土改運動，也為實現農民對地主富戶剝奪的均貧富意識提供了歷史機遇，而且產生了新的內容，即主要表現為貧僱農對中農利益的侵犯。

與前述鬥爭地主的左傾思想相比，儘管也有個別地區對保護中農利益原則充耳不聞[1]，但就總體而言，對中農利益是持保護態度的，對侵犯中農利益的現象給予了批評和自我批評。[2]問題是，雖然中共一再號召保護中農利益，但事實上，中農利益經常受到侵犯，尤以解放戰爭時期的土改運動為重。1942 年，太行區開展群眾鬥爭，據 13 個縣統計，鬥爭對象 308 人，中農佔 26%。[3]1944 年，冀中區減租運動中，「有的村子沒

---

❶《冀魯豫區黨委關於深入土地改革群眾運動的指示》（1947 年 3 月）；潘復生：《在聽取四、八地委典型匯報後關於貫徹複查的發言》（1947 年 6 月），《冀魯豫邊區群眾運動資料選編》，第 770、733 頁。

❷ 中央檔案館編：《中共中央文件選集》（1945－1947），中共中央黨校出版社 1987 年版，第 380－381 頁；《晉綏邊區》農業編，第 321 頁；《太行革命根據地史料叢書之五：土地問題》，第 304 頁；《晉察冀解放區歷史文獻選編》，第 236 頁；《華北解放區》一，第 837 頁。

❸《李大章講一九四二年群眾工作的簡單總結》（1943 年 1 月），《太行革命根據地史料叢書：土地問題》，第 225 頁。

有地主富農的就在中農中『拔尖』來鬥爭。」[1] 北嶽區平山縣郭蘇村 29 戶被調劑土地，有 20 戶是中農。[2] 1947 年，冀魯豫區陽穀縣三區，中農普遍被鬥，有的掃地出門，其中倉上村被鬥中農幾佔中農戶的 1/3，王樓佔 1/2。[3] 在晉綏邊區，臨縣白文鎮行政村，179 戶中農超過全村平均產量，其中 85 戶被抽地，實際上這 85 戶的土地產量中計入了佔總產量 1/3 的商業和副業收入。[4] 懷仁縣有些村莊抽動中農土地達全村中農戶的 50%–90%，甘溝子村 47 戶中農動了 37 戶。[5] 興縣蔡家崖行政村，50 多家中農和富裕中農被錯定為生產富農或破產地主，財產被沒收，有些連人都打了。[6] 1948 年，在冀熱察區，據昌順、圍場等縣的統計，中農受打擊戶佔總戶數 10% 左右，佔中農總戶數 30% 以上，佔打擊戶的 50% 左右。[7] 熱南和冀東的遷西、青龍等地，原本沒有地主富農的村莊，就把冒尖的中農當地主、富農來平分土地，挖掘浮財，有的把僅有的一二匹土布也當作浮財沒收了。[8] 1949 年，在太原新區，若干中農被劃為地主或舊式富農，不少地區被抽動土地的中農佔中農戶數的 30%–50%，有的村莊達 70% 以上。[9]

值得思考的是，為什麼中農利益一再受到侵犯呢？首先就是貧僱農有強烈的翻透身的絕對平均主義目標，這一心態使得一些貧僱農感到與中農之間的差別越來越難以忍受。在武安縣十里店，貧農團主席李寶有對調劑土地的建議就暴露了這一思想：「貧農和中農是一家人，不是嗎？

---

❶《冀中區一九四四年大減租中幾個問題的總結》(1945 年 12 月)，《晉察冀》農業編，第 152 頁。
❷《五專區全面貫徹減租運動總結》(1944 年 6 月)，《晉察冀》農業編，第 115–116 頁。
❸《中央局冀魯豫工作團關於整黨與民主運動向中央局並冀魯豫區黨委的報告》(1948 年 5 月)，《冀魯豫邊區群眾運動資料選編》，第 798 頁。
❹《關於最近分配土地中的幾個問題》(1948 年 1 月)，《晉綏邊區》農業編，第 389 頁。
❺《懷仁縣召開農代大會總結全縣土改運動》，《晉綏日報》1948 年 4 月 8 日，第 2 版。
❻ 仁弼時：《土地改革中的幾個問題》(1948 年 1 月)，《晉綏邊區》農業編，第 441、447 頁。
❼《冀熱察區黨委關於土改運動的基本總結》(1948 年 9 月)，《晉察冀解放區歷史文獻選編》，第 506 頁。
❽ 張明遠：《我的回憶》，第 261 頁。
❾《太原市新區土地改革工作的初步總結》(1949 年 5 月)，《華北解放區》一，第 1060 頁。

因此，我們應當象兄弟平分遺產那樣進行調劑。」這一提議得到不少農民的贊同。[1] 表面上看，貧農團主席耍了個階級團結的小聰明，而實際上卻意味着對中農利益的侵犯，是絕對平均主義。其實，有些貧僱農從階級上原本對中農就是排斥的，並不把他們看成自己的階級弟兄，十里店貧農團成立時，有人提出：「如果老中農裏有幾個好人的話，我們最好把他們也吸收進來。」但大多數發起人說：「這不行，我們成立的是貧僱農的組織，不是老中農的。他們不知道我們受的苦，他們和我們不是一條心。」有些人以為，「土改是使每個人都絕對平均，就象我們用斗量糧食時要刮平一樣，對件件事都要搞得一樣平均。」「只要貧富沒有絕對平均，就是還有窟窿戶。」[2] 然而有些村子原本就沒有或很少有地主富農，於是就如冀魯豫區範縣所發生的，「在無地主的小村鬥爭中農（大村也有），對中農實行破產削弱辦法。」[3] 而更多的是，村子有地主富農，但其財產已經剝奪殆盡[4]，「除此之外，唯一的來源就得靠中農了。」[5] 正如十里店的一些貧農說的：「如果不容我們鬥爭中農，我們就到哪裏去找房子分給貧農呢？」[6] 韓丁對此有深刻的分析：「貧困狀態在華北是那樣普遍，所以僅僅分掉地主階級的財產，也還是不能滿足貧僱農的要求。」[7]

為了最大限度地調動貧僱農的革命積極性，中共又不得不在相當程度上滿足其物質翻身的願望，搞復查、割封建尾巴、填窟窿，名義上雖是清查地主，結果卻侵犯了中農利益。也就是說，實際做法與保護中農利益的原則存在着難以調和的矛盾。伊沙貝爾根據十里店的情況得出了這一認識：「在當時華北的大部分地區，就是這種情況：為了爭取戰爭勝

---

❶《十里店》)，第235–236頁。

❷《十里店》)，第108、316–317頁。

❸《冀魯豫分局關於糾正執行大膽放手中的偏向的指示》（1945年2月），《冀魯豫邊區群眾運動資料選編》，第542頁。

❹ 經過減租減息尤其是土改運動，地主富農的經濟地位迅速下降，甚至降到貧僱農及其以下的水平，有些地主應該賠償的早已超過其全部財產的價值。

❺《十里店》)，第247–248頁。

❻《十里店》)，第191頁。

❼《翻身》，第281頁。

利，分區和縣政府的大批的中共幹部想方設法去發動那些尚未翻身的農民，以使他們分到應得的土地。在從地主或富農那裏已經得不到任何東西的情況下，就從還有土地和財物可分的農戶中人為地劃分出來一個叫做『封建尾巴』的新『階級』，（這是完全違背中共劃分階級的原則的），從而開展了一場『割封建尾巴』的運動……如果他的上兩輩中有人是地主或富農的話，那麼，他的土地和財產就被認為是從人民手中掠奪來的。在許多村子裏，幾乎百分之二十五的中農因此而象地主、富農一樣被劃為『鬥爭對象』」。[1] 趙樹理的小說《邪不壓正》對此也有清楚的反映：在晉綏邊區的下河村，1946 年 10 月區上決定在減租清債、分配鬥爭果實的基礎上，繼續擠封建，幫助沒有翻透身的人繼續翻身。鬥爭會主席元孩說：「上級不叫動中農，如今不動中農，一方面沒有東西填窟窿，一方面積極分子分不到果實不幹，任務就完不成。」。[2]

因土改運動接連不斷，農民自己都認為，運動不會一次了結，總要幾次才行。在十里店，土改工作隊 1948 年 4 月召開總結會議，宣佈不再調劑土地，但平均主義者以為，這只是權宜之計，「是為了把生產搞上去，到了秋天，又會搞一次運動。他們聽說，搞完一場土改運動需要二、三年的時間；既然我們是搞了五十天，他們不相信這場運動就結束了。」[3] 這樣一來，一些自感沒有翻身的農民仍然期待着繼續運動，期待着繼續平分。

有學者認為，從純粹經濟角度看，中共土地改革運動與歷代農民戰爭中「均貧富」並無本質區別。[4] 但在我看來，僅限於這一理解還不夠，對中農利益的侵犯心態及其行為，恐怕在以往歷史中是極為少見的。

---

❶《十里店》），第 13–14 頁。
❷ 藺羨壁等編：《趙樹理代表作》，河南人民出版社 1986 年版，第 240–244 頁。
❸《十里店》），第 316–317 頁。
❹ 盧暉臨：《革命前後中國鄉村社會分化模式及其變遷：社區研究的新發現》，《中國鄉村研究》第 1 輯，商務印書館 2003 年版，第 160 頁。

五、懼怕冒尖、富裕的心態

在傳統社會，通過辛勤經營，漸積漸累，達到富裕，是人們的普遍追求。而由此富裕起來的家庭和使家庭富裕起來的人，普遍受到人們的尊敬。與此同時，貧富差異促使貧困農民對富有者既心存敬畏，又有均財意識。為了避免遭人嫉妒，人們又有自貶傾向，以掩蓋家財實情，這就是魯迅先生說過的中國人「不為富先」。總之，人們渴望富裕，追求富裕，但又怯於露富。在土地改革過程中，這一矛盾心態空前擴大了。

無論減租減息還是土地革命，普遍造成了富戶受到剝奪的革命氛圍，地主富農甚至降到了比貧農還差的經濟地位。這種貧富社會地位的巨變，對傳統財富觀形成了巨大衝擊。

首先是怯於露富的心態更為強烈，認為窮比富好，越窮越光榮。富戶最怕別人說自己富，怕被劃上高成分，怕擔上剝削的罪名。1940 年 8 月晉察冀邊區實業處長張蘇指出：「有錢的人，都不敢露出錢來，怕打土豪。」[1] 冀魯豫區冠縣有一地主還做了一首詩：「田字昔為富字足，今日乃作累字頭。只知田字能作富，誰知田多累累愁。」[2] 普通農民包括比較富裕的農民也有了這種想法。1944 年 4 月太嶽區負責人裴麗生說：「在群眾中，也有人怕說自己日子過得好。」「心裏總認為富農經濟是不好的，一說到富農就有不舒服的樣子⋯⋯大家都以為窮光蛋光榮。」[3] 解放戰爭時期的土改運動中，這一心態更加凸顯。晉綏邊區土改後，很多農民就認為「窮比富好」。[4] 冀東區 1947 年的土改復查運動中，「有的以苦為榮，誰在村子有苦就吃得開。」[5] 北嶽區阜平縣細溝村 1947 年底土改，村裏一

---

❶ 張蘇：《邊區的生產狀況與今後任務》（1940 年 8 月），《晉察冀》農業編，第 278 頁。
❷ 司洛路：《憶冠縣的減租減息與民主民生鬥爭》，《冀魯豫邊區群眾運動資料選編》，第 906 頁。
❸ 裴麗生：《積極準備展開今年全區的大規模生產運動》（1944 年 4 月），《晉冀魯豫》二，第 21–22 頁。
❹ 賈拓夫：《關於四八年財經工作的檢討及四九年財經工作的任務與方針問題》（1949 年 2 月、3 月），《晉綏邊區》總論編，第 815 頁。
❺ 李康：《西村五十年》，第 90 頁。

些中農甚至貧農將糧食、財物藏起來。[1] 太行區武安縣十里店，「中農又把破衣爛褂穿了起來，並且，注意在人前不吃白面，而只吃糙小米。」[2]

如果說對地主、富農的鬥爭，讓農民感覺到富戶權威掃地，不能走他們的老路，而絕對平均主義、侵犯中農利益的現象更使農民心裏沒了底數，更擔心經濟上升後也會像中農那樣遭到侵犯，所以人們連中農都不想或不敢做了。十里店就流行着這樣一種觀點：「在這次運動中將形成這樣一個新的社會等級：貧農在頂上，新中農在中間，老中農在底下。」[3] 在貧農和中農一起組織的新農會裏，「就象經營一家店舖那樣，貧僱農是當掌櫃的，中農是當二掌櫃的。」[4] 既然貧下中農也有高低之分，人們當然連中農成分也不願接受，「哪一家都不歡迎這個稱號。哪家被稱為新中農，對這家來說，就意味着『革命』已經結束，就意味着它已得到了應該得到的東西。」[5]

在此基礎上，農民渴望富裕的傳統心態受到遏制。他們擔心富裕後也可能遭到地主、富農乃至中農一樣的命運，因而不敢下大氣力生產，懼怕生產發家、懼怕富裕冒尖，儘量向貧窮之名靠攏。[6]

抗戰時期，作家趙樹理的《李家莊的變遷》描寫了晉綏邊區的變化，其中談到了農民懼怕生產的心理，如村裏福順昌的老掌櫃王安福大發感慨：「中共一來，產業就不分你的我的，一齊成了大家的……『要是那樣，大家都想坐着吃，誰還來生產？』」[7] 其他地區，也多有反映。太行區負責人李雪峰 1943 年指出：「富農還不完全安定，中農特別是富裕

❶ 李昌遠：《彭真與土改》，第 244 頁。
❷《十里店》)，第 14 頁。
❸《十里店》)，第 66-67 頁。
❹《十里店》，第 146 頁。
❺《翻身》，第 513 頁。
❻ 早在土地革命時期的蘇區根據地，農民就有不敢發展生產的情況。見編輯組：《中央革命根據地史資料選編》下冊，江西人民出版社 1982 年版，第 325 頁；《中共中央文件選集》(1932-1933)，中共中央黨校出版社 1985 年版，第 799 頁。
❼ 藺羨壁等編：《趙樹理代表作》，第 142 頁。

中農表現『裹足不前』，一部分中貧農只想『損大戶』、討便宜。」[1] 太嶽區裴麗生 1944 年也說：「有好多富裕中農，本來可以大量發展生產，僱傭長工，但他為了保持『名譽』，不受歧視，頂多僱過短工，總不願大踏步地走向富農式的生產。」[2] 1944 年北嶽區五專署的減租運動中，富農中農說：「再也不買地了，地多了要調劑出去。」[3] 同年太行區林北縣，一個中農正在鋤麥子時講：「不知給人家誰鋤呢！」[4] 更可謂憂心忡忡。1945 年冀魯豫區范縣，也出現「中農恐慌不安，對生產消極」的現象。[5]

解放戰爭時期，農民懼富、懼怕生產的心態愈加強烈。董必武在 1947 年的全國土地會議上指出：農民尤其是中農、富裕中農對生產不感興趣，認為「『夠吃就算了』，『打的多，要的多』。」[6] 這一現象，各個解放區都有大量記載。

在晉察冀，劉瀾濤 1947 年初指出：「群眾產生『夠過就行』的思想，影響其生產情緒。」[7] 冀熱察區黨委 1948 年也指出：「在運動中，中農情緒不安，恐慌害怕。事後，降低生產情緒，不敢發財致富。」[8] 在晉綏，也「弄得中農大大地不滿，出賣土地，出賣耕牛，縮小生產。」[9] 如懷仁縣的中農，「不敢放手生產，甚或發生逃跑現象。」[10] 黃龍縣的農民，流

---

❶ 李雪峰：《為什麼開展生產運動是貫串全年各方面的中心環節》（1943 年 6 月），《晉冀魯豫》二，第 15 頁。

❷ 裴麗生：《積極準備展開今年全區的大規模生產運動》（1944 年 4 月），《晉冀魯豫》二，第 22 頁。

❸《五專區全面貫徹減租運動總結》（1944 年 6 月），《晉察冀》農業編，第 116 頁。

❹ 姚廣：《林北縣一九四四年冬減租運動總結》（1945 年 5 月），《晉冀魯豫》二，第 664 頁。

❺《冀魯豫分局關於糾正執行大膽放手中的偏向的指示》（1945 年 2 月），《冀魯豫邊區群眾運動資料選編》，第 542 頁。

❻《董必武在全國土地會議上關於土地改革後農村生產問題的報告》（1947 年 8 月），《華北解放區》一，第 828–829 頁。

❼ 劉瀾濤：《關於晉察冀邊區土地改革初步檢查匯報的總結》（1947 年 2 月），《晉察冀解放區歷史文獻選編》，第 240 頁。

❽《冀熱察區黨委關於土改運動的基本總結》（1948 年 9 月），《晉察冀解放區歷史文獻選編》，第 506 頁。

❾《堅決聯合中農，防止錯定成份反對地主假冒中農》，《晉綏日報》1947 年 5 月 1 日，第 1 版。

❿《懷仁縣召開農代大會總結全縣土改運動》，《晉綏日報》1948 年 4 月 8 日，第 2 版。

行「房住小，地種少，留個老牛慢慢搞」的說法。[1] 晉冀魯豫邊區的有關資料更多，薄一波1947年初指出：農民轉入生產的困難首先是「怕富了要鬥爭，要割韭菜芽，不敢發家致富，這由於過去數年每年春天強調生產，秋後捱鬥所致。」[2] 冀南區的中農，「怕將來抽地，覺着地富沒有了，再動就是自己，一般表現農具壞了不修理，不肯上糞，即是上糞也推到自己的墳地裏。」貧農也等着抽補時分牲口、分麥田、分好地，甚至說：「我買得起牲口也不買，使別人的不現成嗎？』因之，或多或少的影響了生產積極性。」[3] 武安縣十里店的新中農王喜堂，為了加入貧農團，不惜將已買的土地退回，他說：「去年夏天，我在河灘買了二畝六分地。這使我翻身過高。這樣，我家每人佔有的土地，比全村每人平均佔有的土地多一畝，我就冒尖了；我要想成為一個新富農。現在，我願意退回二畝六分地給群眾。如果你們能原諒我，吸收我加入貧農團，我將非常高興。」[4] 潞城縣張莊的中農也表示：「那些使別人翻身成為可能的人，那些擔心今後自己還需拿出東西供別人翻身的人卻止步不前……他們只要能生產出夠全家糊口和第二年當種子用的糧食，就不再努力了。」[5] 有人對被劃為老中農很反感，因為別人無償地獲得了所要的東西，王學深就說：「我和我媳婦面朝黃土背朝天，在地裏累死累活幹了十年。早知道得個老中農的下場，還不如呆在家裏，坐在炕上，什麼也不幹才好呢？」[6]

更為嚴重的是，有些農民不惜將現有的財產揮霍浪費。對屬於自己的東西愛如生命是人的天性，生活艱難的農民尤其如此，但在土地改革過程中，他們不僅對鬥爭來的果實有吃光喝淨之勢，即便是原來屬於自

---

❶ 賈拓夫：《關於四八年財經工作的檢討及四九年財經工作的任務與方針問題》（1949年2月、3月），《晉綏邊區》總論編，第815頁。

❷ 薄一波：《晉冀魯豫解放區貫徹土地改革的經驗》（1947年2月），《華北解放區》一，第912頁。

❸《中共冀南區黨委1948年10月份綜合報告》（1948年11月），《華北解放區》一，第406-407頁。

❹《十里店》，第121頁。

❺《翻身》，第222、250、253-254頁。

❻《翻身》，第516頁。

己的財產也不加珍惜，因為他們看到自己的財產將可能變為他人的財產。

冀中區 1944 年定南縣的減租運動中，有的村子鬥光吃光，市莊村一下子吃掉 5900 多斤白面，菜金 10 萬多元，豬 3 口。[1] 冀魯豫區第八至十分區，因「社會長期波動，各階層（特別是廣大農民）生產情緒降低，產生大吃二喝浪費揮霍的風氣。」[2] 不過，就總體而言，抗戰時期的相關記載尚少。解放戰爭時期，此類事例明顯增加。董必武在全國土地會議上指出：「社會上的積蓄在土改中大量被消耗了……有些地區中農在土改中，也故意消耗他們自己的積蓄。」[3] 武安縣十里店的中農就表示：「如果那樣的鬥爭還搞下去，咱們大家或遲或早都會被鬥爭。誰能免得了呢？出力勞動是為別人幹的。這樣下去，還不如把自己的吃光喝光呢？」[4] 冀魯豫區的「中農怕鬥爭、均地，貧農怕倒出果實……大吃浪費，很老實省吃儉用的農民也到集上去吃肉，一集賣 25 個豬」。[5] 冀東區盧龍、豐潤等縣，1946 年發生「吃喝拉大隊」現象，幾百人甚至上千人，打着大旗，拉着隊伍到各村殺豬宰羊，大吃大喝。[6] 北嶽區阜平縣，1948 年農民害怕秋後再分配土地，一時間賣牲口賣羊大大增加，僅七區上莊就賣牲口 20 多頭，賣羊 1000 多只。一些農民熱衷吃喝，耍錢鬧牌。[7]

應該說，中共從來都是號召農民努力生產、發家致富的。[8] 事實上，

---

❶《冀中區一九四四年大減租中幾個問題的總結》（1945 年 12 月），《晉察冀》農業編，第 154 頁。

❷ 高元貴：《農民發動起來，要迅速堅決的轉入生產運動》（1945 年 5 月），《冀魯豫邊區群眾運動資料選編》，第 550 頁。

❸《董必武在全國土地會議上關於土地改革後農村生產問題的報告》（1947 年 8 月），《華北解放區》一，第 828 頁。

❹《十里店》），第 191 頁。

❺《中共冀魯豫區黨委關於冀魯豫區生產救災的報告》（1948 年 6 月），《華北解放區》一，第 957 頁。

❻ 張明遠：《我的回憶》，第 256 頁。

❼ 李昌遠：《彭真與土改》，第 263 頁。

❽ 參見《新解放區的減租與生產》，《抗戰日報》1946 年 3 月 26 日，第 1 版；《太行革命根據地史料叢書之五：土地問題》，第 292 頁；《晉綏邊區》農業編，第 323、343、548−549 頁；《華北解放區》一，第 416、469−470、575、833−835、843、967、1034 頁；《晉察冀》農業編，第 288 頁；中央檔案館編：《中共中央文件選集》（1948−1949），中共中央黨校出版社 1987 年版，第 238、242 頁。

只要有自由發展的空間，農民仍會保持傳統的辛勤經營、追求富裕的傾向。十里店的半翻身貧農傅立榮說出了心裏話：「只要不剝削他人，發家致富不受任何限制……我要象頭騾子那樣幹活。」[1] 在自由發展過程中，富裕農民的出現也是必然的，「有些農民，因為生產條件比較有利，又努力生產，善於經營，他們的經濟就可能發展，而逐漸地富裕起來。」[2] 如涉縣峪裏村，一戶姓李的貧農土改分到土地後，以極大的熱情投入新的生活，注重精耕細作，多施肥，產量較高，家裏的糧食總是滿滿的，按照「那樣的發展勢頭，是有可能逐步富裕起來的。」[3]

一部分農民的確比以前富裕了，平山、阜平等縣 10 村 1517 戶的統計顯示，土改前的 553 戶貧農，已有 388 戶上升為中農，27 戶上升為富裕中農；土改前的 592 戶中農，有 14 戶上升為富裕中農。[4] 不過，這麼多新中農、新富農的出現，是分地、分果實、稅收減輕和辛勤勞動綜合因素的結果，勞動成分不能過於誇大。

問題是，即便開始走向富裕的農民，在地主富農普遍受到剝奪以至越窮越光榮的革命洪流中，必然害怕富裕後將遭到地主、富農一樣的命運，也擔心會像中農那樣遭到侵犯，於是形成渴望富裕、渴望過上好日子，但又懼怕冒尖、不敢生產特別是不敢擴大再生產的矛盾心態。長治地區的中農戶就表示：「不能不勞動，鬧的不要掉下來，也不要太突出。」[5] 熱河北票農村的上升戶對發展前途顧慮頗多，一戶中農想買一台水車，但怕「樹大招風」沒敢買。[6] 如何解決這一問題，是擺在中共面前

---

❶《十里店》)，第 69-70 頁。

❷ 中央檔案館編：《中共中央文件選集》(1948-1949 年)，第 237-242 頁。

❸ 魏宏運主編：《二十世紀三四十年代太行山地區社會調查與研究》，人民出版社 2003 年版，第 576-577 頁。

❹《經過土地改革的華北老區農村，絕大部分農民擺脱貧困》，《人民日報》1950 年 7 月 9 日，第 4 版。

❺《經過土地改革的華北老區農村，絕大部分農民擺脱貧困》，《人民日報》1950 年 7 月 9 日，第 4 版。

❻ 中央農業部計劃司：《兩年來的中國農村經濟調查匯編》，中華書局 1952 年版，第 70 頁。

的重大課題。[1]

綜上可以得出這樣的結論：在土地政策的影響下，農民的傳統心態遇到空前的激蕩和改造，從而有可能走向另一極端。其被剝削感、階級意識、階級復仇、侵奪中農利益以及不敢生產、懼怕冒尖的心態，都是此前未有或甚為少見的。但又要注意，其中的復仇心態和絕對平均主義是以土改為媒介的農民傳統心態的延續和放大，表明民間傳統會以變異的形式展現出來。而所有這些，都體現出土改過程中農民既興奮又壓抑的焦慮心態，對中國民眾性格的變化產生了深遠的影響。

《近代史研究》2006年第4期

❶ 徐秀麗對新中國成立後中共的富農經濟政策有深入的研究，參見徐著：《1950年代中國大陸土地改革中的富農政策》，中國社會科學院近代史研究所編：《劃時代的轉折》，四川人民出版社2002年版。

「理」「利」「力」：
農民參軍與中共土地改革之關係考
（1946–1949）

一、問題的由來

農民擁護與參加中共革命，是中共革命史研究的一個核心命題。其中最需要探討的，是農民為什麼擁護與參加中共革命？無疑，擁護革命與參加革命之間是有密切聯繫乃至相互重合的，但也要說，二者並不存在必然的邏輯關係。擁護革命者，既可能積極投身革命，也可能不願意乃至拒絕參加革命；參加革命者，既有因為擁護中共而參加革命的，也有出於其他目的或原因而參加的。[1] 歷史原本就是複雜的，前面一種情況固然顯示了中共革命史的光輝，但後一種現象也毋庸諱言和躲避；不管農民是由於什麼情況而參加革命的，都是中共革命成功的不可或缺的力量，都值得關注和研究。

因應於中共革命從鄉村社會汲取經濟資源和人力資源的需求，農民擁護和參加中共革命的顯著標誌有兩個，一是納糧，二是參軍。相比之下，參軍關乎身家性命，更是檢驗農民是否擁護和參加中共革命的試金石。在農民參軍諸因素的討論中，最為經典的命題是土地革命與農民參軍之間的關係，也就是說，中共土地革命政策對農民參軍產生了什麼樣的影響？對這一問題研究的時空切入，不只一端，因為在中共革命的進

---

❶ 參見本書《農民何以支持與參加中共革命》。

程之中，土地革命經歷了蘇區時期的土地革命、抗日戰爭時期的減租減息和國共決戰時期的土地改革三個階段，在這幾個階段中，共產黨動員參軍的方式、農民參軍的反應以及所出現的問題都具有明顯的連續性，因此每一個階段都可以作為研究這一問題的切入點。[1] 不過，比較而言，第三個階段由於是中共革命取得最終勝利的時期，農民參軍的地域範圍更廣、規模更大，因此更加引人注目，學界的相關闡述和爭論最多，這也是本文以此階段為研究對象的主要原因。

中華人民共和國成立迄今六十餘年間，關於土地改革與農民參軍之間的關係，有的學者做了專門研究，更多的是在相關研究中有所涉及。在這些論著中，傳統看法依然具有極大的影響力，也就是特別強調農民參軍與土地改革之間存在着必然聯繫。著名史學家、理論家胡繩（1918–2000）主編的《中國共產黨的七十年》集中地反映了這一觀點：農民是最講究實際的，農民們最關心的是關係到他們根本利益的土地問題。獲得土地，是貧苦農民祖祖輩輩以來的夢想。經過土改運動，到 1948 年秋，在一億人口的解放區消滅了封建的生產關係。廣大農民在政治和經濟上翻身以後，政治覺悟和組織程度空前提高。在「參軍」保田的口號

---

❶ 就蘇區和抗日戰爭兩個時期來説，關於中共動員參軍、農民是如何參軍的，相關資料較多。僅從中共中央擴紅、擴軍的檔案而言，就可參見中央檔案館編《中共中央文件選集（1927–1947）》第 3–13 冊，中共中央黨校出版社 1983–1987 年版；中共江西省委黨史研究室等編：《中央革命根據地歷史資料文庫·黨的系統》第 1–5 冊，中央文獻出版社、江西人民出版社 2011 年版；中國人民解放軍政治學院政治工作教研室編：《軍隊政治工作歷史資料》第 1–6 冊抗日戰爭時期，戰士出版社 1982 年版。也有學者的研究涉及這一問題，如黃道炫：《張力與限界：中央蘇區的革命（1933–1934）》，社會科學文獻出版社 2011 年版，第 322–339 頁；陳德軍：《鄉村社會中的革命——以贛東北根據地為研究中心（1924–1934）》，上海大學出版社 2004 年版，第 78–112 頁；黃琨：《從暴動到鄉村割據：1927–1929 ——中國共產黨革命根據地是怎樣建立起來的》，上海社會科學院出版社 2006 年版，第 21–55、197–200 頁，對蘇區時期共產黨的擴紅方式、農民的參軍類型都做了不同程度的敍述。王友明：《解放區土地改革研究：1941–1948 ——以山東莒南縣為個案》，上海社會科學院出版社 2006 年版，第 109–118 頁，對抗日戰爭時期中共的擴軍動員、農民的參軍也做了簡要闡述。不過，以上論著對兩個時期農民參軍與中共土地政策之具體關聯都未進行專門的研究。在 1946–1949 年國共決戰時期，上述問題繼續延續，只是更為顯著罷了。本章所研究的華北區域未經過蘇區戰爭階段，故所述史實至多追溯至抗日根據地時期。

下，大批青壯年農民潮水般湧入人民軍隊，人民解放戰爭獲得了足以保證爭取勝利的取之不竭的人力、物力的源泉。[1] 至於各省市縣的地方黨史著作，幾乎都沿襲了這種看法。以上看法，基本上可以概括為「三部曲」模式：土地改革政策的開展——農民獲得土地及其他物質利益——農民擁護和參加革命的積極性大大提高。換句話說，就是共產黨的方針政策與農民革命認同之間為一種必然的邏輯關係。[2] 除了大陸學者，海外學者也有與之類似的觀點。如美國政治學者湯森（Jams R. Townsend）、沃馬克（Brantly Womack）認為，中共提出了比較傳統的農民經濟要求和社會正義觀念，共產黨人對社會和經濟變革的承諾，特別是他們所許諾的土地改革，是該黨獲得大眾支持和吸引他們加入革命的一個根源。[3]

也有人與以上學者的出發點不同，但所提出的看法卻是類似的。譬如，台灣中共黨史學者陳永發認為，土地改革是共產黨的政治謀略，其真正目的不是土地分配，而是通過給農民好處，動員農民的人力物力。貧苦農民一旦獲得渴求已久的土地，便心甘情願的接受中共驅策，或者參加共軍，或者踴躍捐輸，以致共軍在戰場上有堅如磐石的後盾，後勤補給源源不絕而來。[4] 大陸學者張鳴也提出，在中共控制的地區，絕大部分已經不存在土地問題了，土地改革實際上是中共為了與國民黨爭天下進行社會動員的手段，分配土地只是動員的手段之一，或者說動員的藉

---

❶ 胡繩主編：《中國共產黨的七十年》，中共黨史出版社 1991 年版，第 92、99、170、240−242 頁。另一權威學者金沖及也是這種觀點，見金沖及《二十世紀中國史綱》第 2 卷，社會科學文獻出版社 2009 年版，第 617 頁。

❷ 參見本書《土地改革中的農民心態：以 1937−1949 年的華北鄉村為中心》。

❸ Jams R. Townsend and Brantly Womack, *Politics in China: A Country Study* (Boston: Little, Brown & Company,1986),p.15.

❹ 陳永發：《內戰、毛澤東和土地革命：錯誤判斷還是政治謀略？》（上），《大陸雜誌》第 92 卷第 1 期，1996 年 1 月，第 9−10 頁。不過，陳永發以蘇區的查田運動為例，也承認擴紅的困難和強迫現象。

口。也正因為如此，革命才取得了迅速的成功。[1]

對於土地改革與農民參軍之間具有必然聯繫的主流觀點，有越來越多的學者提出了質疑。最先提出不同意見的是美國學者胡素珊（Suzanne Pepper），她認為，共產黨要求農民的「擁護」，也的確如願以償，這是對財產分配所提供的實實在在的物質利益的回報。但土地和財產的重新分配與徵兵運動之間的聯繫，並不像新華社所說的那樣簡單，窮人並不會自然而然地給共產黨各種軍事上急需的支持。[2] 新世紀以來，中國大陸學者也試圖突破傳統革命史觀，提出新的看法。王友明認為，土改對參軍支前的作用是肯定的，但並不是農民分到了土地，就積極主動地參軍支前，而是通過黨的各種組織的細密的組織動員而實現的。[3] 齊小林指出，大多數農民的參軍與減租減息、土地改革、階級劃分沒有直接的必然的聯繫，滿足個人利益依然是大多數農民行為的最基本的出發點。[4] 李裏峰也認為，土地改革除了變革生產關係、解放生產力的經濟目標之外，主要目的在於為戰爭提供必需的人力和物力支持。土地改革既提升了人力資源動員的合法性，又導致了農民不去當兵的動機和可能，共產黨要通過大力宣傳和精心動員，將有利局面轉化為農民踴躍參軍的現實。[5] 以上成果，無疑是中共革命史研究的重要進展。

不過，所有對主流觀點提出質疑的研究仍存在不少問題。除了對土地改革的某些判斷還存在誤解之外，最大的問題就是，無論農民是否自

---

❶ 張鳴:《動員結構與運作模式——華北土地改革運動的政治運作(1946-1949)》,《二十一世紀》網絡版，總第 15 期，2003 年 6 月，http://www.cuhk.edu.hk/ics/21c/m_supplem_c.htm。陳周旺等學者也有相似見解，見陳周旺《從「靜悄悄的革命」到「鬧革命」——國共內戰前後的土改與徵兵》,《開放時代》2010 年第 3 期，第 12 頁。

❷ Suzanne Pepper, *Civil War in China: The Political Struggle, 1945-1949* (Los Angeles: University of California Press, 1978), pp.292, 311.

❸ 王友明:《論老解放區的參軍動員——以山東解放區莒南縣為個案的分析》,《軍事歷史研究》2005 年第 4 期，第 74、76、79 頁。

❹ 齊小林:《中共士兵、革命政權與華北鄉村：1937-1949》，南開大學歷史學院中國近現代史專業博士論文，2011 年 4 月，第 16、25 頁。

❺ 李裏峰:《土改與參軍:理性選擇視角的歷史考察》,《福建論壇》2007 年第 11 期，第 72-74 頁。

願參軍，都比較缺乏與土地改革之間關係的具體實證研究。既然土地改革的核心是土地分配及其引起的社會變革，那麼最需要搞清楚的是：農民參軍的行為哪些是由於土地改革引起的，哪些與土地改革沒有多少關係，而是其他因素所導致的？在研究思維上，應改變以往主要從革命政權的角度分析問題的方式，轉而運用政權與社會雙重互動的方法，既要考慮上層政權的動機、政策和措施，更要關注基層社會、底層農民的感受和民間傳統的延續，以及二者之間的相互反應，這就需要進行大量的實證研究才能獲得接近歷史的真相。[1] 再者，通過這一問題的研究，不僅可以揭示農民參軍與土地改革的關係以及中共革命勝利的原因，還可以有更大的理論關懷，即物質利益與民眾心態、行為選擇的關係。

本文擬以 1946–1949 年的華北解放區為對象，主要集中於中共晉察冀邊區的冀中、北嶽和晉冀魯豫邊區的冀南三個地區[2]，利用河北省檔案館所收藏的檔案等文獻資料[3]，對此做一專門的闡述和考辨。華北解放區經歷了抗戰時期中共根據地的迅速擴展，又是國共決戰的重要戰場，農民參軍的數量是較大的。[4] 正因為此，這一地區成為驗證農民參加中共革命的一個不可多得的「實驗場」。

---

❶ 筆者的研究理念及其實踐，參見李書《向「新革命史」轉型：中共革命史研究方法的反思與突破》，《農民何以支持與參加中共革命》，《土地改革中的農民心態：以 1937–1949 年的華北鄉村為中心》，《革命策略與傳統制約：中共民間借貸政策新解》。

❷ 北嶽區在 1938 年稱路西區，1941 年 1 月改稱北嶽區，1944 年 9 月至 1947 年 11 月稱冀晉區，此後複稱北嶽區。希望有興趣的學者對其他區域進行更多的研究，從而提高本章所述問題的整體解釋力度。

❸ 齊小林就讀博士期間，參與了筆者主持的國家社科基金課題《中共革命與鄉村社會》。他為筆者提供了許多檔案資料，謹此致謝。關於農民參軍的材料，基本上是共產黨革命時期的官方檔案，對成績的肯定或有誇大之處，但也不可全部質疑；對負面現象的描述，也不可輕易否定，因為誰都不願擴大自己的問題。而且，這些材料多標有「祕密」，發放到地委或縣、區一級，與報紙上公開發表的東西有所不同，因而其可信度就更為增強。不過，在傳統黨史論著中，更多凸顯了前一類「成績」資料，而忽略或有意淡化了後一類「問題」資料。

❹ 張明遠：《我的回憶》，中共黨史出版社 2004 年版，第 250 頁；王傳忠主編：《冀魯豫邊區革命史》，山東大學出版社 1991 年版，第 735 頁；冀南區黨委：《關於兵役問題的調查材料》（1948 年 10 月 20 日），河北省檔案館藏，25-1-41-8；北嶽區黨委，《幾個兵役調查材料》（1948 年 10 月），河北省檔案館藏，69-1-112-1。

二、因土改翻身而參軍的農民

從中共中央到各個解放區，從領袖到地方親歷者，都自參軍結果的角度，對農民參軍與獲得土地的密切聯繫有不少肯定的表述。今天學術界以及政治宣傳中的主流看法，與這些表達是極其相似的。不過，遺憾的是，從這些描述中很難看出農民參軍與土地改革的具體聯繫，也就是農民到底是如何因為土改而參軍的，尤其是有多少農民是由於獲得土地而自願參軍的？儘管如此，我們仍可以肯定地說，土地改革與農民參軍之間的聯繫絕不能說是空穴來風，只是這種聯繫究竟有多大程度，則是可以討論的。

在共產黨的意識和政策裏，土地改革既有將土地分配給農民的目的，也有動員農民參軍、支前和納糧的因素，二者不是分立、對立，而是統一的。[1] 毛澤東、劉少奇等中共領導人，一直將土地改革與農民參軍視為相輔相成的關係。[2] 實現土地分配的目標，是農民參軍與土地改革之間取得聯繫的前提。中共之所以將解決農民土地問題作為土地改革的重要目的，是因為平均分配土地是其民主革命的最終目標，而抗戰勝利時並不像有些學者所認為的那樣，土地問題已經基本乃至完全解決了，只能說，通過實行減租減息政策，一定程度上解決了農民的土地問題，但距離共產黨平均地權的目標還有一定距離。尤其是一些新解放區，從來就沒有實行過這一政策，土地分配自然是更成問題了。[3]

在中共中央和地方關於土地改革的指示、報告中，明顯可以看出，

---

❶ 這與陳永發、張鳴等學者主要強調後者有所不同。楊奎松則認為，土改不是出於什麼財政的目的，更不是因為需要動員農民參軍參戰上前線。見楊奎松《中華人民共和國建國史》，江西人民出版社 2009 年版，第 99、103 頁。筆者的看法與楊氏也有不同。

❷《毛澤東、劉少奇關於土地政策發言要點》(1946 年 5 月 8 日)，中央檔案館編：《解放戰爭時期土地改革文件選編 (1945–1949 年)》，中共中央黨校出版社 1981 年版，第 7 頁；劉少奇：《在全國土地會議上的結論》(1947 年 9 月 13 日)，中共中央文獻編輯委員會編：《劉少奇選集》(上卷)，人民出版社 1981 年版，第 394–395 頁。

❸ 中共太行區黨委：《土地改革報告》》(1947 年 6 月 15 日)，河北省檔案館編：《河北土地改革檔案史料選編》，河北人民出版社 1990 年版，第 192–199 頁。

其主要內容仍是如何解決農民的土地分配和債務關係問題，將土地改革與農民參軍之間關聯起來的內容並不多。當然也要注意到，在這些指示、報告中，只要涉及到農民參軍、支前和交糧，就會強調土改與農民參軍之間的聯繫，強調在土地分配中對軍烈屬的照顧。在擴軍宣傳、指示和總結中，也每每將土地改革、優惠軍烈屬作為動員農民參軍的重要條件和手段。[1]

結果，土地改革為原來無地或少地的農民增加了土地，尤其是軍烈屬得到更多的優惠。如 1946 年，北嶽區建屏縣東黃塗村，一般農民平均每人分到土地 1.34 畝，而抗幹烈屬、榮退軍人平均分到 1.67 畝，而且土質好，離村也近。[2] 1947 年，晉察冀邊區已有近千萬畝的土地重新回到了農民手中。尤其是照顧了對抗戰有功的烈屬、軍屬、工屬，如安平縣遠征軍屬每人在 4 畝以上。[3] 農民獲得了利益，對共產黨及其領導的土地改革當然會產生擁護的結果。正因為如此，「獲利」才成為廣大農民擁護革命和部分農民自願參軍的心理基礎。

不過，這種自願一般都經過了共產黨的宣傳和誘導的說「理」過程。正是由於農民在土改中獲得了利益，共產黨在動員他們參軍時，才有底氣將土改作為一個重要因素擺在農民面前，以傳統的日常生活之「理」和道德之「理」說服農民參軍，「把參軍任務變為廣大群眾自己的事情⋯⋯從工作中的積極面來證明群眾是願意參軍的。」[4] 就此而言，

---

❶《冀中九地委關於具體執行區黨委對開展大規模參軍運動的指示》（1946 年 11 月 30 日），河北省檔案館藏，14-1-18-25；冀中區黨委：《於補軍工作的緊急補充指示》（1947 年 7 月 28 日），河北省檔案館藏，3-1-66-19；《中共晉察冀中央局關於動員參軍工作的指示》（1948 年 2 月 1 日），河北省檔案館藏，578-1-15-5。

❷ 建屏縣委：《十二月補軍工作總結報告》（1946 年 12 月 31 日），河北省檔案館藏藏，520-1-567-1。

❸《晉察冀日報》社論《繼續深入貫徹土地改革》（1947 年 3 月 21 日）；廷馨等：《冀中土地改革大部完成——赤貧消滅經濟上升四萬農民踴躍從軍》（1947 年 2 月 19 日），河北省檔案館編：《河北土地改革檔案史料選編》，第 157 頁。

❹ 徐運北：《參軍運動簡報》（1947 年 5 月 30 日），王傳忠主編：《中共冀魯豫邊區黨史資料選編》第三輯文獻部分（上）1945.8–1948.5，山東大學出版社 1989 版，第 327 頁。

「利」是「理」之基礎，二者是相互為用的。另外，從理論上講，就是政治領導主體通過誘導和說服，贏得被領導者的認同和支持，取得被領導者的自願服從和主動配合，以實現政治決策規定的目標和任務。[1] 以下從土改報恩和保衛果實兩個方面，大致可以表明說「理」與農民參軍之間的關係。與同一時期的國民黨以及歷史上的其他政權相比，這種說「理」式徵兵是前所未有的。

第一，參軍是對土改翻身的「報恩」，否則就是沒良心。

當人們接受了某種幫助，會產生「感激」與「承情」兩種情感。但二者的性質並不相同，感激是接受善意和無私的禮物的心情，幫助者或贈與者的動機不是為了求回報，更不是用禮物來做控制他人的手段；而承情則是在接受幫助或贈與後，有一種負債的感覺，幫助者或贈與者也希望他有這樣一種感覺，並不斷提醒他應該「感恩」或「知恩圖報」，否則就是「不知感激」、「沒良心」或者「忘本」。[2] 貧苦農民從土地改革中獲得了土地、果實，中共不斷地宣傳土地改革、農民翻身和參軍之間的關係，加之中國傳統文化中也有「知恩圖報」的理念，於是一些農民就從良心、報恩的心態出發，表示自願參軍，以回報土改翻身之恩。

就華北解放區而言，抗日戰爭直至土地改革之前，農民報恩式參軍就已經存在。土地改革之後，報恩式參軍的例子就更多了。例如：

在冀中區，1947 年，清苑縣小竇村路大伯送子參軍，他向人們宣傳：「共產黨幫助着咱們解放了，現在號召參軍，咱們翻身的人們應當積極參軍。」[3] 1948 年，青縣孫官屯農民於士明也讓兒子參軍，說：「毛主席領導咱們翻了身，又分了地，前方戰士流血流汗為的誰，還不是為的咱們嗎。咱們不能光在後邊，常說吃飯別忘種穀人，翻身別忘共產黨，

---

1 施雪華：《政治科學原理》，中山大學出版社 2001 年版，第 740 頁。

2 徐賁，《政治化的感恩糟蹋「感激」》，2013 年 7 月 29 日，http://blog.sina.com.cn/s/blog_4cacf1f30102e74j.html。

3 冀中九地委：《歸擴通報—清苑小竇村發動群眾動員參軍介紹》（1947 年 4 月 27 日），河北省檔案館藏，14-1-4-27。

我送我兒參軍去。」東空城村的董後學，在他娘動員下也報名參軍了，他娘說：「咱們不去參軍的誰還去呀，現在咱分了房分了地有了吃的。」[1]任丘縣趙各莊貧農房大海報名參軍，說：「我扛了十幾年長活，年頭不好老婆改了嫁，翻了身老婆又回來了，又分了地，現在什麼也不缺了，我要不參軍就是沒良心。」[2]

在北嶽區，1946 年淶水縣龍門村一個農民參軍時說：「我們過去沒有吃的，沒有穿的，燒着鍋沒有米，吃不着飯，一年到頭穿不上衣服，誰個來管，餓死凍死又活該……現在吃的有了，穿的有了，不受人欺負了，這是誰個給我們的，要不是共產黨八路軍，哪有我們的今天。可是在前線流血犧牲又是誰，就為着咱們老百姓的八路軍共產黨，我們在後方過着舒服的日子，難道我們今天不應該出力嗎？」[3]1948 年易縣武家莊子農會主任李洛占動員兒子參軍，對兒子說：「咱們是新翻身的農民，得了三間大房子地……要不是毛主席，咱們翻不了身，吃飯別忘種穀人，應當咱們翻身的先參加，可別鬧小差，鬧小差叫人恥笑。」[4]唐縣西城子村貧民張貴福，14 歲上就給老財扛長活，這次擴軍開始，他首先報名參軍，臨行時對母親說：「娘啊，咱過去盡是捱餓受凍，缺吃少穿，共產黨來了，咱才吃得飽，穿得暖，救了咱這條活命，是人不該沒良心啊！」[5]1949 年建屏縣唐家溝村唐玉川規勸兒子參軍：「孩子，過去咱房屋一間地無一壟，如今咱頭上頂着的是八路軍給咱的，腳下踏着的是八路軍給咱的，咱不去當兵誰去哩！」[6]

---

❶ 冀中八地委：《歸擴廣播—青縣五區歸擴工作的成績與發生的問題》（1948 年 4 月 6 日），河北省檔案館藏，11-1-29-3。

❷ 冀中八地委：《歸擴廣播——任丘縣委在歸擴運動中從實際出發貫徹自報公議方法中幾個問題的摘要》（1948 年 4 月 9 日），河北省檔案館藏，11-1-29-4。「扛長活」指農民受地主僱傭，做長工。

❸ 淶水縣委：《關於淶水此次擴軍工作情形》（1946 年 12 月 27 日），河北省檔案館藏，520-1-292-11。

❹ 易縣縣委，《易縣擴軍總結》（1948 年 4 月 21 日），河北省檔案館藏，520-1-240-20。

❺ 中共唐縣縣委：《唐縣擴軍工作總結》（1948 年 12 月 30 日），唐縣檔案館藏，20。

❻ 中共建屏縣委：《擴軍工作初步總結》（1949 年 1 月），平山縣檔案館藏，1-1-37。

在冀南區，1947 年景縣群眾中流傳着這樣的歌謠：「吃八路，穿八路，住八路，為什麼不去當八路。」該縣某區一個母親讓她 17 歲的兒子參軍，說「當八路好！從前咱們受氣，現在咱們有房有地，也不受氣了！」[1] 南宮縣焦王村褚懷雙是個新兵，家裏是三輩佃戶，他訴苦道：「地主把窮人看得不像人，還不如一個牛馬一輛大車呢！」沒黑天到白天的給地主幹，結果一壟地一間房也沒有。八路軍來了，毛主席叫翻身，這才有了辦法。所以，「好日子是毛主席給的，不打老蔣是沒心肝的，所以我要堅決打老蔣。」[2] 在肥鄉縣西街，農會主任在參軍動員會上講農會會員焦學曾翻身的事情，災荒年他曾逃荒山西，差點沒餓死，回鄉之後，毛主席領導翻了身。焦學曾抱頭大哭，當即提出「我得報恩，我老了，我送我兒子參軍。」[3] 臨清縣翻身農民陸慶祥，不僅自動報名參軍，還帶領了五六個人參軍。他說：「咱不能忘本，過去沒有地，翻身後分了十幾畝地，誰給咱的呢？咱不幹算什麼？」[4]

從以上事例可見，對土地翻身抱着良心、報恩、不能忘本的態度，成為一些農民參軍的動力。

第二，只有參軍，打倒蔣介石國民黨，才能保衛土地改革的勝利果實。

如果說報恩、良心帶有一定的道德約束的話，保衛土改果實更成為刺激農民參軍的力量，它使得農民與共產黨成為綁在一條船上的「命運共同體」。[5] 如上所述，共產黨對報恩、良心主要是通過農民之口，以農民參軍的實例進行表彰宣傳，但很少從正式的擴軍政策上直接倡導農民

---

❶ 冀南區黨委辦公室：《十一月份參加情況簡報》（1947 年 12 月 17 日），河北省檔案館藏，23-1-44-8。

❷ 賀亦然：《鞏固新兵工作——十分區輸送新兵工作經驗介紹》（1947 年 1 月）；冀南軍區政治部：《鞏固新兵工作》（1947 年），河北省檔案館藏，26-1-11-4。

❸ 冀南三地委：《擴軍通報第一號》（1947 年 1 月 1 日），河北省檔案館藏，31-1-15-22。

❹ 冀南七分區政治部：《參軍通報第一號：臨清七區大會勝利結束，有超過計劃的信心與決心》（1947 年 3 月 19 日），河北省檔案館藏，49-1-8-6。

❺ 陳永發：《內戰、毛澤東和土地革命：錯誤判斷還是政治謀略？》（下），《大陸雜誌》第 92 卷第 3 期，1996 年 3 月，第 119 頁。

報土改翻身之恩；而對保衛土改果實，則從擴軍政策上極力進行正面宣傳，因為參軍是為了農民自身的利益，從而具有天然的正義性。也就是說，同樣是動員農民自願參軍，二者的做法有明顯的差別。

在抗戰勝利到1946年《五四指示》頒佈之前[1]，共產黨動員農民參軍時，曾有保衛抗戰勝利果實的口號，也即不能讓蔣介石國民黨把勝利果實奪去。[2]土地改革之後，共產黨更將保衛勝利果實和保衛土改果實結合起來，宣傳農民參軍的目的，是為保衛自己的土改果實而戰。1946年冀南二地委認為，擴軍的關鍵，是對群眾「應進行『保衛土地』、『保衛果實』的教育，造成對蔣介石的普遍仇恨的烈火，並積極行動起來，達到群眾階級覺悟提高一步，任務就易完成。」[3]1947年冀南區黨委指出，在翻身運動、土地改革的基礎上，明確的把反大老蔣和反小老蔣聯繫起來，把反內戰和保衛翻身、保衛已得土地聯繫起來，從個人的切身利益提高到政治鬥爭上去，以掀起階級仇恨。[4]1948年晉察冀中央局又指出，在農民中要號召參軍保地、保財產，蔣匪到了的地方，誰的土地財產都保不住。[5]

在不斷宣傳之下，保衛土改果實成為一些農民參軍的動力，舉例述之：

在冀中區，1946年清苑縣大安村連送23名青年參軍，曾任該縣宣傳部副部長的李春溪在日記中說：「農民翻身後，參軍是潮流，保衛勝利果實，是喚起他們的動力。解放區偌大的農村，該有多少翻身農家的青

---

❶ 1946年5月4日，中共中央發佈《關於清算減租及土地問題的指示》，簡稱《五四指示》。這一指示，標誌着國共決戰時期中共土地改革的開始。

❷ 冀東十四地委：《十四地委關於緊急擴軍工作的指示》（1946年1月28日），河北省檔案館藏，54-1-16-12。

❸ 冀南二地委：《關於參軍運動的指示》（1946年11月22日），河北省檔案館藏，31-1-10-35。

❹ 冀南區黨委：《參軍經驗介紹》，（1947年9月25日），河北省檔案館藏，25-1-41-12。

❺《中共晉察冀中央局關於動員參軍工作的指示》（1948年2月1日），河北省檔案館藏，578-1-15-5。

壯年走上『打老蔣』的戰場啊！」[1] 1947年在十一分區，當問到新戰士為什麼參軍時，凡是分到土地的都回答「保田保家」、「報翻身之恩」。[2] 清苑縣小寶村的村代表說：「為保衛咱們的翻身，沒有八路軍就打不敗老蔣，得了地也不保險。」經過這樣的動員，有15個青壯年入伍。[3] 1948年高陽縣領導強調，要使農民自發的想到武裝保衛勝利果實，打退蔣介石的進攻才能保衛飯碗，然後再提出誰去參軍。某村村長張壹祥說：「我們剛翻過身來，有了地種，蔣介石又奪我們的飯碗，他進攻延安不是和進攻我們一樣嗎？」村農會主任與十多名青壯年報名入伍。[4] 安新縣召開老頭老婆座談會，提出誰來保衛翻身果實，自己的兒子不當兵，老蔣來了怎麼辦？老人們逐漸認識到，青年應當參軍保田，而且自己的兒子也應當去。半月內，僅一區就有百餘青年參軍。[5]

在北嶽區，1946年建屏縣補軍中，四區各村在分配果實的群眾大會上發動了一個「保田宣誓運動」，使大家認識到參加軍隊的必要。東白面村得到土地的劉雨對孩子說：「你去當兵吧，反動派向解放區進攻，不能讓他奪走咱們的土地，當兵報國，盡忠也是盡孝。」五區沙坪村青年農民白玉祥也說：「只有參加武裝，打垮蔣介石，才能保衛自己的土地，過去動員過我幾次，我都堅決不去，這回我可認清了，不用你們費力動員了。」當即與兩個青年攜手同時入伍。[6] 在淶水縣莊上村，一個參軍的王某某說：「我們應該要過太平日子，狗日的國民黨反動派不讓我們過太平日子，要把我們趕到黑暗裏去，要把共產黨八路軍幾年來給我們的利益破壞了，同志們想想，我們能願意犧牲嗎？我們不能忍受下去了，我

---

❶ 李春溪：《戰時回憶和日記》，中共保定市委黨史研究室1996年，第312頁。
❷ 冀中十一地委：《歸擴工作總結》（1947年8月16日），河北省檔案館藏，20-1-42-13。
❸《清苑小寶村發動群眾動員參軍介紹》，《歸擴通報》第2期，1947年5月1日，河北省檔案館藏，14-1-101-1。
❹ 冀中九地委：《九分區這次擴軍運動如何開展起來的》（1948年2月23日），河北省檔案館藏，14-1-8-6。
❺ 冀中九地委：《九分區這次擴軍運動如何開展起來的》（1948年2月23日），河北省檔案館藏，14-1-8-6。
❻ 建屏縣委：《十二月補軍工作總結報告》（1946年12月31日），河北省檔案館藏，520-1-567-1。

要報名參軍，我們要為自己的利益而戰，我們不能等死。」[1] 1948 年盂縣上社村有的翻身農民說：「咱貧傭農翻身了，參軍是咱貧傭農的事，咱們的果實咱們來保衛，地主老財參軍還不夠格哩。」馬家莊貧農團主席楊貴祥也給他兒子報名，說：「我已翻了身，應該動員自己兒子參軍保田，不的話勝利果實保不住。」[2]

在冀南區，1946 年四地委自稱，平鄉縣不到一個月時間就完成了擴軍任務，其中一個主要原因，就是「農民翻了身，階級覺悟提高了……他們自願起來保衛果實來報毛主席之恩。」[3] 1947 年威縣成功地開展參軍運動，「這樣的成績不是偶然的……很多農民是已經得到了翻身利益，他們對反蔣戰爭有較高的興趣，把愛國自衛戰爭當成了農民自己的戰爭。」有的新戰士說：「我們已經翻身了，蔣管區的廣大群眾還沒翻身，我們要打過黃泛區，捉拿蔣介石才能享太平，才能保衛咱們的勝利果實。」[4] 臨清縣台莊村的村幹向群眾說：「八路軍共產黨叫咱翻身抬頭，不受地主的氣了，分了地、房子，有吃有穿……想想要保衛這太平日子好生活，咱應該怎麼辦？非打走老蔣二禿子不行，那非參軍壯大咱們力量不行。」傭佃貧農代表的認識發生變化，說「我過去很窮，現在有十拉畝地，有吃的，有穿的，生活好了，這是共產黨八路軍給的，我就認誰對我生活好，我就擁護誰，老蔣來了，就打了我的飯碗子，我非打倒他不行，不擴軍打不走老蔣怎麼能行？」[5] 1948 年寧南縣有的農民參軍，也是「因為只有農民在經濟上翻身，才感到老蔣來了東西保不住，才有保衛果實，保衛生命財產（現實利益）的要求……只有拿起武器，走上戰

---

❶ 淶水縣委：《關於淶水此次擴軍工作情形》（1946 年 12 月 27 日），河北省檔案館藏，520-1-292-11。

❷ 中共北嶽區二地委：《四月擴軍運動總結》（1948 年 6 月），河北省檔案館藏，75-1-1-3。

❸ 冀南四地委：《擴軍通報第八號平鄉縣的參軍熱潮與幾點主要經驗》（1946 年 8 月 27 日），河北省檔案館藏，36-1-36-2。

❹ 冀南區黨委辦公室：《威縣北四區大批村幹參軍動員經驗》（1947 年 12 月），河北省檔案館藏，25-1-44-7。

❺ 冀南三地委：《地委參委會對參軍意見》（1947 年 3 月 18 日），河北省檔案館藏，33-1-15-9。「十拉畝地」指十來畝地或十畝左右。

場，當老蔣的進攻不存在了，才是徹底的翻身勝利。」[1]

通過以上土改報恩、保衛土改果兩種說「理」的方式，有的農民開始從獲得物質利益轉化為翻身感恩和保衛果實的心態，並由此化為參軍的動力。甚至翻身農民必須參軍，已成為當時強烈的社會氛圍。譬如，冀中八分區有的中農就拒絕參軍，說「參軍是窮人的事，窮人翻了身，他們去參的唄，俺是吃俺娘的奶長大的。」[2] 北嶽五分區也有的中農說：「貧農翻身了，叫我們保衛什麼勝利果實呢？」有的黨員說：「你們貧農積極作骨幹翻了身，你們不去當兵叫誰去呀。」[3] 從這種反面的說詞可以體會到，貧苦農民基於土改翻身的感恩參軍，其實也有外部的社會性壓力。

以上事例都是現象描述，還無法說明這種情況佔參軍農民的比例有多大？但遺憾的是，相關統計資料很少，據 1947 年冀南軍區對南宮縣二營 937 名新戰士的參軍動機的調查，其中明確表示為翻身報恩參軍的有 1 名、為保衛果實參軍的有 5 名，兩項共計 6 名，僅佔新戰士總數的 0.6%。還有政治說服 28 名，其中部分可能與報恩、保衛果實有關，即便全部計入，也不過佔新戰士總數的 3.6%。[4] 1948 年，冀熱察軍區對七師十九團 1284 名戰士的入伍動機也做過一個統計，其中明確表示為保衛土地而來的有 9 人，為「要上土地來」的 1 人，共計 10 人，僅佔所有戰士的 0.8%。而且，「要上土地來」的 1 人可能是主動索要的，與土改翻身參軍不是一回事。[5] 由這兩個數據可見，因土改翻身而參軍的農民是很少的。

所以，土地翻身雖然對農民參軍起了積極的影響，但不可誇大和想

---

❶ 冀南區黨委：《關於兵役問題的調查材料》（1948 年 10 月 20 日），河北省檔案館藏，25-1-41-8。

❷《領導問題——劉青山同志在五月一八月在八地委縣書聯席會議上結論報告之二》（1948 年 5 月 31 日），河北省檔案館藏，11-1-31-5。

❸ 北嶽五地委：《五分區擴軍工作簡要總結》（1948 年 6 月 23 日），河北省檔案館藏，84-1-12-8。

❹ 賀亦然：《鞏固新兵工作——十分區輸送新兵工作經驗》（1947 年 1 月），河北省檔案館藏，26-1-11-4。

❺ 冀熱察軍區政治部：《冀熱察軍區整黨總結——蘇副政委在軍區組織工作會議上的報告》（1948 年 4 月 15 日），河北省檔案館藏，109-1-4-1。

像，農民參軍更多是其他因素導致的。還可以設想，如果土地翻身一定導致農民參軍，那麼徵兵應該是一個易如反掌的任務，因為分得土地的農民畢竟比共產黨徵兵數量多得多。以冀魯豫邊區為例，到 1949 年 8 月近千萬農民分得了土地，而 1945 年底至 1949 年 2 月的 5 次大參軍運動，參軍的農民僅為 14 萬人。[1] 如此多的農民獲得了土地，完成 14 萬人的參軍任務不是很簡單嗎？但果真如此，就不會發生如後文所述農民躲避和抵制參軍乃至被迫參軍的現象了。

三、與土改翻身無關而自願參軍的農民

除了上述少數農民是因土改翻身而自願參軍的，還有一些農民雖然也屬於自願參軍，但他們並未按照共產黨的土改獲利和說「理」路向，而是主動為了索取各種利益而參軍，這可以說是人的「自利」性格所決定的。尤其是文化程度普遍偏低的農民，其態度和行為更多出自私利，而不像一些知識分子對社會和政治有自己的認識和追求。如果說前者是中共通過革命政策，主動給農民利益，農民因土改獲利、因翻身報恩和保衛果實而參軍；而後者卻不是中共主動給農民利益，而是農民迫使共產黨滿足其要求，有些地方幹部甚至迎合和利用了農民的這一特性。這種索「利」參軍的觀念及行為，顯然與土改報恩和保衛果實無關。在中共檔案文獻中，這種情況一般被視為不良現象而受到批判，但正是這些材料，被以後的主流論著作為負面現象而掩蓋了。

甚至，有的農民從中共的優抗政策[2] 中受到啟示，為了得到優撫而參軍。在沒有嚴格落實優抗政策的地區，就更是如此。最突出的表現是，農民參軍之後，原來所許諾的優抗沒人管了。如冀南區臨清縣，有人就

---

❶ 王傳忠主編：《冀魯豫邊區革命史》，頁 685–686。

❷ 優抗政策，也稱優撫政策，指戰爭年代中共對軍人、軍屬、烈屬的優待措施，包括錢糧優待、土地優待、勞力幫助、就業安置和撫恤等。「優抗」一詞，本指優待抗戰時期抗日軍人及其家屬，但在國共決戰時期，仍繼續沿用。而在蘇區時期，多用「優待」一詞。

說「咱們的優抗工作是茅房磚，用着就拿起來，用不着就擲了」，「人在人情在，人不在一切也不在。」有人上次參軍走了以後，家裏沒辦法生活。[1] 有些軍烈屬既沒得到土地優惠，莊稼也沒人照顧。如行唐縣，有的村裏在分配土地時，分給抗屬的土地質量貧瘠且偏遠。「這莊稼沒問題是區官、村官家屬的」，壞莊稼卻「是咱們家屬的」。[2] 在唐縣，也有戰士家屬訴苦：「村裏代耕有其名而無其實，不信等莊稼長起來看，頂屬那塊地莊稼壞，不用問便知道是烈、軍、工屬的。」[3] 這種情況，促使農民參軍時必須索要優撫、財物，擔心參軍後就得不到了。

在抗戰時期直至土地改革之前，以索取和滿足各種利益為前提而參軍的現象就大量存在，甚至產生了僱兵現象。[4] 土地改革之後，反映這一現象的資料就更多了。譬如，農民為了索要土地、房子、錢糧、衣服等而參軍，其中以錢糧、衣服更為突出。有的基層政權為了刺激農民參軍，也有意地滿足他們。這一現象，與歷史上其他政權之下農民的參軍並無明顯區別。如國民黨徵兵，1931 年齊魯大學對 40 個士兵和 41 個傷兵的調查表明，入伍原因包括天災、兵災、土匪擾害、買賣虧本、貧困、不和睦、謀事、有意投機、被人引誘等，同樣以解決個人和家庭困難者為主。[5]

中共解放區的具體事例如下：

---

❶ 冀南七分區政治部：《參軍通報第一號：參軍動員中先搞通幹部思想中的幾個問題：臨清參軍動員大會上的材料》（1947 年 3 月 16 日），河北省檔案館藏，45-1-8-6。

❷ 行唐縣委：《關於大力動員進行歸隊工作改善軍民關係問題的指示》（1947 年 2 月 22 日），河北省檔案館藏，520-1-625-8。

❸ 唐縣：《華北人民政府的通令——為通令檢查優待軍屬工作由》（1949 年 5 月 27 日），唐縣檔案館，2。

❹ 聶榮臻：《幾個月來支持華北抗戰的總結與我們今後的任務——聶榮臻同志在晉察冀邊區第一次黨代表大會上的報告》（1938 年 4 月），晉察冀中央局祕書處：《晉察冀邊區工作研究參考資料》第一集上冊，頁 15；《三年來政治工作總結：軍區八路軍三年來所處的環境和任務》（1940 年），中共中央晉察冀分局祕書處：《晉察冀邊區工作研究參考資料》第 8 集第 1 分冊，河北省檔案館藏，578-1-30-1。

❺ 李樹秀：《四十一個殘廢兵的研究》；趙子祥：《四十個兵的研究》，李文海主編：《民國時期社會調查叢編．底邊社會卷（下）》，福建教育出版社 2006 年版，第 838、851 頁。

在冀中區，1946 年，定縣擴軍中，農民「無原則的張大嘴」，要物質，要土地。[1] 其中，南辛莊 5 個農民參軍，要地 11.6 畝、小米 7.6 石、玉米 2 鬥、山藥乾 600 斤以及錢款 105800 元。潘村洛茂參軍，更向村內要地 20 畝、1 萬塊錢。吳村商有兒入伍前，村內替他還了 3 年的賬。[2] 1948 年，安新縣有的村出去一個新戰士，有的給 30 石糧食，有的給 19 石麥子，有的給 150 萬元。高陽縣崔莊、長果莊、北辛莊三個村，一般給每個參軍者四、五口袋糧食，有的多達十幾口袋、三十幾口袋，由不參軍的青壯年出。在賈家務村，參軍戰士的家屬，由不參軍的青壯年供着吃穿。[3] 獻縣野馬村有 8 個農民參軍，向村裏「大肆要東西」，每人不僅得到一套衣服、鞋襪、毛巾，還要去吃餃子、吃肉、喝酒，要求唱戲，乃至叫村裏補償他們平時賭博輸的錢。[4] 1949 年，藁城縣東四公村有 10 個農民參軍，每人從村裏得到 15 萬元、一雙鞋襪，臨走吃還喝一頓，家屬也得到二至三斗米。北席村動員農民參軍時，買了 80 斤肉、10 斤酒、煙 70 萬元，連着吃喝三頓，給 10 個戰士零花錢 200 萬元。[5] 在蠡縣，西柳青村讓逃避參軍的農戶給參軍者 150 萬元。張村一個農民參軍，村裏不僅給他糧食，還替他還了賬，換了一身新衣服。西百尺村的王二年、王二山參軍，村裏把土改時分餘的房子給了他們。[6]

在北嶽區，1946 年，唐縣一些農民須給土地或物質才去參軍，其中西高和村動員 5 個戰士就出了 102 石小米，每人還給地 5 畝、20 萬元現款。嶽容村一個戰士給一輛水車、8 畝地和 5 石米。[7] 1948 年，三分區一

---

❶ 定縣縣委：《擴軍工作報告》（1946 年），河北省檔案館藏，3-1-51-2。

❷ 定北縣委：《補軍工作總結》（1946 年 1 月 5 日），河北省檔案館藏，520-1-325-2。

❸ 冀中九地委：《九分區這次擴軍運動如何開展起來的》（1948 年 2 月 23 日），河北省檔案館藏，14-1-8-6。

❹ 冀中八地委：《八地委對目前歸擴運動中糾正幾個偏向的意見》（1948 年 4 月 26 日），河北省檔案館藏，11-1-33-5。

❺《藁城縣動員參軍歸隊工作總結》（1949 年 3 月），河北省檔案館藏，13-1-15-6。

❻ 蠡縣縣委：《蠡縣參軍工作總結》（1949 年 4 月 4 日），河北省檔案館藏，13-1-15-2。

❼ 唐縣縣委：《新兵補充工作總結》（1946 年 8 月 20 日），河北省檔案館藏，520-1-278-7。

些農民參軍索要糧食、東西，甚至土地，導致人民負擔不起。[1] 六分區由於秋前青黃不接，群眾生活困難，有些人參軍就是為了自己掙碗飯吃，家裏吃飯問題也得到解決。[2] 五分區的劉莊村，10 個新戰士每人拿到 20 萬元，還有手巾小碗皮帶 4 萬元、喝酒 5 萬元、買紙煙 8 萬元，加上面油肉菜等，共 400 萬元。[3] 在五台縣，觀上村給兩個新兵 23 萬元錢、800 多斤糧食。西柳院村一個新兵，拿到白洋 60 元。有的參軍之後，還可以降低階級成分，柏蘭村一個新戰士，就由富農連續改為中農、貧農。下莊村劉林之本來為富裕中農，為了動員他參軍改為貧農。[4] 在易縣，參軍的新戰士一參軍就橫了，不給點東西不去，要這要那，村幹部為完成任務怎麼也得辦。[5] 在淶源縣，有的農民參軍後，村子立即發動慰勞，包括錢款、糧食、被子、鞋子、飯包、背包繩、牙刷、小碗、皮帶等。三甲村 7 個戰士花了 1500 萬元，艾河子村 8 個戰士花了 200 多萬元。[6]

在冀南區，1947 年區黨委指出，有的村幹部為了急於求成，對參軍者有求必應，說只要不要天上的月亮、活人腦子、老婆，什麼都行，以致擴成一個新戰士平均要花費 3 萬元以上，有的達到 6 萬元。[7] 五專署指出，「群眾沒有土地，沒有飯吃，群眾在痛苦中為得到優待和掙些臨時救濟，結合着解決個人臨時困難參軍。」[8] 三地委也指出，由於過去的優抗工作作得不好，對新戰士的願許很大，但很少還，所以農民對優抗沒信心，有些參軍群眾就要求村子給很多東西，就一錘子買賣只做一次

---

❶ 北嶽三分區後勤司令部：《三分區關於戰勤與兵役簡結》(1948 年 9 月 15 日)，河北省檔案館藏，79-1-2-4。

❷ 北嶽六地委：《關於歸隊工作幾個簡要問題的總結》(1948 年)，河北省檔案館藏，87-1-6-14。

❸ 北嶽五地委：《五分區擴軍工作簡要總結》(1948 年 6 月 23 日)，河北省檔案館藏，84-1-12-8。

❹ 中共北嶽區二地委：《四月擴軍運動總結》(1948 年 6 月)，河北省檔案館藏，75-1-1-3。

❺ 易縣縣委：《擴軍工作總結報告》(1948 年年 12 月 31 日)，河北省檔案館藏，520-1-240-19。

❻ 淶源縣委：《擴軍工作總結》(1948 年 4 月 7 日)，河北省檔案館藏，520-1-255-8。

❼ 冀南區黨委：《冀南區一九四六年下半年參軍工作中幾個問題的初步研究》(1947 年 2 月 1 日)，河北省檔案館藏，25-1-41-3。

❽ 冀南區五專署：《棗武兩縣參軍工作的估價》(1947 年)，河北省檔案館藏，40-1-4-13。

生意就是了。也有的村幹沒有任何計劃，新戰士有求必應。[1] 臨清縣有的個村就提出：「分果實多就參軍」，解決問題變成了有求必應。張孟莊給了新戰士很高的條件，高粱 4 口袋，永遠管燒柴，蓋三間房，有的還要求蓋成院子，把坑填成宅子。[2] 胡莊村呂彥傑參軍要了 3 間房、8 畝地、5 萬元、衣 2 套、鞋 2 雙，王莊村朱慶瑞參軍得到 5 間房、7 畝地、2 萬元、1000 斤糧食、衣 2 套、鞋 2 雙，蔣莊村陳文英參軍得到房 5 間、地 5 畝、糧 650 斤、柴 300 斤、鞋襪各兩雙。[3]

除了以上情況，也有一些被稱為「買兵」和「僱傭」的參軍，這同樣是農民為了解決個人問題而參軍的反映。其實，上述各種刺激或滿足參軍者需求的做法，已經帶有「買」的意味。以下所介紹的，則是在材料中呈現「買」、「僱」字眼的例子。

在冀中區，1946 年十一地委指出，部分地區發生僱傭當兵現象，許多人掙了米款，又逃離部隊，跑回去過太平日子。[4] 藁城縣僱兵達到一個排的數量，差不多每一個都是 60 萬元僱的。[5] 1947 年十一地委又指出，參軍運動中有嚴重的僱傭現象，把解決困難變成買兵，譬如派富人當兵，不去就出錢僱人。[6] 1948 年八地委也指出，有的村子出現了吃參軍飯的人。[7] 1949 年，定縣陳家莊以 700 萬元僱了一個新戰士，李由村以 10 石糧食僱了一個。高陽縣李果莊僱了 2 個，用的錢由全村青壯年負擔。[8]

---

1. 冀南三地委，《擴軍通報第一號》（1947 年 1 月 1 日），河北省檔案館藏，33-1-15-22；冀南三地委：《地委參委會對參軍意見》（1947 年 3 月 18 日），河北省檔案館藏，33-1-15-9。
2. 冀南七分區參委會：《參軍通報第七號——江琴堂：臨清縣參軍工作的介紹》（1947 年 4 月 20 日），河北省檔案館藏，45-1-8-4。
3. 冀南一專署：《1947 年春季參軍政策總結》（1947 年 5 月 27 日），河北省檔案館藏，30-1-46-15。
4. 冀中十一地委：《地委關於保障歸隊工作的指示》（1946 年 10 月 5 日），河北省檔案館藏，20-1-42-19。
5. 晉察冀十一專：《各縣擴兵材料匯集》（1946 年 9 月 27 日），河北省檔案館藏，143-1-26-1。
6. 《十一地委關於號召大規模參軍運動的指示——魏震同志十二月九日在縣書及分區級幹部擴大會議上的報告》（1947 年），河北省檔案館藏，20-1-43-8。
7. 冀中八地委：《歸擴廣播——任丘縣委在歸擴運動中從實際出發貫徹自報公議方法中幾個問題的摘要》（1948 年 4 月 9 日），河北省檔案館藏，11-1-29-4。
8. 冀中區黨委：《對半月來參軍歸隊工作通知》（1949 年 3 月 16 日），河北省檔案館藏，3-1-66-17。

藁城縣景村公議上兩戶上中農參軍，這兩家不去，僱了兩人，分別給 700 萬元、800 萬元。土山村公議上五戶中農，也是不去，僱別人，每人給 5 石小米。[1]

在北嶽區，1946 年唐縣擴軍，發現僱傭和變相僱傭的現象。參加入伍的新戰士對優抗失去了信用，甚至連幹部都不相信，於是直接商議價錢僱人。變相的僱傭，就是「動員」好土地或物質之後，再找參軍對象。[2]1947 年，一分區有的村幹為了完成任務，也用錢僱人，約定好僱幾個月，期滿了，擴軍期已過，再跑回來。[3]1948 年區黨委指出，僱傭現象很普遍，有些地方很嚴重。定興縣魏家莊村，有的僱一個戰士花邊幣幾百萬元，或白洋數百元。有的兵痞流氓或二流子，專靠當兵賺錢，一到擴軍他們就為了賺錢去參軍，但很快就跑掉或裝病回來了。[4] 在建屏縣，有的到城內去用 2 至 3 石糧食僱兵，或到別村去僱兵，商人式的先搞好價錢，貨到錢清。如馬家莊村從百樂鎮用 3 石米僱來一個，蓮花池村用 6 石小米僱一個，白南昌村用 1.6 石米僱一個，甚至出現了說合的經手人（牙紀）。[5]

在冀南區，1946 年黨委指出，有的村子用土地或糧食買兵。[6]1947 年七地委指出，擴軍中仍有嚴重的買兵現象。[7] 在永智縣，有的村幹說：「看別村買，人家買咱也買。」一般十萬元，最少 1 萬元，多者 40 萬元，金郝莊以每人 2000 斤籽棉在高唐縣境買兵數人。臨清縣各地都發現了買兵現象，新兵得到的土地、房子、錢、衣服、鞋子等，如果折合成錢，在胡莊村為 32 萬元、東王莊為 45 萬元、蔣莊村為 40 萬餘元。參軍戰

---

❶《藁城縣動員參軍歸隊工作總結》（1949 年 3 月），河北省檔案館藏，13-1-15-6。

❷ 唐縣縣委：《新兵補充工作總結》（1946 年 8 月 20 日），河北省檔案館藏，520-1-278-7。

❸ 冀晉一地委：《冬季擴軍工作總結》（1947 年 3 月 16 日），河北省檔案館藏，541-1-2-6。

❹ 北嶽區黨委：《幾個兵役調查材料》（1948 年 10 月），河北省檔案館藏，69-1-112-1。

❺ 建屏縣收兵處：《關於擴軍問題——調查研究材料之十二》（1948 年 8 月），平山縣檔案館，1-1-37。

❻ 冀南區黨委：《通報第 12 號》（1946 年 10 月 15 日），河北省檔案館藏，25-1-45-2。

❼ 冀南七分區參委會：《參軍通報第五號：地委春季參軍工作的二次指示》（1947 年 4 月 2 日），河北省檔案館藏，49-1-8-4。

士說，對優抗不相信，怕走了不給，不如一次性弄到手裏穩定。被收買的對象有外村人，有老兵油子，專靠賣兵掙錢，還有的是逃兵。在西馮圈村還發現，人販子花了 13 萬從其他村買了一個，又轉賣給豐圈村 17 萬，從中漁利 4 萬。[1]

除了以上為了獲得私利而參軍之外，也有的農民參軍是為了解決其他問題。譬如，為了解決婚姻問題。1946 年，安國大章村的張小順，老婆向他提出離婚，村裏向他保證只要參軍就離不了婚，於是他同意參軍。他母親說，「要不是為這個媳婦，我兒子幹什麼去着了哇。」[2] 1948 年，任河縣南章村婦聯主任負責擴一個，答應給參軍對象找個媳婦，但後來沒找到，不得不與新戰士睡了一夜，才算完成任務。[3] 建平縣燒鍋地村，工作團幹部也許諾給新兵配媳婦，「你若去，將地主的女兒配給你。」後來真的把地主的女兒給了新兵。[4] 也有的農民，參軍是為了提高自己的社會地位。1947 年冀南二分區新兵團二營中，部分識字的青年，就是想藉參軍而做軍隊機關工作。[5] 1948 年蔚縣有的農民說，「早去早當官。」[6] 其他還有因與家裏不和，以及為了復仇而參軍的。

由上述材料可見，不少農民是為謀取房地、衣食、錢財、解決個人和家庭困難而參軍的。從戰士的階級成分來看，以貧僱農居多，也可為之佐證。如 1946 年，正定縣徵兵 358 人，其中貧農 267 人，佔新兵總數的 74.6%。[7] 1947 年南宮縣二營戰士 937 人，其中貧農 629 人、下中

---

❶ 冀南七分區參委會：《參軍通報第七號——江琴堂：臨清縣參軍工作的介紹》（1947 年 4 月 20 日），河北省檔案館藏，45-1-8-4；冀南一專署：《1947 年春季參軍政策總結》（1947 年 5 月 27 日），河北省檔案館藏，30-1-46-15。

❷《安國大章村經濟、政治、土地變化、婚姻繼承、優抗代耕教育情況總結》（1946 年 9 月 19 日），河北省檔案館藏，520-1-317-1。

❸ 冀中區黨委：《冀中任河擴兵歸隊強迫命令舉例》（1948 年），河北省檔案館藏，520-1-644-1。

❹ 熱遼地委：《大風暴總結：新惠縣、建平縣、北票縣、朝陽縣》（1948 年 6 月 1 日），河北省檔案館藏，205-1-25-18。

❺ 中共冀南二地委辦公室印：《新兵工作總結》（1947 年 9 月 23 日），河北省檔案館藏，31-1-10-18。

❻ 中共蔚縣縣委：《補軍歸隊工作總結》（1948 年 8 月 25 日），河北省檔案館藏，520-1-336-4。

❼ 正定縣政府：《正定縣擴軍工作總結》（1946 年 1 月 14 日），河北省檔案館藏，520-1-316-3。

農 11 人、赤貧 32 人，為戰士總數的 71.7%。[1] 1948 年獲鹿縣徵兵 1010 人，其中貧農 765 人，佔新兵總數的 75.7%。[2] 1949 年靈壽縣徵兵 567 人，其中貧農 384 人，佔新兵總數的 67.7%。[3] 冀中九分區 4 個縣，新擴和歸隊的戰士，貧農佔 62.6%。[4] 總之，貧農在徵兵總數中一般都在百分之六七十以上。貧農的經濟狀況較差，其參軍過程中出現索要各種利益的現象，是可以理解的。

還有一個問題，就是農民為了私利而參軍，佔新兵多大比例呢？1947 年冀南軍區對南宮二營 937 名新戰士的參軍動機有一個統計，為家庭困難、為老婆、賣兵、怕罰物資、為不拿參軍糧這 5 項，都明顯是為了個人利益，總計 317 名，佔新兵總數的 33.8%。其中，又以家庭困難為最多，有 240 名，佔新兵總數的 25.6%。這與上述以貧農為主的新兵比例是吻合的。表中有的原因不明確，比如自願參軍，有 213 名，恐怕也基本上是為了各種利益。如果將此計入，此類新兵增至 530 名，佔新兵總數的比例也升至 56.6%。也即有一半以上是因為謀取利益而參軍的。

1947 年南宮二營 937 名戰士入伍動機調查統計

自願參軍	為翻身報恩	為保衛果實	挑戰來的	村幹逼來	區幹罵來	群眾動員	群眾投票	農會鬥爭	群眾抓球	為家庭困難	為老婆	賣兵	政治說服	帶頭	假帶頭	怕罰物資	為不拿參軍糧	總計
213	1	5	49	65	5	192	27	2	3	240	6	12	28	15	3	35	36	937

資料來源：賀亦然：《鞏固新兵工作——十分區輸送新兵工作經驗》（1947 年 1 月），河北省檔案館藏，26-1-11-4。

1. 賀亦然：《鞏固新兵工作——十分區輸送新兵工作經驗介紹》（1947 年 1 月），河北省檔案館藏，26-1-11-4。
2. 獲鹿縣委：《擴軍總結》（1948 年 4 月 17 日），河北省檔案館藏，520-1-594-14。
3. 中共靈壽縣委：《補軍工作總結》（1949 年 1 月 8 日），河北省檔案館藏，520-1-644-1。
4. 冀中第九專署：《一九四九年二三月份綜合報告》，河北省檔案館藏，16-1-2-7。

又據1948年4月冀熱察軍區對七師十九團1284名戰士入伍動機的統計顯示，為找出路、照顧家庭、減輕家庭負擔、找吃穿、升官發財、報酬、與家庭慪氣、怕清算鬥爭、躲事、替別人來以及不明原因的自動參軍者，總計571名，佔戰士總數的44.5%。[1] 也接近一半的比例。

四、躲避乃至抵制參軍的農民

在為了土改翻身報恩、保衛勝利果實，以及為了謀取個人和家庭利益而參軍之外，還有一些農民並不為以上因素所動，他們不但不願意參軍，甚至躲避和抵制參軍。歷史學家、曾任冀南區永年縣委書記的李新有過一段回憶，談到這一問題：自從1946年實行「五四指示」後，翻身農民的覺悟已經提高，他們為了保衛土地，保衛家鄉，決心跟着共產黨走，反對國民黨軍的進攻，所以擴軍的條件是很好的。但「農民是安土重遷的，只願過和平生活，要他當兵出外打仗，頗不容易……因此這次參軍運動的難度還是很大的。」[2] 這一回憶反映了農民既擁護革命又不希望參軍的矛盾心態。

應當說，在和平時期，如果參軍能帶來利益和地位，農民一般會積極參軍。中華人民共和國成立後幾十年的歷史表明，無論是農村還是城市，參軍曾是青年競相追逐的目標。但在戰爭年代，參軍則意味着離開鄉土、傷殘死亡、家庭經濟下降，以及婚姻不穩定等，因此就不願參軍了。所謂「好鐵不打釘，好漢不當兵」的民間諺語，就是對這一現象的最好詮釋。在抗日根據地時期，鄧小平就發出過感慨：「歷史上『好子不當兵』的傳統觀念我們還未能給以有力的克服。」[3] 解放戰爭時期，農

---

❶ 冀熱察軍區政治部：《冀熱察軍區整黨總結——蘇副政委在軍區組織工作會議上的報告》（1948年4月15日），河北省檔案館藏，109-1-4-1。

❷ 李新：《流逝的歲月：李新回憶錄》，山西人民出版社2008年版，第248頁。

❸ 鄧小平：《動員新兵及新兵政治工作》（1938年1月），《鄧小平文選（一九三八——一九六五）》人民出版社1989年版，第2–3頁。

民對參軍更是顧慮重重。1947 年，威縣北四區擴軍，一些人提到當兵就覺得非常頭疼，怕死、迷戀老婆、走後對家裏不放心、怕吃苦受罪，認為當兵是拿大頭。[1] 1948 年，北嶽區區黨委在做兵役調查時，指出青壯年對參軍的顧慮，最主要的是怕死，不少青壯年親眼看到戰爭之殘酷，而感到害怕；二是怕當兵走了，影響家庭生產。[2] 1949 年，清苑縣縣委指出，「參軍歸隊南下，遠離鄉土，這是農民思想上很大的顧慮。」[3] 在以上擔心之下，無論是土改利益，還是其他利益，對一些農民參軍都不會有刺激作用。以下從兩個角度介紹相關事例：

第一，農民並不因土改翻身而自願參軍。

在抗戰時期至土地改革之前，共產黨實行減租減息政策，貧苦農民獲得利益，但不願參軍的例子已有不少。如 1942 年，在北嶽區，有些基本群眾雖然經濟上升，但仍不願入伍。[4] 1945 年抗戰勝利到 1946 年初，在唐縣，部分群眾「有怕參軍的思想，自己多拿些東西也不願意去。」[5] 在曲陽，有的幹部反映，「和平實現了，日本打垮了，減租增資亦實現了，生活亦發達了，特別是有的蓋房，跑貿易，要地，娶上了好媳婦享太平福，誰還願當兵呢？」[6] 土地改革之後，反映這一現象的材料就更多了。

在冀中區，1946 年，在十分區，分勝利果實時幹部群眾都很積極，一說參軍就畏縮不前了。村幹部說，「你給人家一座金山，人家也不出來呀。」有的復員人員，對發動回到部隊表示不滿，說誰願幹那個呢？復員後做起小買賣，村中又給了幾畝地，過個安舒日子吧。甚至揚言，

---

1. 冀南區黨委辦公室：《威縣北四區大批幹部參軍動員經驗》（1947 年 12 月），河北省檔案館藏，25-1-44-7。
2. 北嶽區黨委：《幾個兵役調查材料》（1948 年 10 月），河北省檔案館藏，69-1-112-1。
3. 清苑縣委：《清苑縣委關於參軍歸隊工作的初步總結和今後意見》（1949 年 3 月 15 日），河北省檔案館藏，520-1-321-3。
4. 《北嶽區第一期志願義務兵役實施總結》（1942 年 6 月 4 日），河北省檔案館藏，69-1-102-3。
5. 唐縣縣委：《擴軍工作總結》（1945 年 12 月），河北省檔案館藏，520-1-278-2。
6. 曲陽縣委：《曲陽縣補軍初步總結及曲陽縣優撫統計表黨員參軍統計表幹部比例》（1946 年），河北省檔案館藏，520-1-305-4。

去不去在我們，「我當兵回來了，殺過人，殺一個二個不要緊，」結果，嚇得村幹部不敢動員了。[1] 在任河縣，群眾對擴軍抱怨說：「先翻心，後翻身，翻了身，就參軍。」[2] 這表明他們對土改翻身以後就要參軍是很反感的。[3] 1947 年，冀中區黨委宣傳部指出，土地改革後，農民土地回家，一部分農民政治上思想上更加靠近了我們，有了武裝自衞保田保家的要求，成為我們能夠完成擴兵有利條件，但另一部分也產生了新的顧慮，有的因為留戀重新回家的土地，生產觀念和家庭觀念增加。[4] 在十一分區，有些農民表示後悔，「要知道叫參軍，那時還不如不鬥，不分果實。」[5] 望都縣 6 個村參軍的農民，逃跑了 160 餘名，其中有 4 戶是分得土改果實的貧農，有 50 戶是土改中分得勝利果實者。[6] 1948 年，八地委指出，土改的積極分子不見得完全是參軍的積極分子。[7] 九分區各縣委書記都提出，土地改革完成的村生活好了，農民也翻了身，就是不願出來當兵。如高陽縣高家莊，青年感覺不缺吃不缺穿，都不願離家。[8]

在北嶽區，1946 年阜平縣擴軍時，有的黨員、幹部和群眾形成了三不去：第一殺了我的頭也不去，第二找出好地 10 畝我也不去，第三是既不殺頭又不出地，怎樣也不去。[9] 1947 年，在正定縣，幹部認為人力的動員不好弄，困難多，農民拿些東西容易，出人力是誰家也不樂意

---

❶ 晉察冀十一專署：《各縣擴兵材料匯集》（1946 年 9 月 27 日），河北省檔案館藏，143-1-26-1。
❷ 冀中區黨委：《冀中任河擴兵歸隊強迫命令舉例》（1948 年），河北省檔案館藏，520-1-644-1。
❸ 晉察冀十一專：《各縣擴兵材料匯集》（1946 年 9 月 27 日），河北省檔案館藏，143-1-26-1。
❹ 冀中區黨委宣傳部：《大規模參軍中的宣傳工作》（1947 年 12 月 5 日），河北省檔案館藏，3-1-119-25。
❺ 冀中十一地委：《關於參軍運動的初步經驗總結》（1947 年 1 月 21 日），河北省檔案館藏，20-1-43-6。
❻ 中共望都縣委：《關於擴軍工作中幾個問題的總結》（1947 年 9 月 11 日），河北省檔案館藏，520-1-289-2。
❼《八地委對目前歸擴運動中糾正幾個偏向的意見》（1948 年 4 月 26 日），河北省檔案館藏，11-1-33-5。
❽ 冀中九地委：《九分區這次擴軍運動如何開展起來的》（1948 年 2 月 23 日），河北省檔案館藏，14-1-8-6。
❾ 阜平縣委：《補軍工作總結》（1946 年 7 月 16 日），河北省檔案館藏，520-1-314-1。

的。[1] 1948年，五分區擴軍中，有的貧農不願意去，完縣某村被動員參軍的一個貧農說：「我情願拿出60萬元來僱富農去當兵」。[2] 在建屏縣，收兵處發現，在新戰士中，真的自覺自願的認識到為保衛翻身利益及打倒蔣介石而戰的幾乎沒有。[3]

在冀南區，1946年，區黨委辦公室指出，群眾雖然分得了果實，但還未覺悟到參軍的重要，害怕參軍。[4] 1947年，區黨委又指出，一年來的翻身運動後，雖有部分群眾深明大義，在我們的號召下自願參軍，但一般群眾還有落後的一方面，他們知道應該打倒蔣介石，不打倒蔣介石將來就過不好，所以贊成擴軍，但他們只想叫別人參軍去打蔣介石，自已不願意參軍，而在家裏過安生日子，別人參軍他贊成，他的孩子、丈夫參軍就心疼。即便是翻身農民，也不是說沒有這種思想。[5] 七分區參軍委員會也談到農民對於「翻身參軍」的抵觸情緒，群眾翻身了，分得土地，娶了老婆，生活改善了，就是不去參軍，所以群眾分了土地起了限制參軍的副作用。有的青年說：「你不是說俺分了地，不參軍就是沒良心嗎，俺情願不要地，俺也不參軍。」有的群眾說：「這還不如不分地哩，分了二畝地把俺孩子分了去啦！」有的還將分得的文契送回去了。[6]

以上材料都是共產黨在擴軍運動指示或總結中所提供的，可見他們一方面肯定土地改革與農民自願參軍的密切聯繫，另外一方面也看到和承認與此相反的現象。

---

❶ 正定縣委：《補軍工作總結》(1947年8月12日)，河北省檔案館藏，520-1-609-2。

❷ 北嶽五地委：《五分區擴軍工作簡要總結》(1948年6月23日)，河北省檔案館藏，84-1-12-8。

❸ 建屏縣收兵處：《關於擴軍問題——調查研究材料之十二》(1948年8月)，平山縣檔案館藏，1-1-37。

❹ 冀南區黨委辦公室：《冀南區一九四六年下半年參軍工作中幾個問題的初步研究》(1947年2月1日)，河北省檔案館藏，25-1-41-3。

❺ 冀南區黨委辦公室：《參軍通報第五號：如何貫徹這次參軍總方針的幾個原則問題》(1947年11月27日)，河北省檔案館藏，25-1-44-2。

❻ 冀南七分區參委會：《參軍通報第四號：臨清七區參軍工作是怎樣進行的》(1947年3月29日)，河北省檔案館藏，49-1-8-6；冀南七分區參委會：《參軍通報第七號——臨清參軍工作的介紹》(1947年4月20日)，河北省檔案館藏，45-1-8-4。

第二，農民對參軍的規避和抵制。

一些農民不僅不領土改翻身的情，還對參軍進行了規避和抵制，最常用的方法是逃跑。在冀中區，1947 年，定北縣擴軍中，當區幹部到村時，有的村莊的房上廣播筒就大喊「又來了」、「又來了」，於是群眾大跑一陣子。當幹部離開村，還沒走遠時，廣播筒又到房上大喊「走了，回來吧。」[1] 在望都縣有的村集體逃跑，二區 6 個村逃跑了 160 餘名，有的到保定參加了敵軍。[2] 東鹿縣西良馬村，有的為逃避參軍，到鐵路工程處去當工人。[3]1948 年，無極縣某村，青壯年挖洞藏起來不露面，西關有三、四家跑的只剩下老人。有的地方還發現，青壯年到親戚朋友家暫避一時，或者做小買賣不歸，饒陽縣北善社區就多到冀南去劁豬。[4]

在北嶽區，1946 年，建屏縣有的村幹部一到區開會，群眾就估計是動員參軍，準備逃跑或要求到後方機關，東躲西藏的青年很多。[5]1947 年，三專署指出，不少青壯年逃避參加主力部隊，利用私人情面拉攏，自行參加部隊後勤機關和生產部門。[6] 正定縣個別村的黨員與幹部，「表現了稀泥軟蛋，自私自利。」西宿村村長有三個兒子，聽到補軍佈置後，偷着將兒子放走。東慈亭支部組織成員，鑽進地道躲避兩天。傅家村農會主任、東宿村指導員、前塔底青會主任、指導員等，全都臨陣脫逃，不辭而別。[7]1948 年，擴軍中各縣都發生青壯年逃跑，有的達幾百人之多。甚至是村幹部或其子弟先跑，群眾也跑了。[8] 在完縣，東魏村跑了五十餘名，大李各莊跑了 39 名，五山店、東南蒲、伍郎幾個村的青年差

---

❶ 定北縣委：《關於擴軍工作總結》（1947 年），河北省檔案館藏，520-1-325-3。

❷ 中共望都縣委：《關於擴軍工作幾個問題之總結》（1947 年 9 月 11 日），河北省檔案館藏，520-1-289-2。

❸ 冀中十一地委：《關於參軍歸隊運動的通知》（1947 年 4 月 7 日），河北省檔案館藏，20-1-43-3。

❹ 冀中區黨委：《歸擴情況匯報》（1948 年 4 月），河北省檔案館藏，3-1-66-10。

❺ 建屏縣委：《十二月補軍工作總結報告》（1946 年 12 月 31 日），河北省檔案館藏，520-1-567-1。

❻ 晉察冀三專署：《通知》（1947 年 3 月 18 日），河北省檔案館藏，127-1-8-3。

❼ 正定縣委：《補軍工作總結》（1947 年 8 月 12 日），河北省檔案館藏，520-1-609-2。

❽ 北嶽區黨委：《北嶽區十二月擴軍總結》（1948 年），河北省檔案館藏，69-1-20-4。

不多跑完了。[1] 在易縣二區 42 個村嚴重逃跑的佔 1/4，三區 37 個村逃跑的有 20 個，五區 42 個村嚴重逃跑的有 7 個。[2]

在冀南區，1947 年，武、衡、景、阜東等縣大批青壯年逃亡，群眾就好像亂了營一樣，有的三五成群，有的數十個數百個集體出逃，夜間鼓掌為記，鳴號吹哨集合，到處喊「快走呀」，群眾大部躲藏到親友家和邊沿地帶。[3] 有的青年托人到地方機關當通訊員、參加機關商店作生產，還有的在根據地的作坊商店當學徒。[4] 1949 年，青壯年逃跑者也很多，恩縣有一村跑 70 人，高唐一村跑 20 人，大都跑到濟南隱匿起來做小生意。[5]

即便已經定了參軍的，在送兵途中，還未正式入伍或剛到部隊，也有不少逃回來的。這是農民躲避和抵制參軍的繼續。如冀中區，1948 年，九分區安平、安國、定縣、博野等 10 個縣，送部隊 6680 人，逃亡 928 人，佔總數的 13.9%。[6] 1949 年，仍是九分區，各縣動員總數為 6170 人，逃亡 1326 人，佔總動員數的 21.5%。其中，蠡縣、安國兩縣較為嚴重，逃亡比例都在 30% 以上。[7] 十一分區的容城、霸縣、雄縣，也是如此，送到縣 1148 人，逃亡 374 人，佔總數的 32.6%。[8] 在北嶽區，1946 年，阜平縣六區送到縣 24 人，跑了 11 人，到部隊後又跑了 1 人，

---

❶ 完縣縣委：《擴軍工作總結報告》（1948 年 12 月 25 日），河北省檔案館藏，520-1-262-12。
❷ 易縣縣委：《擴軍工作總結報告》（1948 年 12 月 31 日），河北省檔案館藏，520-1-240-19。
❸ 冀南五地委：《關於青年大批流散逃亡事件的報告》（1947 年 6 月 15 日），河北省檔案館藏，39-1-15-3。「亂了營」指秩序混亂。
❹ 冀南五地委：《關於青年大批流散逃亡事件的報告》（1947 年 6 月 15 日），河北省檔案館藏，39-1-15-3。
❺ 晉察冀邊區行政委員會：《目前逃亡戰士情況與處理意見》（1949 年），河北省檔案館藏，579-1-47-9。
❻ 冀中九地委：《九分區這次擴軍運動如何開展起來的》（1948 年 2 月 23 日），河北省檔案館藏，14-1-8-6。
❼ 冀中九地委：《關於一九四九年三月份參軍歸隊工作簡要總結》（1949 年 4 月），河北省檔案館藏，14-1-18-22。
❽《冀中十地委對容雄霸歸擴工作總結報告》（1949 年 4 月 28 日），河北省檔案館藏，17-1-23-2。

幾乎佔總數的一半。[1] 1948 年，易縣交到縣 1560 人，逃跑 251 人，佔總數的 16.1%。[2] 1949 年，靈壽縣動員 1065 人，逃跑 148 人，佔總數的 13.9%。[3]

除了逃跑以外，還有人以裝病乃至造病、自殘的極端方式，來逃避參軍。面對戰爭死亡的威脅，也許這就算不得殘酷了。如冀中區，1948 年擴軍中，無極、新樂、束鹿等縣都發生了青年鍘去手指的事。[4] 在冀南區，1947 年威縣擴軍，僅據 10 個村的統計，鍘掉手指的就有 7 人，跳房摔腿的 2 人，尋死的 1 人。[5] 在北嶽區，淶源縣擴軍，一區、三區、四區 6 個村莊有 6 人自造殘廢，有的剁手，有的剁去右手指，有的剁去右手食指一節，有的用石頭砸碎右手食指，有的剁去左腳指頭。[6] 在易縣，每到擴軍就有人裝病不起，如趙崗村盧介林已裝病數次，西趙莊村有人自抗戰以來即裝腿疼、裝癱子。鳳凰台村刑世如在群眾大會上公議後，當即把右食指砍掉。呂村黨員王玉才在村支部大會上傳達了擴軍任務後，用槍打掉了一個手指。甚至有人說：「切了後就不去當兵，只是扣押一些時候，這是便宜。」[7] 1949 年，阜平縣凹寧村，為了逃避當兵，有的自造瘡，有的用針將腿上刺破，用蒜抹上，馬上紅腫。井陘縣泉頭村，有的偽造生殖器有病，裝病的也不少。獲鹿縣郜營村、南杜村、南甘子與阜平縣炭灰鋪等，都發生砍手指、鍘手指的現象。[8]

為了躲避和抵制參軍，有的農民還主動出擊，以辱罵、毆打區村幹部的方式表示不滿，甚至進行了集體反抗。尤其是有的幹部只動員別人

❶ 阜平縣委：《補軍工作總結》（1946 年 7 月 16 日），河北省檔案館藏，520-1-314-1。
❷ 易縣縣委：《擴軍工作總結報告》（1948 年 12 月 31 日），河北省檔案館藏，520-1-240-19。
❸ 中共靈壽縣委：《補軍工作總結》（1949 年 1 月 8 日），河北省檔案館藏，520-1-644-1。
❹ 冀中區黨委：《歸擴情況匯報》（1948 年 4 月），河北省檔案館藏，3-1-66-10。
❺ 冀南區黨委辦公室：《十一月份參軍情況簡報》（1947 年 12 月 17 日），河北省檔案館藏，84-1-12-18。
❻ 中共淶源縣委：《擴軍工作總結報告》（1948 年 12 月 24 日），河北省檔案館藏，520-1-251-9。
❼ 易縣縣委：《擴軍工作總結報告》（1948 年 12 月 31 日），河北省檔案館藏，520-1-240-19；易縣縣委：《易縣擴軍工作總結》（1948 年 4 月 21 日），河北省檔案館藏，520-1-240－20。
❽ 北嶽區四地委社會部：《情況報告》（1949 年 1 月 16 日），河北省檔案館藏，81-1-25-7。

參軍，自己不去，就更加遭到農民的憤恨。如冀南區，1947 年擴軍時，高唐縣某村農民舉行武裝反抗，拒絕參軍，弄得農會主任無法可施，上吊而死。[1] 在北嶽區，1948 年，徐水縣雙營村郭增爾的兒子在擴軍大會上被公議去參軍，郭增爾拿了一把切菜刀到會場大罵不絕，將村幹部李寶珍的棉衣和單衣都砍透了。[2] 在淶源縣，鐵嶺村郞慶元因為自己被擴軍，用石頭將村支書打昏過去。南上屯村新兵的家屬在街上大罵區幹部。[3] 在易縣，南、北、東三村的青壯年 60 多名，有組織的拿着武器手榴彈上了北山。[4] 群眾打罵區村幹部發生了 12 起，劉崗、陳落銀用石頭打村幹部。東岱嶺村沈洛魚之子用棍子追打幹部，金坡村郝洛音弟兄四人將治安員踢死。[5]

與歷史上其他政權之下的徵兵方式相比，以上農民對參軍的躲避和抵抗並無太大的差別。在國民黨統治區，民眾逃避和抵制兵役的方法也是自殘肢體、托徵漏丁、出走外地、虛報年齡、中途潛逃等，有的地方壯丁家屬甚至以死相拼。[6]

上述表面，即便共產黨實行了有利於農民的土地改革，大多數農民並不會因此而自願參軍，甚至會逃避和抵抗。這些材料雖然出自共產黨的檔案，但卻為後來大多數論著所忽視了。

五、被「迫」參軍的農民

擴軍是中共革命的硬任務，面對農民的躲避和抵抗，一些地方幹部為了完成徵兵指標，不惜用強「力」迫使農民參軍。既然一部分農民屬

---

❶ 冀南區黨委辦公室：《十一月份參軍情況簡報》（1947 年 12 月 17 日），河北省檔案館藏，25-1-44-8。

❷ 中共徐水縣委：《徐水縣擴軍工作通報》（1948 年 12 月 17 日），河北省檔案館藏，520-1-245-4。

❸ 中共淶源縣委：《擴軍工作總結報告》（1948 年 12 月 24 日），河北省檔案館藏，520-1-251-9。

❹ 北嶽區五地委：《通報》（1948 年 3 月 25 日），河北省檔案館藏，84-1-12-18。

❺ 易縣縣委，《擴軍工作總結報告》（1948 年 12 月 31 日），河北省檔案館藏，520-1-240-19。

❻ 夏靜，《國民黨政府兵役制度研究》，山東師範大學中國近現代史專業碩士論文，2009 年 4 月，第 84 頁。

於被迫參軍，就更與土改翻身參軍相背了。

必須表明，共產黨從政策宣傳上一直是強調政治思想動員，反對強迫農民參軍的。[1] 如 1946 年，冀南二地委要求，堅決執行自覺自願的武裝動員政策，反對各種變相的強迫命令與收買。[2] 北嶽區淶水縣委號召，堅決克服與糾正擴軍中的強迫命令方式，認真做到政治動員，必須使參軍者心服口服。[3] 1947 年，冀中區黨委宣傳部要求，在動員方式上，須特別強調自願，堅決反對強迫命令、強制的方式，動員時間須佔 1/5。[4] 1948 年，冀中九地委依然強調，在動員的方式上應該進行耐心的說服教育工作，防止任何強迫命令、僱傭惡劣的方式。[5] 不過，不斷強調自願參軍、反對強迫，一定程度上恰恰表明強迫現象的難以遏制。

於是，每一次擴軍，中央和各個層級都在肯定成績的同時，也指責下屬地方的強迫參軍現象。如 1947 年，冀中十一地委指出，自全面內戰開始後，地委曾數次佈置擴兵工作，雖基本上完成了任務，但有的縣方式簡單化，強迫命令，數量雖大而質量太差。[6] 1948 年，冀中九地委指出，在擴軍工作中，發生了許多偏向與問題，有些幹部還不習慣走群眾路線，較普遍的發生了強迫命令現象。[7] 北嶽區黨委也指出，經驗主義的

---

❶ 早在蘇區時期，中共的擴紅檔案中就對此多有強調。不過，隨着國共戰爭的激烈進行和共產黨轄區的縮小，中共反對強迫命令的宣傳有所減弱。相關資料參見中共江西省委黨史研究室等編，《中央革命根據地歷史資料文庫．黨的系統》1，北京：中央文獻出版社，2011 年，頁 680–684；第 3 冊，頁 1722–1736、1852–1856、1943–1945；第 4 冊，頁 2336–2342、2663–2666；第 5 冊，頁 3036–3042、3089–3091、3451–3452。

❷ 冀南二地委：《關於參軍運動指示》（1946 年 11 月 22 日），河北省檔案館藏，31-1-10-35。

❸ 淶水縣委：《關於淶水此次擴軍工作情形》（1946 年 12 月 27 日），河北省檔案館藏，520-1-292-11。

❹ 冀中區黨委宣傳部：《大規模參軍中的宣傳工作》（1947 年 12 月 5 日），河北省檔案館藏，3-1-119-25。

❺《中共九地委關於動員參軍歸隊工作的補充指示》（1948 年 3 月 9 日），河北省檔案館藏，14-1-18-14。

❻《十一地委關於號召大規模參軍運動的指示——魏震同志十二月九日在縣書及分區級幹部擴大會議上的報告》（1947 年），河北省檔案館藏，20-1-43-8。

❼《冀中九地委指示：關於參軍運動中幾個問題的再次指示》（1948 年 4 月 26 日），河北省檔案館藏，14-1-18-12。

思想方法使幹部們盲目地接受了過去屢次擴軍的錯誤方法，不主張作充分的宣傳教育動員，主張閃擊或突擊。[1] 可以說，「宣傳以往成績——反強迫——肯定新成績——仍有強迫現象」，已經成了參軍運動的一個基本模式了。

地方幹部之所以強迫農民參軍，與其道德素養基本無關，主要是存在着導致強迫參軍的客觀因素。首先，一些地區經過抗日戰爭和解放戰爭的徵兵之後，青壯年所剩不多，應付農業生產都不容易，政治動員參軍的難度就更大了。如冀中區，1946 年 10 月十一地委就指出，在東部縣份中心地區，經過八年抗戰及近幾個月來的緊張動員，人力動員已很困難。[2] 北嶽區也是如此。1946 年 12 月建屏縣委指出，經過八年抗戰及一年多的自衛戰爭，人力負擔是比較重的。尤其是山地村莊，青壯年動員已呈枯竭現象。六區行政村 38 個，有 10 餘個沒有青壯年了。七區羊道嶺村，只有一個能當兵入伍。[3] 1948 年 10 月北嶽區黨委指出，由於數年來大批的動員，已使農村勞動缺乏，生產大大下降，老區如再大量動員參軍很困難。[4] 在此情況下，靠農民自願參軍，是難以想像的。

其次，擴軍任務重，時間緊，且爭相比賽，加劇了強迫徵兵。在冀中區，1946 年定縣各區相互挑戰，看誰儘快完成擴軍，故產生了不擇手段、強迫命令的行為。[5] 1948 年欒城縣的村莊之間展開競賽，東劉村向郭毛莊提出挑戰，「你村完成數目，俺村情願送你們一面大旗，你村要完不成，過年的時候，給俺村抗屬來拜年。」東大皓和大皓鋪兩村還賭東西，無法完成的村給完成的村 2 頭驢、一面大旗。[6] 在北嶽區，1946 年建屏縣七區只剩下 400 個能當兵的青壯年，區委仍然表示：「如果萬分需要

---

❶ 北嶽區黨委：《北嶽區十二月擴軍總結》（1948 年），河北省檔案館藏，69-1-20-4。
❷ 冀中十一地委：《地委關於保障歸隊工作的指示》（1946 年 10 月 5 日），河北省檔案館藏，20-1-42-19。
❸ 建屏縣委：《十二月補軍工作總結報告》（1946 年 12 月 31 日），河北省檔案館藏，520-1-567-1。
❹ 北嶽區黨委：《幾個兵役調查資料》（1948 年 10 月），河北省檔案館藏，69-1-112-1。
❺ 定縣縣委：《擴軍工作報告》（1946 年），河北省檔案館藏，520-1-316-3。
❻ 冀中區黨委：《歸擴情況匯報》（1948 年 4 月），河北省檔案館藏，3-1-66-10。

時，我區上級黨就是分配給我區動員 100 名新兵，我們是能夠保證三天內就可完成的。」[1] 1948 年，在阜平縣七區的擴軍會議上，各村自認新兵數目，三官村起初認了 5 個，當上莊村認 7 名之後，三官村幹不服氣，又填上 3 名。各村爭先恐後認下 98 名，超過原配額近 2 倍。[2] 在冀南區，1947 年，永年縣接受 1000 人的擴軍任務，經過村與村之間的挑戰賽，自認總數已達到 7250 人，許多幹部與積極分子嗓子都急啞了。[3] 在這樣一個「大躍進」般的競爭中，不強迫參軍是很難完成任務的。

正是以上情形，使得一些地方幹部認為，思想工作是軟弱無力的，只有採取強迫手段，才能達到擴軍的目的，甚至有的對此採取了默許的態度。在冀中區，1946 年任河縣委書記黃敬華也認為，擴兵工作與其他工作不同，不能像土改一樣作到群眾自覺自願，就得強迫命令。[4] 1948 年大城縣幹部說：「什麼工作不強迫命令我也能接受，要說擴兵出勤，多會兒不強迫命令也不行。」[5] 1949 年，容城縣東張村支書說：「咱們就打開鼻子說亮的，今天也沒外人（指都是黨員），不強迫不行，不花錢不行，動員說服是解決不了問題的。」[6] 在北嶽區，1946 年建屏縣委認為，我們不能光批評下級幹部的方式不好，只要不發生捆綁吊打等起反作用的事情，我們就應該鼓勵其工作熱情。[7] 1948 年易縣有些區村幹部，就「不相信政治動員說服教育的威力，對政治動員缺乏信心，更有的認為是根本不可能。」[8] 1949 年完縣的村幹部也反映：「這個工作真難搞，動員

---

❶ 建屏縣委：《十二月補軍工作總結報告》（1946 年 12 月 31 日），河北省檔案館藏，520-1-567-1。
❷ 中共阜平縣委：《阜平生產——擴軍專號》（1948 年 12 月 3 日），河北省檔案館藏，520-1-314-6。
❸ 冀南三地委：《通報第七號——永年參軍情形》（1947 年 4 月 1 日），河北省檔案館藏，33-1-82-11。
❹ 冀中區黨委：《冀中任河擴兵歸隊強迫命令舉例》（1948 年），河北省檔案館藏，520-1-644-1。
❺ 冀中八地委：《整黨以來農村黨員幹部思想種種》（1948 年 2 月 25 日），河北省檔案館藏，11-1-49-19。
❻《冀中十地委對容雄霸歸擴工作總結報告》（1949 年 4 月 28 日），河北省檔案館藏，17-1-23-2。
❼ 中共建屏縣委：《七月份擴軍工作總結報告》（1946 年 8 月 5 日），河北省檔案館藏，1-1-11。
❽ 易縣縣委：《擴軍工作總結報告》（1948 年 12 月 31 日），河北省檔案館藏，520-1-240-19。

什麼都好說，就是動員活物不好辦。」[1] 在冀南區，1946 年，在五分區擴軍中，有些幹部對政治動員沒信心：「好好的人家誰去當兵啊，這麼招呼一氣行嗎？」[2] 1947 年三地委的一個幹部也承認，參軍任務大，時間短，完全靠說服動員也困難，工作當中產生強迫命令的偏向，有時是不可免的，領導上應看得慣。[3] 可見，強迫農民參軍的思想在各級幹部中都是存在的。[4]

儘管 1947 年以後推行「自報公議」的參軍方式，以家中勞力、兄弟多少等因素來評定是否參軍，但實際上更多帶有迫使的意味。不可否認其中也會有人因其他原因報名參軍，但很難獲知佔多大比例。何況，有些還採取了「未報公議」，這種情況就更屬強迫了。當然，最典型的強迫參軍指的是各種不合規定的惡劣手段，可謂花樣百出，令人驚異。以下舉例說明：

在冀中區，1946 年定縣擴軍，有的區幹部打人罵人，手持木棒，滿街找人開會。有的村幹部用繩子吊逃跑的隊員，有的將全村隊員集合起來「吃逃跑者」，一頓吃了 400 斤饅頭、兩口豬、120 斤粉條，還拉東西、牽牲口、搬水車。[5] 1947 年在清苑縣，對不願參軍的人，羅家營村扒人家的房子，北王力村黑夜包圍對象的房子，從被窩裏往外掏出來，連夜押送到翻身營。在姜莊，誰家不去，就叫群眾到誰家去收拾他的東西。有的則是誰不去，就反誰的「黑地」，拆誰的房子。有的村子，跑

---

❶ 完縣縣委：《擴軍工作總結》(1949 年 3 月 25 日)，河北省檔案館藏，520-1-262-11。「活物」指人。

❷ 冀南五地委：《五地委擴兵工作報告》(1946 年 8 月 10 日)，河北省檔案館藏，39-1-19-14。

❸ 冀南三地委康建生：《關於參軍工作給焦善民同志的信》(1947 年 4 月 4 日)，河北省檔案館藏，33-1-143-10。

❹ 李裏峰認為，共產黨固然可以以強制手段來完成這些任務，但是這種做法受到意識形態和監督執行成本的限制，因此更注意民心向背和統治合法性，力圖通過利益交換和宣傳教育獲得農民的理解與認同。見李裏峰《土改與參軍：理性選擇視角的歷史考察》，《福建論壇》2007 年第 11 期，第 73 頁。但從本章的研究來看，強迫農民參軍的現象是很重的。

❺ 定縣縣委：《擴軍工作報告》(1946 年)，河北省檔案館藏，520-1-316-3。

了按漢奸論罪。[1] 1948 年無極等縣擴軍中發生以下強迫方式：一、逼兵，給青壯年扣大帽子，不來不行。二、拾兵，斷絕行路人，見青年就抓。三、強迫當兵，駐村工作組拿着匣子槍擴軍。四、吃兵。把群眾組織起來，到不願當兵的家裏吃飯。五、餓兵，關起來不讓吃飯。六、用開會名義抓兵。七、不當兵掃地出門，罰勞役一年，站一年崗。[2]

在北嶽區，1946 年淶水縣擴軍中，松花口村某人不願意去，區幹部將他捆綁到區裏。裏村村幹部帶槍抓兵，南峪村用抓紙球的辦法選兵。[3] 1948 年徐水、淶水等縣，有的用找錯的辦法，誰有缺點就叫誰去；有的打鐘集合，誰去晚了就誰去當兵；有的評議上了不去，就用大槍押着或綁着往區裏送。在完縣、唐縣對避兵逃兵的家庭，實行扣押、吊打、封門、掃地出門，甚至戴上手銬。吃兵的現象也有，唐縣馬莊擴兵時，誰不答應，群眾就到他家吃，吃了六七家。[4] 1949 年行唐縣某村讓青壯年自報，不自報就逼着到一個大池塘裏凍着。[5]

在冀南區，1947 年，威縣北四區一些村幹黨員採取威嚇、堵口子、逼自願、簡單民主指定等，逼使村民參軍。[6] 臨清縣擴軍中，有的村用開大會的辦法，出不來兵額就不散會。有的用「抓球」、「抽籤」的辦法，迫使村民參軍。[7] 還有的對於不願參軍的對象，披上狗皮遊街，對於「拉後腿」的女人也一樣遊街，並寫着侮辱的話「俺離不開男人睡覺」。[8]

---

❶ 中共清苑縣委：《關於擴軍工作總結報告》（1947 年 4 月），唐縣檔案館藏，案卷 20。「黑地」指隱瞞的土地。

❷ 冀中區黨委：《新兵數字統計》（1948 年 8 月 14 日），河北省檔案館藏，3-1-66-11。

❸ 淶水縣委：《關於淶水此次擴軍工作情形》（1946 年 12 月 27 日），河北省檔案館藏，520-1-292-11。

❹ 北嶽五地委：《五分區擴軍工作簡要總結》（1948 年 6 月 23 日），河北省檔案館藏，84-1-12-8。

❺ 晉察冀邊區行政委員會：《目前逃亡戰士情況與處理意見》（1949 年），河北省檔案館藏，579-1-47-9。

❻ 冀南區黨委辦公室：《十一月份參軍情況簡報》（1947 年 12 月 17 日），河北省檔案館藏，25-1-44-8。「堵口子」指圍堵。

❼ 冀南七分區參委會：《參軍通報第七號——江琴堂：臨清縣參軍工作的介紹》（1947 年 4 月 20 日），河北省檔案館藏，45-1-8-4。

❽ 冀南一專署：《1947 年春季參軍政策總結》（1947 年 5 月 27 日），河北省檔案館藏，30-1-46-15。

有的地方對於抗拒當兵的村民，還採取收回已經得到的土地和果實的辦法，迫使他們參軍。如1946年交河縣，分得土地的翻身農民，如不參軍，就收回其土地。[1]1949年容城縣也對不願參軍的村民提出「收回翻身果實」，大獻王村就收回4間房子。[2]這種現象更表明，土改很難使多數農民實現自願參軍。

在參軍的農民中，強迫的比例有多大呢？據1947年冀南軍區對南宮二營937名戰士的入伍動機的統計，除了政治說服、假帶頭兩項很難說是自願還是強迫的，其他大致可以分為兩大類：自願參軍、為翻身報恩、為保衛果實、帶頭、家庭困難、為老婆、賣兵、怕罰物資和為不拿參軍糧，基本上是自願，計563名，佔戰士總數的60.1%；挑戰來的、村幹逼來、區幹罵來、群眾動員、群眾投票、農會鬥爭和群眾抓球等基本上是強迫的，計有343人，佔戰士總數的36.6%。[3]也就是說，大致三分之一以上是強迫參軍的。又據1947年冀南邯鄲新冰泉三營一、四連292名戰士入伍動機的統計，自動來、為結婚、怕離婚、買兵和攀來為基本自願，計130人，佔總數的44.5%；其餘如民主強制、挑戰、拿單、指定、怕鬥等基本為強迫，有162名，佔總數的55.5%。[4]可見，一半以上為強迫參軍。解放軍總司令朱德（1886−1976）曾談到，士兵「多半是強迫去的，有些是拿錢買的。」[5]與實際情況基本是一致的。也正因為此，有些地方送兵的情形，並不像傳統所謂妻子送郎上戰場的興高采烈場面，如1946年建屏縣北冶、杜家莊，「送新兵如同出殯，雖然前邊是兒童團鑼鼓喧天歡送，而後邊卻是其母親妻子啼哭。」[6]1947年，冀南區

---

❶ 冀中八地委：《交河縣保田參軍運動大會的幾點成就》（1946年12月25日），河北省檔案館藏，11-1-5-3。
❷《冀中十地委對容雄霸歸擴工作總結報告》（1949年4月28日），河北省檔案館藏，17-1-23-2。
❸ 據邯鄲市：《邯鄲新兵團工作報告》（1947年6月15日），河北省檔案館藏，520-1-86-4計算。
❹ 邯鄲市：《邯鄲新兵團工作報告》（1947年6月15日），河北省檔案館藏，520-1-86-4。
❺ 朱德：《整軍問題》（1947年9月），《軍隊政治工作歷史資料》第11冊，頁90。
❻ 建屏縣委：《十二月補軍工作總結報告》（1946年12月31日），河北省檔案館藏，520-1-567-1。

黨委也指出，有的村莊送新戰士，七哭亂嚎，像出殯的一樣。[1]

從上述材料不難看出，僅從土改翻身進行動員，遠不能完成農民參軍的目標。甚至靠農民從自身利益出發，也不能完全解決這一問題。強迫農民參軍雖然在共產黨看來是惡劣的，但事實上又是不可避免的。

那麼，是否說強迫農民參軍與土地改革之間沒有任何聯繫呢？如果從土改翻身和農民自願參軍而言，二者之間的確不像以往所說的關係那麼密切，但從土改運動所發生的政治社會變動而言，又是有很大的聯繫的。因為通過土改，共產黨政權以前所未有的力量摧毀了傳統地主勢力和宗族勢力的根基，建立了新型的政權組織，從而實現了對農村社會的全面控制。這是清末以來歷屆政權企圖建設，但一直沒有完成的目標。土地改革所呈現的「紅利」，不僅僅表現在普通農民得到了土地和果實、政治與社會地位提高，從而擁護和支持中共革命，並有部分人積極投身革命，還表現在它有利於中共政權對社會的控制及社會資源的動員，應該說這是土改的最大紅利。這個紅利，在中共革命時期，表現為動員農民參軍、支前和交納錢糧，其中也包括「迫」使農民參軍的外力作用。中華人民共和國成立之後直至今天，這一紅利的效應仍在延續。[2]

或者也可以說，即便是「強迫」農民參軍也是有條件的。只有經過土地改革實現了對農村社會的控制，才使得動員包括說服、公議乃至強迫農民參軍成為可能。每次擴軍任務下達之後，基層政權包括縣、區、村，之所以能夠逐級貫徹指示，完成任務，就在於各級幹部已經受到中共政權的極大制約。中共強調完成參軍任務，強調幹部、黨員、積極分子帶頭參軍，甚至將參軍運動與其政治前途聯繫起來，這種壓力變為他

---

1. 《冀南區黨委辦公室檔》（1947 年 12 月 17 日），河北省檔案館藏，23-1-44-8。
2. 筆者認為，土改最大的「紅利」是有利於中共政權對社會的控制及社會資源的動員，這一效應是長期的。中華人民共和國成立之後，中共推行工業化運動及農村合作化、人民公社、統購統銷等，如果沒有土改時期所形成的對農村社會的強大控制力，是不可能實現的。「文革」結束後，人民公社制解體，改行農業生產責任制，農民的自主權有所增加，但中共對農村社會的控制力依然延續，有利於國家貫徹和實施政策。而這一控制力，同樣可以追溯到中共土地改革之賜。

們動員農民參軍的動力。「只要有這樣的政權，民兵和擴軍就會很快順利的搞起。」[1] 儘管農民可以不領土改翻身的情，但無法擺脫土改之後中共各級權力對農村所形成的影響和控制，這是土改的功勞。

最能反映這一問題的，是各級權力層層負責，層層開會，層層落實。以冀中區為例，藁城縣在 1949 年的參軍運動中，各級組織都是責任明確，首尾一貫。在縣委領導一級，除了兩個縣長留在機關掌握和指導整個工作外，其他 6 個縣委幹部組織 6 個工作組，到各區工作，每個縣委幹部最多掌握三個區，少則一個區，一般都是 2 個。在區委領導一級，各區採用社區（或叫片）領導，每區 3 片、4 片不等，每片都有一個兵源和有擴軍基礎的重點村，每片（社區）都有一個區委委員，掌握領導這一社區的工作，如區委不足，可選拔能力較好的其他幹部充任。在此基礎上，建立會議和匯報制度。縣委會 10 天左右一次，社區幹部會三天一次，社區委（工作組長）碰頭會三天一次。各村幹部會，有的區召開了二至三次。各級都要向上匯報，村向社區一天一次，社區向區二天一次，區向縣三天一次。[2] 由此可見，從縣到村各級權力的銜接和控制是很嚴密的。至於村莊的具體動員，一般都採取了召開會議的方法，如任丘縣白塔村，參軍工作的佈置與執行分為六步：第一步，村支委小組長參加區召開的支委聯席會和小組長聯席會。第二步，村支委回村召開全村黨員大會，使黨員認識到必須起模範作用。第三步，召開了農會委員會，討論如何進行自報公議。第四步，召開全村抗屬會，徵求其意見，希望他們起模範作用。第五步，召開群眾大會，按農會小組進行自報公議，各小組共公議了 13 個。第六步，召開 60 多個青壯年的男女大會，進行了義務動員教育，希望大家報名，有 15 個男的、5 個女的報了名。第七步，召開

---

❶《中共冀東區委為解決土地問題中幾個重要問題給遵化縣委的指示》（1946 年 7 月 20 日），河北省檔案館編：《河北土地改革檔案史料選編》，頁 52。

❷《藁城縣動員參軍歸隊工作總結》（1949 年 3 月），河北省檔案館藏，13-1-15-6。

全村大會公議，通過了 3 人參軍。[1] 由此可見，所謂「共產黨會多」的確是名副其實，但這正是上下一致、層層落實的表現。在大規模的參軍運動中，無論是政治說服，還是公議、強迫，都離不開這一條件。可以說，經過土改運動之後強大的政權力量，是最根本的社會變動。

結語

通過本文的實證研究，為解決農民參軍與土地改革之關係這一革命史的經典問題提供了比較充分的依據。筆者的基本認識是：土地改革無疑獲得了農民的積極擁護，但擁護與參軍並不完全是一回事。傳統革命史觀的宏大敍事，更多地凸顯了土地改革對農民參軍的正面作用，而忽略了農民的猶豫和掙扎，也等於忽略了共產黨所遇到的困難和障礙。事實上，中共革命策略與民間傳統的互動所形成的「理」、「利」與「力」三個方面的合力，才能解釋農民參軍的心態和行為。不過，這三個方面並不是均衡的，農民參軍與土改翻身和保衛果實之「理」雖有一定的關係，但不是特別密切，土改所給予的物質利益並不能完全左右或影響農民參軍的思想意識。他們對參軍也有躲避和抵制，其他私「利」的滿足以及外部壓迫「力」才是農民參軍的主要根源。可見，物質利益與民眾行為之間的關係是複雜的，在特殊的戰爭環境下，顯然不是線性的決定與被決定的關係。這一現象也驗證了馬克思、恩格斯對農民個性的估計，說他們「不是革命的，而是保守的」、「那根深蒂固的私有觀念，暫時還阻礙他們這樣做。為了保持他們那一小塊岌岌可危的土地而進行的鬥爭越加艱苦，他們便越加頑固地拚命抓住這一小塊土地不放。」[2] 值得

---

❶ 冀中八地委：《任丘縣委在歸擴工作上打破了舊一套用新的群眾路線的方法造成了群眾性的歸擴運動的經驗》（1948 年 4 月 7 日），河北省檔案館藏，11-1-29-6。

❷ 卡．馬克思和弗．恩格斯：《共產黨宣言》，中共中央馬恩列斯著作編譯局編譯：《馬克思恩格斯選集》第 1 卷，人民出版社 2012 年版，第 411 頁；弗．恩格斯：《法德農民問題》，《馬克思恩格斯選集》第 4 卷，第 359 頁。

注意的是，本文所用的材料幾乎都是中共政權在擴軍指示或總結中所提供的，也就是說共產黨各級幹部看到了擴軍過程中的所有正負面現象。只是在後來的主流論著中，敘述者主要看到了「理」的光輝，而避開了被批判的「利」與「力」的一面。可能有人要問，如果說農民參軍與土改翻身沒有太多的直接聯繫，農民參軍的原始動機很少具有「革命」性，那麼共產黨的革命戰爭是如何依靠農民取得勝利的？表明上看來，似乎是矛盾的，其實恰恰反映了中共革命的複雜性。正是在後來革命的進程中，那些因「利」或「力」而參軍的農民接受了共產黨的政治教育、思想教育和軍事教育，從而轉變成了革命戰士和中共革命走向勝利的堅強力量。[1] 這就回應了文章啟首所提出的問題，不管農民是自願還是被迫參軍，最終都是中共革命成功不可或缺的要素。

原刊《台灣中央研究院近代史研究所集刊》第 93 期，2016 年

* 本章初稿的兩個版本分別於 2013 年 8 月「土地改革與中國鄉村社會」國際學術研討會（山西大學中國社會史研究中心主辦）及 2015 年 8 月「文明與革命：跨學科視野下的土地改革運動」國際學術研討會（重慶大學高等研究院主辦）報告，承蒙與會專家李伯重、張小軍、李裏峰、李放春等教授指教，謹此致謝！

---

❶ 本章目的是探討農民參軍與土地改革之間的關係，這一問題已經超出本章的範圍，需另做專文進行探討。戰爭年代此方面的重要文獻，如朱德：《怎樣創造鐵的紅軍》（1931 年 7 月）、《八路軍新四軍的英雄主義》（1944 年 7 月），中共中央文獻研究室編輯委員會編：《朱德選集》，人民出版社 1983 年版，第 1–6、115–122 頁；周恩來：《抗戰軍隊的政治工作》（1938 年 1 月），中共中央文獻研究室編輯委員會編：《周恩來選集》，人民出版社 1984 年版，第 92–100 頁；譚政：《關於軍隊政治工作問題》（1944 年 4 月），中央檔案館編：《中共中央文件選集（1942–1944）》第 12 冊，第 442–477 頁，都特別強調士兵的政治思想工作，這也是共產黨與國民黨治軍的重要區別之一。有的學者的研究也涉及此一問題，如姜思毅：《中國人民解放軍政治工作史》，解放軍政治學院出版社 1984 年版；胡正兵：《論毛澤東的軍隊政治教育思想》，《黨史文苑》2015 年第 24 期，第 41–43 頁。但以上論著缺乏士兵群體的視角，無從反映士兵與中共政權、軍隊領導的互動關係以及士兵思想的具體變化。

革命策略與傳統制約：中共民間借貸政策新解

古往今來，借貸關係始終是人們生產生活的重要組成部分。[1] 在傳統的民間借貸中，高利率借貸一般被稱為高利貸，此類借貸因其殘酷剝削而頗遭社會譴責。也正由於此，民間借貸尤其是高利貸一直受到政府的關注。漢代以降，歷代王朝都曾限制高利貸利率。據考證，金代至清代大體限定月利率不得超過 3 分。[2] 但在推行過程中，國家法令總是遇到民間慣行的頑強抵抗，「封建政權法定利息率的約束力有限，並不能令行禁止，」[3] 民間通行的借貸利率遠比法定利率要高，一般都在 3 分以上。民國建立以後，情況仍無變化。南京國民政府時期，始終規定民間借貸年利率不得超過 2 分（即 20%），但結果與期望值依然相距較遠，它遭遇了歷代王朝所曾有過的尷尬，民間傳統的借貸秩序並未因此而改變。以國民政府統治下的華北農村而言：1934 年的統計顯示，普通私人借款年利率平均為 3.6 分，借糧年利率為 6 分。[4] 1940 年代，因通貨膨脹嚴重，借貸利率明顯增加。1942、1944 年，河南普通私人借款年利率為 4.56

---

❶ 20 世紀三四十年代華北鄉村的調查表明，農家負債率高達百分之六七十以上。見李金錚：《借貸關係與鄉村變動——民國時期華北鄉村借貸之研究》，河北大學出版社 2000 年版，第 15–22 頁。

❷ 葉孝信主編：《中國民法史》，上海人民出版社 1993 年版，第 269–270、356、472–473、547 頁。

❸ 方行：《清代前期農村高利貸資本問題》，《中國經濟史研究》1984 年第 4 期，第 60 頁。

❹ 據中央農業實驗所農業經濟科：《各省農民借貸調查》，《農情報告》第 4 期，1934 年 4 月，第 30 頁；《各省農村金融調查》，《農情報告》第 11 期，1934 年 11 月，第 109 頁，計算。

分、12.96 分；借糧年利率為 11 分、28.8 分。1947 年，華北農村普通私人借款年利率為 15.63 分，借糧年利率為 14.3 分。[1]

值得注意的是，在根據地、解放區鄉村，中共政權以從未有過的外在強勢，推行革命性的土地政策，或廢債或減息，使得原來盛行的傳統借貸尤其是高利貸受到空前的衝擊、削弱乃至消失殆盡。也正因為此，以往學者都有一種既定的認識：中共的革命性政策對傳統借貸從未妥協、調和，而是所向披靡，由此跳出和避免了歷代王朝所遇到的困境，解決了長期困擾農民的借貸難題。[2] 筆者以為，革命政策與民間傳統的關係遠非人們想像的那樣簡單。在激烈革命的同時，社會經濟仍須前行，而社會經濟的運轉不可能完全拋棄傳統方式。也就是說，儘管革命政策的威力巨大，但事實上仍受到民間傳統力量的制約。正是這一制約力帶來的問題，引發中共對傳統機制的顧慮和思考，進而根據當時的社會經濟需求，對革命政策做了一定程度的調整。也就是說，二者的關係一直是一個相互矛盾、調和、反覆的艱難過程。然而，這一歷史現象被以往的論著壓抑了、覆蓋了，乃至迄今尚未進入學者們的視野。

本文以 1937–1949 年抗日戰爭和國共決戰時期華北抗日根據地、解放區為中心[3]，從中共民間借貸政策的具體演變過程，挖掘和探討這一潛在的複雜關係。此一問題的解決，對於中國革命史、法律史、金融史的研究乃至今天的民間借貸關係，都具有一定的理論意義。

---

❶ 據中國農民銀行經濟研究處編制：《民國三十一年各省農村私人借款、糧食借貸》，《中農月刊》第 4 卷第 3 期，1943 年 3 月，第 141–142 頁；《民國三十三年各省農村私人借款、糧食借貸》，《中農月刊》第 6 卷第 4 期，1945 年 4 月，第 106–107 頁；中華年鑒社：《中華年鑒》，1949 年印，第 1259–1260 頁，計算。

❷ 參見肖一平等：《抗日戰爭時期的減租減息》，《近代史研究》1981 年第 4 期；高德福：《華北抗日根據地的減租減息運動》，《南開學報》1985 年第 6 期；董志凱：《解放戰爭時期的土地改革》，北京大學出版社 1987 年版。

❸ 華北抗日根據地包括晉察冀、晉冀魯豫、晉綏和山東四塊。解放戰爭時期，華北解放區在行政建置上是 1948 年 5 月由晉察冀、晉冀魯豫合併而成的。為了研究的連續性，這一時期的晉綏、山東解放區仍作為本章考察的區域。

一、新債舊債，一律減息

中共民間借貸政策的演變，與整個革命進程既有密切的聯繫，又有自己的發展特點。綜合考察，1937－1949 年華北抗日根據地、解放區的借貸政策可以分為三個階段。

1937 年抗戰開始到 1941 年底為第一階段，借貸政策的主題是不論新債舊欠，一律減息。

抗戰爆發後，出於國共統一戰線與社會變革雙重目標的需要，中共由十年內戰時期激進的土地革命政策，轉變為比較溫和但也屬革命性的減租減息政策。這一政策始於 1937 年 8 月中共中央正式公佈的《抗日救國十大綱領》。此後，中央及其領導人多次頒佈過涉及減租減息的文件，據中央檔案館編輯的《中共中央文件集》統計，截止 1941 年底共有 13 件。[1] 從這些文件所傳達的信息來看，直到此時中央尚未出台一個完整系統的土地政策方案，在減息方面更無規定具體的借貸利率標準。不過，也有其他不同的記載。中共中央北方分局書記彭真 1941 年針對晉察冀邊區的減息提出：「以今天根據地（鄉村）經濟情況來說，仍以中央規定的年利一分半為適宜。」[2] 由此看來，中央對借貸利率有 1.5 分的規定。陝甘寧邊區政府主席林伯渠在 1941 年 2 月邊區縣長聯席會議上指出「減息應以一分到一分半為原則」。[3] 林是中央所在地的高級幹部，對中央的經濟政策應該非常熟悉，以 1－1.5 分為原則也許是對中央決定的變通。但上述十幾個涉及減息的中央文件沒有一件對利率標準有明確的規定，至少表明中央基本上處於一種指導地位。

---

❶ 參見中央檔案館編《中共中央文件選集》（1936－1938），中共中央黨校出版社 1985 年版，第 545、601、608 頁；《中共中央文件選集》（1939－1941），中共中央黨校出版社 1986 年版，第 208、213、278、280、305、393、451、531、560、642－643、709、800 頁。

❷ 彭真：《關於晉察冀邊區黨的工作和具體政策報告》，中共中央黨校出版社 1981 年版，第 98 頁。

❸ 陝甘寧邊區財政經濟史編寫組等：《抗日戰爭時期陝甘寧邊區財政經濟史資料摘編》總論編，陝西人民出版社 1981 年版，第 33 頁。

儘管陝甘寧邊區是中共中央所在地，但從減租減息措施的制定和實踐來看，華北根據地早於陝甘寧邊區。陝甘寧邊區在 1937–1941 年為口頭宣傳階段，唯有綏德分區 1940 年 7 月公佈過《減租減息暫行條例草案》，[1] 但該草案並未實行，邊區政府指示綏德分區「暫不頒佈減息條例」。[2] 而華北根據地的晉察冀邊區早在 1938 年初就有了明確的條例。

晉察冀邊區是中共創建的第一塊敵後抗日根據地。1938 年 2 月頒佈《減租減息單行條例》，不論新債舊債，年利率一律不准超過 1 分。1940 年 2 月頒佈修正條例，在前此基礎上又有補充，即年利不及 10% 者依其約定。這一規定，可以防止原來利率不到 10% 的債務增至 10%。[3] 在晉冀魯豫邊區，利率限定經歷了從 1.5 分到 1 分再回到 1.5 分的演變。最先是晉冀豫區 1938 年 9 月規定分半減息。中間數次到晉察冀學習經驗，1940 年 10 月冀南、太行、太嶽區行政聯合辦事處頒佈《減租減息條例》，年利不得超過 10%，不超過者依其約定，與晉察冀條例如出一轍。1941 年 4 月中共中央北方局《對晉冀魯豫邊區目前建設的主張》又規定，以減至 1.5 分為標準。[4] 晉綏邊區，利率限定經過了從 1 分到 1.5 分的演變。抗戰爆發後，戰地動委會和犧盟會規定 1 分以下行息。1940 年 10 月晉西北抗日政權頒佈減租減息條例，與晉察冀邊區的修正條例大體一致，仍是 1 分。1941 年 4 月重新頒佈減租減息條例，增至 1.5 分，規

---

1. 陝甘寧邊區財政經濟史編寫組等：《抗日戰爭時期陝甘寧邊區財政經濟史資料摘編》農業編，第 283–285 頁。
2. 《陝甘寧邊區政府指令》（1940 年 11 月），陝西省檔案館等編：《陝甘寧邊區政府文件選編》第 2 輯，檔案出版社 1987 年版，第 499 頁。
3. 《晉察冀邊區減租減息單行條例》（1938 年 2 月）；《修正晉察冀邊區減租減息單行條例》（1940 年 2 月），魏宏運主編：《抗日戰爭時期晉察冀邊區財政經濟史資料選編》（本書以下簡稱《晉察冀》）農業編，南開大學出版社 1984 年版，第 15、22 頁。
4. 《中共中央北方局對晉冀魯豫邊區目前建設的主張》（1941 年 4 月），載魏宏運主編：《抗日戰爭時期晉冀魯豫邊區財政經濟史資料選編》（本書以下簡稱《晉冀魯豫》）第一輯，中國財政經濟出版 1990 年版，第 169 頁；《冀南、太行、太嶽行政聯合辦事處減租減息暫行條例》（1940 年 10 月），《晉冀魯豫》二，第 569 頁；魏宏運等：《華北抗日根據地史》，檔案出版社 1990 年版，第 154 頁。

定無論年利月利均不得超過15%，不及者依其約定。[1] 在山東根據地，利率限定一直為1.5分。1940年11月山東省臨時參議會頒佈減租減息條例，規定年利不得超過1.5分。[2]

綜合各個根據地的利率限定，大體都在1－1.5分之間。這就意味着，不管放貸者是誰，只要超過1－1.5分，即與高利貸沒什麼區別，不會受到法律的承認和保護。甚至有的領導人認為這一利率仍嫌過高了，晉察冀邊委會主任宋劭文就指出：「資本主義的銀行存款利息是年利四厘，借款是年利六厘。而我們還是一分行息。」[3]

與此同時，中共始終主張禁止高利貸。以晉察冀為例，1938年規定:「出門利(現扣利)、剝皮利、臭蟲利、印子錢等高利貸，一律禁止。」1940年又加上一條，「高利貸者應受刑事處分」。[4] 其後的有關規定，也都與此類似。由此可見，所謂禁止高利貸主要是指禁止現扣利、利滾利等高利貸惡俗。但如上所述，儘管法令中沒有明確高利貸利率，這一階段實際上超過1－1.5分就視為高利貸。

那麼，各個根據地為什麼都以1分或1.5分作為借貸利率最高標準呢？

一些條例明確指出，它們依據了中華民國土地法和中華民國民法債權編，[5] 以此表明根據地減租減息政策的合法性。然《中華民國民法·

---

❶《山西省第二游擊區減租減息單行條例》(1940年10月)；《晉西北減租減息暫行條例》(1941年4月)，劉欣主編:《晉綏邊區財政經濟史資料選編》(本書以下簡稱《晉綏邊區》)農業編，山西人民出版社1986年版，第3、10頁;《配合徵收救國公糧開展減租減息運動》,《抗戰日報》1940年10月23日，第1版。

❷《減租減息暫行條例》(1940年11月)，中共山東省黨史資料徵集委員會:《山東抗日根據地》，中共黨史資料出版社1989年版，第53頁。

❸ 宋劭文:《邊區經濟發展的方向與現階段我們的中心任務》(1940年8月)，《晉察冀》)農業編，第293頁。

❹《晉察冀邊區減租減息單行條例》(1938年2月)；《修正晉察冀邊區減租減息單行條例》(1940年2月)，《晉察冀》農業編，第15、22頁。

❺ 如1940年《修正晉察冀邊區減租減息單行條例》、《冀太聯辦減租減息暫行條例》，1942年《山東省借貸暫行條例》等。

債編》顯示，民間借貸年利率不得超過20%（即2分）。[1]筆者又檢索了1924－1949年國民黨歷次代表大會關於農民借貸的規定，皆為最高年利率不得超過20%。[2]與之相比，抗日根據地的利率標準要低。可見，所謂依據《中華民國民法·債編》不過是中共靈活的借用而已。根據地以1分或1.5分為准，一是以此表明其革命傾向和更多地照顧農民的利益，二是與延續土地革命時期中共的借貸政策有關。1929年7月後，蘇區根據地由原來廢除一切債務的政策，轉而對新債政策做了調整，即允許借貸利息存在，並大體限制在年利1分至1.5分之間。[3]華北抗日根據地的利率標準與此恰相一致，說明兩個時期的借貸政策有一定的繼承性、連續性。不過，蘇區為什麼將利率限制在1－1.5分，尚不得而知。

回顧此前的歷史，債戶與債主的關係顯得比較「平靜」，一般很少發展到公開的衝突。當中共實行革命性措施時，債務關係開始由「平靜」轉為公開的鬥爭。但這一過程並非一蹴而就，而是首先遇到鄉土社會傳統慣性的阻擋，經歷了一個打破農民傳統心態的階段。在中國鄉村，一直是借者眾而貸者寡，即為貸方市場，農民借貸並非輕而易舉之事。不管利息多大，農民能借到錢已屬萬幸，故「救命錢」的心態經常壓倒怨恨情緒。何況，農民視野中的債主，也並非都是以前人們想像中的惡霸。1938年初冀中區定縣減租減息時，農民就說，「東家待我不錯，青黃不接的時候，還借給我糧吃，雖然利大，也是應該的。」[4]也正因為此，農民特別害怕減息之後借不到債。山東濱海區的農民不敢提出減租減息的要求或明減暗不減，就是「害怕這時候青黃不接借不到糧。」[5]當然，其他因素也制約着農民減息鬥爭的開展，譬如認為自己受窮而地主

1. 徐百齊編：《中華民國法規大全》第1冊，商務印書館1936年版，第45頁。
2. 榮孟源主編：《中國國民黨歷次代表大會及中央全會資料》上冊，光明日報出版社1985年版，第134、286、310、329－330頁；《中國國民黨歷次代表大會及中央全會資料》下冊，第181－182、318、927頁。
3. 編寫組：《革命根據地財政經濟史長編》土地革命時期下（內部），1978年印，第1190－1197頁。
4. 梁雙壁：《在減租減息中農民與地主的鬥爭》，《定縣黨史資料》總第37期，1984年，第22頁。
5. 《濱海區各縣佃農迫切要求減租減息改善生活》，《大眾日報》1942年5月28日，第1版。

高利貸者過好日子是命中註定；長期以來對地主高利貸者形成的畏懼心理；對中共的前途捉摸不定，懼怕地主反攻倒算等。地主高利貸者的確也在威脅農民，揚言遇到困難不再借錢，並說中共軍隊長不了。[1] 諸此種種，都增添了減息政策實施的難度。

面臨鄉土社會的傳統勢力，中共採取了多管齊下的對策，最主要的有兩個方面：一是讓農民感到有政府和民眾組織撐腰，由貧苦農民掌握村政權，並建立農民團體，截斷與舊的民間權威——地主士紳的聯繫，農民真切感受到了「改朝換代」，敢於同舊勢力進行鬥爭。二是創造了開會、訴苦、匯報、查證等方式，廣泛進行政治動員，有效傳播政府的決策，引發農民的「苦」和受剝削的階級意識（大量資料顯示，農民訴苦更多的是揭露地主高利貸者的借貸剝削，借貸在他們的記憶中最為深刻），培育和激發他們對地主階級的仇恨情緒。在此基礎上，懦弱的農民迅即掙脫傳統觀念的束縛，並藉助中共政策的合法性保障，「去生產、轉換和增值他們自己的資本，」[2] 鬥爭慾望和鬥爭力量大大提升。一些地區很快便發生了農民只減租減息、拒絕交租交息的過頭現象。如晉察冀，有些地方「不付息還本」，有的甚至把「清理舊債變成廢除債務了」。[3]

因 1937-1941 年為減租減息的初步階段，尚有一些地區沒有實行，但減息政策已經實施的地區，傳統借貸尤其是高利貸受到前所未有的衝擊，農民由此獲致可觀的物質利益，債務負擔明顯減輕。晉察冀北嶽區 4 個專區，到 1940 年 6 月，減息 32 萬餘元，抽回土地 6.5 萬畝。[4] 晉冀魯

---

❶ 晉察冀邊區行政委員會：《論減租減息的意義與執行問題》（1940 年 2 月），《晉察冀》農業編，第 26-27 頁；李雪峰：《過去農民鬥爭幾個主要經驗教訓》（1942 年 4 月），《晉冀魯豫》二，第 602 頁；秀峰：《繼續深入開展減租減息工作》，《抗戰日報》1942 年 2 月 13 日，第 4 版；1998-2004 年李金錚主持調查舊中國時期河北農村資料。

❷ 張小軍：《陽村土改中的階級劃分與象徵資本》，《中國鄉村研究》第 2 輯，商務印書館 2003 年版，第 129 頁。

❸ 彭真：《關於晉察冀邊區黨的工作和具體政策報告》，第 89 頁。

❹ 黃葦文：《關於根據地減租減息的一些材料》，《解放日報》1942 年 2 月 11 日，第 3 版。

豫太北區 17 個縣，1941 年春解決債務土地糾紛 6712 件。[1] 晉綏臨縣等中心區，1940 年 1000 多個債主被減息 748 戶，受益債戶達 1200 餘戶。[2] 山東萊蕪地區，1940 年減息 4.7 萬元。[3] 由於債務減輕，租稅降低，農民的經濟地位和階級地位均有所上升，中共及根據地政權一定程度地得到民眾的認同。

應該說明的是，在 1937－1949 年借貸關係演變的三個階段中，無論是減息還是廢債，不同地區對中共借貸政策的執行有早有晚，中間可能還會出現反覆，但其始尾往往都經歷了農民從懦弱到激進的類似進程，並最終獲得了可觀的成績。限於篇幅，在論述後兩個階段時就不再贅述了。

在已經實行減息的地區，似乎中共已經斬斷了農民與傳統借貸尤其是高利貸的臍帶，甚者說萬事大吉了，這也正是以往學者所着力渲染的一點。但不幸的是，農民曾經對減息之後借不到債的擔心竟變成了事實，地主高利貸者不再借給農民錢的威脅也變成了事實，農民借貸停滯已成為農家經濟生活繼續運行的障礙。如晉察冀，「農民借貸困難」，不用說減息 1 分，「就是年利 1 分半，農民仍不容易獲得借款。」[4] 晉冀魯豫也是如此，「抗戰以後，借貸關係基本上陷於停滯狀態。」[5] 晉綏的情況也不樂觀，「現在相當普遍的現象是農民借不到錢的困難。」[6] 在山東，借貸困難也成為「今天廣大農民群眾最感痛苦的事，也是廣大農民群眾最切望的事。」[7] 然而，這樣一個重要的事實竟被以往的論著忽視了。

之所以造成農民借貸無門的危機，如前所述，中國鄉村金融一直為

---

❶《太行區社會經濟調查（第一集）》（1944 年 8 月），《晉冀魯豫》第二輯，第 1369 頁。
❷《晉西北群眾工作總結》（1941 年），《晉綏邊區》總論編，第 134 頁。
❸ 黃葦文：《關於根據地減租減息的一些材料》，《解放日報》1942 年 2 月 11 日，第 3 版。
❹ 彭真：《關於晉察冀邊區黨的工作和具體政策報告》，第 98 頁。
❺ 齊武：《晉冀魯豫邊區史》，當代中國出版社 1995 年版，第 323 頁。
❻《晉西北群眾工作總結》（1941 年），《晉綏邊區》總論編，第 136 頁。
❼《中共山東分局關於減租減息改善僱工待遇開展群眾運動的決定》，《大眾日報》1942 年 5 月 25 日，第 1 版。

貸方市場，農民借貸本來就特別困難，到抗戰時期，這一情形更為加重了。當鋪、商店等借貸來源紛紛停頓，富戶資金大量逃亡，地主富農的經濟實力大大下降，都導致農民借貸來源急劇減少。[1] 與此同時，減息政策的影響也不可小視。因借貸利率標準的降低，壓抑了民間金融調劑的氛圍[2]，使地主富戶乃至一般農民[3]為了規避違法風險，都不願也不敢借給別人錢或糧食，以避免露富及出借所帶來的損失。研究華北革命的學者達格芬・嘉圖一語道破：「一個太低的利息率，實際上會使那些有錢借出的人感到沮喪。後果之一是，對農民來說變得難辦了。」[4] 值得注意的是，類似現象早在土地革命時期就已經發生了，在蘇區根據地，中共實行廢債政策也曾導致「利率過低，窮人不借。」[5]

---

❶ 李金錚：《借貸關係與鄉村變動——民國時期華北鄉村借貸之研究》，第 242–244 頁。

❷ 有的學者認為，法定利率一般能夠反映當時利率的中等水平。（曾維君：《略論中國古代高利貸資本利率演變趨勢》，《湖南社會科學》2001 年第 2 期，第 77 頁）在某種程度上，這種說法有一定道理，但值得注意的是，在革命鬥爭年代，政府頒佈的利率法令不一定是普通利率的反映。減息以及後來的廢債政策，與農村社會實際就存在一定的背離，即與農村通行的借貸利率差距較大。在華北農村，1930 年代借錢年利 3 分、借糧年利 6 分，基本上是社會通行和民眾認可（不管是主動還是被動）的利率。而 1940 年代，由於巨大的社會動蕩，民間通行的借款、借糧利率分別增加到 5 分、10 分乃至更高。管見以為，真正意義的高利貸應該是那些超過社會認可的借貸利率，主要是指對債戶非常苛刻的高利貸習俗。這一概念與我以前的看法有所不同（參見李金錚《內生與延續：近代中國高利貸習俗述論》，中國社會史學會第十屆國際學術研討會論文，福建武夷山，2004 年 6 月，第 2 頁。）以往有的學者將有利息的借貸泛化為高利貸（如曾冬梅：《略論民間借貸市場的成因、弊端及引導》，《廣西大學學報》1997 年第 5 期，第 31 頁），或者把超過國民政府規定的年利率 20% 就算作高利貸，都是值得商榷的。按我的理解衡量，中共重視鄉村借貸問題，對高利貸習俗採取禁止和消滅政策有其深厚的社會經濟基礎，但抗戰時期的減息政策不僅將舊的債務都減息至 1 分或 1.5 分，而且直到 1942 年以前，新的借貸也不得超過這一利率，對借錢和借糧又未加區別，也未考慮通貨膨脹因素，這就明顯缺乏客觀依據，由此必然導致民間借貸的僵局。至於解放戰爭時期，1946 年《五四指示》尤其是 1947 年《中國土地法大綱》之後，對地主富農的債務實行廢除之策，由抗戰時期的減息轉變為本利全部作廢，就進一步遠離了農村借貸利率的實際，其對民間借貸的影響也可想而知。

❸ 放貸者並不全是地主、富農和商人，也有普通農民，在有的地方他們的比例還較高，只是放債額度較少，但放債利率並不低。（參見李金錚《借貸關係與鄉村變動——民國時期華北鄉村借貸之研究》，第 56–57 頁；《民國鄉村借貸關係研究——以長江中下游地區為中心》，人民出版社 2003 年版，第 114、170 頁）

❹（瑞典）達格芬・嘉圖著，楊建立等譯：《走向革命——華北的戰爭、社會變革和中國共產黨》，中共黨史資料出版社 1987 年版，第 172 頁。

❺ 編寫組：《革命根據地財政經濟史長編》土地革命時期下冊，第 1191 頁。

就中共的本意而言，減息是為了緩解農民債務負擔，為其創造一個有利的金融環境。但減息之後農民借貸停滯的現象，實在令人沮喪，它引起了中央及根據地領導的注意。早在 1938 年 2 月劉少奇就指出：「限制高利貸的利息……只從消極方面去限制，就要引起資金的窖藏，農民資金流轉的困難。」[1] 晉察冀軍區司令員聶榮臻 1939 底也意識到：「過去我們曾發生了這樣的問題，減了息財主就不借錢給農民了。」[2] 1941 年 6–8 月彭真向中央政治局匯報晉察冀的情況更是尖銳地指出，「邊區所發生的問題，已不是減息問題，而是減息之後，部分農民根本不還債的問題，舊的債務糾紛如何處理，以及農民如何獲得借款的問題。」[3] 在晉冀魯豫，彭濤在太行區黨委民運幹部會上指出：「在減息問題上好多地方都成為停息（實際上）結果不是富有者把錢埋起來便是高利貸在祕密的流行着。」[4] 太行區委書記李雪峰也發現，「減息後債主不向外借錢，貧苦農民告貸無門，急用錢時無處可借。」[5] 晉綏邊區行政公署也指出，過去「對於舊債新債一律分半行息，對於清理舊債沒有確實的保證，使得舊有的債務關係無從調查，借貸陷於停止狀態，金融停滯。」[6] 在山東，經濟學家薛暮橋也認為，「在今天這樣貧乏的農村中，分半行息是行不通的。」[7]

問題是，如何解決減息政策所帶來的借貸困難呢？根據地領導很是焦急，太行區委書記李雪峰就說，「不解決諸如此類的問題，無法使減租減息繼續下去。」[8] 最直接的辦法，當然是政府、銀行向農民發放貸款，

---

❶ 劉少奇：《關於抗日游擊戰爭中的政策問題》（1938 年 2 月），《中共中央文件選集》（1936–1938），第 434 頁。

❷ 聶榮臻：《晉察冀邊區的形勢》（1940 年 1 月），《晉察冀》總論編，第 81 頁。

❸ 彭真：《關於晉察冀邊區黨的工作和具體政策報告》，第 98 頁。

❹《彭濤在區黨委民運幹部會上講減租減息》（1939 年 4 月），太行革命根據地總編纂委員會：《太行革命根據地史料叢書之五：土地問題》，山西人民出版社 1987 年版，第 192 頁。

❺ 李雪峰：《李雪峰回憶錄》，中共黨史出版社 1998 年版，第 132 頁。

❻《行政公署關於減租交租減息交息條例的説明》，《抗戰日報》1942 年 10 月 20 日，第 4 版。

❼ 薛暮橋：《關於土地政策和減租減息工作》（1944 年），《抗日戰爭時期和解放戰爭時期山東解放區的經濟工作》，山東人民出版社 1984 年版，第 93 頁。

❽ 李雪峰：《李雪峰回憶錄》，第 132 頁。

但在艱苦的戰爭環境下，財力拮据，遠不能滿足農民的需求。[1] 政府又發起民間「互借」運動，鼓勵有餘糧餘錢的人借出來，但也沒有顯著的改善。況且這種行政命令式的干預，常常釀致強迫借貸之事，反使得富戶不敢出借。[2] 可以說，這兩種方式都未曾有效地解決農民金融問題。也正因為此，政府對借貸利率過低的減息政策提出疑問，並重新審視傳統借貸對農民經濟和生活的價值。劉少奇 1938 年 2 月提議，對高利貸利息「一般的限制還不很適宜，只有在具體的借貸事件上經過人民團體的努力與調解減少一些息金的歸還，還是必要的。」[3] 1940 年 12 月毛澤東也指出，一方面應該規定地主實行減租減息，但不要減得太多，「利息，不要減到超過社會經濟借貸關係所許可的程度。另一方面，要規定農民交租交息。」[4] 與此同時，中央給華中局、北方局等發佈指示，「應實行部分的減租減息以爭取基本農民群眾，但不要減得太多，不要因減息而使農民借不到債。」[5] 在地方根據地，彭真表示，晉察冀減息 1 分偏低，以年利 1.5 分為宜。[6]1940 年 8 月晉察冀邊委會發佈的《目前施政綱領》強調，減租減息後必須依約納租償息。[7] 1941 年 2 月劉瀾濤在北嶽區黨委會上講：「好借好還，再借不難」，「未依約交租付息者，應依約交清。」[8]

由上可見，中共中央及根據地領導對減息尤其是新債利率過低所帶來的問題已有一定的了解，並取得兩點共識：一是農民在減租減息後必

---

❶ 李金錚：《論 1938–1949 年華北抗日根據地、解放區的農貸》，《近代史研究》2000 年第 4 期，第 202 頁。

❷ 李金錚：《私人互助借貸的新方式》，《中共黨史研究》2000 年第 3 期，第 100 頁。

❸ 劉少奇：《關於抗日游擊戰爭中的政策問題》（1938 年 2 月），《中共中央文件選集》（1936–1938），第 434 頁。

❹ 毛澤東：《論政策》（1940 年 12 月 25 日），《毛澤東選集》第 2 卷，人民出版社 1991 年版，第 767 頁。

❺《中央關於華中各項政策的指示》（1940 年 12 月），《中共中央文件選集》（1939–1941），第 560 頁。

❻ 彭真：《關於晉察冀邊區黨的工作和具體政策報告》，第 98 頁。

❼ 彭真：《關於晉察冀邊區黨的工作和具體政策報告》，第 211 頁。

❽ 劉瀾濤：《北嶽區當前的農民土地政策》（1941 年 2 月），《晉察冀》農業編，第 162 頁。

須交租交息，二是利率限制不應低於社會經濟基礎所允許的程度。很明顯，革命政策與民間借貸秩序的緊張促使中共對鄉村經濟運行規律有了一定程度的認識，對傳統借貸開始產生了尊重、妥協和利用的傾向。但恰是這一問題，正是以往學者不曾注意，或者說不願意面對和承認的。當然，此時還僅僅限於一種思想傾向，尚無實際行動，對新債利率也沒有明確的說法。事實上，要規定一個合理的標準的確很難，彭真就表示了這種疑慮，「利息率究竟以多少為適當，這卻是一個很難普遍規定的問題。」[1] 倒是陝甘寧邊區綏德分區專員王震有一個大膽的提法，他 1940 年 10 月向邊區建議「裨各業生產者可以較高利息——二分至三分借利或增高利率。」[2]

無論如何，各根據地減息引致的問題給根據地以及中央領導一定的刺激，尤其是彭真向中央匯報晉察冀的情況對中央未來的決策頗有影響，這些都為 1942 年初中央土地政策的出台奠定了基礎。

二、舊債繼續減息，新債利率自由

1942 年初至 1946 年「五四指示」頒佈前，為華北根據地、解放區民間借貸政策演變的第二階段，其主題是對舊債繼續實行減息，新債利率則自由議定，革命政策與傳統借貸達成一定的調和，借貸政策開始具有革命、妥協與調和的多面性。以往對此階段減息政策的研究，只注意如何開展和擴大減息的一面，對新債利率自由議定的政策卻視而不見。

經過對第一階段減租減息政策的思考，中央「在詳細研究各地經驗之後，特將我黨土地政策作一總結的決定。」[3] 這就是 1942 年 1 月中央政治局通過的《中共中央關於抗日根據地土地政策的決定》以及《中共中央關於抗日根據地土地政策決定的附件》。同年 2 月，又頒佈了《關於

---

❶ 彭真：《關於晉察冀邊區黨的工作和具體政策報告》，第 98 頁。
❷《綏德分區呈文》(1940 年 10 月)，陝西省檔案館等編：《陝甘寧邊區政府文件選編》第 2 輯，第 499 頁。
❸《中共中央關於抗日根據地土地政策的決定》(1942 年 1 月)，《中共中央文件選集》(1942–1944)，中共中央黨校出版社 1986 年版，第 10 頁。

如何執行土地政策決定的指示》。這幾個文件的頒佈，標誌着抗戰時期中共土地政策的完全形成。

以上三個文件，關於減息者有這樣幾項內容：（1）既要減租減息，又要交租交息。過去已有類似提法，此時是從中央政策上予以確定，即「必須勸告農民，在實行減租減息與保障農民的人權、政權、地權、財權之後，同時實行交租交息與保障地主人權、政權、地權、財權。」（2）對舊債繼續實行減息，以 1.5 分為標準。與以前新債舊債一律減息不同，強調「減息則是減過去的，不是減今後的，大體上以抗戰前後為界限。」「減息是對於抗戰前成立的借貸關係，為適應債務人的要求，並為團結債權人一致抗日起見，而實行的一個必要政策，應以 1 分半為標準。」（3）新債利率自由議定。與以往有關條例相比，這一規定是最大的變化。追溯土地革命時期，中央文件更是從未有過新債利率可以自由議定的任何表示。此次指示明確要求「抗戰後的息額，應以當地社會經濟關係，聽任民間自行處理，政府不應規定過低利息額，致使借貸停滯，不利民生。」「一切有關土地及債務的契約的締結，須依雙方自願，契約期滿，任何一方有解約之自由。」[1]

值得注意的是，三個文件中沒有一處提到禁止高利貸，個中原由不得而知，但想必不是無意的疏忽。不僅如此，在《關於如何執行土地政策決定的指示》中還指出：「今後應該聽任農村自由處理，不應規定息額。」「目前農村只要有借貸，即使利息是三分、四分，明知其屬於高利貸性質，亦於農民有濟急之益。」它至少給人一種提示，高利貸對農民生產生活仍有重要意義，是可以存在的。有趣的是，對如何執行這一指示，中央指出「是專門對黨內的，不得公開發表。」[2] 但表面的遮掩，恰

---

❶《中共中央關於抗日根據地土地政策的決定》及附件（1942 年 1 月）;《關於如何執行土地政策決定的指示》（1942 年 2 月），《中共中央文件選集》（1942–1944），第 11–22 頁。

❷《關於如何執行土地政策決定的指示》（1942 年 2 月），《中共中央文件選集》（1942–1944），第 22–23 頁。

恰反映了中共對傳統高利貸的無奈和忍讓。[1]

由上可知，中共對傳統借貸採取了比較溫和或妥協的政策。這一轉變，除了與前述第一階段減息帶來的問題有關，也受當時根據地所處困難形勢的影響。1941 年後，日軍加緊對華北根據地的大掃蕩，破壞了根據地的發展。中央認為「當此抗戰進入更加艱苦的時期，要求各根據地更加發動廣大群眾的抗日與生產的積極性，更加團結一切抗日階層來堅持敵後的長期鬥爭。」[2] 而減租減息又交租交息，以及新債利率自由議定，正是對這一情況的回應，即「爭取地主、資產階級的大多數站在抗日民主政權方面，而不跑到敵人與頑固派方面去，跑去了的，也可以爭取回來。」[3]

儘管如此，中共對新債利率自由又保留了一個迴旋的空間。《中共中央關於抗日根據地土地政策決定的附件》指示：「凡抗戰後成立的借貸關係，因天災人禍及其他不可抗之原因，債務人無力履行債約時，得請求政府調處，酌量減息，或免息還本。」[4] 也就是說，雖然借貸雙方可以自由議定利率，但如果債戶遇到不可抗拒的困難無力還債，仍可以提出減息，這時就等於回到了先前的減息狀態。可見，對傳統借貸不尊重、不妥協不行，完全妥協也不行，反映了革命政策與傳統制約的內在緊張、困難選擇和調和性質。

此後直到抗戰勝利，中央上述減租減息政策一直沿用。即便抗戰勝利之後，直至 1946 年「五四指示」發表之前，也是如此。

如果說此前中共中央尚無一個完整系統的土地政策，沒有規定減息

---

❶ 筆者還發現，此後 1942–1947 年中央文件至少有 4 次在佈置佈置減租減息任務時，都未涉及減息。(《中共中央文件選集》(1942–1944)，第 647 頁;《中共中央文件選集》(1945–1947)，第 124、346、357–358、378–379 頁)。

❷《中共中央關於抗日根據地土地政策的決定》(1942 年 1 月)，《中共中央文件選集》(1942–1944)，第 10–11 頁。

❸《關於如何執行土地政策決定的指示》(1942 年 2 月)，《中共中央文件選集》(1942–1944)，第 19 頁。

❹《中共中央關於抗日根據地土地政策決定的附件》(1942 年 1 月)，《中共中央文件選集》(1942–1944)，第 16–17 頁。

利率標準，而1942年頒佈的土地政策則為根據地的借貸關係提供了指南，中央「務望各地同志加以研究，認真執行。」[1] 為了深刻領會中央土地政策的精神，華北抗日根據地黨的領導機構——中央北方局對此進行了討論，機關甲組幹部學習小組撰寫了討論提綱。由此提綱可以看出，北方局對中央土地政策的基本精神頗為認同，對新借貸關係中的高利貸明顯表示了支持態度，認為目前根據地的經濟流通「受着資本主義前期自由競爭的價值法則所支配。借貸關係愈頻繁，息額自然會漸趨降低的。即使今天農村中的借貸關係有些還是屬於高利貸性質的，但對農民也還是有好處的，至少可救燃眉之急，使地窖中埋藏的資本，周轉於社會經濟的流通過程中，對根據地也有莫大好處的。」有的提法則為「修正意見」，認為「法令上規定過低息額是形式的，農村中『黑市』的流通就是證明，如『月利大加一』、『九指十三歸』等花樣完全是高利貸的方法。我們必須認識這是個社會經濟問題，非法令所能限止的。」[2] 這是一個非常大膽的見解，表明北方局幹部對政策法令與社會經濟之間的關係有了進一步的認識。

具體到各個根據地，因社會經濟基礎千差萬別，除了減租減息交租交息這種基本精神之外，不可能全部照搬中央政策，也不會統一時間執行。對此，中央有明確的說明，「由於各根據地情況不同及在一根據地內情況亦有不同者，故關於解決土地問題的具體辦法，不能施行整齊劃一的制度。中央在關於土地政策決定內規定了統一施行的原則，而在本附件內則根據此種原則提出具體辦法，以供各地採用，本附件內所列各項，凡與各地實際情況相合者，均應堅決執行之。其有不合情況而須變通辦理者，各地得加以變通。」[3] 事實上，在中央土地政策的框架之內，

❶《中共中央關於抗日根據地土地政策的決定》(1942年1月)，《中共中央文件選集》(1942–1944)，第11頁。
❷《中央土地政策決定的討論提綱》(1942年7月)，《晉冀魯豫》一，第186頁。
❸《中共中央關於抗日根據地土地政策決定的附件》(1942年1月)，《中共中央文件選集》(1942–1944)，第14頁。

各根據地的確依據各自的具體狀況，或早或晚地執行了中央關於舊債繼續實行減息、新債利率自由議定的政策，並做了或多或少的變通。

在華北根據地中，晉綏邊區的反應最快。1942 年 4 月，晉西北行政公署頒佈了《關於改正減租減息條例及補充回贖不動產辦法的決定》，規定過去的債務仍按原來的減租減息條例處理，對新的借貸的利息，取消分半減息的限制，以雙方同意為原則，以便「流通農村資金借貸」。[1] 但對新債舊債時間沒有明確的界定。同年 11 月，頒佈了專門的《減息交息條例》，對不同時間產生的債務關係，分別做了不同的規定：1931 年以前的債務，因晉鈔破產，借貸關係混亂，事隔多年無法清理，故無論積欠多少，一律停付；1932 年至 1942 年 11 月本條例公佈前的債務，以年利 1.5 分清償；條例公佈後的債務，依照當地社會習慣，由債權人自行約定利息，不再實行減息。[2]

晉冀魯豫邊區對中央土地政策的反應也較快。1942 年 3 月、7 月，晉冀豫區和太嶽區農救總會參照中央的決定，根據本區實際情況，相繼制定了《農民土地鬥爭綱領》，改變了原來新債舊債一律減息的原則，而是只對舊債有規定。[3] 同年 8 月《豫晉聯辦減租減息暫行條例》規定，減息是減本條例公佈以前的，此後新債利率自行約定，概不限制。[4] 10 月，邊區政府頒佈《減租減息布告》，規定清理舊債一般指抗戰以前，同時強調今後借貸利息多寡，悉聽自願。[5] 1943 年 11 月，邊區《土地使用暫行條例太行區施行細則草案》重申，該條例公佈以前的借貸應減為年利 15%，此後新訂之借貸，利率自由議定。[6]

---

❶《關於改正減租減息條例及補充回贖不動產辦法的決定》(1942 年 4 月)，《晉綏邊區》農業編，第 21 頁。

❷《晉綏邊區減息交息條例》(1942 年 11 月)，《晉綏邊區》農業編，29 頁。

❸《晉冀豫區農總農民土地鬥爭綱領》(1942 年 3 月)；《太嶽農總土地鬥爭綱領》(1942 年 7 月)，《晉冀魯豫》二，第 543、578 頁。

❹《豫晉聯辦減租減息暫行條例》(1942 年 8 月)，《晉冀魯豫》二，第 580 頁。

❺《晉冀魯豫邊區政府減租減息布告》(1942 年 10 月)，《晉冀魯豫》二，第 545 頁。

❻《土地使用暫行條例太行區施行細則草案》(1943 年 11 月)，《晉冀魯豫》二，第 583 頁。

山東根據地也較早地執行了中央政策。1942 年 5 月，山東省戰時工作推行委員會頒佈了《山東省借貸暫行條例》，規定凡本條例公佈前的借貸以年利 1.5 分清償，本條例頒佈後的借貸利率，按當地習慣自由議定。[1]

與上面幾個根據地相比，開展減租減息最早的晉察冀邊區卻沒有立即響應中央的決定。1942 年 3 月頒佈的《修正晉察冀邊區減租減息單行條例》，不僅沒有區分新債舊債，而且仍然規定年利率一律不得超過 1 分。[2] 到 1943 年 2 月公佈的新的《晉察冀邊區租佃債息條例》，才開始將新債舊債區別開來，對本條例公佈後的新債利率允許借貸雙方自由議定，但對舊債仍以減息至 1 分處理，而非中央規定的 1.5 分。[3] 同年 10 月，晉察冀邊委會又重申，新債利率不加限定。[4]

不過，在以上條例或指示中，大都同時嚴格禁止現扣利、出門利、大加一、印子錢等高利貸，正如晉綏邊區所指出的，「這又是限制了高利貸的盤剝」。[5] 晉冀魯豫邊區太行區也強調，新債利率雖然自由議定，「但亦不應過高，形成超經濟的剝削。」[6] 山東戰工會也規定：「新成立之借貸關係，因利率過高而發生爭議時，政府得依當地一般借貸利率仲裁之。」「債務人因天災人禍及其他不可抗拒致無力履行債約時，得請求政府調處，酌量減息、免息、分期或緩期償還。」[7] 以上規定說明，借貸利率自由是有限度的。

事實的確如此，根據地一方面號召新債利率自由議定，但當農民受借貸利息壓迫厲害時，又做了一定程度的限制。如冀魯豫區，1942 年冬

---

❶《山東省借貸暫行條例》（1942 年 5 月），山東省檔案館：《山東革命歷史檔案資料選編》第 8 輯，山東人民出版社 1983 年版，第 295 頁。
❷《修正晉察冀邊區減租減息單行條例》（1942 年 3 月），《晉察冀》農業編，第 32 頁。
❸《晉察冀邊區租佃債息條例》（1943 年 2 月），《晉察冀》農業編，第 40 頁。
❹《晉察冀邊區行政委員會關於貫徹減租政策的指示》（1943 年 10 月），《晉察冀》農業編，第 84 頁。
❺《晉西北減息交息條例》，《抗戰日報》1942 年 10 月 10 日，第 4 版。
❻《土地使用暫行條例太行區施行細則草案》（1943 年 11 月），《晉冀魯豫》二，第 583 頁。
❼《山東省借貸暫行條例》（1942 年 5 月），《山東革命歷史檔案資料選編》第 8 輯，第 296-297 頁。

至1943年春由於嚴重的災荒威脅，不少農民被迫高利借貸，利息3倍乃至5倍於本。在災荒期間，由於主要是借不到債的問題，區黨委決定暫不實行減息。1943年6月正值麥收季節，麥區農民要將收穫的全部或大部償付債務，壓力很大。為此，區黨委改變了前一決定，指示「麥後則實行減息，清理債務，穩定群眾生活，」將利息降至30%－50%。繼之又做了補充規定：「群眾集體借糧已訂立契約者，依約定清償本息，無力還本者，經雙方協議訂立新的利率不得超過1分5厘。未訂定契約者，應正式訂立契約，利率不得超過1分5厘。」這等於又回到了1942年以前的利率限定水平。不過，在無麥區又強調「目前不是清理債務問題，而是如何拖延的問題，因此災區目前不必進行清債工作，以免妨礙目前的借貸。」[1] 其他根據地也曾出現限制新債利率的現象。在山東根據地，1944年夏薛暮橋指出，過去規定抗戰期間按照習慣行息不加限制有其必要性，但「完全按照習慣不加限制，也使農民吃虧太大。」「農村借貸利率仍應當以一分半為法定標準。」但照顧到實際借貸的困難，「暫時只能承認這高一點的利率」。為此，他提出了最高利率標準：（1）借錢還錢。一年以上者，最高利率不得超過年利2分；一年以內者，最高利率不得超過月利3分。（2）借糧還糧。麥收前借，麥收後還，至多加利20%；春借秋還，至多加利50%。（3）借糧還錢。如果「聽漲不落」不得再加利息，糧價漲落太大時應予適當調劑。（4）借錢還糧或還其他農產品。預買農產品所得利益最高不得超過5分。[2] 同年12月，省戰時行政委員會據此對新債利率做了調整，即借錢還錢不得超過月利3分；糧食春借秋還至多加利50%；借錢還糧或還其他農產，最高利息不得超過50%。[3]

---

❶《中共冀魯豫區黨委關於減息清債工作的指示》（1943年6月），《晉冀魯豫》二，第556－557、581頁。

❷ 薛暮橋：《關於土地政策和減租減息工作》（1944年），薛暮橋：《抗日戰爭時期和解放戰爭時期山東解放區的經濟工作》，第93－94頁。

❸《山東省戰時行政委員會關於具體執行「八十訓令」的決定》（1944年12月），山東省財政科學研究所等編：《山東革命根據地財政史料選編》第二輯（內部），1985年印，第87－88頁。

不過，值得注意的是，薛暮橋還指出，即便上述借貸利率有所提高，但「有些地區目前實行時候還有困難，貧苦農民仍可能以更加高的利率，祕密去向地主高利貸者借錢借糧。」所以，他又強調：「我們寧可讓這高利貸祕密存在，不應承認它的合法地位。如果農民感到吃虧太大要求減息，政府可按上列標準處理，即按前定最高利率清償債務。對於這種違法的高利貸我們還不可能嚴厲禁止，只能發動債務人自己起來要求減息。」[1] 在晉察冀邊區，1943 年平北區在減租減息中，有的地方對 1943 年 5 月以後的新債也實行了減息，有的規定新債利率不能超過 3 分。[2] 但同年 10 月，晉察冀邊委會發出指示，認為對新債利息規定不得超過二分或三分是不對的，應當糾正，「抵制高利貸的辦法，基本上是依靠政府的工商金融部門的及合作社以低利借貸，不應法定限制。」[3] 也就是說，晉察冀邊區儘管執行中央關於新債自由的政策較晚，但一旦實施，其態度比晉冀魯豫和山東都更為堅決。

各根據地關於新債利率的規定及其實踐表明，它們基本上遵循了中央土地政策的精神，既承認借貸利率自由，乃至允許高利貸的祕密存在[4]，保持了對傳統借貸的溫和形象，但又不意味着民間借貸的完全自

---

❶ 薛暮橋：《關於土地政策和減租減息工作》（1944 年），薛暮橋：《抗日戰爭時期和解放戰爭時期山東解放區的經濟工作》，第 93–94 頁。

❷《平北的減租鬥爭》（1943 年），《晉察冀》農業編，第 74 頁。

❸《晉察冀邊區行政委員會關於貫徹減租政策的指示》（1943 年 10 月），《晉察冀》農業編，第 84 頁。

❹ 應當承認，根據地、解放區有的文件或文章對高利借貸的看法存在明顯的誤解。如薛暮橋雖然允許高利貸的祕密存在，但又認為最高利率不能超過農業生產利潤。他指出，農業生產利潤一般不到二分（尤其在糧價跌落地區利潤更低，往往不夠抵償勞動力和農本），所以農村借貸利率仍應當以一分半為法定標準。（薛暮橋：《關於土地政策和減租減息工作》1944 年，《抗日戰爭時期和解放戰爭時期山東解放區的經濟工作》，第 93 頁）太行解放區在 1948 年也提出，新民主主義社會自由借貸的利息不能超過生產利潤。（《新民主主義社會裏自由借貸與封建高利貸有啥分別》，《新華日報》太行版 1948 年 10 月 17 日，第 4 版）但這裏有兩個疑問，一是民間借貸主要用於生活消費尤其是救急，而不是生產經營，故只按生產利潤來限制借貸利率是不現實的；二是農業生產的實際利潤比薛暮橋的估計要低得多。據 1933 年 17 省的統計，就出租地主而言，農業投資收益率平均為 8.7%，華北 4 省為 8.3%（據國民政府主計處統計局：《中國租佃制度之統計分析》，正中書局 1942 年版，第 83 頁資料計算），即農業生產利潤僅為 8 厘多。按照薛氏的借貸利率必須低於生產利潤的理論，最高利率必須限制在 8 厘以下，豈不比 1.5 分還低？顯然，這在學理上是不通的。

由，而是在某些情況下尤其是農民感到債務壓力過大時，又做了一定程度的限制。這一做法，與這一階段中央所提出的對地主階級採取「打中有拉」、「拉中有打」的宏觀策略是吻合的。當然，在此過程中，如何確切把握農民的剝削感覺，限制利率到什麼程度才算適當，都必然是頗費躑躅的事情，這就進一步體現了革命策略與傳統制約之間的內在緊張、困難選擇與反覆調和的複雜性。

應當說，新債利率自由政策實施之後，民間借貸活動有所回升。一是根據地對農民新債高利率的限制，至少一定程度地反證了這一點；二是此時農民借貸停滯的呼聲有所減弱，因為直到抗戰勝利，類此資料鮮有發現，中央及根據地領導的文件不像以前經常提到農民借貸停滯的現象。不過，從抗戰勝利之初的資料看，民間借貸困難的現象仍不可小視。如晉察冀邊區，1946 年 3 月冀晉區合作社聯合會指出，「群眾借貸無門的僵局」仍然存在。[1] 在晉冀魯豫，1946 年初，冀南銀行首屆區行經濟會議認為：「一般農村的基本群眾，仍然苦於農村金融的死滯所給予再生產資本的困難。」[2] 晉綏邊區臨縣上西坡村的調查顯示，1946 年上半年私人借貸只佔農民所需借貸的 5% 多一點，無怪乎群眾說：「沒有放債的了」，「死水一池，可是受治了。」[3] 究其原因，一是第一階段所出現的問題繼續延續，譬如戰亂時期民間借貸來源的減少，以及減息政策的影響等等；二是 1942 年中央土地政策頒佈後，各根據地相繼掀起減租減息運動的高潮，減息的成績主要體現為對舊債的減息，此類資料甚多，不予贅言。這種對舊債減息的氛圍，尤其是過左傾向的發生，以及前述對新債利率一定情況下的限制，使得人們有理由相信，出借風險仍然存在，

---

❶《冀晉區生產大會合作社小組關於合作社問題的討論總結》（1946 年 3 月），編輯組：《華北解放區財政經濟史資料選編》（本書以下簡稱《華北解放區》）第一輯，中國財政經濟出版社 1996 年版，第 1366 頁。

❷《晉冀魯豫邊區 1946 年上半年冀南銀行工作的方針與任務》（1946 年 1 月），《華北解放區》二，第 77 頁。

❸ 群一：《必須活躍農村借貸關係》，《晉綏日報》1946 年 9 月 28 日，第 2 版。

對借貸不能不慎之又慎。總之，舊債減息與新債自由仍是一對難以解決的矛盾。

三、廢除封建舊債，新債利率自由

1946 年「五四指示」頒佈至 1949 年 10 月新中國成立之前，為華北根據地、解放區民間借貸政策發展的第三階段，借貸政策的中心是廢除封建舊債，但在某些地區仍然實行減租減息；與此同時，繼續沿用新債利率自由議定的政策。在此階段，革命政策對傳統借貸的衝擊空前激烈，但激烈之中也有些許調和。與上一階段類似，以往對這一階段借貸關係的研究，只注意到如何開展廢債運動的一面（儘管是主要方面），對新債利率自由的一面忽略了。

如前所述，抗戰勝利之初各解放區的減租減息運動，延續了 1942 年以來中央土地政策的基本精神，但解放區尤其是華北新解放區的實際做法較為猛烈，即結合減租減息進行反奸清算，向日偽淪陷區時期欺壓農民的漢奸、地主清算租息、清算霸佔、清算負擔。經此清算，地主反而對農民欠下了一大筆賬，他們除了償付現款外，還要出賣土地或直接以土地來清償，農民由此從地主手裏獲得了土地。[1] 這就是說，儘管從政策上此類地主高利貸者的租息沒有被廢除之意，但實際上已經部分地突破了減租減息的界限。經過清算，與其說是地主欠農民的債務，不如說農民曾向地主借的債務一筆勾銷。農民通過清算從地主手中取得土地的做法，呼喚着新的土地改革政策的出台。為了適應急劇變化的形勢，1946 年 5 月 4 日中共中央發出了由劉少奇起草的黨內文件《關於清算減租及土地問題的指示》（簡稱五四指示），認為「在清算減息、清算霸佔、清算負擔及其他無理剝削中，地主出賣土地給農民來清償負欠，」是群

❶ 張永泉等：《中國土地改革史》，武漢大學出版社 1985 年版，第 218 頁。

眾創造的解決土地問題的一種方式；「堅決擁護群眾在反奸、清算、減租、減息、退息等鬥爭中，從地主手中獲得土地，實現耕者有其田。」[1]這一指示，意味着中共從減租減息向分田廢債政策的過渡。正如晉冀魯豫太行區黨委所分析的，該指示「實質上與內戰時期土地革命相同，但也有不同，因未全部廢除減租。」[2]五四指示也指出，在中共政權不鞏固的邊沿地區，一般不要發動群眾起來要求土地，「就是減租減息亦應謹慎處理」，不過「在情況許可的地區，又當別論。」[3]這表明，中共在減租減息與分田廢債之間仍有迴旋的餘地。另外，中央對新的借貸關係沒有新的規定，表明以前的新債利率自由政策仍然有效。

各解放區根據中央《五四指示》，做了相應的規定。如晉察冀中央局於 1946 年 7 月頒佈的《關於傳達與執行中央〈五四指示〉的決定》，對不同區域有不同的規定：老解放區主要是確定農民的土地所有權；新解放區則有計劃地消滅封建剝削，把地主土地轉移給農民；在邊沿區仍實行減租減息。[4]其他解放區的規定相對簡單。在山東，華東局於同年 10 月頒佈了《山東省土地改革暫行條例》，規定除了日偽漢奸的土地必須沒收以外，「地主對農民的非法剝削，必須以土地償還之。」[5]晉冀魯豫中央局於 9 月頒佈了《為貫徹〈五四指示〉實現耕者有其田的指示》，要求群眾自己動手起來解決問題。[6]10 月晉綏分局也頒佈了《關於發動群

❶ 劉少奇：《關於土地問題的指示》（1946 年 5 月 4 日），《劉少奇選集》上冊，人民出版社 1981 年版，第 380–381 頁。

❷《區黨委對中央關於土地問題指示座談紀要》（1946 年 5 月），太行革命根據地總編纂委員會：《太行革命根據地史料叢書之五：土地問題》，第 296 頁。

❸ 劉少奇：《關於土地問題的指示》（1946 年 5 月 4 日），《劉少奇選集》上冊，第 381 頁。

❹ 晉察冀中央局：《關於傳達與執行中央〈五四指示〉的決定》（1946 年 7 月），河北省社會科學院編：《晉察冀解放區歷史文獻選編》，中國檔案出版社 1998 年版，第 136–137 頁。

❺ 中共華東局：《山東土地改革暫行條例》（1946 年 10 月），山東省檔案館等：《山東革命歷史檔案資料選編》第 17 輯，山東人民出版社 1984 年版，第 545 頁。

❻ 晉冀魯豫中央局：《為貫徹〈五四指示〉實現耕者有其田的指示》（1946 年 9 月），《華北解放區》一，第 871 頁。

眾解決土地問題的補充指示》，要求農民無代價的獲得土地。[1] 總之，以上指示更多地是側重土地而非債務，當然其中所涉及的封建剝削已包括高利貸問題。

五四指示頒佈一年零四個月，1947 年 9 月中共中央土地工作會議通過了《中國土地法大綱》，宣佈「廢除封建性及半封建性剝削的土地制度，實行耕者有其田的土地制度，」「廢除一切鄉村中在土地制度改革以前的債務」，「土地制度改革以前的土地契約及債約，一律繳銷。」中共中央旋即對此做注：「本條所稱應予廢除之債務，系指土地改革前勞動人民所欠地主富農高利貸者的高利貸債務」。[2] 這一文件，標誌着中共借貸政策已走出減租減息向分田廢債的過渡階段，正式進入廢除封建地主土地所有制和地主高利貸者的債務階段，對五四指示以來農民已有的廢除封建舊債的實際行動予以法律上的確認。但對新解放區，中央則一直強調繼續實行減租減息，待時間成熟後再進行土地革命。

關於舊債，除了地主高利貸者的債權以外，還涉及普通債權人的債務。對此，中央根據具體情況採取廢除或減息之策。1948 年 2 月中央頒佈的《關於土地改革中各社會階級的劃分及其待遇的規定》指出：凡普通債權人的債權，其利息超過當地生產事業中的通常利潤，但為當地民主政府所禁止的高利貸者，應視為封建剝削。這種債務，凡在當地民主政府建立以前成立者一律廢除，凡在當地民主政府建立以後成立者一律減息，應以年利一分半為標準；其利息超過當地銀行的存款利息，但不超過當地生產事業中的通常利潤，而為當地民主政府所允許者，應認為資本主義剝削。此種債權，凡在當地民主政府建立以前成立者應實行減

---

❶ 晉綏分局：《關於發動群眾解決土地問題的補充指示》（1946 年 10 月），《晉綏邊區》農業編，第 345 頁。

❷《中國土地法大綱》（1947 年 9 月），《中共中央文件選集》（1945–1947），中共中央黨校出版社 1987 年版，第 723、725 頁。

息，凡在當地民主政府建立以後成立者照舊生效。[1] 這一規定表明，中共中央遵循了具體問題具體分析的原則。

至於新的借貸關係，《中國土地法大綱》仍無指示，表明原來的利率自由政策沒有發生變化。但此後中央所發佈的文件，對此做過多次強調。如上述 1948 年 2 月中央頒佈的指示規定：「民主政府應負責保護普通債權人的一切合法債權……以免貸款者不敢依法貸款，反於借款人和整個社會生產事業不利。」[2] 緊隨其後，中央頒佈了《關於借貸問題的指示》，「封建的債權既已消滅，現在的任務就是鼓勵和保護各種普通借貸，已達貸者敢貸，借者有借之目的。在這種地區，廢債的宣傳和行動均應在原則上停止。」[3] 同年 7 月，中央新華社社論《把解放區的農業生產提高一步》，明令「保護在廢除高利貸以後的私人自由借貸，利率在政府未統一規定前得由債主與債戶自由議定。此項新的債權，不問其所屬階級如何，一律受到法律的承認。」[4] 這一原則，與 1942 年中央頒佈的抗戰土地政策是一致的。

土地法大綱頒佈後，各個解放區在 1948 年初發佈了有關指示。但與 1942 年中共中央頒佈土地政策時不同，一般並未制定相應的法規條例。這些指示在宣佈廢除地主高利貸者舊債的同時，也強調今後新債利率自由議定。如 1948 年 2 月，中共晉察冀中央局《關於土地改革後農業發展生產的指示》規定：「私人借買，應有完全自由，並得由債主與債戶自由議定利率，此項新的債務，應給以保護，不在廢除之列。」[5] 5 月，華北各解放區召開的華北金融貿易會議也強調：「應當認識今天老解放區

---

❶《關於土地改革中各社會階級的劃分及其待遇的規定》（1948 年 2 月），中央檔案館編：《解放戰爭時期土地改革文件選編》，中共中央黨校出版社 1981 年版，第 222 頁。

❷《關於土地改革中各社會階級的劃分及其待遇的規定》（1948 年 2 月），《解放戰爭時期土地改革文件選編》，第 223 頁。

❸《中共中央關於借貸問題的指示》（1948 年 2 月），《解放戰爭時期土地改革文件選編》，第 259 頁。

❹《把解放區的農業生產提高一步》（1948 年 7 月），《中共中央文件選集》（1948–1949），中共中央黨校出版社 1987 年版，第 231 頁。

❺ 晉察冀中央局：《關於土地改革後農業發展生產的指示》（1948 年 2 月），《華北解放區》一，第 844 頁。

一般群眾所要求的，不是限制利息，而是獎勵借貸。」[1] 1949 年 4 月華北人民政府明確指示：「有相互借貸之自由，利率可由債主與債戶自由議定。」[2] 9 月，華北人民政府又指示「要宣傳借貸利息自由議定的政策，以解除出貸人的顧慮。」[3] 晉綏邊區也是如此，1948 年 5 月，針對 1947 年冬土改中有的地區廢除民間借貸的左傾行為，邊區生產會議提出「予農村正當的債務關係以法律保護，提倡農民、工商小販自由借貸，利息高低雙方自行商定。」[4] 1949 年 3 月晉西北行署又指示：「本着勞資兩利的原則，由借貸雙方自由約定的利息政策，打破群眾思想上的各種顧慮。」[5] 在山東，1948 年 6 月省政府指示，勞動者、貧民之間的互相借貸由雙方自由處理。[6]

如果說抗戰時期 1942 年以後，中央及各根據地對新債利率自由仍有一定的限制，而解放戰爭時期 1946 年《五四指示》、1947 年《土地法大綱》之後，中央及各解放區在正式文件上對新債利率沒有表示任何的限制。這說明，儘管土地改革和廢除封建舊債非常激烈，但在新的借貸關係中，中共對傳統借貸方式仍採取了比較溫和的態度。這一態度取向，一是因為地主高利貸者的舊債消滅之後，新債主要是普通民眾之間的借貸關係，普通債務當然是受到鼓勵的；二是即便號召新債利率自由議定，實際上很難執行，這一結果反又成為中共強調新債利率自由的因素，二者是相互作用的一體。

事實的確如此，新債利率自由議定的政策比抗戰時期更難實施。

---

❶《華北金融貿易的綜合報告》（1948 年 5 月），《華北解放區》一，第 358 頁。
❷《華北人民政府關於安定及提高群眾生產情緒布告內容複太原市政府的指示信》（1949 年 4 月），《華北解放區》一，第 541 頁。
❸《華北人民政府黨組向中央及華北局關於最近華北災情及生產救災工作的報告》（1949 年 9 月），《華北解放區》一，第 1100 頁。
❹《發展農村借貸，保護正當債務關係》，《晉綏日報》1948 年 5 月 3 日，第 1 版。
❺《晉西北行署關於發放農業貸款的指示》，《晉綏日報》1949 年 3 月 16 日，第 2 版。
❻《山東省政府關於新解放區農村實施減租減息暫行條例》（1948 年 6 月），《山東革命根據地財政史料選編》第三輯（內部），1985 年印，第 274 頁；《山東省政府布告》（1948 年 6 月），《山東革命歷史檔案資料選編》第 20 輯，山東人民出版社 1986 年版，第 278 頁。

在砸爛舊世界的土地改革中，地主高利貸者及其剝削受到史無前例的蔑視和痛恨，它已成為幹部、群眾最覺可恥的東西。應當說，這本屬正常心態，但也容易走向另一極端，將反封建剝削擴大化。這種意識也反映到私人借貸關係之中，一些人甚至認為只要有利息就是剝削，私人借貸不能認利。在這種思想的支配下，所謂新債利率自由議定就成了一句空話。以晉綏邊區為例，1946 年 9 月 28 日《晉綏日報》發表的一篇文章就指出：「把反封建剝削了解為『打富濟貧』，了解為凡剝削都要馬上打倒……有些幹部連借錢認利也不准了。」[1] 1947 年冬，有的地方竟把農民間的借貸關係視同地主、富農的封建高利貸剝削，一併廢除了。[2] 1949 年 2 月賈拓夫在西北局財經會議上的報告中指責地方幹部，沒有逐級傳達中央政策，部分農民對此還未徹底了解，有「借貸會不會成了高利貸」的思想顧慮。[3] 在此情況下，民眾產生怕富、怕冒尖、怕被劃上高成分和擔上剝削罪名的心理，有餘錢剩米者顧慮重重，不敢放債。

更為嚴重的是，反封建剝削擴大化的思想甚至影響到政府、銀行的貸款，而它反過來又阻礙了私人借貸的流通。1948 年 7 月華北銀行就檢討道：「機械地限制利息標準，國家銀行存放利率又特別低微，結果嚴重地影響了私人借貸關係的開展，演成農村金融停滯。」[4] 尚有甚者，有些銀行將貸款變成救濟行為，無須還貸，這更阻滯了私人借貸活動。如晉綏邊區，「不少幹部卻把它當成救濟糧款發散了，連手續也不要一個。這樣，使得有些貧苦農民產生了依賴公家救濟的心理，而更不好的是給了社會上一個錯覺，以為不管在什麼條件下借出的錢是多少都是剝削，都要不得。」也「使有力量放賬的人，顧忌很多，不僅怕吃不上利，而且怕連本丟了。他們把長餘的糧食和銀錢，寧叫死在家裏，而不願讓它在

---

❶ 群一：《必須活躍農村借貸關係》，《晉綏日報》1946 年 9 月 28 日，第 2 版。

❷《發展農村借貸，保護正當債務關係》，《晉綏日報》1948 年 5 月 3 日，第 1 版。

❸ 賈拓夫：《關於四八年財經工作的檢討及四九年財經工作的任務與方針問題》（1949 年 2、3 月），《晉綏邊區》總論編，第 815 頁。

❹《華北銀行關於決定利息政策的法令》（1948 年 7 月），《華北解放區》二，第 263 頁。

社會上流通生利。」[1] 本來政府、銀行的農貸是為了促進農村金融，但始料不及的是，農貸竟反過來成了私人借貸停滯的一個原因。

結果就出現了這樣的現象，在土地改革消滅地主高利貸者，農民歡呼雀躍的同時，借貸困難繼續纏繞着農民，而且比過去更為凝滯。有關記載頗多，如晉察冀邊區，獲鹿縣東焦村一個新翻身的農民無奈地說：「以前碰了歉年，賣地借錢有個活路，如今分地翻身倒也好，但碰上這個時候（筆者：連着兩年欠收），就很少有辦法。」[2] 在晉冀魯豫，黎城縣南堡農會主席說:「以前困難還能借當（指戰前），現在出大利也鬧不來，真把人憋死了。」望北縣婦救主席也說:「俺村婦女紡織沒紡車，借不上錢也不能買。」[3] 在晉綏邊區，岢嵐縣的農民反映沒處借錢，甚至說:「農村借貸能活動了，比下一場好雨接救人還來得快。」[4] 在山東解放區，渤海區反映，雖然農村舊的高利貸剝削基本已經垮台，但「今天大部分農村金融，還是陷於枯竭狀態。」[5]

可見，在此階段，封建舊債廢除與新債的自由約定仍是一對極難解決的矛盾，對傳統借貸的妥協與調和並未取得明顯的實效。

綜上所論，革命性的減息廢債政策作為一種政權干預社會的極端形式，一種疾風驟雨的外在強勢力量，很快就會湮沒和衝決傳統的借貸秩序。它大大減輕乃至廢除了農民的舊債負擔，但同時也成為農民借貸困難乃至停滯的一個重要因素。為了緩解這一悖論，中共倡導銀行、合作社發放農貸，但遠不能滿足農民借貸需求。在此情況下，中共對傳統借貸乃至高利貸進行了反思，進而給予一定程度的尊重、妥協和利用。1942 年之後一再強調新債利率自由議定，以促進農民借貸的發展，就

---

❶ 群一：《必須活躍農村借貸關係》，《晉綏日報》1946 年 9 月 28 日，第 2 版。
❷ 丁昆：《農村合作經濟的道路》，《人民日報》1949 年 1 月 14 日，第 4 版。
❸《黎城二區村幹部集會討論開展信用借貸》，《新華日報》太行版 1947 年 4 月 25 日，第 2 版。
❹《岢嵐農村借貸在發展》，《晉綏日報》1948 年 6 月 7 日，第 2 版。
❺《渤海區銀行工作今後的方針與具體任務》（1947 年 1 月），載本書編寫組：《中國革命根據地北海銀行史料》第 2 冊，山東人民出版社 1987 年版，第 305 頁。

是這一思路的具體反映，借貸政策由此具有了革命、妥協和調和的多面性。這一政策調整表明，革命無法斬斷傳統制度的價值，社會經濟發展的內在基礎無法逾越。然而，在暴力革命的洗禮下，革命政策始終處於壓倒之勢，傳統的利用仍有相當的困難，所謂自由借貸事實上受到了約束、限制乃至打擊，很難實現真正的自由。於是，就導致了一種非常尷尬的局面，即對傳統不革命不行，不尊重、不利用、不調和也不行，充分顯現了革命政策與傳統制約之間的緊張、矛盾和衝突。也正因為此，民間借貸在革命期間始終未能活躍起來，農民借不到債的痛苦一直存在。值得注意的是，即便在和平建設的今天，國家金融法令與民間借貸秩序的關係仍是一道難以求解的問題。[1]

原刊《歷史研究》2006 年第 3 期

---

❶ 1980 年代改革開放後，商品經濟迅速發展，民間金融需求與日俱增，但正規金融遠不能滿足這一要求，民間借貸遂日益膨脹。國家銀行以及一些學者，不是從正規金融自身的不足找原因，而是從金融市場壟斷的角度出發，對超過政府規定的借貸（政府規定民間借貸利率不得超過國家銀行同類貸款利率的 4 倍），簡單地主張採取取締政策，甚至主張在刑法中增加高利貸罪。事實上，每次對民間金融的嚴厲整頓，不僅未曾將過高的民間利率降低下來，反而導致民間借貸凝滯的危機，給民眾生產生活帶來了不便。

衝突與和解：一九四八年沂蒙解放區的抗旱救災與祈雨事件

中共革命在很大程度上是農村革命、農民革命，正是依靠廣大農民的支持才渡過一個又一個難關，並最終贏得勝利的結局。而中國共產黨依靠農民的過程，既是取得兵源和錢糧的過程，也是推動農民經濟發展、穩定農民生活的過程。在推動農民經濟和穩定農民生活的過程中，涉及許多方面、許多問題，其中如何減輕戰爭和災荒所導致的困難，一直對中共革命、中共政權是一個十分嚴峻的挑戰和考驗，當 1946 年至 1949 年共產黨與國民黨進入決戰時期便更加如此。以往對中共根據地、解放區的災荒及其救治已有不少研究，但由於受到傳統革命史觀的束縛，大多仍在「政策——效果」敘事模式之下，重政策、重結果而輕過程，由此弱化了革命歷史的曲折性和複雜性[1]。尤其是中共救災措施在取得成效的同時，與農民的傳統習慣是否存在矛盾，中共政權如何處理和解決這些矛盾，尚未引起黨史學界的足夠關注。本文擬以 1948 年夏山東沂蒙解放區的抗旱救災為例對此作一初步探索。之所以選擇此例，主要

❶ 筆者近年來一直倡導「新革命史」的理念與方法。參見本書《向「新革命史」轉型：中共革命史研究方法的反思與突破》，《再議「新革命史」的理念與方法》。

是因為筆者在山東臨沂市檔案館發現了與此相關的史料[1]。其實，這一事件本身在中共革命史甚至山東革命史上並無多大影響，但通過對這一事件進行梳理、描述和分析，仍然能反映比較宏大的歷史問題，即中共革命的救災理念及實踐、農民群眾的心態及行為，尤其是中共幹部與農民群眾之間的互動關係、革命政策與民間傳統的相互糾葛。

一、1948 年沂蒙解放區的旱荒與生產救災

沂蒙解放區主要指蒙山、沂水地域，在解放戰爭時期歸屬中共山東解放區。山東解放區由山東抗日根據地發展而來，包括魯中、魯南、濱海、渤海、膠東等五個行署，沂蒙解放區在魯中區的範圍之內。根據 1945 年抗戰勝利後魯中區黨委的劃分，魯中區包括沂蒙、泰山、沂山等三個專署。沂蒙專署包括蒙山、蒙陰、沂東、沂中、沂南、沂源、新泰、泰寧等八個縣。1948 年 7 月，魯中、魯南合併為魯中南區，沂蒙專區轄蒙山、蒙陰、沂水、沂南、沂源、莒沂等六個縣。[2]

作為中共華東的主戰場，到 1947 年下半年，山東解放區已經連續取得多場戰役的勝利，成功遏制了國民黨的進攻步伐，戰場基本轉移到國統區。在此情況下，中共華東局將工作重心轉到生產救災工作上來，通過恢復和發展根據地生產，鞏固已經取得的勝利果實。[3] 其中，最需要解決的是戰爭引起的災荒問題。在長期被國民黨控制的農村裏，農民的

---

❶ 目前筆者尚未發現學界發現和研究過這一事件。有關地方黨史著作、革命回憶錄，在涉及 1947 年至 1948 年的生產救災敘述中，亦未提到農民祈雨事件以及祈雨過程中發生的衝突。有三篇碩士論文對山東抗日根據地、解放區的救災有所闡述（趙晨：「山東抗日根據地救災機制探析」，碩士學位論文，山東大學，2010 年；肖麗婷：「山東根據地和解放區的救濟事業研究」，碩士學位論文，山東師範大學，2010 年；武盼：「山東抗日根據地對災荒的治理及啟示」，碩士學位論文，天津商業大學，2012 年），但較少反映中共政權與農民群眾的互動關係。應該說，不止山東，其他根據地、解放區的相關研究也大致如此。需要說明的是，本章所涉及的祈雨事件，相關史料並不是特別豐富，因此在敘述和分析上都受到一定局限，不過大致能夠說明問題。

❷《中共臨沂地方史》第 1 卷，中共黨史出版社，2009 年，第 3、435–436、583–584 頁。

❸《中共臨沂地方史》第 1 卷，第 395–396、446–448、573–577 頁。

存糧幾乎被徵用一空，牲畜和農具也都遭到嚴重破壞。如沂源縣，據張莊、黃莊、魯村、曆山等四個區的不完全統計，被國民黨軍隊抓走或逼走青壯年 1 萬多人，被拆房屋 1 萬餘間，被搶糧食 164 萬斤，損失牛驢、騾、羊等 8.8 萬多頭，被割走莊稼幾萬畝[1]。即便戰火停止之後，災荒依然非常嚴重，斷糧情況頗為普遍。在蒙陰縣大崮區的饑民數量上升到全區的 1–2，個別村達到 2–3；石匠窩有 88 戶人家，斷糧即達 40 戶，群眾多以翻白草、菠蘿葉充飢[2]。部分群眾發生臉腫、無力移動甚至病餓而死等現象。中共革命的大好形勢面臨嚴峻考驗，「若不能迅速、全面的解決，就有可能在春荒之後，造成夏荒、秋荒、冬荒，使災荒成為長期的連續的，以致影響到大反攻能否更順利的發展」[3]。

在如此嚴峻的形勢下，1947 年冬至 1948 年初，華東局連續召開會議，將生產救災作為山東解放區全黨全民的中心工作，提出「不餓死一個人、不荒掉一畝地」的口號，並頒佈八項禁令，全黨全機關厲行節約，以減輕農民負擔[4]。這一生產救災的理念，繼承了中共建立革命根據地、解放區以來組織農民渡過戰爭災難和自然災害的基本模式。在傳統社會，官方較少介入農家生產和農民生活，而在根據地、解放區，共產黨一直比較重視對農民生產和農民生活的領導，並成為中共革命社會經濟發展的一個重要特徵。

在華東局的指示下，沂蒙地委於 1947 年 12 月成立生產備荒委員會，全面負責領導本地的生產救災工作[5]。主要是取消之前土改過程中強迫建立的互助組，重新按照群眾自願和等價交換的原則，建立勞動互助

---

❶ 朱兆彬、劉兆東主編：《沂蒙旌旗》，黃河出版社，1996 年，第 475 頁。
❷《中共蒙陰黨史大事記（1922–1949）》，中共黨史出版社，1994 年，第 200 頁。
❸ 社論：《緊急完成生產救災，繼續貫徹整編工作》，《軍政通訊》第 14 期，1948 年 4 月。
❹《山東革命歷史檔案資料選編》第 19 輯，山東人民出版社，1981 年，第 528 頁；《中共臨沂地方史》第 1 卷，第 573 頁。
❺《中共沂蒙黨史大事記（1923–1949.9）》，山東人民出版社，1992 年，第 287 頁。

組，鼓勵發展副業[1]。1948年開春後，沂蒙地委又於3月初召開會議，部署生產救災的具體工作。地委撥出貸種糧25萬斤、救濟糧13萬斤，支援沂南等重災區，將發放生產所需的救濟糧食和資金稱為「生產糧」「生產金」，鼓勵群眾積極參與生產自救[2]。相反，對於沒有生產計劃又要求救濟的勞動力，一律不發放救濟糧。在農業生產中，中共喊出「多鋤一遍地、多上一車糞、多打一成糧」的口號，組織群眾搶種蔬菜，多種早熟作物，加強田間管理，在生產互助組中則採取人工換牛工的方式，以牛主的利益為優先，鼓勵群眾多養牲畜。沂蒙地區的生產救災工作取得明顯成效，如蒙陰縣消滅荒地9338畝，開生荒地1092畝，播種蕎麥1517畝，7744人參加支前運輸，共運糧食160萬斤、煤55萬斤、花生1165637斤，從中提成糧食770636斤[3]。

整個山東解放區也是如此。在1948年上半年的生產救災運動中，調劑了近百萬畝土地，開墾150萬畝以上的荒地，恢復了一部分群眾的生產工具，安全渡過1948年初嚴重的春荒。春季救災的成功經驗讓華東局進一步意識到，生產救災既可以促進生產、安定民心，還能消除前期土改造成的矛盾，糾正過去侵犯中農和錯誤劃分階級成分，拉近黨群關係，鞏固解放區的政權建設。[4]

然而，春季救災的成功並不意味着災荒停止了，不過是在戰爭災荒的基礎上增加了自然災害而已。到1948年初夏，沂蒙地區久旱不雨，旱情浮現。沂源縣自5月中旬至7月麥收前後50餘天未降雨，嚴重影響夏收夏種[5]。沂南全縣豆子僅種半數，已種豆子多有旱死的情況，如橋崖子

---

❶ 沂蒙地委：《關於副業救荒的報告》（1948年4月20日），山東省臨沂市檔案館藏，0001-01-0044-015。

❷ 丁龍嘉主編：《中共魯中地方史》，中共黨史出版社，2006年，第428頁。

❸ 《中共蒙陰黨史大事記（1922–1949）》，第201頁。

❹ 《華東生產救災經驗總結》（1948年），《山東革命歷史檔案資料選編》第20輯，山東人民出版社，1986年，第295、300頁。

❺ 沂蒙地委：《抗旱工作總結》（1948年8月4日），山東省臨沂市檔案館藏，0001-01-0051-018。

莊即有 400 多畝旱死，沒有旱死的也大部發黑[1]。旱情的出現讓農民急躁不安。沂源縣曆山區西北麻村的村民在街頭上紛紛議論沒有辦法，「什麼時候是個盼頭，天又不下雨，想着南瓜早下來接接口現在都旱壞了。也有的說天這麼旱，地鋤不了，鋤了也不管事」[2]。可見，遭遇旱情之後，一些農民缺乏生產的信心。

為了應對旱情，沂蒙各縣、區繼續以生產救災的積極態度，紛紛召開大會，進行抗旱工作的動員與佈置，提出「水澆水種」的抗旱方法，以「澆一畝，收一畝；澆一分，收一分」「多種一棵多得一棵，多澆一棵多收一棵，誰種的多、交澆的多，誰收的多」為口號，號召群眾全力抗旱。沂南縣委向全縣發佈了抗旱救災的具體通知。[3] 沂源縣也先後在人代會、分區大會上佈置和組織群眾積極參加抗旱[4]。西北麻村支部召開村民會議，教育村民不要光着急，不要等雨靠天，要行動起來戰勝天旱，並以兩家農民的事例說明抗旱救災的效果：馬兆蘭家一畝地澆了兩遍水、鋤了兩遍、上了四車糞，打了 190 多斤麥子；相反，張朝珠家兩畝地都沒澆，鋤了一遍也沒上糞，只打了 70 斤[5]。在地方政府的動員下，一些群眾提高了抗旱生產情緒，開始了抗旱保苗行動。如沂源縣到 6 月底，水種 3.2 萬餘畝，佔夏種任務的 30% 以上，每天平均進展 2400 餘畝[6]。

顯然，沂蒙解放區應對旱荒的辦法與中共革命政權一直提倡的生產救災精神是一致的，與整個山東解放區春季生產救災的作法也是一脈相承的。

---

❶ 沂蒙地委：《各區村夏種夏鋤及抗旱的貫徹情況》（1948 年 7 月 6 日），山東省臨沂市檔案館藏，0001-01-0045-012。

❷ 沂蒙地委：《曆山區西北麻抗旱情況通報》（1948 年 7 月 3 日），山東省臨沂市檔案館藏，0001-01-0054-038。

❸ 沂蒙地委：《各區村夏種夏鋤及抗旱的貫徹情況》（1948 年 7 月 6 日），山東省臨沂市檔案館藏，0001-01-0045-012。

❹ 沂蒙地委：《抗旱工作總結》（1948 年 8 月 4 日），山東省臨沂市檔案館藏，0001-01-0051-018。

❺ 沂蒙地委：《曆山區西北麻抗旱情況通報》（1948 年 7 月 3 日），山東省臨沂市檔案館藏，0001-01-0054-038。

❻ 沂蒙地委：《抗旱工作總結》（1948 年 8 月 4 日），山東省臨沂市檔案館藏，0001-01-0051-018。

二、農民祈雨活動

儘管各縣區的抗旱救災取得了一定成效，但並未如春季對付戰爭災荒那般順利。在自然災害的「天災」面前，不少農民仍如旱情剛開始發生時那樣缺乏足夠信心，因為他們在傳統意識中有對「老天」的畏懼和祈盼。

一些農民並不完全接受和相信縣委提出的抗旱措施。有的人說天旱是天意，澆也不管用，特別是豆子[1]。在水利條件較差的地方，群眾不僅缺乏水種水澆的種植習慣，而且缺乏對水種水澆做法的信心[2]。在此情形下，群眾投入抗旱運動的熱情當然難以持續。部分村幹部也認為，水利條件的好壞是決定開展抗旱工作的主要條件，因此對水利條件差的地區的抗旱同樣缺乏堅定的信心。有的區幹部甚至對抗旱生產的領導也不夠堅決，沒有找到抗旱的具體辦法。[3] 這些因素導致水種農作物的進度緩慢。沂源縣從麥收後到 6 月下旬近十天時間才水種 8000 餘畝，僅佔夏種任務的 7%，每天平均進度不到 1000 畝[4]。不僅如此，群眾更多地選擇水種玉米、水澆地瓜、玉米、南瓜，但這類作物種植畝數較少，對於種植面積較多的豆子卻很少澆灌[5]。

正是由於抗旱的效果不夠理想，農民就開始轉而乞求用民間傳統的祈雨方式來解決問題。一般來說，中國農民比較務實，他們相信祖輩留傳的經驗，沒有應驗的事不做，超出經驗之外的話不信，一切均以「耳

---

❶ 沂蒙地委：《各區村夏種夏鋤及抗旱的貫徹情況》（1948 年 7 月 6 日），山東省臨沂市檔案館藏，0001-01-0045-012。

❷ 沂蒙地委：《抗旱工作總結》（1948 年 8 月 4 日），山東省臨沂市檔案館藏，0001-01-0051-018。

❸ 魯中三地委：《崖莊區崖莊祈雨問題處理情況報告》（1948 年 9 月 12 日），山東省臨沂市檔案館藏，0006-01-0012-006。

❹ 沂蒙地委：《抗旱工作總結》（1948 年 8 月 4 日），山東省臨沂市檔案館藏，0001-01-0051-018。

❺ 沂蒙地委：《各區村夏種夏鋤及抗旱的貫徹情況》（1948 年 7 月 6 日），山東省臨沂市檔案館藏，0001-01-0045-012。

聽為虛，眼見為實」為准，但「也講究些毫無實際意義的虛文禮數，愛聽愛傳些不着邊際的謠言」[1]。受這種矛盾心理的影響，農民既會在生存邊緣線的壓迫下積極投入生產，又有着「靠天吃飯，天命難違」的被動心態，堅信老天爺不下雨，不求老天爺，幹什麼都沒用。在旱災發生時，許多農村都有祈雨的風俗。如蒙山縣有俗語「大旱大旱，過不了五月十三」，如果過了五月十三還不下雨，就認為是「關老爺磨刀不用水，幹磨」[2]，「此地過去曾有祈雨風俗，天旱時即抬關公，因祈雨落雨豎過兩次碑」[3]。所以，當沂蒙解放區發生旱災時，一些群眾對抗旱救災的態度非常消極，有人甚至說：「現在天也不下雨，旱的這個樣，莊稼種不上，種上也都幹死了，打不着糧食了，打了糧食也不夠交公糧的，這樣還能過嗎，趁早逃荒吧。」[4] 與中共政權提出的生產救災措施相比，群眾更願意選擇祈雨這種古老的信仰儀式來應對旱情。農民集體敲鑼打鼓，敬神拜天，通過祈雨儀式宣泄內心對旱災的恐懼，渴求老天憐憫庇佑，將活下去的希望寄託在老天爺身上。舉辦一場完整的祈雨儀式需要持續四天到九天的時間，前三天由領頭人帶領，用罎子取水放到關帝廟，參與祈雨的群眾在廟前燒紙磕頭，上供求雨。第四天左右開始抬攆，用轎子杆把關公的神像抬到街上去遊行，遊行隊伍裏有人專門敲鑼打鼓。舉行完這樣的儀式之後，如果幾天之內落了雨，村民還要集資請戲班子唱大戲，感謝老天降雨。如果仍未落雨，就要「曬神」，把關公塑像抬出來，放在路上暴曬幾天。由此表明，農民是很實際的，當信仰者或崇拜者得不

---

❶ 張鳴：《鄉土心路八十年：中國近代化過程中農民意識的變遷》，陝西人民出版社，2013 年，第 31 頁。

❷ 蒙山縣志編纂委員會辦公室編：《蒙陰縣志》，齊魯書社，1992 年，第 511 頁。

❸ 沂蒙地委：《祈雨情況報告》（1948 年 8 月 4 日），山東省臨沂市檔案館藏，0001-01-0054-034。

❹ 沂蒙地委：《關於祈雨事件給張周政委的信》（1948 年 7 月 18 日），山東省臨沂市檔案館藏，0001-01-0054-033。

到所求恩惠的時候，他們就會對神靈或偶像大加「毒打」[1]。

蒙山縣仲裏區的祈雨活動由康家營的幾個村民發動，其中既有復員軍人，也有軍屬，還有黨員。他們先後到劉莊、白龍廟、魏家莊等村聯絡，共有八個村到關公廟商量祈雨事宜，制定了一個簡單的計劃：祈雨儀式一共分九天進行，三天上場燒香，三天跋壇抬攆，如果六天之內不下雨，就把關公石像抬到太陽下曬上三天。村幹部對於祈雨的準備過程都是清楚的，且大多參加了祈雨。甚至有區幹部表示，儘管囑咐村幹部不准求雨，但對群眾求雨，政府不予干涉。[2] 同樣，朱滿莊、勝良莊、薛莊、王林村、安定莊、單家莊、丁王莊等六個村莊，也合作辦理祈雨活動，規模更大。在祈雨的第二天，以朱滿莊為中心，西到 70 里的卞橋，東到方城，南到徠莊鋪，北到費縣城裏，在很短的時間內聚集了六七千人。安定莊共有 80 餘戶，有 75 戶參加祈雨活動。附近的黃米崖村的青年婦女兒童，還有組織地來參加祈雨活動。大部分黨員、村幹、民兵也都參與了祈雨活動。[3]

在沂源縣，曆山區田莊共有 211 戶，幾乎每戶都有人參加祈雨活動，其中男性 78 人、婦女 70 多人、青年兒童 100 餘人。在普通農民和軍屬之外，21 個村幹部、16 個黨員以及村長、閭長等幾乎都參加了祈雨活動。有的表面上沒有參加，實際上也參加了。[4]

在沂水縣，崖莊區崖莊的祈雨活動還摻雜了民間組織的力量。該村是以當地民間祕密會社「老母會」的名義發起的，將裏面所有的人員都

---

❶ 李向平：《信仰、革命與權力秩序：中國宗教社會學研究》，上海人民出版社，2006 年，第 18 頁。

❷ 沂蒙地委：《祈雨情況報告》（1948 年 8 月 4 日），山東省臨沂市檔案館藏，0001-01-0054-034。

❸ 沂蒙地委：《朱滿區勝良莊祈雨事情經過》（1948 年 7 月 16 日），山東省臨沂市檔案館藏，0001-01-0054-032。

❹ 沂蒙地委：《封建迷信祈雨情況》（1948 年 7 月 26 日），山東省臨沂市檔案館藏，0001-01-0054-036。

動員起來。但與上面幾例一樣，村幹部、黨員也開會同意祈雨。[1]

由上可見，祈雨不僅僅是一場普通村民參加的活動，村幹部、黨員作為村民的一員，也有着與村民一樣的心態、利益和行為，從而使得祈雨活動變得複雜化。而個別區幹部的曖昧態度，一定程度上反映了革命理念對農村現實的遷就。

民間習俗尤其是祈雨活動，帶有強烈的傳播性、模仿性。如沂源縣西台村一聽到王村祈雨後，很快就行動起來，集中了 150 多人開展祈雨活動。據一個鄉的不完全統計，有 16 個村在農曆六月十五日前後舉行了祈雨儀式，其中文坦區八個村就有四個村舉行祈雨活動，甚至出現多個村聯合舉行大型求雨儀式的現象。[2]

但祈雨活動的頻頻發生，大大增加了農民的花費。如蒙陰縣小東崮村為舉行祈雨儀式，每戶捐麥子一斤，共計捐出 200 多斤。沂源縣曆山區田莊村的三天祈雨活動就花費北幣 400 多元。朱滿莊、勝良莊、薛莊、王林村、安定莊、單家莊、丁王莊等六村村民參與祈雨的熱情十分高漲，有錢捐錢，有物捐物，短短兩天就湊齊北幣 17.68 萬元、麥子 389 斤。有的群眾還自發購買豬頭、紙箔、魚和酒等，當晚就在朱滿莊開設祭壇。周圍村莊的群眾聞訊，也陸續趕來，有的自帶了兩天的食物參加祈雨，有的老太太自帶紙箔來燒香上供。[3] 由於求雨儀式從準備到實施大致需要十天左右的時間，耽擱了農業生產的進行，使抗旱救災運動一度陷入被動局面。因此，對於一向提倡節儉和生產救災的中共政權來說，祈雨活動顯然是不願看到也不能接受的。

---

❶ 魯中三地委：《崖莊區崖莊祈雨問題處理情況報告》（1948 年 9 月 12 日），山東省臨沂市檔案館藏，0006-01-0012-006。

❷ 沂蒙地委：《封建迷信祈雨情況》（1948 年 7 月 26 日），山東省臨沂市檔案館藏，0001-01-0054-036。

❸ 沂蒙地委：《朱滿區勝良莊祈雨事情經過》（1948 年 7 月 16 日），山東省臨沂市檔案館藏，0001-01-0054-032。

三、區幹部與祈雨民眾的衝突

在沂蒙地委的指示下，各縣召開會議進一步傳達上級指示精神，部署抗旱救災工作，並開始入村調查祈雨活動。調查和阻止祈雨事件的任務，主要由區幹部來完成。如前所述，有的區幹部對抗旱生產不夠積極，個別幹部還對農民的祈雨活動抱有曖昧態度，不過絕大多數幹部擁護生產救災的理念，將農民的祈雨活動視為封建迷信。在此情勢下，區幹部首先在村民中開展反封建迷信的思想教育，阻止祈雨活動，動員村民重新加入抗旱救災的生產工作中去。

然而，村民並不認同區幹部的做法。未舉行或正在舉行祈雨的村莊，得知區幹部即將入村調查的消息後，不僅沒有打消祈雨的念頭，反而變得更加強硬。在一個難以預測和不可把握的自然災害的生態環境中，人們往往會把造成飢餓之苦的直接原因（如久旱無雨）與人的某些不適當行為——破壞宇宙平衡的行為——掛起鈎來[1]。一些農民對中共政權的抗旱生產就產生了埋怨情緒，認為共產黨「抗旱」就是「抗天」，「共產黨靠着咱交的公糧吃飯，他們不用靠天，咱自己得靠天吃飯」[2]。在這種意識的籠罩下，區幹部阻止祈雨就變成阻止老天下雨的「破壞」行為，共產黨的形象不再是「人民的親人」，轉而變成「老天的敵人」。反之，農民將求雨視為捍衛自己的生存權利，並由此形成一個群情激憤的利益群體。各村村民聚集在一起，更加周密地準備祈雨計劃，反抗甚至打敗區幹部成為村民集體行動的一個目標。[3]

在蒙山縣，仲裏區的祈雨村民已經做好應對區幹部的準備。他們

---

❶〔美〕柯文著，杜繼東譯：《歷史三調：作為事件、經歷和神話的義和團》，社會科學文獻出版社，2015年，第95–96頁。

❷ 沂蒙地委：《關於祈雨事件給張周政委的信》（1948年7月18日），山東省臨沂市檔案館藏，0001-01-0054-033。

❸ 法國學者勒龐認為，當願望受阻時，群體很容易就進入激憤狀態，任何障礙都會被粗暴地摧毀。參見〔法〕古斯塔夫．勒龐著，夏楊譯：《烏合之眾——大眾心理研究》，商務印書館，2011年，第27頁。

說，區幹部一來村裏就揍他，如果求雨求來了，還要到區公所去打仗。當村民強烈要求祈雨時，村幹部不僅沒有設法加以教育和阻攔，反而縱容祈雨活動的發生。[1] 在小張莊的祈雨活動中，村幹部不僅縱容群眾祈雨，還帶頭組織祈雨。村長和農會長一起召開全村的群眾大會，村幹部問群眾：「天旱了咱怎麼辦啊？」群眾說：「祈雨。」村幹又問：「大家都願意祈雨吧？」大家說願意。村幹接着又問：「祈雨的時候，區幹來了不叫祈雨怎麼辦？」有群眾說：「來了就打。」還有人建議，對村長、農會長假打，對區幹部要真打。在埠南莊村，為爭取祈雨的權利，對抗區幹部，群眾還準備了鐮刀、剪子、棒子等武器。[2]

然而，村民的心態和行為是區幹部始料不及的。他們在渾然不知的情況下，仍按部就班地到村子干預和阻止祈雨活動。當區幹部秦恆仁指導員、縣公安局劉勇股長和通訊員小崔得到小張莊祈雨的消息後，立即趕到村裏與該村林指導員匯合，還到農會長家中了解情況，要求撤掉神棚、轎攆等迷信工具。但農會長並沒有如區幹部所想像的站在他們的立場上，而是認同祈雨村民的觀念和做法，他以外出教育群眾為由脫開區幹部，實則向小張莊村民通風報信。當農會長返回不久，先有三四十個婦女湧來打林指導員，而後又有三四十個青年，除了打林指導員以外，也假意給了農會長一個耳光。有意思的是，這個與村民一致的農會長，被打了一耳光之後就不見了。其實，村民最主要的攻擊對象是秦指導員和劉股長，他們不僅卸掉兩人的槍，還將他們捆綁起來，邊往街上走邊用棍子和鞋底打，街上一二百位村民也加入進來，將劉股長的頭都打破了。[3] 平時保守、懦弱的村民，之所以敢於衝擊擁有一定權力的區領導，

---

❶ 沂蒙地委：《祈雨情況報告》（1948 年 8 月 4 日），山東省臨沂市檔案館藏，0001-01-0054-034。

❷ 沂蒙地委：《茲將小張莊祈雨情況再次報告》（1948 年 7 月），山東省臨沂市檔案館藏，0001-01-0054-037。

❸ 沂蒙地委：《魯村區小張莊祈雨打區幹情況報告》（1948 年 7 月），山東省臨沂市檔案館藏，0001-01-0054-035。

不僅與傳統觀念的精神支持有關，更與人多勢眾的推力有關。有的村幹躲避區幹部並暗中支持村民的對抗行為，則與其本來就是村莊的一員以及參與、組織了祈雨活動是一致的。

在駟頭村的關帝廟，也發生了村民和區幹部的衝突。與小張村的情況稍有不同，區幹部到駟頭村之後，並沒有要求村民立即拆掉祈雨的工具，而是主動將隨行民兵的槍卸下來放在屋裏，以緩和緊張的氣氛，試圖通過說服教育的方式與參加祈雨的村幹和群眾溝通。但即便如此，當區幹部和祈雨領頭人商量處理方法的時候，領頭人卻突然喊了一聲「揍了吧」，周圍群眾立刻圍了上來，用石頭、棍子追着區幹部打，一邊打一邊喊「打死區狗子」「共產黨抗旱抗的不下雨」。直到區幹部在幾個參加祈雨的黨員幹部的保護下逃進屋裏，群眾才停止毆打，但仍站在門口大罵。不久，憤怒的群眾又聽聞劉莊的群眾被區幹部攔住，不讓來駟頭關帝廟參加祈雨，便帶着菜刀等武器趕到劉莊。因為沒有找到住在劉莊的區幹部，就抄了他的家。[1] 在這一衝突中，參加祈雨的村幹部分為兩類：一類是不僅煽動群眾情緒，而且參加毆打區幹部的行動；另一類則只是默許並且參加祈雨活動，當毆打事件發生後，能主動保護區幹部逃跑。但不管村幹部扮演了怎樣的角色，他們沒有一個人將群眾的祈雨計劃提前告知區幹部，這導致整個教育工作陷入十分被動的局面。區幹部既不了解群眾的真實想法，也無法提前做好應對措施。

當有的村子「打敗」了阻止祈雨的區幹部後，舉行了祈雨儀式，這對許多有意祈雨的村莊造成了暗示和刺激，認為祈雨是正義的，不讓祈雨的區幹部是「敵對者」，只要打跑了他們，就能獲得抗爭的勝利。在這種心態的鼓舞之下，謀劃對抗區幹部進行祈雨的村莊數量明顯增加，情緒也更為激烈。某村在組織祈雨的過程中，有群眾聲稱當東關村祈雨時，區幹部來阻止，村裏人把區幹部打了一頓，上級來人給村裏人道歉

---

❶ 沂蒙地委：《關於祈雨事件給張周政委的信》（1948 年 7 月 18 日），山東省臨沂市檔案館藏，0001-01-0054-033。

了。準備祈雨的村莊甚至說，打死區幹部算了。楊家廟準備好武器，利用軍屬和婦女對付區幹部，還提出了幾招應對之策。[1]

祈雨村民對抗區幹部的情緒愈演愈烈，甚至出現圍攻區政府的情況。在沂水縣崖莊區，區幹部到崖莊村制止祈雨，祈雨領頭人號召村民：「咱今天去祈雨，區上不叫祈咱就和他打起來，誰也不要裝孬種。」村民當即帶着木棍去九岑坡區政府尋找區幹部，區幹部黃指導員與獨立營于幹事帶領兩個班到路上試圖擋住他們，對他們進行說服教育，說祈雨是勞民傷財的行為。但村民不僅予以拒絕，反而繼續湧向區政府。黃指導員和于幹事仍想阻攔，婦女們蜂擁而上，將黃指導員和于幹事圍了個風雨不透，邊打邊將砂子揚到他們臉上。黃指導員在抵抗的同時，仍進行苦口婆心地勸說，但繼續遭到亂棍齊打，他「看勢不妙，忙逃跑九岑坡，後面擁集而追。若一時躲避不及，性命難保」。與黃指導員不同，面臨來勢迅猛的村民，胡區長以和藹態度予以安慰，述情賠禮。但胡區長同樣遭到痛打，他「看勢不妙，與黃指導員一同逃跑」。村民對他們追趕了二三里路，直到不見蹤影，才集合回到崖莊。在返回的路上，又碰到區幹部蘭玉璽、李世武，村民張同新和弟弟卸掉兩人的槍，拳打腳踢數十下，還硬逼他們推車，車上有四個人，走不動就用棍子打。張同新還集合 300 餘人，命令都不許回家，到區政府把政府人員取消，另選人當區長，「就成了咱的了」。到區政府之後，吃伙房，砸倉房，場面混亂至極。當區財政助理剛回到區政府大門外，村民也不由分說拳打數十下，打腫的胸部十多天後才消腫。此外，還拿走白面、衣服、洋火、茶缸、蓑衣等。[2] 衝突到了這個階段，村民幾乎完全失掉理智，變成「無政府主義」者了。

---

❶ 沂蒙地委：《祈雨情況報告》（1948 年 8 月 4 日），山東省臨沂市檔案館藏，0001-01-0054-034；沂蒙地委：《關於祈雨事件給張周政委的信》（1948 年 7 月 18 日），山東省臨沂市檔案館藏，0001-01-0054-033。

❷ 魯中三地委：《崖莊區崖莊祈雨問題處理情況報告》（1948 年 9 月 12 日），山東省臨沂市檔案館藏，0006-01-0012-006。

作為祈雨事件中的受害者，區幹部的反應比較複雜。有的區幹部認為不能吃這麼大虧，於是採取報復行動。遭到小張莊群眾毆打的區幹部秦恆仁，被村民扭送到鄰村楊莊後，偷偷派人送信給臨近的村子，要求村幹部集合民兵站崗查路，不要放走小張莊毆打區幹部的兇手。鄰村的村幹部立刻組織民兵隊伍，將秦恆仁解救出來，一起到小張莊，將逮捕打人的主要村民扭送到公安局；將毆打幹部比較厲害的三個婦女在院子裏罰跪，邊拷打邊審問。區幹部的報復使小張莊陷入一種恐慌的情緒，參與鬥毆事件的村民惴惴不安。[1] 在崖莊，區幹部將帶頭祈雨的群眾和參與祈雨的村幹部關進牛棚審查，村幹部極為恐慌，有的村民因害怕被追究，匆忙出逃，甚至出現畏罪自殺的事件[2]。不過，更多的區幹部保持了對祈雨村民的克制，但產生了低落、畏難情緒。特別是一些村莊放話說要打死、殺死區幹部時，他們十分恐慌，感覺已經無法領導群眾了，於是拒絕到村走訪，不想再去阻止群眾求雨。有的區幹部甚至期待不下雨，害怕群眾真求來雨，自己臉上掛不住。[3]

以上祈雨過程的暴力衝突，體現了群眾和幹部之間互不信任的面相，黨群關係、幹群關係出現了危機。如何緩解和消除這一矛盾，對中共地方政權無疑是一個嚴峻的考驗。

四、以溫和的方式解決幹群衝突

深入基層社會，廣泛接觸民眾，解決與民眾之間的矛盾和問題，獲得民眾的擁護，一直是中共革命的看家本領。針對祈雨事件中的衝突，

---

❶ 沂蒙地委：《茲將小張莊祈雨情況再次報告》（1948 年 7 月），山東省臨沂市檔案館藏，0001-01-0054-037。

❷ 魯中三地委：《崖莊區崖莊祈雨問題處理情況報告》（1948 年 9 月 12 日），山東省臨沂市檔案館藏，0006-01-0012-006。

❸ 沂蒙地委：《祈雨情況報告》（1948 年 8 月 4 日），山東省臨沂市檔案館藏，0001-01-0054-034。

中共沂蒙解放區地委、縣委「理法並用」，以安撫幹部群眾情緒、穩定鄉村混亂局面為目標，主要依照「曉之以情、動之以理」的原則，也就是以情感而非暴力的方法來解決黨群關係、幹群關係的矛盾。

蒙山縣的作法首先是解決區幹部的思想問題。縣委、縣政府領導與區幹部開展一對一的談話，對他們既進行教育，又給予安慰，穩定情緒。縣領導着重說明群眾和幹部的對立是暫時的，群眾終究會依靠幹部，要求他們在開展工作時要講求方式方法，大膽耐心地說服群眾，不能太過死板，以防止群眾不滿直至出現驅趕幹部的現象。蒙山縣委在教育區幹時提出：「如果真正群眾不叫我們參加，不讓我們發言時，即利用當地黨員村幹，或黨員幹部的親屬關係直接參加與群眾一塊進行祈雨，打入裏面進行了解情況，特別是了解壞分子活動情形，再進行研究作適當的處理。」與此同時，縣委還要求區幹部不能畏懼退縮，不敢教育群眾，以重建和提高區幹部的工作積極性。[1] 在工作中，中共允許基層區幹部因時因勢進行調整，顯示了革命的原則性與實際工作的靈活性。也就是說，在戰爭尚未結束、政權還沒有穩固的情況下，革命政策可以適當與農民的傳統觀念實現妥協。與消除農民的封建迷信思想相比，維護黨群之間的和諧以保障戰爭補給，才是最為急切和重要的。

其次，縣領導親自到村裏召開村民大會，以安撫群眾情緒為主，兼顧反對封建迷信的教育，號召群眾下地澆田，積極參加抗旱生產。蒙山縣領導主要強調了五個方面。一是強調共產黨與農民群眾在抗旱問題上的一致性。為消除農民的「共產黨不想讓老天下雨」的思想，縣領導首先表態，天旱不下雨，政府和群眾一樣着急，政府理解群眾的痛苦，政府也想讓老天下雨。二是強調共產黨幹部與群眾是一家人。縣委領導特別指出，在村民毆打區幹部的過程中，區幹部並沒有還手毆打群眾，「你們打區幹的時候，區幹手裏明明有槍，為什麼不用槍打群眾，因為幹部

---

❶ 沂蒙地委：《祈雨情況報告》（1948 年 8 月 4 日），山東省臨沂市檔案館藏，0001-01-0054-034。

和群眾是自己一家人。哪有一家人還打架的事。咱一家人，因為幾個壞分子鬧了彆扭，就應該孤立壞分子，咱們幹部寧願捱打也不能去打好群眾啊」。三是強調法令意識。政府有法令，打人殺人都是違法的事，遵守政府法令才是好群眾。四是強調抗旱救災的重要性。天不下雨，不能埋怨共產黨抗旱，共產黨已經幫群眾克服天不下雨的困難，澆一棵得一棵，澆一片得一片，比如在汶區，就已經澆灌豆子、玉米、地瓜 270 多畝。五是強調群眾只有依靠共產黨和政府才能獲得幸福生活，「共產黨是為人民服務的，從打日本鬼子，打國民黨，到今年春天的生產救災，共產黨一直是向着群眾的。國民黨來了，又是佔村又是像土匪一樣搶掠殺害，這時候是誰救了咱，是共產黨救了咱。所以說，只有靠共產黨才能活下去」。[1]

沂水縣的作法與蒙山縣大致類似，同樣是先做區幹部的工作。縣領導經過一個多月的調查，認為祈雨事件儘管源於群眾的迷信落後，但也與區幹部抗旱工作不力並在祈雨事件發生後採取命令鎮壓的方式有關，這一偏差直接造成了脫離群眾以及毆打現象的出現。因此，縣領導決定先由區幹部向支部群眾大會做檢討。區幹部駐村之後，向全體黨員大會做檢討，說明問題發生的經過，承認工作不夠耐心，方式生硬，把群眾幹部押在牛棚裏是錯誤的，根源在於沒有體會到群眾的痛苦，沒有理解群眾迫切要求落雨的心情，沒能很好地領導群眾抗旱。儘管祈雨勞民傷財，對群眾不利，進行制止是對的，但由於盲目制止，導致抗旱工作停頓。參與祈雨的村幹部黨員也做了檢討，承認他們得知村民祈雨後，既沒有制止，也沒有向區裏匯報，完全是不管不顧、不負責任的態度。之後，召開村民大會，由祈雨主犯當眾反省，作出保證後獲得擔保釋放。區領導還認為，之所以發生這種事件，也與無辜群眾受到壞人的欺騙拉攏有關，強調共產黨政府與群眾的關係是密切的，政府是人民的政府，

---

[1] 沂蒙地委：《祈雨情況報告》（1948 年 8 月 4 日），山東省臨沂市檔案館藏，0001-01-0054-034。

是保護人民利益和領導群眾生產的政府，誰積極領導生產，保證抗災生產，就是好幹部。[1]

沂源縣的側重點有所不同。縣領導特別對祈雨事件中可能存在的敵對勢力進行了調查分析，認為各地之所以發生祈雨事件，除客觀上群眾的迷信思想及主觀上領導未將抗旱工作發展成為運動以外，也有個別村莊與會道門或敵對分子藉機控制群眾、實行搗亂破壞有關，因此必須找出原因，訂出改進計劃。為此，縣委提出三點意見：一是對付會道門，「對此問題我們體會不夠，因此不善於向隱蔽的敵人作鬥爭，我們也未採用隱蔽的鬥爭方式求得消滅敵人。沒有認真負責的向個別認為有祈雨問題的村莊及反動的道會門敵特組織中注意作打入工作及偵查工作（很早就佈置作打入工作各區至今未建立）。同時對業務技術不能迅速提高，仍然存在敵人看着我們而我們看不着敵人。今後對這樣問題各區應很好的注意防止，應採用麻痹敵人的方法進行內線偵查工作，了解敵人」，當然，沒有確實把握就不搞，嚴格逮捕手續，糾正亂捕；二是對付特務分子，在發生祈雨問題的村莊，「我們除了嚴肅的檢討自己改變作風外，進行周密的偵查了解工作，派遣（即打入）黨員幹部進行了解，弄清是非，如系特務分子乘機掌握時要將其活動的全部材料詳細搞來討論，以法懲辦，嚴禁捉風捕影隨便逮捕的現象」；三是改變與群眾的對立狀態，針對違反政策的現象，「在制止群眾祈雨中採取強迫命令的辦法，竟綁押打群眾，造成黨群對立。這些問題，我們應以嚴肅的態度來進行檢查糾正總結，找出問題的原因，提出今後的保證，以現有的材料教育全黨」。[2]

經過以上調查、分析和疏導等工作，祈雨群眾的情緒開始穩定下來。在此基礎上，縣政府對祈雨參與者進行了比較溫和的處理。譬如沂水縣崖山區對參加祈雨者分四個層次分別予以處理：對於已經逮捕的首

---

❶ 魯中三地委：《崖莊區崖莊祈雨問題處理情況報告》（1948 年 9 月 12 日），山東省臨沂市檔案館藏，0006-01-0012-006。

❷ 沂蒙地委：《關於夏防工作及群眾祈雨給分區委指示信》（1948 年 8 月 17 日），山東省臨沂市檔案館藏，0001-01-0040-013。

要分子，經大會反省並提出今後保證，同意擔保釋放；對於盲從分子，經大會反省並提出今後改正，給予無條件釋放；對於沒有逮捕的一般分子，經大會反省並提出今後保證即可；對參加祈雨的一般群眾，經大會揭發，進行教育，保證今後警惕不再上當。即便是參加祈雨的黨員幹部，只要群眾意見不多，自我檢討反省，也不做處理。對此結果，村民反映「問題的處理大都同情滿意」，縣幹部也感覺「部分群眾初步主動和我們熱心談問題」[1]。蒙山縣也大致做了類似處理。村民感歎道：「共產黨真是大仁大義，不和無知人一般見了。這次完全上了壞分子的當」，「今後可別再幹這樣的事了，共產黨還行」[2]。

從以上黨群關係、幹群關係矛盾和衝突的解決過程中可以看出，中共政權避開了與傳統天命信仰的直接衝突，沒有一味斥責群眾祈雨和毆打區幹的行為，而是首先說明政府與群眾的痛苦感同身受，共產黨是和群眾站在一起的，進而用「壞分子挑唆」這個理由，巧妙地解釋了部分群眾暫時疏遠黨的原因，將一場黨群關係的衝突轉化為階級矛盾的對立。除此之外，中共還藉助本土的倫理觀念和人情關係，進一步拉近了群眾與黨間的關係。更重要的是，強調共產黨為民服務的宗旨，民眾的幸福生活離不開共產黨。這樣一種革命話語下的情感動員，緩解乃至避免了群眾對共產黨幹部的反感情緒。

一場黨群關係的危機由此得以基本化解。當村民祈雨但並未獲得下雨的結果時，開始紛紛表示沒有什麼神靈，求了也白搭，澆地才是正事。在蒙山縣，參加祈雨的群眾拆了求雨的會場，收拾東西，回家澆地。[3] 在沂水縣崖莊區，村支部發動村民推動生產，尤其是對抗屬的地要給予幫助、儘快鋤完。某抗屬老大娘說：「俺的地鋤了，早都是管飯，

---

❶ 魯中三地委：《崖莊區崖莊祈雨問題處理情況報告》（1948 年 9 月 12 日），山東省臨沂市檔案館藏，0006-01-0012-006。

❷ 沂蒙地委：《祈雨情況報告》（1948 年 8 月 4 日），山東省臨沂市檔案館藏，0001-01-0054-034。

❸ 沂蒙地委：《祈雨情況報告》（1948 年 8 月 4 日），山東省臨沂市檔案館藏，0001-01-0054-034。

這不用管飯了，我想去送水給他們喝來，也沒好意思的去送。」[1] 在沂水縣，縣委鑒於以往政府駐村幹部對村莊工作了解不夠、幫助不夠，重新成立駐村工作小組，改選村支部，並在此基礎上組織力量夏鋤秋種，檢查督促，幫助生產[2]。在沂源縣，縣委組織機關幹部40餘人，到各區進行區村幹部思想動員，強調幹部黨員帶頭組織起來開展水種，用算季節、算時間打破區村幹部的鬆懈休息思想和部分群眾認為「晚不了」的思想，以「豆子入了伏，打着有和無」的民間俗語，提醒群眾及時計算種植任務。另外，中共還通過未祈雨村莊水種水澆的典型實例來教育群眾，打破群眾聽天由命的思想。在以上措施的推動下，大部分村莊訂出抗旱計劃，廣泛開展了水種。到7月10號左右，全縣水種玉米、豆子、地瓜等五萬餘畝，已接近夏種任務的一半。[3] 至此，從祈雨危機回歸到正常的生產救災軌道了。

五、結語

一旦突破傳統革命史的「政策—效果」書寫模式，透過歷史的具體過程，就能凸顯中共革命和鄉村、中共革命和農民之間關係的曲折和複雜性。在解放戰爭時期，當中共軍隊迅猛推進、不斷擴大解放區之時，始終貫穿着一個非常基本的社會經濟問題，就是如何應對棘手的戰爭災荒和自然災荒，解決廣大農民的溫飽，滿足軍事戰爭的需要。中共革命以往的歷史經驗昭示，只有改變單一的傳統救濟模式，介入乃至掌控農民的生產和生活，發展生產，才能渡荒救災，促進和鞏固根據地、解

---

1. 魯中三地委：《崖莊區崖莊祈雨問題處理情況報告》（1948年9月12日），山東省臨沂市檔案館藏，0006-01-0012-006。
2. 魯中三地委：《崖莊區崖莊祈雨問題處理情況報告》（1948年9月12日），山東省臨沂市檔案館藏，0006-01-0012-006。
3. 沂蒙地委：《抗旱工作總結》（1948年8月4日），山東省臨沂市檔案館藏，0001-01-0051-018。

放區的大好形勢。而包括沂蒙在內的山東解放區在革命實踐中，一直遵循這一生產救災的理念，並取得了明顯成效。然而，歷史的複雜性就在於，革命和建設從來就不是一帆風順的。在此曲折的發展過程中，傳統社會因素一直有着重要的影響，或者說，革命從來不曾離開傳統，革命與傳統從來不是割裂的，傳統生活倫理始終在纏繞和影響着革命進程。更進一步說，農民在認同革命政權及其法令、認同新的社會經濟理念的同時，也繼續遵循着以往自認為合理的生活方式和經營方式，甚至還要求革命政權也要給予一定的承認。結果，農民的傳統理念及其行為就可能與革命政策發生矛盾乃至衝突。

1948 年沂蒙解放區旱災的爆發及救災的具體過程，就十分鮮活地證明了這一點。與戰爭災荒不完全一樣，面對自然災荒，農民雖然也部分接受了革命的生產救災理念，但在「天命信仰」的支配下，農民仍在很大程度上沿襲着傳統祈雨這一民間儀式來應對旱情。問題是，經過多年的革命熏陶，中共地方幹部無法接受這種封建迷信、鋪張浪費的儀式，更不能容忍其影響農業生產的進行，所以就試圖阻止農民祈雨。農民卻認為幹部的行為是「逆天命」的，甚至將他們當成敵人，進行暴力毆打。在這一衝突過程中，農民的不滿與對抗、村幹部的縱容與默許、區幹部的憤怒與消極彼此交錯，形成了錯綜複雜的局面。中共政權並沒有將其革命意志完全強加到農民身上，而是以溫和的態度和靈活的策略，在革命與傳統的融合中重建幹群關係，為有效地化解社會危機提供了一個案例。當然，後來的歷史證明，革命與傳統之間的矛盾、政策與實踐之間的衝突並未隨着革命戰爭的結束而結束，而是在很長時間乃至今天都仍然影響着國家與社會的互動關係。

原刊《中共黨史研究》2018 年第 3 期

＊本章與高雨桐合作。

早期中國馬克思主義學者對農村經濟的主張

近代以來，儘管中國開始了「千年未有之變局」，但農村的中心地位並未發生根本的變化。「中國的農村，現在還是中國的命根。」[1]而「農村問題的中心是農村經濟問題」[2]，「不認識農村經濟是不行的」。[3]應該說，國人對農村經濟的記錄和認識有着十分悠久的歷史，不過真正從學理上進行研究則始於民國之後尤其是20世紀二三十年代。在各種研究力量中，馬克思主義學者是一支十分重要的隊伍，其突出特點是以生產關係為主要研究對象，強調階級分析方法，擁護乃至參加了中共革命。這支隊伍在馬克主義傳播、中國社會性質論戰、中國農村社會性質論戰以及農村社會經濟的調查研究中逐漸形成，湧現出王亞南、郭大力、沈志遠、許滌新、何幹之、王學文、潘東周、吳黎平、張聞天、錢亦石、陳翰笙、薛暮橋、錢俊瑞、張錫昌、駱耕漠、徐雪寒、秦柳方、王寅生、石西民、狄超白、千家駒、李紫翔、孫曉村、馮和法、劉端生、陳洪進等著名學者。[4]他們以《新思潮》、《中國農村》、《中國經濟情報》、《新中華》、《讀書雜誌》、《農村周刊》等為陣地發表文章，和其他非馬克思

---

1. 梁漱溟：《中國經濟建設的路線》(1937年8月)，中國文化書院學術委員會編：《梁漱溟全集》第5卷，山東人民出版社1992年版，第988頁。
2. 李景漢：《定縣土地調查》上，《社會科學》第1卷第2期，1936年1月，第435頁。
3. 費孝通：《學術自述與反思：費孝通學術文集》，生活·讀書·新知三聯書店1996年版，第31頁。
4. 他們發表文章常署筆名，本書采其通用姓名，但在引用資料時仍用發表時的署名。

主義學者以及雖然標榜信仰馬克思主義但對中共革命道路並不認同的學者進行了論爭，對闡釋、傳播中共革命理論以及馬克思主義經濟學的中國化作出了重要貢獻。其中，以《新思潮》為核心形成的學者王學文、何幹之、潘東周、吳黎平、張聞天、錢亦石等，側重理論分析，被稱為「新思潮派」；以中國農村經濟研究會及其雜誌《中國農村》為核心形成的學者，也就是上面所介紹的陳翰笙以下的學者，注重農村調查和研究，被稱為「中國農村派」或「分配派」，影響最為廣泛。他們多是來自江浙等南方地區、參與論爭時多為二三十歲的青年，具有極強的政治性、革命性、戰鬥性。[1] 其關於中國農村經濟的研究及其主張，既有宏觀問題，也有具體方面，以下分而述之。

一、半殖民地半封建的農村經濟

農村經濟性質是馬克思主義學者對中國近代農村經濟形態的總體概括。1927 年中國大革命結束後，先是發生了中國社會性質的論戰，這一論戰已經涉及農村經濟性質的討論。繼之掀起了中國農村社會性質的論戰，對於農村經濟性質的討論就更加直接和全面了。對此，學界主要有 4 種觀點，即資本主義經濟、封建主義經濟、商業資本經濟和半殖民地半封建經濟，其中以資本主義經濟和半殖民地半封建經濟最有影響。而所有爭論的背後，其實都與革命前途和革命方式密切相關。

馬克思主義學者持半殖民地半封建說，他們主要與資本主義說進行了爭論。後者的代表人物有兩類：一是被稱為「托派」的領袖陳獨秀和嚴靈峰、任曙等，認為自國際資本主義侵入中國以後，封建自然經濟崩潰，城市商品經濟支配了鄉村，中國包括農村已經是資本主義經濟。因

---

1 關於馬克思主義學者對中國農村經濟的研究及其主張，雷頤、吳敏超等學者的文章有所涉及，但迄今尚無專文對此做過系統的梳理、分析、比較和提煉。有關馬克思主義經濟學中國化的教科書，則幾乎沒有介紹中共革命時期馬克思主義學者對中國農村經濟的研究，令人疑惑。

此中國革命必須超出資產階級民權革命的範圍，不僅要推翻地主和帝國主義統治，還要打倒資產階級。[1] 另一類是標榜以馬克思主義研究農村經濟的學者王宜昌、王毓銓等人，提出以研究生產力為主，而中國農村資本主義經濟已經佔到優勢。[2]

馬克思主義學者受到斯大林觀點和中共中央決議的影響，但分析更加全面和深入。新思潮派學者在探究中國社會性質問題時，較早地運用馬克思主義分析了農村經濟性質。王學文指出，新興的資本主義經濟主要在沿海大都市和少數地方，基本上還處於萌芽狀態。半封建性的生產方式和生產關係仍佔統治地位，並束縛着資本主義經濟的發展。在帝國主義支配下，中國經濟還具有半殖民地性。[3] 何幹之認為，各種生產關係決定了中國經濟不是資本主義性質，而是具有半殖民地半封建性質，是一種融合着封建經濟和資本主義經濟的半封建經濟的過渡形式。中國農村最流行的是半封建的農業經營，落後的生產工具不可能是資本主義的經營方式。而且，入侵中國的帝國主義在將中國變為殖民地的同時，還要維持中國的封建殘餘。[4]

與新思潮派學者相比，中國農村派學者對中國農村經濟性質做了更為詳盡的研究。他們特別明確，生產關係是決定經濟性質的基本因素。[5]

---

❶ 陳獨秀：《我們的政治意見書》(1929 年 12 月)、嚴靈峰：《「中國是資本主義的經濟還是封建制度的經濟？」》(1930 年 7 月)、任曙：《中國經濟研究緒論》(1931 年 1 月)，高軍主編：《中國社會性質問題論戰（資料選輯）》，人民出版社 1984 年版，第 90-91、350、437、483 頁。

❷ 王宜昌：《論現階段的中國農村經濟研究》(1935 年 4 月)，中國農村經濟研究會編：《中國農村社會性質論戰》，新知書店 1936 年版，第 99–101、105 頁；王毓銓：《中國農村副業的諸形態及其意義》，《中國經濟》第 3 卷第 1 期，1935 年 1 月，第 1–2 頁。

❸ 王昂：《中國資本主義在中國經濟中的地位其發展及其前途》(1930 年 4 月)、思雲：《中國經濟的性質是什麼？》(1931 年 7 月)，高軍主編：《中國社會性質問題論戰（資料選輯）》，第 191–192、514、517 頁。

❹ 何幹之：《中國社會性質問題論戰》，生活書店 1937 年版，第 25、35、82–83、174 頁；杜魯人：《〈中國經濟讀本〉節錄》(1934 年 9 月)，高軍主編：《中國社會性質問題論戰（資料選輯）》，第 833 頁。

❺《〈中國農村〉發刊辭》,《中國農村》第 1 卷第 I 期，1934 年 10 月；通信討論：《關於半封建社會的解釋及其他》，《中國農村》第 2 卷第 10 期，1936 年 10 月，第 80 頁。

薛暮橋認為，資本主義生產方式與封建性生產方式都是存在的，但封建殘渣仍佔優勢。帝國主義的入侵雖然促進了中國的商品生產，但並未使中國農業建立起資本主義生產關係。中國農民的商品生產不是資本主義的自由生產，而是貧困導致的，農村市場仍保留了相當明顯的封建色彩。新式的農具雖然有使用，但資本主義經營非常稀少，封建半封建的地主經濟仍佔極大優勢，少有的僱傭勞動也帶有濃厚的封建和半封建性。[1] 錢俊瑞也指出，儘管中國國民經濟已經是世界資本主義的一環，但資本主義生產方式在中國的發展仍然極不充分。資本主義的農業生產方式在中國農村更未佔到優勢，半封建的小農經營仍為農業經營的支配形態，阻礙着資本主義農業的生產。不僅如此，帝國主義對中國農村的半封建性還起着維持的作用。[2]

以上馬克思主義學者的觀點，否定了資本主義性質說的推翻資產階級論，支持了中共民主革命的反帝反封建論。

二、中國農民的貧困化

農民的生活水平同樣是馬克思主義學者闡釋中國農村經濟的總體性問題，而且是農村經濟演變的結局性問題，與中共革命道路和所依靠的主體力量有着密切的聯繫。

和中國農村經濟性質不同，其他學者與馬克思主義學者對於農民生活水平有着基本相同的判斷，即處於絕對貧困狀態。柯象峰估計，在貧困線以下的中國農民約佔 3/4，不下 2.6 億人。[3] 費孝通指出：「農民的收

---

❶ 余霖：《中國農業生產關係底檢討》，《中國農村》第 1 卷第 5 期，1935 年 2 月，第 15 頁；薛暮橋：《舊中國的農村經濟》，農業出版社 1980 年版，第 12－13、46、54、64、131 頁。

❷ 周彬：《中國農村經濟性質問題的討論》，《中國農村》第 1 卷第 9 期，1935 年 6 月，第 6 頁；陶直夫：《中國農村社會性質與農業改造問題》，中國農村經濟研究會編：《中國農村社會性質論戰》，新知書店 1936 年版，第 14、22 頁；陶直夫：《中國地租的本質》，馮和法：《中國農村經濟論》，黎明書局 1934 年版，第 265 頁。

❸ 柯象峯：《中國貧窮人口之估計》，《新社會科學》第 1 卷第 4 期，1931 年 3 月，第 181 頁。

入降低到了不足以維持最低限度生活水平所需的程度。中國農村真正的問題是人民的飢餓問題。」甚至一般中小地主也不過維持着小康水準，「克勤克儉是必須的生活條件」。[1] 不僅如此，民國以來，農民生活還處於不斷惡化的趨勢。梁漱溟說：「不是『貧』的問題，而是『貧而越來越貧』的問題。」「我們要知道現在是鄉村日趨破壞，農民生計日益窘蹙。」[2]

當然，馬克思主義學者的看法更甚。陳翰笙認為：「對於中國說來，不再需要指出人民生活水平普遍低下這一人所熟知的事實；重要的毋寧是分析和弄清楚生活水平的趨勢。」「現在農民的經濟地位，還不如在純封建制之下的經濟地位。」他還以廣東番禺縣為例指出，在過去30年內，「農村工資的下降，確鑿地證明了農民生活水平的下降。」[3] 吳黎平也認為，最近數十年來，農民的貧窮化表現於農民生活的惡化。「各處關於農民生活的敍述，以及農民購買能力降低的事實，都可以充分證明農民生活之更進一步的惡化。……極大部分農民，就是維持半饑半餓的生活也都不可得。」[4] 薛暮橋甚至說，一百年前中國的農民還能夠「含辛茹苦」地過他們的安定生活，但近代以後就變了。[5]

關鍵是農民為什麼貧困？在這一問題上，馬克思主義學者與其他學者既有相同點，也有一定的差別。其他學者如卜凱、梁漱溟、晏陽初、費孝通、吳景超、楊開道等，既有單因論，也有雙因論和多因論。單因論者涉及以下諸方面：人口對耕地的壓力，生產技術低下，帝國主義者

---

❶ 費孝通：《江村經濟——中國農民的生活》，江蘇人民出版社1986年版，第200頁；費孝通：《鄉土重建》（1948年6月），《費孝通文集》第4卷，群言出版社1999年版，第375頁。

❷ 梁漱溟：《研究「鄉村建設」的途徑》（1934年12月），《梁漱溟全集》第5卷，第520頁；艾愷採訪，梁漱溟口述：《這個世界會好嗎：梁漱溟晚年口述》，東方出版中心2006年版，第183頁。

❸ 陳翰笙：《作者原序》（1939年2月），陳翰笙：《帝國主義工業資本與中國農民》，復旦大學出版社1984年版，第iii頁；陳翰笙：《三十年來的中國農村》（1941年1月），汪熙、楊小佛編：《陳翰笙文集》，復旦大學出版社1985年版，第127頁；陳翰笙：《解放前西雙版納土地制度》，中國社會科學出版社1984年版，第104頁。

❹ 吳黎平：《中國土地問題》（1930年4月），高軍主編：《中國社會性質問題論戰（資料選輯）》，第250頁。

❺ 薛暮橋：《舊中國的農村經濟》，第3頁。

侵略，國內政治不良，天災人禍，軍閥混戰，佃農制度，田賦積弊等。雙因論者包括：半殖民地半封建社會的枷鎖，帝國主義者經濟的榨取和豪紳、高利貸、軍閥之超經濟剝削，帝國主義侵蝕與封建勢力剝削，帝國主義侵略、國內政治紊亂等。多因論者，為 3 個以上乃至七八種、十多種，最多者達到 15 種，其實主要是對以上單因論、雙因論的綜合。[1]

馬克思主義學者多持雙因論，認為中國農民貧困的原因可以概括為帝國主義的侵略和封建勢力的壓迫剝削。這一判斷與以上有的學者的雙因論並無根本的差別，但論證更加深入，理論性更強。他們主要與以卜凱為代表的「技術派」和以晏陽初、梁漱溟為代表的「改良派」進行了爭論。薛暮橋認為，促成中國農民貧困化的基本原因是帝國主義侵略和地主豪紳的各種半封建剝削，其導火線是災荒的蹂躪和世界經濟恐慌的襲擊。由此，農業生產力的衰落達到空前嚴重的程度，農民生活陷入最悲慘的境地。針對「技術派」強調生產技術落後的觀點，薛暮橋指出，生產技術的落後固然是農村破產的原因之一，但它自身又是受了陳腐的生產關係約束的結果。不肅清封建勢力和帝國主義勢力的壓迫和剝削，是不能解決農民問題的。千家駒也認為，導致中國農民貧窮的根本原因，是帝國主義的經濟統治和封建勢力的剝削，二者是合為一體的。針對「改良派」提出的中國農村的病根是 85% 以上的農民「愚窮弱私」的觀點，千家駒指出，僅知道「愚窮弱私」的表象是不夠的，要真正探究「愚窮弱私」的社會經濟基礎，就不能不承認資本帝國主義長期的經濟侵略與國內封建勢力殘酷的剝削是造成中國今日農村現狀的主要原因。[2]

這一對農民貧困化原因的分析，與對農村經濟性質的判斷是一致的，為中共民主革命的反帝反封建論和所依靠的革命主體力量增加了依據。

---

❶ 參見李金錚《題同釋異：中國近代農民何以貧困》，《江海學刊》2013 年第 2 期，第 161－164 頁。
❷ 參見李金錚《題同釋異：中國近代農民何以貧困》，《江海學刊》2013 年第 2 期，第 164－166 頁。

三、土地集中與重新分配

土地是中國農民的命根子，它不僅「為中國農村經濟以及整個中國國民經濟發展的一個基本問題」[1]，也是中共民主革命的核心問題，關係到農民動員和革命的成敗。土地問題主要指的是土地分配關係，但馬克思主義學者對此問題的認識也牽涉到人地比例關係。

其他學者如孫倬章、陳長蘅、卜凱、翁文灝等，大多贊同馬爾薩斯的人口論，認為人口對耕地的壓力巨大，人均耕地已不能維持農民最低限度的生活。為此，還提出了解決人口壓力的各種辦法，以節制生育的呼聲為最高，此外還有兩種或多種辦法相結合的思路，譬如墾拓荒地、促進中國工業化、增加農業生產、移殖邊疆等。[2]

與此相反，馬克思主義學者反對馬爾薩斯人口論，否認人滿為患和人均耕地不足之說。馮和法指出，中國人口並未超過土地所能供給的糧食，否則中國就應該是野無荒土了。事實上，中國不僅有大量荒地，人口尤其是農村人口還在逐年減少。[3] 薛暮橋也認為，馬爾薩斯論是一個毫無根據的幻想。隨着生產技術的進步，農業的勞動生產率將會增加，生產食料的困難也將大為減少。如果能夠充分利用荒地，農業產量至少要比現在增加一倍，民食問題一定能夠得到解決。[4] 也就是說，農民的糧食問題與人均耕地無關，而是土地分配集中導致的結果。

與人地比例關係不同，對於土地分配關係馬克思主義學者與其他絕大多數學者卻有着驚人的一致。其他學者認為農民之所以耕地不足，除了人口壓力，土地分配不均也是一個重要的因素。李景漢就指出：「農

---

1. 吳黎平：《中國土地問題》（1930 年 4 月），高軍主編：《中國社會性質問題論戰（資料選輯）》，第 229 頁。
2. 參見李金錚《近代中國耕地「紅線」之爭》，《人文雜誌》2017 年第 3 期，第 82–89 頁。
3. 馮和法：《農村社會學大綱》，黎明書局 1934 年版，第 142、145 頁。
4. 薛暮橋：《貧困現象的基本原因》（1936 年 6 月），陳翰笙等編：《解放前的中國農村》第二輯，中國展望出版社 1986 年版，第 207 頁；余霖：《從山額夫人談到人口問題》，《中國農村》第 2 卷第 4 期，1936 年 4 月，第 32–33 頁。

民土地的缺乏，一方面是由於耕地的不足，但另一方面最主要的是由於耕地的分配不均。」[1] 馬克思主義學者一方面否認人口壓力，另一方面卻強調土地分配集中導致了農民耕地的不足。薛暮橋指出，假使每個中國農民平均分到耕地，可勉強過着小康生活。但事實上，中國耕地分配不均，約有 70% 集中於地主富農之手，收穫的一大部分又被帝國主義和地主豪紳們所剝奪，這才是問題的主要根源。[2] 不僅如此，何幹之還談到，土地「不平等的分配，不只在數量上，而且在質量上。」[3] 與江南地區相比，華北農村的自耕農較佔優勢，但陳翰笙認為這不過是表象，他們「大多數和貧農一樣，所有土地，不足耕種」。[4]

問題的關鍵已經不是土地分配是否集中，而是如何解決土地分配集中的現象？對此，馬克思主義學者與其他學者有着顯著的區別。其他學者的基本看法，是依據孫中山「耕者有其田」的主張，用「稅去地主」和「買去地主」的和平手段，來實現「土地國有」和耕者有其田的目標。而馬克思主義學者卻認為，以上和平手段並無實施的條件，只有實行土地革命才能滿足農民對土地的要求。不過在不同階段，主張又有一定的變化。土地革命時期，吳黎平指出，通過最徹底的土地革命，實現土地國有，將地主的土地分與農民。[5] 馮和法也認為，必須立即改變地主土地私有制度，用革命的方法沒收地主土地，收歸國有，實現耕者有其田。[6] 到抗日戰爭時期，薛暮橋指出，由於土地問題與民族問題比較起來已處

---

❶ 李景漢：《中國農村問題》，商務印書館 1937 年版，第 37 頁。

❷ 余霖：《從山額夫人談到人口問題》，《中國農村》第 2 卷第 4 期，1936 年 4 月，第 33 頁；余霖：《中國農業生產關係底檢討》，《中國農村》第 1 卷第 5 期，1935 年 2 月，第 2 頁。

❸ 何幹之：《中國社會性質問題論戰》，第 19 頁。

❹ 陳翰笙：《現代中國的土地問題》（1933 年 8 月），汪熙、楊小佛編：《陳翰笙文集》，第 47 頁。

❺ 吳黎平：《中國土地問題》（1930 年 4 月），高軍主編：《中國社會性質問題論戰（資料選輯）》，第 261–262、266–267 頁。

❻ 馮和法：《論「如何實現耕者有其田」》，《中國農村》第 3 卷第 4 期，1937 年 4 月，第 33–34 頁；馮和法：《平均地權與土地所有問題》，《中國農村》第 3 卷第 5 期，1937 年 5 月，第 26 頁。

於次要地位，因此須改行二五減租政策，和平解決土地問題。[1] 解放戰爭時期，王寅生又認為，所有耕地應按人口通盤重新調整，實現耕者有其田。而且強調，「土地國有」的想法不適合中國農民和中國政權的現狀。要從土地地主所有發展到土地國有的社會主義時期，必須經過土地農民所有的一個階段。[2]

以上變化，與中共革命的土地政策是基本一致的。其中，土地革命時期「土地國有」的提法反映了當時偏「左」的傾向。

四、地主與農民的剝削與被剝削關係

在農村經濟性質和土地關係的基礎上，馬克思主義學者還關注階級關係和階級對立問題。狄超白講：「在中國的農村社會裏，主要的階級關係是地主與農民的直接對立。」[3] 而這種對立，主要是基於地主與農民的剝削與被剝削關係，或者說主要體現於租佃關係和借貸關係。

關於租佃關係的重要性，馬克思主義學者與其他學者的認識並無差別。其他學者如蔡樹邦指出，佃農人口佔農民人口的一半，是農民中最受壓迫最為痛苦者，「佃農問題實為目前中國社會的中心問題底中心問題」。[4] 馬克思主義學者馮和法也指出，「全國佃農的百分數必超出自耕農，並佔到農民總人口的 50% 以上，是無疑義的」。[5]

地主對佃農的剝削程度，主要不在於地租形態，而是地租率、附加條件以及由此反映的主佃關係。對此，馬克思主義學者與其他學者多有

---

❶ 薛暮橋：《現階段的土地問題和土地政策》（1939 年 8 月），薛暮橋、馮和法編：《〈中國農村〉論文選》上，人民出版社 1983 年版，第 348 頁。

❷ 王寅生：《怎樣實行土地改革》（1948 年），《王寅生文選》，中國財政經濟出版社 1999 年版，第 331−332、342 頁。

❸ 狄超白：《中國土地問題》（1948 年），《狄超白集》，中國社會科學出版社 2000 年版，第 2 頁。

❹ 蔡樹邦：《近十年來中國佃農風潮的研究》，《東方雜誌》第 30 卷第 10 號，1933 年 5 月，第 27 頁。

❺ 馮和法：《農村社會學大綱》，第 103 頁。

共同點，即地租剝削嚴重，主佃關係緊張。其他學者如歸廷輗指出，地租率低者百分之三四十，高者達百分之七八十。佃戶每年除繳田租外，所得的報酬微乎其微。[1] 不過，也有學者認為不可一概而論。陳正謨就指出，佃農繳納地租雖然很重，但地主所得如果與土地投資和借貸利率相比也不算太高，因此主佃雙方是兩敗俱傷。[2] 馬克思主義學者則對租佃關係持完全批判的態度。吳黎平指出，地主對於佃農的剝削「非但奪取了地租以及佃農投資所應得的平均利潤，而且甚至侵蝕了佃農勞動所應該得到的工資之一大部分」。在這樣的剝削制度之下，半佃農不得不淪為全佃農，全佃農不得不更加貧困化。[3]

與土地分配問題一樣，對於地租制度的弊端，其他學者多持改良的減租態度[4]，而馬克思主義學者則除了抗戰時期，均持徹底廢除的觀點。

與租佃關係相比，借貸關係對農民沒有那麼重要，但「比較佃租更加來得普遍」。農民借貸的主要來源是地主、商人和高利貸者，也可以說是三位一體的地主階級。[5] 在借貸關係中，最能體現地主與農民的剝削關係者是高利貸。對於高利貸剝削所產生的惡果，馬克思主義學者與其他學者有較多的共識。其他學者如張鏡予指出：「農民因之愈借愈貧，有產者變為無產，由自種農淪落而為佃戶，由佃戶淪落而為勞動者，更由勞動者淪落而為乞丐盜賊。」[6] 也有少數學者對高利貸的作用給予了一定的關注。費孝通就認為，「單純地譴責土地所有者或即使是高利貸者為邪惡的人是不夠的。……如果沒有他們，情況可能更壞」。農民「向高利貸者借款至少到一定的時候，還可能有一線償還的希望」。[7] 馬克思主義

---

❶ 歸廷輗：《農村經濟沒落之原因及其救濟方案》，《東方雜誌》第 32 卷第 1 號，1935 年 1 月，第 82 頁。

❷ 陳正謨：《中國各省的地租》，商務印書館 1936 年版，第 34 頁。

❸ 吳黎平：《中國土地問題》，高軍主編：《中國社會性質問題論戰》（資料選輯），第 240 頁。

❹ 喬啟明：《中國農村經濟學》，商務印書館 1946 年版，第 263–265 頁。

❺ 薛暮橋：《中國農村中的高利貸》，《中國農村》第 2 卷第 8 期，1936 年 8 月，第 53、59 頁。

❻ 張鏡予：《中國農民經濟的困難和補救》，《東方雜誌》第 26 卷第 9 號，1929 年 5 月，第 20 頁。

❼ 費孝通：《江村經濟》，第 196、201 頁。

學者則對高利貸持完全否定態度，陳翰笙指出：「高利貸就像一種微生物那樣生存在小農們的毛細血管系統裏，吸吮他們的血液，使他們的心臟衰弱，逼着他們在日益悲慘的條件下從事農業生產。」[1] 狄超白也認為，廣大農民在高利貸的盤剝之下，「借高利貸度日，結果是家破人亡」。[2]

與租佃制度一樣，對於高利貸，除了抗戰時期以外，馬克思主義學者與其他學者一樣都持取締態度。此外，還都主張建立信用合作社等現代農業金融機構，以緩解高利貸剝削。應該說，現代金融的低利借貸有利於農民，但距離農民的借貸需求仍相距甚遠，甚至轉變為高利貸。其他學者如符致逵指出，農村合作社多為豪紳階級所主持，銀行對合作社所給予的低利資金往往被土劣自借或冒名借去，轉以高利貸與農民，以達其剝削之目的。[3] 馬克思主義學者對此更是多有揭露，薛暮橋指出：「銀行資本既然沒有鏟除農村中的舊式高利貸者，也沒有動搖地主、商人高利貸者在農村中的鞏固勢力。他們一般仍同地主豪紳合作，通過他們而來繼續高利貸的剝削。」[4] 陳翰笙也認為，合作社通過土豪劣紳和原有高利貸者之手，變為集團的高利貸。「在個人高利貸窮於應付的時候，得到集體高利貸或變相高利貸的幫助，高利貸自然是更加猖獗了。」[5]

馬克思主義學者對地主與農民對立關係的分析，為中共革命對象的確立和廣大農民的動員提供了依據。

五、農家經濟由傳統向集體化的變革

農家經濟是中國農村經濟最直接的體現，其主體是農業生產和家庭

---

❶ 陳翰笙：《解放前的地主與農民——華南農村危機研究》，中國社會科學出版社 1984 年版，第 103 頁。

❷ 狄超白：《中國土地問題》（1948 年），《狄超白集》，第 16 頁。

❸ 符致逵：《商業銀行對於農村放款問題》，《東方雜誌》第 32 卷第 22 號，1935 年 11 月，第 16 頁。

❹ 薛暮橋：《舊中國的農村經濟》，第 75 頁。

❺ 陳翰笙：《三十年來的中國農村》（1941 年 1 月），汪熙、楊小佛編：《陳翰笙文集》，第 129 頁。

手工業。其經營方式存在哪些問題，未來的發展方向如何，不僅是馬克思主義學者關心的問題，也是中共革命過程中經濟建設以及未來經濟發展的前途問題。

中國農業生產的顯著特徵是小農經營的普遍性，這一點馬克思主義學者與其他學者沒有差別。其他學者如馮靜遠指出，「中國農民一般所有的土地，均不足 10 畝，而這過少的土地又分散在數處，小農經營的普遍，可以想見」。[1] 馬克思主義學者劉端生也認為：「耕地所有的集中，使用耕地的碎小，是構成中國半封建農業生產關係的主要槓桿。」[2] 對於小農經營方式的落後尤其是生產效率的低下，也有基本一致的意見。其他學者如陳其鹿指出，中國農場之小遠過於各國，很難利用新式農具，「農人生產之效率，不免過低。」[3] 馬克思主義陣地《中國農村》編輯部指出：「大規模經營總比小農經營有利。在大農場上，勞動力和農具之使用都比較經濟，生產率也比較高。許多新的農業機械在小農經營的條件下是根本不適用的。」[4]

對於家庭手工業的命運，馬克思主義學者與其他學者也給出了幾乎相同的意見，即生產方式落後，在外國和本國機器工業的衝擊下，遭遇解體的狀態。其他學者如方顯廷指出，以前幾佔滿鄉村的手紡業，在國外機紡紗及國內機紡紗的競爭下，已受淘汰，寂焉無聞。[5] 馬克思主義學者錢亦石也強調，洋貨輸進中國的市場，小規模農業與家庭手工業兩者聯合的紐帶被折斷了，家庭手工業被摧毀。[6]

但對於如何解決小農生產和家庭手工業的問題，馬克思主義學者與

---

❶ 馮靜遠：《農村經濟及合作》，黎明書局 1935 年版，第 111 頁。

❷ 劉端生：《嘉興四三一二戶農業經營的研究》，《中山文化教育館季刊》夏季號，第 4 卷第 2 期，1937 年 4 月，第 565 頁。

❸ 陳其鹿：《農業經濟史》，商務印書館 1930 年版，第 182–183 頁。

❹ 通信討論：《關於大小經營的利弊》，《中國農村》第 2 卷第 6 期，1936 年 6 月，第 87 頁。

❺ 方顯廷等：《中國之鄉村工業》，《經濟統計季刊》第 3 卷第 3 期，1933 年 9 月，第 569 頁。

❻ 錢亦石：《現代中國經濟的檢討——一幅半殖民地經濟的透視畫》（1934 年 8 月），高軍主編：《中國社會性質問題論戰（資料選輯）》，第 793 頁。

其他學者就有一定的區別了。其他學者大都認為，中國農業生產的前途一定是大農經營或集合經營。李景漢就指出，小農經營未來必然趨於沒落，被大農場所取代。[1] 費孝通認為，在土地所有權分散的情況下，可以實行集合式的農場經營。[2] 對於家庭手工業的主張則比較複雜，有的認為手工業必然解體，發展機器工業才是正道。有的認為，家庭手工業雖然很難與機器工業相競爭，但仍適合農民的需要，應予保留。[3]

馬克思主義學者站在中共革命的角度，對農家經濟的前景進行了闡述。在不同的歷史階段，認識上有所變化。土地革命時期，吳黎平認為，土地國有之後，美國式的農業發展模式是絕少可能的，中國農民經濟最可能的前途是蘇聯式的發展道路，也就是轉入社會主義發展的道路，進行大規模的社會化大生產。[4] 錢俊瑞從未來的抗日前途出發，認為要抵制帝國主義侵略，必須以統一的國家政權建立國家資本主義或者說國家大經濟和合作經濟，以消解小的私營經濟。儘管中國最後要走社會主義道路，但在目前必須通過國家資本主義駕起小生產與社會主義之間的橋梁。[5] 與吳、錢不同，薛暮橋認為，在半殖民地半封建的農村中間，資本主義經營和社會主義集體農場都是走不通的。[6] 到抗日戰爭時期，薛暮橋仍然強調中國尚未具備建設社會主義農場的物質條件和政治條件。[7] 解放戰爭時期，他繼續主張中國當下要走新民主主義經濟之路，為社會主義經濟的未來做準備。不但發展資本家的大生產和大規模的國營經

---

❶ 李景漢：《中國農村問題》，第 5 頁。

❷ 費孝通：《內地的農村》（1946 年），《費孝通文集》第 4 卷，第 209–210 頁。

❸ 參見李金錚《毀滅與重生的糾結：20 世紀三四十年代中國農村手工業前途之爭》，《江海學刊》2015 年第 1 期，第 170–176 頁。

❹ 吳黎平：《中國土地問題》（1930 年 4 月），高軍主編：《中國社會性質問題論戰》（資料選輯），第 268–269 頁。

❺ 錢俊瑞：《中國國防經濟建設》（1937 年 2 月），錢俊瑞：《錢俊瑞選集》，山西人民出版社 1986 年版，第 324–325 頁。

❻ 薛暮橋：《舊中國的農村經濟》，第 23 頁。

❼ 薛暮橋：《中國土地問題和土地政策研究》（1943 年春），薛暮橋：《抗日戰爭時期和解放戰爭時期山東解放區的經濟工作》，山東人民出版社 1984 年版，第 58、68 頁。

濟，更要扶助農民和手工業者，在個體經濟的基礎上，建立農業集體勞動和手工業生產合作組織，使他們的生產逐漸地集體化。他認為，過分強調大規模的集體經營，距離農民的現實狀況太遠，反而會降低農民生產的積極性。[1]

應當說，薛暮橋的主張是符合中國社會經濟基礎的，不僅反映了中共革命經濟建設的出路，也預示了未來中國經濟發展的方向。

由上觀之，馬克思主義學者對中國農村經濟的宏觀與具體問題都做了探討，儘管不可避免地存在稚嫩乃至教條之處，但仍為中國農村經濟研究做出了獨特的貢獻。值得注意的是，面對同樣的農村社會經濟狀況，他們與其他學者所作出的解釋既有不同也有相同之處。這一現象原本是頗可理解的，但以往更多地強調了二者相互對立的一面，而忽略了相互認同的一面。其實，二者最大的區別不是對中國農村乃至整個中國社會經濟問題的揭示和批判，而是以什麼途徑予以解決。中共革命的目標是反帝反封建，是通過土地革命，動員農民，建立新的政權、新的社會、新的經濟。這恰恰也是革命的馬克思主義學者進行調查、研究和宣傳的根本目的，體現了馬克思主義理論解釋社會、改造社會、為革命服務的力量。

原刊《近代史研究》2017 年第 5 期

❶ 薛暮橋：《中國農業發展的新方向》（1946）、《農業生產建設問題》（1946），薛暮橋：《抗日戰爭時期和解放戰爭時期山東解放區的經濟工作》，第 129–130、137–138、118–119、121 頁。

論抗戰時期張聞天主持的晉陝農村調查

相對西方發達國家而言，中國社會調查興起較晚。舊中國時期，農村調查始於 1920 年代初，三十年代達致高潮，四十年代仍在繼續。參與調查者，既有中國人，也有外國人；既有私人學者、革命家，也有學術團體、高等院校、研究機構，還有鄉村建設團體、政府機關。這些調查有的對當時的鄉村建設發揮了一定作用，有的對革命鬥爭產生了重要影響，也有的為外國侵華勢力提供了情報。時至今天，這些調查又成為研究中國歷史的珍貴文獻，也成為社會人類學、經濟學等學科的重要源頭。我認為，除了將之用於學術研究以外，還應就調查本身進行必要的清理和總結。迄今，已有學者開始關注這一問題。如侯建新、陶誠、曹幸穗對 20 世紀二三十年代的農村調查做過概略介紹[1]，內山雅生對日本滿鐵調查尤其是華北農村調查做過述評[2]，盛邦躍對卜凱的農村調查提出了新的見解[3]，周大鳴對毛澤東的江西農村調查做過探討[4]。然就總體而言，以上論著尚嫌粗疏。一是除了滿鐵調查之外，對其他有影響的農村調查鮮見個案研究；二是對共產黨的農村調查，除了毛澤東，很少關注其他

❶ 陶誠：《30 年代前後的中國農村調查》，《中國社會經濟史研究》1990 年第 3 期；侯建新的《二十世紀二三十年代中國農村經濟調查與研究述評》，《史學月刊》2000 年第 4 期；曹幸穗：《民國時期農業調查資料的評價與利用》，《古今農業》1999 年第 3 期。

❷ 內山雅生：《華北農村社會研究和實地調查之原委》，載南開大學歷史系編：《中外學者論抗日根據地》，檔案出版社 1993 年版，第 468–475 頁。

❸ 盛邦躍：《對卜凱的中國農村社會調查的再認識》，《學海》2001 年第 2 期。

❹ 周大鳴：《田野工作的情感——兼論毛澤東早期調查的田野價值》，《思想戰線》2002 年第 4 期。

調查；三是沒有從調查本身的視角對調查宗旨、調查內容、調查方法、調查價值等進行細緻的分析；四是即便是個案研究，由於缺乏與其他農村調查的比較意識，很難凸顯其特點。基於此種想法，筆者擬對一些影響較大的農村調查進行系列研究。本章所論抗戰時期張聞天領導的「延安農村調查團」的晉陝農村調查[1]，就是一個嘗試。

一、「行動上的整風」

任何社會調查的發起，都有其背景和緣由。20 世紀二三十年代的中國農村調查熱，就與當時中國農村社會經濟的衰敗、政治鬥爭的日益激烈和各種社會思潮的興起有着密切的關係。在此背景之下，關注農村、改革農村和復興農村已成為社會各界的主流意識。

共產黨的農村調查，則有其革命的政治鬥爭背景，是革命過程中的一個環節。為了尋求革命的理論依據，為了驗證革命政策實施的效果，也為了糾正「左」右傾的教條主義錯誤，以毛澤東為代表的共產黨領導人始終重視農村調查。毛澤東早在 1930 年 5 月發表的《反對本本主義》就指出：「沒有調查，沒有發言權」。「你對那個問題的現實情況和歷史情況既然沒有調查，不知底裏，對於那個問題的發言便一定是瞎說一頓。瞎說一頓之不能解決問題是大家明了的。」[2] 1931 年 4 月毛澤東在《總政治部關於調查人口和土地狀況的通知》中又提出：「不做正確的調查同樣沒有發言權」。[3] 正是在此基礎上，他在江西根據地的興國、尋烏等縣做了大量的農村調查。

---

❶ 此次調查已有文章做過研究，如牛崇輝等的《略論張聞天在晉綏邊區興縣的農村調查及其貢獻》（載張培森主編：《張聞天研究文集》，中央黨史資料出版社 1993 年版），但作者沒有將之與其他農村調查進行比較，因而很難顯示其特點和地位；更沒有從社會調查學角度，對農村調查的相關問題進行深入剖析。

❷《毛澤東選集》第 1 卷，人民出版社 1991 年版，第 109 頁。

❸《毛澤東選集》第 1 卷，第 118 頁。

張聞天主持的農村調查，同樣有共產黨革命的政治鬥爭背景，正如曾參加此次調查的馬洪所說的：「這次調查就是在中央號召整風這樣一個總的背景下進行的。」[1]

為了總結黨的歷史經驗和挖掘「左」右傾錯誤的根源，為了統一黨的思想和行動，中共中央決定在全黨開展整風運動。1941 年初，中共中央集中 120 餘名高級幹部在延安進行整風學習。整風運動的最主要的一項任務，是反對主觀主義，反對理論脫離實際，堅持從實際出發，制定符合客觀實際的路線、方針和政策。為此，中央特別強調社會調查的重要性，首先出版了毛澤東的《農村調查》一書。毛在此書的序言和跋中強調：「一切實際工作者必須向下作調查。對於只懂得理論不懂得實際情況的人，這種調查工作尤有必要，否則他們就不能將理論和實際相聯繫。」[2] 繼之 5 月，毛澤東在延安幹部會議上所做的《改造我們的學習》又向全黨提出：「系統地周密地研究周圍環境的任務。依據馬克思列寧主義的理論和方法，對敵我友三方的經濟、財政、政治、軍事、文化、黨務各方面的動態進行詳細的調查和研究的工作，然後引出應有的和必要的結論。為此目的，就要引導同志們的眼光向着這種實際事物的調查和研究。」[3] 隨後 8 月，中央發佈了《關於調查研究的決定》：「二十年來，我黨對於中國歷史、中國社會與國際情況的研究，雖然是逐漸進步的，逐漸增加其知識的，但仍然是非常不足；粗枝大葉，不求甚解，自以為是，主觀主義，形式主義的作風，仍然在黨內嚴重的存在着……黨內許多同志，還不了解沒有調查就沒有發言權這一真理。還不了解系統的周密的社會調查，是決定政策的基礎。還不知道領導機關的基本任務，就在於了解情況與掌握政策，而情況如不了解，則政策勢必錯誤。還不知道，不但日本帝國主義對於中國的調查研究，是如何的無微不至，就是

❶《張聞天晉陝調查 50 周年座談會紀要》，載張聞天選集傳記組：《張聞天晉陝調查文集》，中共黨史出版社 1994 年版，第 420 頁。
❷《毛澤東選集》第 3 卷，第 791 頁。
❸《毛澤東選集》第 3 卷，第 802 頁。

國民黨對於國內外情況，亦比我黨所了解的豐富得多。」[1] 與此同時，中央又頒佈了《關於實施調查研究的決定》，決定設中央調查研究局，擔負國內外政治、軍事、經濟、文化及社會階級關係各種具體情況的調查與研究工作。內設調查局、政治研究室、黨務研究室三個部門，作為中央一切實際工作的助手。調查局擔負收集材料之責，在晉察冀邊區、香港、重慶、延安分設第一、二、三、四分局。規定北方局、華中局、晉察冀分局、山東分局、上海省委，南方工委及各獨立區域之區黨委或省委，均須設立調查研究室，專任收集該區域內敵、友、我各種具體詳細材料加以研究，編成材料書籍與總結性文件，成為該局委工作之助手；並責成各局委將所得材料供給中央調查研究局。[2] 根據以上決定，從中央到地方都先後成立了專門的調查研究機構。張聞天主持的晉陝調查，就是在此背景下展開的。

9 月 10 日至 10 月 22 日，中共中央召開政治局擴大會議。毛澤東指出，中共六屆四中全會至遵義會議前黨中央領導所犯的錯誤時間長、後果慘。張聞天作為中共中央政治局委員、中央書記處書記，不僅在會上承認錯誤，還提出「補課」要求，「過去國際把我們一批沒有做過實際工作的幹部提到中央機關來，是一個很大的損失。過去沒有做實際工作，缺乏實際經驗，現在要補課。」[3] 為了用實際行動彌補自己的不足，他請求離開中央到基層去做調查研究，以求「行動上的整風」。[4] 這一請求，得到中央的批准。他立即抽調幹部，組成「延安農村工作調查團」。對張聞天的這一心態，他的夫人劉英、也是這次調查的參與者說：「整風中他深感自己對農村了解不夠，因為他過去在國外多，搞文學多，後來在

---

❶ 中央檔案館：《中共中央文件選集》(1939–1941 年)，中共中央黨校出版社 1986 年版，第 721–723 頁。

❷ 中央檔案館：《中共中央文件選集》(1939–1941 年)，第 724–725 頁。

❸ 劉英：《我對晉陝調查的回憶》，載《張聞天晉陝調查文集》，第 411 頁。

❹ 張聞天選集傳記編輯組認為：「過去有人説他出去調查是為了躲風，這顯然是沒有根據的。」見《張聞天晉陝調查文集》編後記，第 432 頁。

領導的上層多，而對下面實際了解得少。他說外國的東西或許我比毛澤東了解的多些，而中國的實際，毛澤東比我了解的多。因此認為需要去補課，主動提出要到農村去做調查研究，而且準備做長時間的調查。」[1] 社會學者羅紅光認為：「陝甘寧邊區革命政府時期，為了給日後的土地改革探索理論依據，實現對生產資料的重新配置，中國共產黨中央於 1942 年派出了以當時中央書記處書記張聞天為首的五人考察小組，組成了楊家溝、綏德等地的調查團。」[2] 這一判斷恐與事實不完全相符。

張聞天（當時化名張晉西）領導的延安農村調查團，成員共 9 人，包括張的夫人劉英，中央黨務研究室的雍文濤、薛光軍，中央政治研究室的曾彥修，中央財委的尚明、徐羽，中央研究院的馬洪、許大遠、薛一平。從調查行程與調查內容來看，大體可分為四個階段：第一階段為陝北神府縣調查（2 月 18 日 −4 月 12 日）：1942 年 1 月 26 日從延安出發，本來預定到晉西北調查，但在東渡黃河時遇到日軍在河東進行掃蕩，於是又折返陝北，首先進行神府縣調查，整理出《賀家川八個自然村的調查》。第二階段為晉西北興縣調查（4 月 22 日 −9 月 10 日），整理出《碧村調查》、《興縣十四個自然村的土地問題研究》（大綱）以及其他 13 個自然村的調查資料。第三階段為陝北米脂縣調查（9 月 26 日 −12 月 2 日）。先是調查楊家溝村，整理出《楊家溝地主調查》以及劉家峁、高廟山二村地主的調查。然後在米脂城內調查。第四階段為陝北綏德調查（1942 年 12 月 10 日 −1943 年 2 月 24 日）。先是在西川、雙湖峪市鎮鄉調查，而後調查綏德市商業。調查尚未結束時，張聞天接到中央召開政治局會議的通知，遂於 3 月 3 日返回延安，其他成員在 4、5 月返回。[3]

這次調查，延續一年零兩個多月，是此前共產黨歷史上時間最長的

---

❶《張聞天晉陝調查 50 周年座談會紀要》，載《張聞天晉陝調查文集》，第 427 頁。

❷ 羅紅光：《不等價交換——圍繞財富的勞動與消費》，浙江人民出版社 2000 年版，第 3 頁。

❸ 張聞天：《調查日記》，載《張聞天晉陝調查文集》，第 348−395、432 頁。

一次農村調查。而我們最熟悉的毛澤東的《尋烏調查》、《興國調查》，不過用了十多天、一個星期的時間。其他有影響的實地調查，有的時間較長，如李景漢主持的定縣調查費時 10 年，卜凱主持的 7 省 17 處調查 4 年餘，同樣是他主持的 22 省 168 個縣調查 5 年，日本滿鐵主持的華北農村慣行調查 4 年。其他調查多不超過半年，如陳翰笙主持的無錫、保定兩處調查都是兩三個月，中國農村復興委員會的六省農村調查都不及 2 月，更多的調查是一兩個月。相比之下，晉陝農村調查的時間算是較長的。

二、「檢查我們的政策法令」

任何社會調查，都是為了達到一定的目的而進行的。張聞天指出：「在開始調查前，應弄清楚調查的目的，即要調查的是什麼事情。根據調查材料所要解決的是什麼問題。」[1] 以上所謂「行動上的整風」，僅為我們提供了晉陝調查的政治背景和緣由，尚未深入觸及此次調查的宗旨、目的及其內容。

二三十年代的中國農村調查主要分為認知型、服務型、改造型和綜合型四類，其中主要是認知型和改造型，前者以認識鄉村或證明某一理論為目標，重在描述事實，為人們提供真實而詳盡的田野報告和有限的理論分析[2]；而後者則主要不在描述事實本身，而是從中發現問題，提出改革方案，提高農民的生產生活水平。主持南陽農村調查的馮紫崗對此有精闢的解釋：「農村社會調查有兩種不同的目的：一種是作為復興農村底根據，另一種是當做學理底研究。所以，無論是學者要想研究農村，或負有復興農村使命的機關要想計劃改良農村，皆非先行精密的

---

❶ 張聞天：《出發歸來記》，1943 年 3 月 27 日，載《張聞天晉陝調查文集》，第 341 頁。

❷ 人類學家多持此種意見，強調田野工作的「中立」、分離和漠不關心。日本學者中根千枝説：田野工作方法「與其説是與社會學者接近還不如説與生物學者、動物學者這樣的科學研究方法更為接近。」（中根千枝：《田野工作的意義》，《思想戰線》2001 年第 1 期，第 74 頁）

調查不可。」[1]

外國學者的調查，偏於前一類型。卜凱就是如此，他主持的 1921–1925 年 7 省 17 處的調查，是為了「使西方人知道中國的情況」。[2] 1929–1933 年的 22 省 168 個縣的調查，也是「匯集中國農業知識，俾世界各國關懷中國福利之人士，得知中國土地利用、食糧及人口之概況。」[3] 儘管如此，大多調查仍有改良農村的意蘊。如 1922 年燕京大學經濟系教授戴樂仁主持的四省 240 個村落的調查，「乃望能供給一種經濟背景於中國農民，使其得享較美的生活，使其明白何種情形為最完滿的，何種方法方針示導農民為最有幫助的等。」[4] 1926 年成都大學經濟系教授布朗主持的峨眉山農村調查，也是「欲幫助改進該省的農業，第一個步驟是『考察』，以察視現在的狀況，待他們田區一切事情……都明白了以後，我們方能有改良方法之建議，方能令其耕作有進步及向上的根據。」[5] 即使是卜凱主持的調查，對農家經濟的相關問題也提出了不少改進意見，認為租額「應當照現額減少五分之一，才合公道。」「低利息的流通金融，確是今日中國農人的急切需要之一。」「進步的交通，流動的金融，與良好的市場，可以使農人的出產物、數量增多而品質漸好。」[6] 可見，即便作為旁觀者的外國學者，純粹學理的調查也是幾乎不存在的。

至於中國學者的調查，社會學家陶孟和曾強調社會調查的學理意義，認為只有社會改良家或社會哲學家才可提出改良社會的方略，而社會科學家便不應採取這樣的態度，其任務是忠實地研究實在的情形，把結果報告給大眾，而不能袒護或鼓吹任何方策。[7] 但事實上，只是說說而

---

1. 馮紫崗等：《南陽農村社會調查報告》，黎明書局 1934 年版，引言。
2. 卜凱：《中國農家經濟》，商務印書館 1936 年版，第 565–566 頁。
3. 卜凱：《中國土地利用》，成都金陵大學農學院農業經濟系 1941 年版，第 234–236 頁。
4. 戴樂仁等：《中國農村經濟實況》，北平農民運動研究會 1928 年印，第 3 頁。
5. 戴樂仁等：《中國農村經濟實況》，第 128 頁。
6. 卜凱：《中國農家經濟》，第 562–563 頁。
7. 陶孟和：《社會研究的困難》，1930 年 1–6 月，轉引自閻明：《一個學科與一個時代——社會學在中國》，清華大學出版社 2004 年版，第 57 頁。

已，在外強侵凌、中國落後的刺激下，絕大多數調查為改造型，融入了強烈的民族情感。中國社會學的開拓者吳文藻就認為：「社會調查，是服務家的觀點，主旨不在認識社會，而在改良社會，注重社會問題的診斷。」[1] 費孝通也坦言，在解放前，「推動我去調查研究的是我們國家民族的救亡問題，敵人已經踏上了我們的土地，我們怎麼辦？我們在尋求國家民族的出路，這也就決定了我們調查研究的題目。」[2] 農村調查實踐最為豐富的李景漢也認為，「社會調查固然是學理的研究，而主要的目的是實用。換句話說，不是為調查而調查，乃是為改良社會而調查。」[3]

還有一些學者的調查，雖也屬於改造型，但已帶有強烈的政治意味。如中央研究院社會科學研究所所長陳翰笙，為中共祕密黨員，在蘇區土地革命的影響下，主張對農村進行深入調查，掌握第一手材料，目的即是論證中國社會的半殖民地半封建性質、農村經濟全面崩潰的根本原因以及土地革命的必然性，總歸就是為共產黨的革命理論和革命政策提供依據。[4] 至於毛澤東的農村調查，則完全是為了制定革命鬥爭策略而進行的，「了解中國是個什麼東西（中國的過去、現在及將來）」，是「為了得到正確的階級估量，接着定出正確的鬥爭策略。」[5]

晉陝調查，也顯示了濃厚的政策服務色彩，與陳翰笙、毛澤東的調查思想有明顯的繼承性。張聞天指出：「一個領導者，如果他對於當前的具體情況沒有精密的調查研究，他就無法提出正確的任務。這正像一個軍隊的指揮官，如果他對於當前的各種情況沒有精密的調查研究，他就無法決定作戰的命令。」[6] 但問題恰恰是，「現在我們所做的所喊的是離老

---

❶ 吳文藻：《社區的意義與社區研究的近今趨勢》，《社會學刊》第 5 卷第 1 期，1936 年 1 月。
❷ 費孝通：《費孝通學術論著自選集》，北京師範學院出版社 1992 年版，第 419 頁。
❸ 李景漢：《實地社會調查方法》，星雲堂書店 1933 年版，第 12 頁。
❹ 孫曉村：《中國農村經濟研究會與農村復興委員會》，《文史資料選輯》第 84 輯，中國文史出版社 1986 年版，第 31 頁；張錫昌：《怎樣做農村調查》，1936 年 2 月，載《〈中國農村〉論文選》，人民出版社 1983 年版，第 410–411 頁。
❺《毛澤東農村調查文集》，人民出版社 1982 年版，第 5、21 頁。
❻ 張聞天：《出發歸來記》，載《張聞天晉陝調查文集》，第 329–330 頁。

百姓太遠了……群眾所了解的所想的，與我們所了解的所想的完全不一樣。」「許多同志在機關內忙得很，政府、群眾團體經常開會，但問題解決不了。」有鑒於此，他認為「正確的方法，是去調查了解群眾生活情況。」「調查研究是為了熟悉群眾，檢查我們的政策法令。」「要真正的了解我們政策法令執行的情形，必須深入到自然村裏去。」「只要我們把老百姓的情形了解清楚，那麼我們的政策及辦法，就會更加實際。」[1]

接下來的問題是，究竟調查哪些內容才能有效地檢驗黨的政策法令？

劉英對此做了高度概括：「這次調查有自己的重點，就是當時的社會生產力與生產關係，從中檢驗我黨抗日戰爭時期的農村經濟政策，提出調整、改善的意見。」[2]馬洪也總結道：「這次調查的一個明顯特點是注重生產力和生產關係的調查，可以說在此之前黨史上還很少有過對農村生產力與生產關係進行如此系統的調查。調查始終貫徹着這樣一個總的精神，就是非常注意生產力的發展情況，特別是注重考察當時生產力的代表是什麼人？是哪一個階層？是哪些人物？聞天同志很注重這個問題。因為要發展生產力，就必須考察生產力的代表，聞天同志注重這個問題的出發點，就是為了研究在共產黨領導的政權下如何更快地發展生產力。」[3]

事實的確如此。張聞天指出：「調查研究的首要對象，也應該是生產力與生產關係。」「要把農村的階級關係搞清楚。馬克思主義是階級觀點。馬克思主義和其他的主義不同，就是它是以階級為出發點的。我們對一切問題的看法，都是以階級為出發點的。所以要把複雜的階級關係搞清楚。」但是，「過去我們對生產力、生產關係的調查太少，即使有，也是很零碎的。而大部分只是關於政治方面的，由經濟基礎一直到上層建築的全面調查太少了，這是過去調查研究的最大缺點，特別是生產力

---

1. 張聞天：《神府經驗調查談》，載《張聞天晉陝調查文集》，第292–293頁。
2. 劉英：《我對晉陝調查的回憶》，載《張聞天晉陝調查文集》，第413頁。
3. 《張聞天晉陝調查50周年座談會紀要》，載《張聞天晉陝調查文集》，第420、428頁。

太少了」「顯然的，沒有這種社會生產狀況的調查研究，任何階級路線與階級政策的執行，是不可能的。」[1] 為此，他提出：「各級領導機關與領導者，必須首先熟知當地民眾的生活情形，熟知生產上的一切問題，熟知各階級間的關係，了解各階級間的矛盾究竟在哪裏，明確知道自己是站在什麼階級的立場之上，鬥爭應該向着什麼階級進行。」不僅如此，他還指出調查的具體項目：「如果我們在農村中工作的同志，都能調查清楚土地的種類，各種土地的質量，一垧地有好大，每垧地需要好多布袋糞，好多種子，需要幾多人工、牛工來耕種、鋤草、收割，何時耕、何時種、何時鋤、何時收割，每垧地能打多少糧食等等，以及誰是地主，誰是富農、中農、貧農、僱農，誰是二流子，調查清楚他們相互之間的各種關係，如租佃關係、借貸關係、勞動互助關係等等，以及他們間的各種鬥爭形式等等問題，那我們的事情就好辦得多了。」[2] 翻檢晉陝調查的成果可以看出，其調查內容與張聞天的觀點是吻合的。

與此相比，職業社會學家多把自然條件、生產技術、農業經營、人口家庭、收支消費作為主要調查內容，很少關注生產關係和階級關係的理論問題。如卜凱把農業生產單位的收支狀況、技術因素作為調查的中心問題。正如馬克思主義學者薛暮橋所批評的：「他們因忽視理論，結果往往陷於支離破碎，找不到問題底中心……結果除掉證明早已有目共睹的『貧困』『破產』之外絲毫不能有所說明。」[3]

在確定調查內容之後，還要選擇調查區域。毛澤東一直主張典型調查原則[4]。1941 年 8 月中央《關於調查研究的決定》也指出：「調查一鄉、一區、一縣、一城、一鎮、一軍、一師、一工廠、一商店、一學校，一問題（例如土地問題、勞動問題、游民問題、會門問題）的典型。從研

---

❶ 張聞天：《神府經驗調查談》，載《張聞天晉陝調查文集》，第 292－293、334 頁。

❷ 張聞天：《出發歸來記》，載《張聞天晉陝調查文集》，第 334－336 頁。

❸ 薛暮橋：《怎樣研究中國農村經濟》，1934 年 10 月，《〈中國農村〉論文選》，第 42 頁。

❹《毛澤東選集》第 3 卷，人民出版社 1991 年版，第 789 頁。

究典型着手是最切實的辦法。由一典型再及另一典型。」[1] 在毛澤東和中央的典型調查理論影響下，張聞天也提出「每一個做領導工作的同志，經常的保持同實際、同群眾的聯繫，抓住一個典型的村或鄉或一個市鎮進行深入調查研究。」[2]「從這種典型研究中所得出的規律性，對於同類事物卻帶有極大的普遍性，可以成為了解同類事物的指導原則。」[3] 之所以如此，他認為：「我們的時間與精力都是有限的，我們不能把所有的事物都一件件調查研究清楚，而且事實上也無此必要。我們的辦法，就是在同一類事物中選擇典型來調查研究。比如我們調查邊區的農村，我們不必調查邊區的每一個農村，我們只要調查一些典型的農村就可以了，川地的農村與山地的農村，中心地區的農村與邊境地區的農村，同姓的『父子村』與異姓的雜居村。如果能夠真正把幾類典型的村子調查清楚了，那對於邊區的農村也就能得到具體的了解，這正像我們對於人體生理只要解剖幾個人的身體就可以了解，不必把所有的人都加以解剖一樣。解剖所有的人不但不必要，而且也是不可能的。」[4] 在這一問題上，它與三四十年代的其他農村調查大體是一致的。

三、「要不怕麻煩」

所有調查的目標設計，都要通過調查實踐即藉助有效的調查方法來完成。張聞天對此有充分的認識：「調查研究工作做的是否充分，是決定一切工作成敗的主要關鍵。」「只要我們肯動眼、動口、動耳、動手、動腳，我們就會在這方面得到成績。」[5] 他調查神府賀家川後說：「調查研

❶ 中央檔案館：《中共中央文件選集》（1939－1941 年），第 722－723 頁。
❷ 張聞天：《出發歸來記》，載《張聞天晉陝調查文集》，第 333 頁。
❸ 張聞天：《出發歸來記》，載《張聞天晉陝調查文集》，第 337 頁。
❹ 張聞天：《出發歸來記》，載《張聞天晉陝調查文集》，第 336 頁。
❺ 張聞天：《出發歸來記》，載《張聞天晉陝調查文集》，第 331、334 頁。

究，就要不怕麻煩，」[1] 可謂經驗之談。

調查的第一大難題，是如何進入調查現場，如何取得農民的信任，並讓他們說實話。備嘗艱辛的李景漢深有體會：「真要把社會調查作的通辦得成功，達到可靠圓滿的地步，非另注重一點不可……就是如何使一般人，尤其是老百姓，接受你的調查，相信你的調查，甚至於歡迎你的調查，而達到積極幫忙合作的程度；反多來講，就是如何使人們不拒絕，不反對，不懷疑，不討厭你的調查。如其不然，假定你有天大的本領，你精通高深的統計，你讀盡了社會調查原理與方法的中西著作，也是無濟於事，倒許貽害。可是在這種人民飽嘗痛苦的社會情形之下，要想使他們不說瞎話而能報告事實，尤其是關於他們的生命財產，談何容易。」[2] 張聞天在調查神府縣時也發現類似問題，如關於租地、典地的關係「最難調查，農民們均不肯說實話，怕說出後會有不利於他們的事情發生。因此間政府曾禁止過典地，沒收過許多不經縣政府批准的典地，所以他們更不敢說。」[3]

如何解決這一難題，就成為農村調查的關鍵。二三十年代的調查表明，大多藉助了地方官員或親朋關係的力量，有的還為農民解決了一些實際問題，加強了與農民的親和力。如費孝通的江村調查，「充分利用了我姐姐個人的聯繫。我姐姐負責蠶絲業的改革，村裏的人確實都很信任她。我能夠毫無困難地得到全村居民的通力合作，特別是村長們的幫助。」[4] 陳伯莊主持的平漢沿線農村經濟調查，「適承平漢路局美意，與以援助和便利。」每到一站，「由站長派路警隨同下鄉先與鄉長接洽，說明來意……所到各地，十分之九，均樂於接受。而且路警和鄉長平素相識，感情既通，便能相信。」[5] 中國農村復興委員會的調查，更是打着

---

❶ 張聞天：《神府經驗調查談》，載《張聞天晉陝調查文集》，第 293 頁。
❷ 李景漢：《實地社會調查方法》，自序，第 6 頁。
❸ 張聞天：《神府縣興縣農村調查》，人民出版社 1986 年版，第 41 頁。
❹ 費孝通：《江村經濟》，江蘇人民出版社 1986 年版，第 19 頁。
❺ 陳伯莊：《平漢沿線農村經濟調查》，交通大學研究所 1936 年版，序、第 4 頁。

行政院的牌子，有官方幫助之利。他們每到一地，都要接洽省當局、縣當局，由其照會區鄉協助。在土匪猖獗之地，甚至由縣長帶領士兵陪同。[1] 在蘇力看來，以上手段利用了兩種資源，即正式權力資源和非正式權力資源，「是一個對求知對象的支配性權力形成和發生影響的過程，是一種征服的過程，是一個突破障礙和開拓進路的過程……甚至是一場沒有硝煙的戰爭。」[2] 不過，從當時的調查實際看，更多的是利用了正式權力資源。

張聞天的晉陝調查，也是如此。張談到地方權力的重要性，即要「同當地黨、政、軍、民機關取得聯繫，得到他們的幫助」，而且「從當地群眾中的積極分子着手，同他們交朋友，從他們那裏開始調查，經過他們的介紹，推廣到其他的群眾。」尤其在調查中一旦發現同多數群眾利害密切相關的問題，更需要地方政府的幫助，「能經過當地黨、政、軍、民機關解決的，應幫助解決，以取得群眾對調查者的信任與擁護。這對調查工作有很大的便利。」[3] 如後表所示，僅從 1942 年 1 月 26 日 −9 月 25 日張聞天的調查日記來看，他與地方黨政幹部談話 68 次，涉及 76 人，包括三五九旅旅長王震、晉西區黨委書記林楓、晉綏聯防軍政治部副主任甘泗淇、河邊司令部參謀長李碩來、綏遠行署主任白如冰、晉綏軍區副司令員周士第以及神府縣縣長、興縣縣長、分區委、鄉支書、區長等;張聞天還親自參與地方實際工作 3 次，涉及劃定階級、整頓三風、給地方幹部介紹調查經驗以及參加區黨委討論減租減息報告等；有的調查員幫助農民解決了實際問題。在興縣碧村，有一個姓白的大地主，每年收租大約二三百石，調查員將他的地一塊塊地核對，發現他用大斗收佃戶的租子，「我們還應群眾的要求，給他提了些意見，也算鬥爭了他一

---

❶ 參見行政院農村復興委員會:《陝西省農村調查》，商務印書館 1934 年版，第 158−177 頁;《江蘇省農村調查》，商務印書館 1934 年版，第 66−91 頁。

❷ 蘇力:《法律社會學調查中的權力資源》，《社會學研究》1998 年第 6 期，第 36 頁。

❸ 張聞天:《出發歸來記》，載《張聞天晉陝調查文集》，第 341−342 頁。

下。」[1] 應該注意的是，在此調查過程中，調查團成員尤其是張聞天本人的政治地位對聯絡地方幹部，是不可忽視的權威資源。而所調查農村基本為共產黨控制的區域，或進行過土地改革，或實行過減租減息，不少農民從中受益，也為晉陝調查創造了有利的社會氛圍。

以上為社會調查的外部條件，而要深入內部，還需要具體的調查方法和形式。

職業社會學家的調查，大多以西方社會學的理論方法為指導。晏陽初認為：「從事社會調查的人必須了解現代社會調查的科學理論以及方法與技術。」[2] 他們運用了多種現代調查手段，如個案調查、抽樣調查、問卷調查、通訊調查、民意測驗、統計分析等，因而具有濃厚的「社會學學科」色彩。李景漢的定縣調查，就採取了普查法、個案法和抽樣法，是宏觀和微觀、粗與細相結合的方法。陳翰笙主持的無錫、保定調查也採用了普查法和抽樣法，卜凱的 7 省調查、陳伯莊的平漢沿線調查採用了抽樣法。它們之所以能夠採用比較正規的社會科學調查方法，與其有較多的調查人才有關。如定縣調查，李景漢手下經常有一二十人，還培訓了一部分當地的調查員。無、保調查，陳翰笙分別組織了 45 人、68 人的調查團，並提前進行了訓練。

與接受過嚴格學術訓練的學者不同，共產黨人的農村調查多是在實踐中摸索出來的。其中最有特點的是開調查會，即使用間接方法，通過「知情人」蒐集情況。毛澤東通過親身調查提出：「開調查會，是最簡單易行又最忠實可靠的方法，我用這個方法得了很大的益處，這是比較什麼大學都高明的學校。」[3] 他在《反對本本主義》中專門就此談到七點調查技術，如調查會到些什麼人、人多好還是人少好、調查提綱、親自出馬、自己做記錄等。[4]

---

❶《張聞天晉陝調查 50 周年座談會紀要》，載《張聞天晉陝調查文集》，第 422 頁。
❷ 李景漢：《定縣社會概況調查》，晏陽初序，中華平民教育促進會 1933 年版，第 2 頁。
❸《毛澤東選集》第 3 卷，第 790 頁。
❹《毛澤東選集》第 1 卷，第 117–118 頁。

張聞天也採取了調查會辦法，並使用了個別談話、實地調查等方法，「適當的把它們結合起來」。[1] 他指出：調查研究先要從村幹部和黨員着手，但只是經過他們，不能經常停留在那裏，要從他們裏面鑽到社會裏面去，辦法就是按戶調查和開調查會。[2] 據馬洪回憶，張聞天每到一地都是住在農民家裏，從一個人一個人的調查開始，然後再以村鎮為單位，這樣由下而上地進行調查。「記得在神府調查時住在賀家川，聞天同志幾乎每一家都去過，每一家戶主都親自談過話，調查得非常仔細。」劉英也回憶，在米脂楊家溝，張聞天「差不多連每個地主家都去了。哪一個地主開明些，他就與他交談，交朋友。」[3] 如下表所示，僅從張聞天 1942 年 1 月 26 日 –9 月 25 日的調查看，召開調查會 12 次，與村民談話 38 次，到家訪談調查 10 次，考察地方社會狀況 28 次，問題廣及經濟、政治、社會、法律等方面。

張聞天晉陝調查情況統計表（1942 年 1 月 26 日 –9 月 25 日）

調查方式	次數	涉及人次	主要涉及問題
與村民談話	38	50（4 次不詳）	村落黨史、女巫、村情況、離婚婦女、農業生產、交租、親屬關係
到家訪談、調查	10	14（1 次不詳）	典地、戶口、播種器、軋花機
開調查會、座談會	12	25（8 次不詳）	村政權工作、區村政權領導方法、武委會領導方法、村幹部領導方法
與地方黨政幹部談話	68	76	黨團、晉西北工作、反擊頑固分子、政治動向、幹部貪污問題、鄉長職責、案件、土地糾紛、做鞋、為調查工作做準備、各階層狀況、村代表會議、精兵簡政、稅收、減租減息、劇團、縣、鄉、村概況、學校

❶ 張聞天：《出發歸來》，載《張聞天晉陝調查文集》，第 341 頁。
❷ 張聞天：《神府經驗調查談》，載《張聞天晉陝調查文集》，第 294 頁。
❸《張聞天晉陝調查 50 周年座談會紀要》，載《張聞天晉陝調查文集》，第 421、427 頁。

續表

調查方式	次數	涉及人次	主要涉及問題
考察地方社會、政治經濟活動	28	—	集市、秧歌、印刷廠、店鋪、打蘸、村黨員小組會、耕地、下種、掏碳、案件審判、村群眾大會、土質、地方戲、小學、水利工程、騾馬大會、黨校、寺廟、村幹部區選大會、支差、百姓求雨儀式
參與地方實際工作	3	—	劃定階級（興縣任家灣）、整頓三風（碧村區黨委）、給地方幹部介紹調查經驗，參加區黨委討論減租減息報告
其他	—	—	整理表格、材料整理、讀農村調查論著、研究當地農民家庭、研究租佃（土地及牛）情形、閱讀其他調查成員的調查材料、撰寫調查報告、與各工作人員座談調查材料、召開調查員會議、研究村材料、研究晉察冀邊區法令、晉西北公糧、村攤款問題，做調查報告

注：村民談話，涉及普通農民、小學教員、商人、紳士、村長、黨員；到家訪談調查包括農民、地主等。

資料來源：據張聞天《出發歸來記》，載《張聞天晉陝調查文集》，第 341–393 頁資料統計。

對以上調查方法，張聞天還提出了不少應該注意的問題。譬如，要「善於同群眾接近，生活群眾化，誠心誠意抱定當群眾小學生的態度，一切不懂的事情都應好好的向他們請教。態度應不太莊嚴，使群眾害怕；也不要油腔滑調，使群眾看不起。待人和氣、親熱、自然，是最主要的。」[1] 這與毛澤東所講過的「沒有滿腔的熱忱，沒有眼睛向下的決心，沒有求知的渴望，沒有放下臭架子、甘當小學生的精神，是一定不能做，也一定做不好的。」[2] 是一致的。關於開調查會，張聞天強調：「出

❶ 張聞天：《出發歸來記》，載《張聞天晉陝調查文集》，第 341 頁。

❷《毛澤東選集》第 3 卷，第 790 頁。

席調查會的人，一定是要可靠的人，這樣可能比挨戶調查還要反映真實些。」「老百姓講話，不要去堵他，而是讓他講完，要幫助他們解決些問題。在人家講話時，要注意提問的方式，回答的時候，要進行慎重研究，凡是調查中的東西，都要反覆研究。」關於個別談話，「談話次數可不拘，總以問題談清為主，但談話時間，力求以不妨礙對方生產、損失對方利益為原則。農忙時的中午休息時間及夜晚時間，及冬天農閒時間，是最便利於調查工作的。談話不要採取像審問或填表格的形式，而以生動的、隨便的，但又有一定方向的『拉話』為好。」[1] 諸此原則，在調查中都得到有效的應用。

四、「由個別的抽出一般的原則」

改造型社會調查的最終目的，是要研究所調查的資料，為既定目標提供指導性結論。對此，張聞天指出：「收集材料，只是調查工作的第一步，而第二步則是研究。這裏材料的整理很是重要。過去調查主要的問題是沒有研究，結果浪費精力很大，得到的益處很少。」這個整理和研究的過程「是由個別的抽出一般的原則的過程（而調查是由一般到具體，到個別），把一般原則抽出來，我們的工作就結束。」[2]

張聞天的研究意識很強。在調查過程中，他經常閱讀有關著作。從其調查日記可以看出，所讀論著有韓德章的《浙西農村的借貸制度》、馮和法的《中國農村資料彙編》）、喬啟明的《中國農民生活程度之研究》，布朗的《峨眉山 25 農家調查》、建設委員會調查浙江經濟所的《浙江臨安縣農村調查》等。[3] 這對他研究晉陝調查資料有較高的參考價值。另有一例，也表現了他的研究性思維。在楊家溝調查時，當地最大的一

❶ 張聞天：《神府經驗調查談》、《出發歸來記》，載《張聞天晉陝調查文集》，第 294、341–342 頁。
❷ 張聞天：《神府經驗調查談》，載《張聞天晉陝調查文集》，第 294 頁。
❸ 由於是日記形式，有的論著名稱被簡化了，有的沒有提作者。

家地主馬維新保存着將近一百年來的各種賬簿，張聞天說：「馬克思在倫敦圖書館裏算資本家的『賬本子』，寫了《資本論》，我們要弄明白中國的經濟，也不能不研究馬太爺家的『賬本子』啊！」[1] 也就是說，要像馬克思那樣研究問題。

張還提出了整理和研究資料的具體方法：一是最好能在當地即加以研究。「研究工作應該緊跟在調查工作之後，而且最好就在調查的地方進行。兩者相隔太久，會使研究工作流產，因而不能完成調查的任務。」[2] 二是使用分析與綜合的方法。「從感性方面得來的關於調查對象的統一的、籠統的印象，必須首先加以分析，加以解剖。如調查一個農村的階級關係，我們必須首先把它分解成為它的各個組成部分，分解成為各個家庭。我們的調查就先從各個家庭開始。但一個家庭還只是一個統一的整體，如果我們要進一步研究，我們必須繼續加以分析，如一個家庭的人口、勞動力、土地、牲畜、農具，等等，然後加以個別的調查。關於『家庭人口』一項我們仍然可以加以分析，如兒童、壯年、老年，兒童、壯年、老年又可分為男的、女的……經過這樣的分析方法，我們可以把這個農村的各個組成部分分別加以認識。」[3] 而另一方面，「分析的方法必須要以綜合方法來補充，使我們時時記到我們分析出來的部分，是一個整體的部分，是不能脫離整體的部分。分析只是思想上的一種抽象，為研究便利暫時把部分從整體中分解出來的。這些部分必須還原到它們原來在整體中的位置，這就是綜合。」仍以上述一個農村的調查為例，「在將一個農村分解成為許多家庭，並將各個家庭加以調查之後，我們就應把這些家庭綜合起來，這樣就可使我們知道這個村子的戶口總數，使我們知道這是一個大村子，還是一個小村子。在將一個家庭分解為人口、勞動力、土地牲畜、農具等等各個組成部分，並將這許多部分加以調查

---

❶ 劉英：《我對晉陝調查的回憶》，載《張聞天晉陝調查文集》，第 414 頁。
❷ 張聞天：《出發歸來記》，載《張聞天晉陝調查文集》，第 341–342 頁。
❸ 張聞天：《出發歸來記》，載《張聞天晉陝調查文集》，第 338–339 頁。

之後，我們就應把一個家庭的這許多組成部分綜合起來研究，使我們了解這是一個什麼階級成分的家庭，是地主的還是農民的家庭等等。再把不同的家庭成分綜合起來，我們就可以了解這個村子所有戶口的階級成分了，如地主好多，富農好多，中、貧農好多等等。這樣，我們不但可以了解全村的總戶數，而且可以了解其階級關係了。」總之，「分析與綜合的方法，在調查研究中是不能分割的，它們是對立的，但又是統一的，它們是對立的統一。」[1]

經過分析與綜合，張聞天提出了不少頗有價值的理論見解。其調查成果《陝甘寧邊區神府縣直屬鄉八個自然村的調查》、《晉西北興縣二區十四個村的土地問題研究》和《米脂縣楊家溝調查》，[2] 無不閃爍着智慧之光。譬如，對神府縣按人口平分土地（一般除中農外）的做法，他提出土地革命具有正反兩方面的作用，認為「土地革命前，是土地所有的集中與土地使用的分散之間的矛盾。在土地革命後，則土地不但分散使用，而且也分散所有了。獨立的小生產者的經濟，代替了地主剝削農民的經濟。舊的矛盾（封建剝削）是解決了，這是經濟發展的一大進步。然而舊的矛盾的解決，不過是新的矛盾的開始。這種新的矛盾，雖是它今天還不大顯著，但必須給以研究。」「因生產單位的縮小，過去比較進步的生產工具，如路家南坬的兩個風車，現在均擱着不用，賈家溝也有兩個風車未用。如賀家川、孟家溝、賈家溝的大部分水利，現在均已失修⋯⋯獨立小生產者，是難以利用這種進步的但又花錢的生產工具的。」也就是說，「小生產者的經濟，同時妨礙着畜力的大量使用與合理使用。」「在獨立的小生產經濟下，糞的產量，大受限制的，而且也無法

---

❶ 張聞天：《出發歸來記》，載《張聞天晉陝調查文集》，第 339–340 頁。

❷ 何西來在為《中國農民調查》一書作序說：「在那一代黨的領導人中，毛澤東是惟一一位做過如此系統如此多的農村調查並把整理成文的著作留下來的人。」（陳桂棣等：《中國農民調查》，序，人民文學出版社 2004 年版，第 4 頁）這一看法有誤。

平均使用在所有的土地裏。」[1] 這在當時是一個比較大膽的論斷，張聞天分析問題的辯證思維由此可見一斑。

張聞天最有價值的見解，是「發展新式資本主義」，即落後的中國農村必須利用資本主義加快發展生產力。一是農村資本主義的發展是未來社會主義的前提。「農民已起分化。除富農、僱農外，農村人口的大多數，是中農、貧農小資產階級成分，這已是資本主義發展的園地。我們有些幹部，不懂得發展新式資本主義是新民主主義經濟的全部方向和內容，也是將來社會主義的前提。」二是發展新式資本主義有其必然性。因為「資本主義生產方式，是現時比較進步的，可使社會進化的。」「在資本主義方式的經營下，首先是富農經營自己土地，並僱長工。土地集中使用，而又合理分工……土地產量越高，對富農資本家越有利（所以他們不像地主那樣對生產漠不關心，當寄生蟲），對全社會更有利。」三是發展資本主義，不怕農民受苦。「不要怕晉西北資本家多。現時不要怕富農。因為今天的富農，每戶平均剝削不到一個僱工，壟斷不到一百垧山地，這有什麼不得了呢？……有些農民出身的幹部，體貼農民疾苦，這是對的。但把改善農民生活完全放在合理分配別人的財富上，則是不對的。應主要從發展生產、增加社會財富來求民生之改善，才是比較妥當的。」為此，「不要怕農民受苦，就是說，不要怕僱農多，沒法安插，失業，工資低，生活惡化。今天僱農、貧農的生活，都是很苦的。說貧農永遠比僱農生活好，貧農不要丟失土地當僱農，這是落後的想法。歐美各國資本主義發達，工人生活比今天中國小地主好得多，可見落後國家的地主，日子過的不如先進國家的工人。在新民主主義政權下，只要資本主義發展了，工人生活一定會改善。」四是新式資本主義與歐美的舊資本主義有所不同。「我們有革命政權和革命政策，調節社會

---

❶ 張聞天：《神府縣興縣農村調查》，第 9、11、20 頁。

各階級關係。凡可以操縱國民生計的工商業，均握在國家手中。中國將來才是社會主義和共產主義，今天則要實行新民主主義，就是新式資本主義。因為中國太落後，只有走過新式資本主義的第一步，才能走社會主義的第二步。社會主義和共產主義，是我們的理想。發展新式資本主義，是我們現時的任務，也是我們當前的具體工作。若把理想當現實，亂來一陣，會弄糟糕的。」[1] 五是三分封建主義七分資本主義。「繼續削弱封建主義，但必須容許部分封建主義之存在。」「積極推動資本主義經濟的發展，三分封建主義七分資本主義。」[2]

必須指出的是，張聞天的這一主張並非他的發明。「延安農村調查團」出發不久，1942 年 1 月 28 日、2 月 4 日中共中央先後頒佈了《關於抗日根據地土地政策的決定》和《關於如何執行土地政策決定的指示》。文件指出：黨的政策是「獎勵資本主義生產與聯合資產階級，獎勵富農生產與聯合富農」；「以獎勵資本主義生產為主，但同時保存地主的若干權利，可以說是一個七分資本、三分封建的政策。」但可貴的是，這是張聞天通過調查所得出的結論，它不僅證實了中央的政策，而且從宏觀上對新民主主義經濟的發展做了更為深刻的詮釋，「對於完善我黨解放區土地政策起到了積極的作用。」[3] 也正因為如此，才實現了此次調查的政策服務目的。

五、餘論

近些年來，有學者提出，馬克思主義者的農村調查具有濃厚的意識形態干預色彩。譬如：有的認為毛澤東做的調查，是政治學的調查，階級鬥爭式的調查，在田野調查之前已有設置好的階級對立的理論模式和

---

❶ 張聞天：《發展新式資本主義》，載《張聞天晉陝調查文集》，第 322–324 頁。
❷ 張聞天：《神府縣興縣農村調查》，第 88 頁。
❸《張聞天晉陝調查文集》編後記，第 430 頁。

愛憎分明的情感模式，其階級分析方法有理論上先入為主的嫌疑和簡單化傾向。[1] 有的認為，馬克思主義學者的調查都或多或少受到主觀情緒上「反帝反封建」的影響，意在宣傳「反帝反封建」，倡導社會變革和土地革命的必要性。他們採用地主、富農、中農、貧農和僱農的分類方式，且又不對所用的分類術語做出明確的定義，影響了這些調查資料的學術價值。[2] 還有學者對土地分配集中的結論提出不同看法，認為《中國土地法大綱》中各階級的分配比例缺乏足夠的證據，中國農村的根本問題似乎是人多地少。[3] 更有學者通過對楊家溝村的人類學跟蹤調查，認為張聞天「延安農村調查團」的「生產關係」和「階級分析法」有一定的局限，即楊家溝人的實際感受不是「生產關係」，而是社會生活脈絡中的「生活關係」。農民有着屬於自己的「階層」意識，即「貴族」階層並非只是由對財富的獲得過程來決定，它還必須經歷如何處理這些財富以及人們對此如何評價這一過程。這樣，對「貴族」階層的理解也就包括了「生產關係中的地主」和「生活關係中的地主」，「階級」概念經過農民自己價值觀的「過濾」。「地主集團」內部極為複雜，相互之間往往形成鮮明的對照，政治態度上出現「紅白」兩極分化，也就是說，「這些已經不能用經濟基礎來說明他們在意識形態方面的思考和決策，」對階級的解釋還存在着非純政治、非純經濟的一面，「分析生產關係時同樣不能離開社會生活的網絡。」[4]

筆者以為，以上看法有助於加深對中國農村和中國革命史的理解。客觀地說，馬克思主義者的農村調查的確或多或少存在着以上學者所提出的問題，然而不能因此輕易貶低或否定這些調查的理論、方法及其成就。

如前所述，無論何種類型的調查，一般都離不開理論和方法的指

---

1. 周大鳴：《田野工作的情感》，《思想戰線》2002 年第 4 期，第 59–60 頁。
2. 張麗：《關於中國近代農村經濟的探討》，《中國農史》1999 年第 2 期，第 6 頁。
3. 閻明：《一個學科與一個時代——社會學在中國》，第 201 頁。
4. 羅紅光：《不等價交換——圍繞財富的勞動與消費》，第 32、46、53–54 頁。

導。共產黨人的調查是最為明顯的改造型，具有鮮明的政治性，是為革命服務和政策服務的。而其馬克思主義信仰以及調查的目標和任務，勢必以生產關係和階級分析為前提。也就是說，既然是共產黨，既然目標是革命，既然是為了取得革命的勝利，那麼其所有的行動包括農村調查都帶有鮮明的革命特色。因此，就其做法本身而言是無可指責的，否則還叫什麼革命？況且，這些調查本身仍大體反映了農村的基本情況。尤其是張聞天的晉陝調查，「都具有各自的典型意義。從地域上來看，陝北、晉西北農村是我國北方農村生產力落後的地區，因此神府縣和興縣的調查報告以其生產關係、生產力的詳細考察內容，為我們提供了寶貴的國情資料；從動態上說，當時兩個地區都在不同程度地經歷着重大的變革，因此報告從實際得出的生產關係的變化情況，又為人們研究新民主主義時期中國農村的經濟發展趨勢提供了切實的依據。」[1] 儘管此次調查以生產關係和階級分析為主要理論，但我們並未發現突出的臉譜化痕跡。張聞天對中國農村經濟的發展道路給出了「發展新式資本主義」的著名論斷，符合中國社會的基本實際。他對地主階級的分析也比較辯證公允。馬維新是楊家溝村最大的地主，張聞天一方面揭露了他的剝削本性，「他的一切行動都服從於他的地主經濟的利益。他對農民的一切剝削，都是認為當然的，無容置疑的。」同時，也表現了他善於經營和生活節儉的一面。「他從十八歲起一直到現在，管理着他的經濟。並且發展了他的經濟。」「他治家極精明，不任意花錢。只在子女求學費用上，他不惜大量支出。他個人無抽煙喝酒嗜好，早起早睡，終日忙碌。因此，在他當家時期，差不多每年收支相抵均有盈餘，使他能夠不斷的以此做放賬置地的資本。所以他的經濟一直到一九三三年均在向上發展的過程中。」[2] 對地主階級的這一評價，實際上已有「生活關係中的地主」的意味，遠比一些革命者眼中的「惡魔」客觀得多。

---

❶《張聞天晉陝調查文集》編後記，第 431 頁。

❷ 張聞天：《米脂縣楊家溝調查》，人民出版社 1980 年版，第 24-25、31 頁。

總之，歷史評論不能由一個極端走向另一極端。不管做什麼類型的調查，只要態度認真，深入實地調查，反映基本社會事實，都有各自的意義和價值。其目的無論是為了提供社會實況，還是在此基礎上提出改革社會的方案，抑或為政府的政策法令提供依據，皆無可厚非。那種認為非得純粹學理的調查才是真理，或者相反，只有階級分析的調查才是科學的，都是一刀切的做法。也就是說，調查不可能統一為一個模式，不能以自己的調查而否定另外的調查，它們之間不是非此即彼的關係。問題恰恰是，早在 20 世紀 30 年代前後，不同的農村調查流派就有這種相互否定的傾向。即使到今日，面對同一調查資料，利用者不同，也竟有大相徑庭的價值判斷，頗值得我們注意。我以為，「抱理解之同情」永遠是研究歷史的指針。

原刊《抗日戰爭研究》2008 年第 1 期

* 本章與鄧紅合作。

堅持：抗戰時期冀中區堡壘戶的形成、使命與困境

沒有農民的參與和支持，中共革命不可能獲得成功，這已是學界的共識。[1] 與其他歷史階段一樣，抗日戰爭時期中共根據地的發展壯大同樣離不開農民的參與和支持。尤其是 1941－1943 年，在日軍的「掃蕩」之下，華北敵後根據地特別是冀中區處於非常嚴重的困難時期，如何獲得農民的參與和支持就顯得更為急迫，如何將分散的幹部、八路軍「化身」到民眾之中更成為生死攸關的問題。與之相應，在此酷烈的戰爭環境中，廣大農民如何生存下去，如何應對日軍的「掃蕩」和滿足中共抗戰的需要，也是一個極為現實的問題。堡壘戶作為廣大農民的代表，充當了這一歷史進程的重要角色。他們是共產黨、八路軍的「房東」[2]，是「如果被敵人發現而不怕敵人燒房、殺頭的群眾或幹部……是冒着身家性命的危險掩護幹部，這是最堅強的群眾『堡壘』」。[3] 與其他地區的根據地相比，堡壘戶在冀中區的表現更為突出。[4] 堡壘戶對於冀中抗日力量

---

❶ 對於農民何以支持與參加中共革命，有土地集中和家庭貧困、社會經濟改革、民族主義、中共動員等不同解釋，究竟其説服力如何，是否還有其他解釋，都需要更多的實證研究予以揭示。參見本書《農民何以支持與參加中共革命？》。

❷ 孫五川：《人民的精英，愛國主義的楷模》，杜敬編：《冀中的地洞和堡壘戶》，中國社會科學出版社 1997 年版，第 90 頁。

❸ 杜敬：《前言》，杜敬編：《冀中的地洞和堡壘戶》，第 2 頁。

❹ 冀中區位於「河北省的中部，即平漢、津浦、平津、滄石四大交通幹線中間一塊不等邊的方形地。面積約六十三萬平方裏，人口約七百餘萬，行政區計有四十二縣。」李夢齡：《冀中區的客觀環境》（1939 年 9 月），魏宏運主編：《抗日戰爭時期晉察冀邊區財政經濟史資料選編》「總論編」，南開大學出版社 1984 年版，第 158 頁。

「元氣」的保存和堅持，對於冀中根據地的延續和發展起了不可替代的作用。迄今，對這一抗戰現象，中國近代史學界已經有所牽涉[1]，但無論是堡壘戶的產生、形成還是運作內容、運作機制，都還非常模糊，本文擬挖掘報刊、檔案、回憶錄以及訪談等資料，對此做一梳理和闡述，以反映殘酷的抗戰年代中共力量的生存方式、農民群眾的生存狀態以及中共與農民的互動關係。

一、冀中堡壘戶的產生與形成

冀中堡壘戶的產生，既與日軍殘酷侵略、中共應對困境的局勢有關，也與冀中區的地域環境有關，可以說是多種因素相互作用的結果。

日軍的「治安強化運動」尤其是「五一」大「掃蕩」，是堡壘戶產生的歷史前提。1938 年日軍攻佔武漢後，由於兵力不足、後勤供應出現危機，已經「佔領地域」變得越來越不「安全」。於是，其戰略從單純的軍事進攻轉變為確保佔領地的「治安」，將中共華北根據地作為進攻的主要目標。日軍制定了針對華北的「治安肅正」計劃，從 1939 年冬到 1940 年春，冀中區以其舉足輕重的戰略地位遭到日軍的「五次圍攻、六次『掃蕩』」。不過，真正對冀中區形成巨大威脅的，是「治安強化運動」。1940 年 8 月至 1941 年 1 月，中共發動百團大戰，沉重打擊了日軍的氣焰。日軍認為，要想消滅中共力量，「必須以熱情地、頑強地努力，有機地綜合發揮軍、政、民實力，從而摧毀、封殺敵人的組織力和爭奪群眾為重點。」[2] 從 1941 年 3 月到 1942 年底對華北地區發動了五次「治安強化運動」，這是「總力戰的進一步實施，也是『三分軍事七分政治』

---

❶ 黃道炫：《敵意——抗戰時期冀中地區的地道和地道鬥爭》（《近代史研究》2015 年第 3 期），是研究冀中地道的代表作。但限於文章主題，作者沒有討論地道和堡壘戶之間的關係。

❷ 日本防衛廳防衛研修所戰史室編，樊友平、朱佳卿譯，傅羽弘校：《華北治安戰》（上冊），團結出版社 2015 年版，第 389 頁。

更進一步的運用。」[1] 日軍對冀中區頗為重視，華北方面軍情報主任參謀橫山幸雄曾談道：「該地區為河北省中部糧倉地帶。在戰略上、經濟上，冀中地區均屬重要，且中共勢力在此已經根深蒂固。鑒於該地區已成為對缺乏農產品的太行山區中共根據地培養戰鬥力之基地，故一致認為只要搗毀該基地，就可以收到重大成效」。[2] 由此，中共冀中區經歷了抗戰以來最為困難的時期。其中，影響最大的是第四次治安強化運動，日軍華北駐屯軍司令親自指揮，發動了「五一」大「掃蕩」。這次大「掃蕩」持續了近兩個月，顯然「是『軍事戰』、『思想戰』、『經濟戰』數管齊下的『總力戰』了。」[3]

在「治安強化運動」中，日軍實行點、碉、路、溝、牆五位一體的「囚籠政策」，使冀中區的局勢發生了巨大變化，共產黨的活動空間和機動能力大大壓縮。[4] 統計數據表明：「『五一』大掃蕩之後，在到六月底的兩個月時間，冀中八千個村莊，六百萬（應為「六十萬」——引者注）平方公里的土地上，日寇修築據點、碉堡一千七百五十七座，屯兵六萬。平均每四個半村，六十二平方公里就有敵人一座據點或碉堡。整個冀中被敵人的公路，封鎖溝，分割為兩千六百七十多塊。」[5] 再以六分區為例，1940 年時共轄 11 縣，西從正（定）、獲（鹿），東至深（縣）、

---

❶ 鄧小平：《五年來對敵鬥爭的概略總結與今後對敵鬥爭的方針（節錄）》（1943 年 1 月），中央檔案館等編：《華北治安強化運動》，中華書局 1997 年版，第 47 頁。

❷ 日本防衛廳防衛研修所戰史室編：《華北治安戰》（下冊），第 623 頁。

❸《關於敵人「四次治安強化運動」》（1942 年 7 月），中央檔案館等編：《華北治安強化運動》，第 448 頁。

❹ 呂正操指出：日軍「到 1942 年止，共計建築了 1753 個據點與碉堡，平均每四個半村莊或者 2.8 平方公里就有一個據點或碉堡，並將各點碉中間妨害展望與射擊的樹木、房屋及丘陵一律削平。原有和增修的鐵路為 769 公里，公路為 7538 公里，共計鐵、公路為 8352 公里，平均每 3,2 平方公里就有一道鐵路或公路，挖掘了 4197 公里封鎖溝，平均每 6.3 平方公里即有一里封鎖溝，縣界都有封鎖溝，區、村也大部分挖了溝，深寬均在 6 米以上乃至 10 多米不等」。呂正操：《在敵寇反覆「清剿」下的冀中平原游擊戰爭》（1943 年 7 月），河北省檔案館藏，革命歷史檔案，3-1-164-2。

❺ 劉光裕等：《冀中軍區九分區第四十二區隊史》，《冀中人民抗日鬥爭資料》第 40 期，冀中人民抗日鬥爭史資料研究會辦公室 1986 年編印，第 87–88 頁。

冀（縣），南達滏陽河，北至束鹿、晉縣，東西長 115 公里，南北最寬處 60 公里，共 6000 多平方公里面積，人口約 230 萬。到 1942 年春，「它所佔面積，僅在縱橫二三十公里至三四十公里之間，各約現在平原上半個縣那麼大。」[1] 對此，曾擔任冀中六分區鋤奸科幹事的徐光耀談到，不止一次聽老紅軍說「就是萬里長征，也沒有這次『掃蕩』殘酷！」當看到六分區的戰爭局勢地圖時，他認為：「只消四周敵人齊頭並進地往裏一擠，我們的部隊——那面疏疏落落的三角小紅旗，不就像風前蠟燭一樣，飄忽一下就熄滅了嗎？」所以，「這張地圖千萬要保密，除了首長和相關參謀人員外，誰也別讓看見，它實在太恐怖了，真的會動搖軍心的。」[2]

事實上，面對戰爭局勢的巨大變化，的確「有極少數同志思想消極，害怕鬥爭，甚至有極個別投敵叛變自首的，引起黨內有的同志和幹部一時的恐慌。有的領導幹部在新形勢出現之後，對在冀中平原上能否堅持、究竟如何堅持鬥爭，開始時心中無數，在武裝鬥爭與其他各種鬥爭形式的關係上，是以武裝鬥爭為主，還是以合法鬥爭、兩面政策為主，也一度產生過搖擺。由此，導致極少數部隊在武裝鬥爭上，一度出現過消極退縮、不願打仗的情況。」[3] 以新樂縣為例，「黨員幹部有些經不起考驗的自首當了叛徒，還有一些黨員幹部回家不幹了，僅這些被捕被殺、自首和回家的黨員幹部總共有一百二十人。」到 1942 年 8 月，五區只剩下了兩個幹部。[4] 與此同時，情報站和通信站出現癱瘓現象，「內線關係有情報無處去傳送；交通員和通訊員活動受到極大限制，文件無法

---

❶ 徐光耀：《滾在刺刀尖上的日子》，李秉新主編：《血色冀中——「五一」反「掃蕩」六十周年祭》，第 155 頁。

❷ 徐光耀：《滾在刺刀尖上的日子》，李秉新主編：《血色冀中——「五一」反「掃蕩」六十周年祭》，第 153、156–157 頁。

❸ 高存信：《粉碎「五一」大「掃蕩」渡過難關贏來勝利》，李秉新主編：《血色冀中——「五一」反「掃蕩」六十周年祭》，第 15 頁。

❹ 田志周：《新樂縣人民八年抗戰鬥爭片斷》，《冀中人民抗日鬥爭資料》第 20 期，冀中人民抗日鬥爭史資料研究會辦公室 1985 年編印，第 110 頁。

傳遞；偵查員活動也受到極大限制，敵情難以偵察。就是無線電通訊的聯絡時間也難以保證。電報時常不能按時發出和接收，以致各級不但難以了解戰役情況，就是一二十里之外的戰術情況也很難了解，甚至臨近村莊有無敵軍和我軍也往往不了解。」[1] 傷病員的治療和休養，也成為一大難題，「不但缺醫少藥，而且也難以棲身，以致不少的同志被敵人殺害。」[2] 以上困難，都為冀中根據地的繼續生存提出了巨大挑戰。

但中共中央並沒有放棄冀中區，而是表現出非凡的勇氣和驚人的毅力，繼續堅持抗戰。之所以如此，也與晉察冀乃至整個華北抗戰大局對冀中區的需要有關。中共中央北方局指出：「冀中如果不能堅持，則北嶽區將感到嚴重威脅，力量就難以保持，時間就難以爭取，只顧轉移，不要堅持，不是保存力量的最好辦法（某些轉移是必要的）。」[3] 楊成武也講到：「如果冀中不能堅持，冀西定會是很困難的。冀西在『五一掃蕩』前，我們穿的衣服是高陽布做的，要到冀中去背布，吃糧食是從冀中背過來的，兵源也主要靠冀中補充。」[4] 當然，關鍵是如何落實中央的決策，怎樣才能堅持冀中抗戰？正是在這一背景下，發生了堡壘戶問題。

中共中央決定，冀中區領導機關和軍隊主力撤離到冀西山區，軍分區以下黨政領導機關和地方部隊分散留在根據地，也即「地委、專署分散到縣，分散到區，再分散到村，」使之成為地方化、群眾化的游擊隊和隱蔽的根據地，如時機有利也可發動對日軍的攻擊。[5] 尤其是本地幹

---

❶ 蘇錦章：《冀中七分區「五一」反「掃蕩」回顧》，李秉新主編：《血色冀中——「五一」反「掃蕩」六十周年祭》，第 91 頁。

❷ 蘇錦章：《冀中七分區「五一」反「掃蕩」回顧》，李秉新主編：《血色冀中——「五一」反「掃蕩」六十周年祭》，第 93 頁。

❸《中共中央北方分局對彭德懷〈堅持平原游擊戰爭問題答覆〉》（1942 年 8 月 18 日），中共河北省委黨史研究室編：《冀中歷史文獻選編》（上），中共黨史出版社 1994 年版，第 690 頁。

❹ 楊成武：《關於冀中平原抗日根據地鬥爭的回憶》，《冀中人民抗日鬥爭資料》第 36 期，冀中人民抗日鬥爭史資料研究會辦公室 1986 年編印，第 18 頁。

❺ 呂正操：《在敵寇反覆清剿下的冀中平原游擊戰爭》（1943 年 7 月），河北省檔案館藏，革命歷史檔案，3-1-164-2；呂正操：《冀中回憶錄》，解放軍出版社 1984 年版，第 229–230 頁；楊成武：《關於冀中平原抗日根據地鬥爭的回憶》，《冀中人民抗日鬥爭資料》第 36 期，1986 年印，第 22 頁。

部、游擊隊，更要分散隱蔽下來，他們熟悉地理，「知道人情事理，對本地敵情和敵人規律亦最清楚，便於在群眾中掩護自己，便於窺察敵之弱點，利用敵之矛盾，揀小便宜打勝仗，積小勝為大勝。」[1] 這些留下的幹部，被稱為「抗戰幹部」和「咬牙幹部」，而離開冀中的幹部被稱為「建國幹部」。[2] 當軍隊、幹部分散隱蔽後，最需要解決的是如何落腳和生存？可以設想，如果沒有農民的支持，分散隱蔽是絕對不可能做到的。基於此，中共開始想到在農村建立堡壘戶，由堡壘戶承擔起保護軍隊和幹部的任務。

在分散隱蔽軍隊和幹部的同時，中共中央還決定將游擊戰爭開展到「敵後之敵後」去，以阻止日軍繼續進行面的佔領。[3] 其中最重要的做法是，通過武工隊的形式進入村莊，擴大在敵區和近敵區的活動空間。這種在村莊靈活分散的紮根方式，被稱為「打堡壘」，即「在這個村莊，將我政府的政策法令切實的付諸實施，打下一個堅強的基礎，作為堡壘，以後再以之為骨幹，旁及他村，形成一種水波式的影響。這種打堡壘的工作方式，在敵區開展工作，有着決定的意義。」[4] 打堡壘的工作方式，一般以革命家庭為目標，「要很好的接近群眾做居民教育創造革命家庭，以許多的革命家庭作為堅固的抗日堡壘⋯⋯以便隱藏我小型武裝及工作人員領導群眾進行對敵鬥爭。」[5] 而所說的革命家庭，也就是武工隊和地方幹部所依靠的堡壘戶。

遺憾的是，有關堡壘戶建立的政策性資料很少。管見所及，共產黨地方組織做出建立堡壘戶的決策有早晚之別，大概始於 1941 年前後。

---

❶ 張達：《「五一」變質後的冀中是怎樣堅持下來的》（1945 年 3 月），石家莊市檔案館藏，革命歷史檔案，1-1-26-3。

❷ 蘇錦章：《懷念梁達三政委》，武斌主編：《滹沱河畔的戰火——冀中七分區人民抗日鬥爭史資料選編》，解放軍出版社 1990 年版，第 555 頁。

❸ 聶榮臻：《聶榮臻回憶錄》（中），解放軍出版社 1984 年版，第 545–546 頁。

❹ 孫志遠：《在冀中平原游擊戰爭中政府怎樣堅持工作》，《冀中人民抗日鬥爭資料》第 4 期，冀中人民抗日鬥爭史資料研究會辦公室 1984 年編印，第 25 頁。

❺ 冀中行署：《冀中反掃蕩政權鬥爭總結》（1943 年 5 月），河北省檔案館藏，革命歷史檔案，3-1-47-11。

如1941年9月，冀中十分區三聯縣縣委在龍虎莊鄉召開會議，提出建立堡壘戶的工作。而後，縣委首先在四聯區群眾基礎較好的村莊選擇絕對可靠的堡壘戶作為落腳點。通過工作，四聯區南孟以東和永霸交界處的「外八營」一帶成為縣委的隱蔽根據地，羅家營村、千人目村建立了縣委機關的堡壘戶。同時，縣、區幹部也都選擇了可靠的堡壘戶。[1]1942年2月，冀中十分區一聯縣縣委在白洋淀郭裏口村召開會議，提出：「建立堡壘戶，挖簡易地洞，搞夾皮牆」。[2]同年8月中旬，冀中八地委在白洋淀召開會議，提出：「發動廣大群眾挖地道，開展平原游擊戰爭，建立隱蔽根據地，積蓄力量，準備反擊」。[3]1943年6月，冀中十地委在大葦塘召開會議，做出「開展地道戰，建立堡壘村和隱蔽根據地」的決定。[4]

冀中區堡壘戶的產生，除了抗戰局勢的惡化以外，還與這一地區的地形有關，或者說是迫不得已的辦法。冀中區為平原，無險可守，青紗帳雖可起到掩護抗日力量的作用，但時間有限，當莊稼收割，沒有青紗帳之後，如何掩護就成了問題。然而，困難往往倒逼解決辦法的出現，平原地形的劣勢反而促成了地洞、地道戰等鬥爭形式。但正是地洞、地道，為堡壘戶保護抗日力量奠定了基礎。據時任冀中軍區敵工部部長史立德等人的回憶，開始幹部在村外躲藏，依靠作物、窪地等地形掩護，但「高杆作物砍倒，天氣轉涼，出現了進村繼續堅持工作的問題」，在這種情況下「隱蔽地洞的辦法很快由村幹部、黨員、青壯年帶頭普遍推廣。當時把有隱蔽洞的家庭叫作『堡壘戶』」。有了堡壘戶，「區以上幹部和軍隊住在村裏，心裏更踏實了。」[5]

---

❶ 中共永清縣委黨史研究室：《永清人民革命史（1937–1949）》，中共黨史出版社1995年版，第90頁。

❷ 中共河北省廊坊市委黨史研究室：《冀中十分區革命鬥爭大事記（1937–1949）》，中共黨史出版社1992年版，第102頁。

❸ 中共青縣縣委黨史研究室編：《中國共產黨青縣歷史（1937.7–1949.9）》，2006年印，第71頁。

❹《永清縣民主革命時期大事記》，中共永清縣委黨史研究室1990年編印，第91頁。

❺ 史立德等：《抗日戰爭時期冀中的群眾運動概述》，冀中人民抗日鬥爭史資料研究會編：《冀中平原抗日烽火》，河北人民出版社1987年版，第126–127頁。

冀中區的生存和發展需要堡壘戶，然而更重要的是，如何選擇和動員農民成為堡壘戶？這絕不是一件易事。

日軍殘酷的大「掃蕩」，一定程度上導致民眾對中共的支持出現裂痕。冀中軍區司令員呂正操 1943 年講到：「冀中在大『掃蕩』後，曾有一個時期，群眾不願八路軍在本村打仗，不敢接近八路軍，怕敵人找岔子報復。」[1] 時任冀中軍區司令部作戰科科長的高存信也談到：「在敵人全面佔領的嚴重形勢下，群眾曾一度怕敵人報復，不願我軍駐在他們村莊或在其村裏打仗；打與走、打與不打的矛盾大為增強；軍隊已陷入 5 年來從未有過的極度艱難之境地。」[2] 曾在冀中十分區工作的幹部劉伯彥回憶，到雄縣南陽村村支部書記董賀年家躲藏，可董的母親說：「伯彥吶，樓上的敵人老來，賀年也不敢在家呆着，你們快躲開這吧。」由於日偽對村莊日夜查崗，村幹部跑到外面，幹部家人不敢收留其他幹部。[3] 在新樂縣工作過的田志周也回憶，「我們住在村幹部家裏，都不能讓幹部的母親和老婆知道。因為敵人一來，她們的臉色就變了，敵人常常根據這一點進行搜查。」一區婦救會幹部李志克，平日裏姑姑非常疼愛她，但一天晚上李志克到姑姑家去躲藏時，叫了半天門，姑姑才打開。姑姑對她說：「哎呀！你怎麼住在這裏，這樣殘酷，把我家害了怎麼辦？」甚至出現了爺爺連孫子都不掩護的情況，何任茂是新樂縣的一個組織幹事，回到六區東張村的家裏躲藏，媳婦把他藏在地道裏，但爺爺聽別人說他的孫子回來了，竟把他送到敵人據點去了。[4] 應該說，民族愛國主義以及抗日根據地建立後實行的減租減息等社會改革政策，都曾對農民支持和參

---

❶ 呂正操：《穿插在溝線中的游擊戰爭》（1943 年），呂正操：《論平原游擊戰爭》，解放軍出版社 1987 年版，第 181 頁。

❷ 高存信：《粉碎「五一」大「掃蕩」渡過難關贏來勝利》，李秉新主編：《血色冀中——「五一」反「掃蕩」六十周年祭》，第 13 頁。

❸ 劉伯彥：《在抗日鬥爭最艱苦的歲月裏——回憶冀中十分區第一聯合縣大清河東地區堅持隱蔽活動的情況（1941.9－1942.4）》，《拒馬河畔的烽火》，晉察冀冀中十分區第一聯合縣抗戰史編輯委員會 1989 年編印，第 303 頁。

❹ 田志周：《新樂縣人民八年抗戰鬥爭片斷》，《冀中人民抗日鬥爭資料》第 20 期，第 111 頁、112 頁。

加抗日產生了積極作用，但在極端惡劣的特殊環境之下，農民產生了對中共的疏離乃至埋怨也是可以理解的，這並不意味着他們一定不擁護共產黨。共產黨選擇、發動和建立堡壘戶的過程，就是解決這一困難的過程。

如何選擇和確定堡壘戶，並沒有一個統一和完整的標準，家庭成分、家庭狀況、家庭成員的性別構成、社會關係、居住的房屋院落、家中挖的地洞地道情況等方面都與之有一定的關係。譬如，冀中十分區在選擇堡壘戶時規定：「在政治基礎、地理條件好的村子選建堡壘戶。堡壘戶的條件應是：1. 對革命有認識，抗日堅決，膽子大，有骨氣，能守密。2. 家庭人口不多，沒有小孩或小孩很少。3. 房院部位合適，能藏能走。」[1] 深縣縣委選擇堡壘戶的條件是：「一、政治上必須絕對可靠。二、必須挖一個祕密的藏身洞。三、堡壘戶應是敵人『清剿』時不注意的地方，避免敵人搜查。」[2] 其他材料則反映，有的更多考慮了政治身份和家庭出身，冀中攝影訓練班在選擇堡壘戶時就要求「黨員、村幹部、軍烈屬和政治上可靠、熱心抗日工作的貧下中農。」[3] 有的傾向於某一方面的因素，如冀中七分區側重於貧苦農民，「堡壘戶是抗戰的銅牆鐵壁，一般是貧下中農，大多數是烈軍屬，幹部家屬，他們能夠冒着生命危險保護我抗日幹部和軍隊。」[4] 有的側重於婦女，如饒陽、安國，「堡壘戶大部分是有中老年婦女能當家作主的人家，當敵人包圍搜查時，許多老大娘、大嫂把幹部、傷病員認作自己的兒子、丈夫。堡壘戶家中都有祕密地洞，有的同時掩護幾個人，互不見面。」[5] 有的側重於原來根據地裏的可

---

❶ 十分區組：《冀中軍區第十軍分區第三十五地區隊抗日鬥爭史略》，《冀中人民抗日鬥爭資料》第 32 期，冀中人民抗日鬥爭史資料研究會辦公室 1985 年編印，第 14 頁。

❷ 葛志：《地道鬥爭在深縣》，杜敬編：《冀中的地洞和堡壘戶》，第 276 頁。

❸ 梁明雙：《戰火中的攝影訓練班》，李秉新主編：《血色冀中——「五一」反「掃蕩」六十周年祭》，第 332 頁。

❹ 徐志軍等執筆：《冀中七分區婦女抗日鬥爭史》，《冀中人民抗日鬥爭資料》第 37 期，冀中人民抗日鬥爭史資料研究會辦公室 1986 年編印，第 135 頁。

❺ 婦女組：《抗日戰爭時期冀中婦女工作大事記》，《冀中人民抗日鬥爭資料》第 14 期，冀中人民抗日鬥爭史資料研究會辦公室 1985 年編印，第 13 頁；王又新執筆：《安國縣抗日時期婦女工作回憶》，《冀中人民抗日鬥爭資料》第 14 期，第 89 頁。

靠人家，「部隊分散成若干小單位活動後，遇到了許多困難：每到一個新的地方，人地生疏，各種情況不明，沒有兵站和後方，各種補充也很困難……堡壘戶是以原來根據地裏的可靠人家作對象，在自願的情況下，經過考驗確實可靠才作為立足點定下來。」[1] 以上各地選擇堡壘戶的條件儘管比較複雜，但最核心的顯然是可靠性。

除了貧苦農民之外，中共還根據抗日民族統一戰線的策略，將堡壘戶擴大到地主、富農、保長等農村上層。開始有些幹部習慣於革命的階級觀點，對這一策略並不太理解。據徐光耀的回憶，他當時被分到一個大地主家，他當時的感覺是：「當時我當兵、入黨已 5 年，又是鋤奸幹部，階級警惕性是很高的。被分到這麼個大地主家來，心中頗為疑慮，生怕一旦情況危急，會落個四面懸空。然而，既是村中黨支部的安排，且與兩個長工住在草棚，有階級兄弟在一側，也就不好挑五揀六、另提要求了」[2]。時任冀中九分區縣游擊大隊指導員的費國柱即親身經歷了生死，但是縣委指示他們到蠡縣大柳樹南莊趙秉真家隱蔽休息，他當時的想法是：「聽完他的話，我猶豫了一下。趙家是這一帶有名的大財主，七七事變前靠倒賣硝煙發家，有很多莊戶和田地」。因此，在整晚的過程中，他都是心中不安。當晚又有敵軍來圍，他們更是懷疑是趙家泄密了，但後來查明不是他們，反而他們因極力保護八路軍幹部而導致家中死了幾個人[3]。這些人被稱為「『特殊的堡壘戶』，他們表面上支應敵人，暗地裏為我們工作。」[4] 將他們的家裏作為掩護地點，有其獨特的優勢，「這些上層人士，住的都是深宅大院，幾十個游擊隊員住進去，一點不會暴露目標。」另外，他們和「當地的特務、偽軍也有來往，這些人去了

---

❶ 孫曉波：《冀中軍區九分區第三十四地區隊史》，《冀中人民抗日鬥爭資料》第 31 期，冀中人民抗日鬥爭史資料研究會辦公室 1985 年編印，第 117－118 頁。

❷ 徐光耀：《滾在刺刀尖上的日子》，李秉新主編：《血色冀中——「五一」反「掃蕩」六十周年祭》，第 176 頁。

❸ 費國柱：《發生在趙家大院的故事》，李秉新主編：《血色冀中——「五一」反「掃蕩」六十周年祭》，第 261－270 頁。

❹ 石堅：《打不破的銅牆鐵壁》，杜敬編：《冀中的地洞和堡壘戶》，第 109 頁。

他們也有法應付。」[1]再者，地主、富農家住進了抗日人員，「他們便和基本群眾、保公所人員在掩護抗日人員這一點上有了共同利害，又由於他們財產多，往往比基本群眾還怕出事，這就自然地擴大了抗日聯合。」[2]也就是說，將他們作為堡壘戶帶有一定程度的控制性質。

按照以上標準，共產黨組織對村莊進行了解和動員，並在此基礎上選擇和建立堡壘戶。所謂了解該村情況，就是「敵人在該村的活動、群眾情緒、思想活動，偽軍偽屬和我對立人的情況，堡壘戶，堡壘戶周圍街坊四鄰的情況，工作執行情況等等。」[3]而且，往往「先做幹部家屬的工作，做幹部、黨員的工作，然後，再向群眾中發展。」[4]然後，「進行對堡壘戶的調查（協同地方政權），然後再進行對堡壘戶的動員解釋，克服其恐怖心理。」[5]

一些農戶之所以願意做共產黨、八路軍的堡壘戶，主要有兩個初衷：一是懷着對日軍的仇恨成為堡壘戶。譬如高陽縣東教台村的堡壘戶郝大娘，她的丈夫遭到敵人毒打至死，「大娘懷着滿腔的民族仇恨」，先後把兒子送到八路軍，女兒送到婦救會工作，自己則在家為抗日工作，讓弟弟幫助在家挖了一個洞，成為縣區領導機關的堡壘戶。[6]獻縣後南旺村的堡壘戶蔡芝運家，大哥、二哥先後被日軍殺害，據她的兒子岳如洲口述：「俺大舅、二舅都死了，和日本鬼子有仇，恨得夠嗆，弄的人沒

---

❶ 閻素：《回憶保北地區的抗日鬥爭》，《冀中人民抗日鬥爭資料》第 27 期，冀中人民抗日鬥爭史資料研究會辦公室 1985 年編印，第 99 頁。

❷ 劉勞之：《欒城人民的抗日隱蔽鬥爭》，《冀中人民抗日鬥爭資料》第 9 期，冀中人民抗日鬥爭史資料研究會辦公室 1984 年編印，第 107–108 頁。

❸ 王瑛璞執筆：《抗日戰爭時期冀中九分區婦女抗日救國會的工作》，《冀中人民抗日鬥爭資料》第 14 期，第 59–60 頁。

❹ 李培業：《建國縣五區「五一」掃蕩前後的工作情況》，《滄州革命史料》第 17 期．建國縣專輯，中共滄州地委黨史資料徵集編審委員會 1987 年編印，第 51 頁。

❺ 晉察冀軍區政治部：《關於冀中部隊各種情況下的政治工作》（1944 年 1 月），《冀中人民抗日鬥爭資料》第 48 期，冀中人民抗日鬥爭史資料研究會辦公室 1988 年編印，第 33 頁。

❻ 梁景才：《刺刀放在脖子上的時候》，杜敬編：《冀中的地洞和堡壘戶》，第 193 頁；王瑛璞執筆：《抗日戰爭時期冀中九分區婦女抗日救國會的工作》，《冀中人民抗日鬥爭資料》第 14 期，第 67 頁。

了，房子也燒了，國仇家恨，就支持共產黨。」在這種情況下，「一門6個寡婦，姥姥、大妗子、二妗子、老姥姥、三姥姥、大姥姥再加上我母親」承擔起了掩護獻縣黨和縣政府的任務。[1] 二是懷着對共產黨感恩的心態成為堡壘戶。安國縣報子營村的堡壘戶李杏閣，出身貧苦，丈夫去世後，母子四人的生活更加困難，常常討飯為生。共產黨來到冀中後，李杏閣家每遇青黃不接，就能得到抗日政府的救濟糧。1942年「五一」大掃蕩後，她自願成為堡壘戶，掩護八路軍。[2]

不過，畢竟「挖洞保護八路是個很危險的事，沒有豁出全家生命財產的精神是不敢的。因為敵人一旦發現就會殺人燒房直至殺害全家性命的。」[3] 因此，有的農民則需要做艱苦細緻的思想工作才能成為堡壘戶，如「進行抗日形勢和愛國主義教育，要體量群眾的困難，要對群眾進行保密教育，這些工作都做好了才能住下。」而且強調，「在做思想工作的過程中，不管群眾怎麼不通，哪怕最後硬是不讓住，也不要給群眾扣不愛國的帽子，或說一些有傷感情的話，因為他們本質上是愛國的，而是覺悟不高或有具體困難。我們要善於等待，一定要做到好來好走。」[4] 安平縣察羅村劉九勝，就是接受了黨的抗日宣傳教育而成為堡壘戶的例子，「老人家更加清楚：只有把日本侵略者趕出中國去，老百姓才有安生的日子過。」[5]

以上事例表明，農民的抗日熱情、中共社會經濟措施和深入動員對於農民參與和支持抗日都發揮了作用。

---

❶ 蔡芝運（1927–）的二兒子岳如洲（1959–）口述，河北省獻縣陌南鎮前南旺村，2017年8月7日，宋弘訪談。

❷ 七分區組：《冀中子弟兵的母親——李杏閣》，《冀中人民抗日鬥爭資料》第43期，冀中人民抗日鬥爭史資料研究會辦公室1987年編印，第145頁。

❸ 王德光：《堡壘戶》，《冀中人民抗日鬥爭資料》第44期，冀中人民抗日鬥爭史資料研究會辦公室1987年編印，第128頁。

❹ 劉勞之：《欒城人民的抗日隱蔽鬥爭》，《冀中人民抗日鬥爭資料》第9期，冀中人民抗日鬥爭史資料研究會辦公室1984年編印，第113–114頁。

❺ 李劍青：《平原上的鋼鐵屏障——回憶堡壘戶劉九勝一家》，武斌主編：《滹沱河畔的戰火——冀中七分區人民抗日鬥爭史資料選編》（續），海潮出版社1993年版，第128頁。

當然，也有顧慮重重、不願意做堡壘戶和埋怨堡壘戶的情況。如饒陽縣邱孫莊的堡壘戶趙杏，多次掩護八路軍，遭到敵人的注意和搜查，村裏有人就埋怨她：「一個老婆子領着 3 個大閨女跟開店一樣，把日本招來了，一村跟着遭殃。」[1] 深澤縣段莊村的堡壘戶田玉春，多次掩護傷員，丈夫表示反對，說：「幹這種事讓日本人知道了要殺頭的！」為此，他還一氣之下離開田玉春到山西去了。[2] 在動員過程中，也發生過極個別強迫建立堡壘戶的例子。這種情況主要發生在鄉村上層，如雄縣祁崗村的李和順，既是村保長，也是村裏最富裕的，將他家作為堡壘戶，就有一定的強制性。[3] 以上兩種情況，反映了抗戰環境下農村民眾與中共關係的複雜性。

經過選擇和動員，堡壘戶建立的結果如何呢？

從筆者蒐集到的 60 個典型堡壘戶的統計可以發現：從經濟情況來看，除了其中 3 個「保長身份」未說明家庭經濟情況外，在其餘 57 個堡壘戶中，經濟貧困的有 48 戶，佔 84.2%，比較富裕的有 9 戶（包含中農），佔 15.7%；從身份來看，堡壘戶個人為基層黨員、幹部者 21 個，佔總數的 35%。除此以外，家庭成員有黨員者 11 個，佔 18%。二者合計，達到 53%；從社會關係來看，較多的是親戚關係，也有鄰居、同學關係；從家庭人口來看，以 3–8 人為主，個別的多達十幾個。[4] 可見，堡壘戶仍是以貧困農民佔多數，貧困階層與擁護、支持中共之間具有較為

---

❶ 劉俊妥、許青莉：《堅強的堡壘　革命的家庭》，杜敬編：《冀中的地洞和堡壘戶》，第 382 頁。

❷ 郭昭輝：《她護理了二百多名傷員》，杜敬編：《冀中的地洞和堡壘戶》，第 141–142 頁。

❸ 于覺民：《血的教訓與地道鬥爭》，杜敬編：《冀中的地洞和堡壘戶》，第 263 頁。

❹ 主要根據以下幾種資料整理而成：杜敬編：《冀中的地洞和堡壘戶》，第 53、55、57、59、61、65、103、111、135 頁；《崢嶸歲月．回憶錄專輯》，河北省婦女聯合會編 1983 年編印，第 133、149、155、247、326 頁；《崢嶸歲月．英雄、模範、堡壘戶選輯》，河北省婦女聯合會 1984 年編印，第 27、103、129、182、208、224、306 頁；《永清縣民主革命時期大事記》，中共永清縣縣委黨史研究室 1990 年編印，第 70 頁；《銅牆鐵壁》，中國共產黨青縣委員會黨史研究室 1991 年編印，第 29、39、126、155 頁；《冀中八分區抗日鬥爭史資料選編》（下），冀中人民抗日鬥爭史資料研究會八分區組等 1987 年編印，第 152、232、380 等頁；劉錦章主編：《戰鬥的回憶》，長征出版社 1997 年版，第 321、381、399、403 頁；李秉新主編：《血色冀中——「五一」反「掃蕩」六十周年祭》，第 348、398 頁。

密切的關係。而有的富裕戶也成為堡壘戶則表明，在日本侵略和民族統一戰線的背景下，富裕戶並非鐵板一塊，有的也會擁護、支持中共的抗日活動，有的家庭成員中還有中共黨員。總之，以上數據與中共對堡壘戶選擇的標準、目標是基本吻合的。

更具重要意義的是很多村莊都建立了堡壘戶。如冀中八分區，1942年一個村一般的有六、七個堡壘戶，多的到十幾戶，甚至二、三十戶。其中，饒陽縣有89個村建立了堡壘戶306個，「幾乎將近一半的村都有了我們的堡壘戶。」到1943年，該縣堡壘戶增至1000多個。[1] 有的村子因為堡壘戶數量多而被稱為堡壘村，如藁無縣東莊村有堡壘戶30餘戶。[2] 河間縣的北窩頭、南窩頭、石家連城、河東村、宋家佐等5個村莊都是堡壘村，北窩頭村的「地洞星羅棋布，不能說家家有洞口，但究竟有多少也數不清。」南窩頭村有一條堡壘街，「村長、青救會主任、婦救會主任，還有其他村幹部都住在這條小街上，幾乎家家有地洞，有的還洞連洞，有的和地道相通，是我們區小隊、縣區幹部常食宿的地方。」[3] 獻縣柳杭村也是一個著名的堡壘村，村子85戶，其中75%為抗日戶或抗屬，50%有區以上的抗日工作人員。[4] 可見，冀中區已經形成一個地域廣泛的堡壘戶網，這種「地下抗日根據地」現象被日方稱為「地下還有一個冀中」[5]。

論述至此，還有一個值得思考的問題。與冀中區一樣，當時華北其他根據地也面臨着日軍「掃蕩」的難題，但並不像冀中區那樣有如此規

---

❶ 八分區饒陽組：《饒陽縣人民抗日鬥爭史略》（節錄），劉濤、趙淑貞：《冀中八分區婦女工作概述》，《冀中八分區抗日鬥爭史資料選編》（上），冀中人民抗日鬥爭史資料研究會八分區組等1987年編印，第97、287頁。

❷ 朱志英：《藁無縣的堡壘村》，中共河北省委黨史研究室、冀中人民抗日鬥爭史資料研究會編：《冀中的血與火》（下），中共黨史出版社2006年版，第400頁。

❸ 何子立：《可靠的群眾　堅強的堡壘》，杜敬編：《冀中的地洞和堡壘戶》，第70、72頁。

❹ 張朋：《記全面抗戰的典型村——柳杭》，《獻縣人民抗日鬥爭史史料選輯》第52期，獻縣中共黨史資料徵集辦公室、獻縣人民抗日鬥爭史編輯辦公室1988年編印，第4頁。

❺ 成學俞、張桓：《神奇的地道鬥爭》，冀中人民抗日鬥爭史資料研究會編：《冀中平原抗日烽火》，第384頁。

模的堡壘戶。其原因大概與這些地區的地理環境比較有利於其對軍隊、幹部的保護有關，群眾工作雖也很重要，但不如冀中區那樣緊迫。譬如，晉察冀北嶽區的地形以山地為主，抗日力量擁有較大的活動空間，「在敵『封鎖』、『蠶食』下，軍區和邊區機關以及大部抗日軍民被迫退到阜平和太行山南部山區。」[1] 懸崖邊的山洞經常作為傷員的隱蔽之地，就顯示了地形的作用。[2] 冀東區的情況也與之類似，「有山地做依托，迴旋區非常大，比如海大水深魚少，使敵人『清水摸魚』成為幻想。」[3] 可見，農民群眾在這兩個區域所發揮的作用不如冀中區大。有的根據地，如晉冀魯豫邊區的冀南也多為平原，但由於所遭遇的日軍「掃蕩」不像冀中那樣嚴重，仍有較大的迴旋餘地，軍隊尚能支撐抗日鬥爭局面，群眾工作也就沒有發展到冀中那樣的程度。[4] 其實這些根據地也制定了與冀中堡壘戶類似的政策和措施，但由於以上原因，堡壘戶並沒有大量出現。

二、以堡壘戶為中心的隱蔽系統及其保護工作

堡壘戶被選擇、確定和建立之後，最重要的任務是保護中共抗日力量，抵抗日偽軍的「掃蕩」。正是在此意義上，堡壘戶也被稱為「救命

❶ 王平：《晉察冀三分區軍民的反「掃蕩」反「蠶食」反「封鎖」鬥爭》，中共河北省委黨史研究室編：《北嶽抗日根據地（1937.7–1944.9）》（下），中共黨史出版社 1999 年版，第 209 頁。

❷ 邢竹林、程間：《1943 年秋反「掃蕩」中的白求恩國際和平醫院》，中共河北省委黨史研究室編：《北嶽抗日根據地（1937.7–1944,9）》（下），第 233–234 頁。

❸《中共冀東地委關於 1942 年秋反「掃蕩」方針與部署》（1942 年 9 月），中共河北省委黨史研究室編：《冀東武裝鬥爭》，中共黨史出版社 1994 年版，第 89 頁。

❹《中共中央太行分局對冀南工作指示》（1942 年 12 月），中共河北省委黨史研究室編：《冀南歷史文獻選編》，第 177、185、220、224、233–234、371、380 頁；《中共冀南區黨委關於討論中共中央太行分局十二月十日指示的結論》（1943 年 1 月 26 日），中共河北省委黨史研究室編：《冀南歷史文獻選編》，中共黨史出版社 1994 年版，第 389 頁；《中共中央北方局對目前冀魯豫工作的指示》（1942 年 6 月），中共冀魯豫邊區黨史工作組辦公室、中共河南省委黨史工作委員會：《中共冀魯豫邊區黨史資料選編》第二輯，文獻部分（中）(1941.7–1943.11)，河南人民出版社 1988 年版，第 225 頁；《邊區的形勢與任務——黃敬同志在區黨委高幹會上的報告》（1942 年 12 月），中共冀魯豫邊區黨史工作組辦公室、中共河南省委黨史工作委員會：《中共冀魯豫邊區黨史資料選編》第二輯，文獻部分（中）(1941.7–1943.11)，第 367–368 頁。

戶」。而要想有效地開展保護工作，其前提是以堡壘戶為中心構建一個綜合的隱蔽系統，包括挖掘地洞、地道、建立社會關係以及兩面政權、偽軍工作等方面。

首先，挖掘地洞和地道。

「堡壘戶」名稱的由來，與地洞、地道被稱為「堡壘」有關。時任安平縣大隊政委的張根生談到：「開展地道鬥爭……當時大家把家中挖地洞的農民叫作『堡壘戶』。」[1] 實際上，只要農民同意在家裏挖掘地洞和地道以掩護中共人員，就基本上意味着他們從「群眾」到「堡壘戶」的轉變。

保護抗日力量的手段是逐漸豐富的。在挖洞之前曾以房屋、院落、地窖作為掩護，後來才發展為地洞、地道。冀中的地洞和地道興起較早，最初始於蠡縣，後擴展到其他地區。開始主要是一些村幹部挖，後擴展到所有的堡壘戶。不過，在 1942 年「五一」大掃蕩之前，一些基層幹部對於挖洞並不是很積極，「村幹部和區幹部麻痺思想比較多……把挖洞當成一般號召。」「五一」掃蕩後，「才認識到上級關於挖洞的指示是正確的。」[2] 由地洞發展到地道後，人在其中的活動空間、活動能力大大加強，利用地道進行掩護成為堡壘戶保護抗日力量的重要途徑和方式。為了迷惑敵人和預防敵人破壞地道，地道改造的越來越複雜，「挖些迷惑洞，就是在地道轉彎處，分開若干岔路，有活路有死路，敵人一經進入地道，則利用枯井與地道相溝通，這就造成了一種陷阱。」[3] 獻縣南莊村堡壘戶邊瑞香就談到：「沒人領着走迷糊了，這麼大村，有一個人進地道迷路了，地道裏好多叉，找了好長時間才找到。」[4] 總之，無論是地洞、地道還是二者的結合，都為抗日人員的隱蔽提供了容身之地。

---

❶ 張根生：《從「蛤蟆蹲」到聯村地道》，杜敬編：《冀中的地洞和堡壘戶》，第 45–46 頁。
❷ 李志海：《從教訓中懂得了必須挖地洞》，杜敬編：《冀中的地洞和堡壘戶》，第 251 頁。
❸ 程子華：《冀中平原上的民兵鬥爭（節錄）》（1942 年 11 月），保定歷史文化專輯委員會：《保定抗日地道鬥爭》，新華出版社 2005 年版，第 317 頁。
❹ 邊瑞香（1929–）口述，河北省獻縣段村鄉南莊一分村，2017 年 8 月 5 日，宋弘訪談。

在建立地洞、地道的隱祕系統中，最重要的是保密性。譬如，特別注意挖掘地洞的位置，「大街兩旁，村公所、學校附近就不好，因為這多是敵人集中活動，佔的比較多的地方。要選擇背靜、偏僻的角落、旮旯，便於自己出入，敵人活動和發現的機會又少。」[1] 對於挖洞的人和時間也有嚴格的要求，一般由堡壘戶自己動手挖洞，而且是夜間挖。時任清苑縣縣委祕書的劉蓮如說，建立一個堡壘戶很不容易，「絕對保密，都是自己動手挖洞，非不得已的情況下，同志之間的地洞也互不相知，互不佔用……挖洞本身也是很困難的，多是夜間挖，還得把挖出的新土偽裝好。」[2] 之光縣縣委祕書陳哲更是詳細地指出：「不能動用多少人去挖，絕大多數是堡壘戶全家和住堡壘戶的幹部動手挖，不讓別的任何人知道。有的堡壘戶是孤家寡人，無力挖洞，也只能是個別黨員、幹部代挖。」而且，「只能晚上挖，白天就不行；挖出的土要有處放，而且不露痕跡，避免引起懷疑；多數時間是摸黑挖，洞口外不能有燈光；房東有什麼工具就用什麼，不能左鄰右舍去借用，實在不得已時，從別的村借點工具用。」對於地洞的具體位置，對外更是嚴格保密，「除房東外的親朋好友、左鄰右舍都不能知道，甚至同志之間也不互相了解誰的堡壘戶是哪家，洞在什麼地方。」[3] 在挖洞過程中，堡壘戶對家人也要保密，特別是對小孩嚴格保密。九分區通訊人員在堡壘戶家的地道，就是堡壘戶在孩子睡覺以後連夜挖成的。[4] 此外，還根據被保護人員的需要，分配不同類型的地洞。時任河間縣四區青抗先隊長的何子立談到：「有絕密的屬於縣區幹部的個人洞，也有祕密的屬於幹部和小股部隊集體性的，還有比較祕密、半公開性的，一般是區幹部開會或召開各村幹部會議時，如

---

1. 陳哲：《我們有了安全感》，杜敬編：《冀中的地洞和堡壘戶》，第 245–246 頁。
2. 劉蓮如：《縣委書記的堡壘戶》，杜敬編：《冀中的地洞和堡壘戶》，第 58–59 頁。
3. 陳哲：《我們有了安全感》，杜敬編：《冀中的地洞和堡壘戶》，第 245–246 頁。
4. 王廣仁等整理：《抗日戰爭時期冀中軍區第九分區的無線電通信情況》，《冀中人民抗日鬥爭資料》第 47 期，冀中人民抗日鬥爭史資料研究會辦公室 1987 年編印，第 85 頁。

發現敵人或被敵人包圍後用的。」[1] 獻縣西城村堡壘戶榮書華就談到：「那時候民兵是民兵的洞，幹部是幹部的洞，機關是機關的洞，軍隊洞是軍隊的洞，人家都分開呢，我家是機關洞」。[2] 通過以上辦法，地洞、地道的保密性就建立起來。

其次，建立抗日人員與堡壘戶、鄰里和村政權之間的聯動關係。

村莊是熟人社會，而抗日人員多與本村無直接關係，從而增加了日偽的懷疑。為了對付日偽的搜查，抗日人員對堡壘戶採取了認親的方法，建立帶有迷惑性的「親屬」關係。曾任冀中軍區政治部主任的李志民談到：「我們住到『堡壘戶』家中時，大多用化名，『堡壘戶』的家長會把全家人聚攏來介紹互相認識，根據我的年齡給我排個備份，是兄弟、兒子或姪子，然後教我們怎樣互相稱呼，這樣，萬一敵人突然闖進村來，我們來不及轉移，可以應付敵人。」[3] 曾在定縣工作的張潔也談到，在小齊莊堡壘戶齊老月家，為了便於掩護，改名為齊海英，「我稱齊海堂的父、母為姑父、姑母，作為海堂的表妹同他的鄉親、親戚交往，和同村姑娘拜成姐妹。」後來轉到大陳村堡壘戶范蘭順家，「我是作為蘭順的乾女兒住在他家的，在這個村裏也是以公開合法身份活動。」在聖佛頭村堡壘戶王老旺家也是如此，「我仍是以合法身份活動。為了便於掩護，我認大伯為乾爹。乾娘給我改名叫蘭花。」[4] 獻縣北留缽村堡壘戶趙鶴梅談道，共產黨幹部到她家對她父親說：「大伯啊，有人跟你問人，你就說我是你兒」，俺爹說：「你就說是我姪兒就行了，我是你大伯。」她還提到，有個幹部到她家隱蔽，對她父親叫「大爹」，她父親說：「別叫大爹叫大伯，俺們這邊叫大伯。」[5] 冀中抗大二分校第三團文印組隱蔽在獻縣宋家房子，規定即便走到村子的街上，遇到鄉親也「不准使用『老

---

❶ 何子立：《可靠的群眾　堅強的堡壘》，杜敬編：《冀中的地洞和堡壘戶》，第 68–69 頁。

❷ 榮書華（1927–）口述，河北省獻縣西城鄉西城北村，2017 年 8 月 6 日，宋弘訪談。

❸ 李志民：《李志民回憶錄》，解放軍出版社 1993 年版，第 455 頁。

❹ 張潔：《含淚的回憶》，杜敬編：《冀中的地洞和堡壘戶》，第 111–114 頁。

❺ 趙鶴梅（1930–）口述，河北省獻縣臨河鄉趙三角村，2017 年 8 月 5 日，宋弘訪談。

鄉』『老人家』『老太太』…… 這一類字眼，而要按照農村鄉親輩數，直接喊出稱呼，如福順大伯、進喜叔、大有哥、二春嫂…… 村裏的鄉親們也不能叫我們什麼同志，而也是按輩數直呼名字。」[1] 這樣一來，抗日人員「化」入群眾之中，增加了安全性。

不過，同樣是因為熟人社會，堡壘戶與鄰居的關係反而降低了隱蔽的安全度。儘管堡壘戶的地洞對於鄰居是保密的，但事實上很難做到絕對保密。「開始有些人還以為『堡壘戶』是孤立的祕密的，特別強調保密。經過一個時期才了解到『堡壘戶』也不是孤立的，實際上村裏的人特別是附近鄰居都知道，沒有大家的保密也成不了『堡壘戶』。」[2] 譬如束鹿縣小鐘莊，「堡壘戶雖說是絕對保密的，但時間一長，怎麼也瞞不了左鄰右舍。」郜麗麗家的鄰居就是區幹部的堡壘戶，她口頭不說，實際上是一清二楚的。一天夜裏，偽軍到鄰居家搜查，她聽到聲音，知道偽軍要白面，就到鄰居家對偽軍說：「老總，你們找白面呀，她家窮花花的，哪裏有白面。走，我領你們去找」，然後就帶着偽軍離開了堡壘戶家。[3] 為此，鄰里間掩護幹部已成為一種常識，「群眾也自覺形成了紀律。如沒事一般不串門，串門遇上陌生人一般不問是哪的客人。」[4] 可見，堡壘戶與鄰居的關係也是隱蔽系統的一環，鄰居對於堡壘戶的保護活動起到了一定的作用。

一些村莊不在中共政權之下，如何使村政權保護堡壘戶、保護抗日力量也很重要。因為堡壘戶在村莊之中，要做到對村政權完全保密是不可能的。為此，中共組織不僅對村政權進行了調查，而且要求村保長：「（1）要掩護抗日人員；（2）要保護抗日家屬；（3）要為抗日人員的活

---

❶ 喬連川：《永遠的懷念》，《冀中人民抗日鬥爭資料》第 23 期，冀中人民抗日鬥爭史資料研究會辦公室 1985 年編印，第 65 頁。

❷ 劉國華、劉國璋執筆：《抗日戰爭時期冀中的群眾運動概述》，《冀中人民抗日鬥爭資料》第 45 期，冀中人民抗日鬥爭史資料研究會辦公室 1987 年編印，第 100 頁。

❸ 孫五川：《人民的精英　愛國主義的楷模》，杜敬編：《冀中的地洞和堡壘戶》，第 106 頁。

❹ 王進明：《敵人炮樓下的堡壘戶》，杜敬編：《冀中的地洞和堡壘戶》，第 304 頁。

動保守祕密；(4)要教育偽屬，要求他們的親人不要做死心踏地的漢奸。」[1] 更重要的是，通過建立兩面政權，加強合法鬥爭。[2] 兩面政權表面上應付日偽政權，暗中為共產黨工作，起到了保護堡壘戶、保護抗日人員的作用。正如時任河間四區抗聯會主任的何子立所說的：「依靠堡壘戶，依靠地洞，再加上革命的兩面政策的執行和其他工作的開展，環境雖然殘酷，但可以堅持，比較穩步地開展工作，一直堅持到河間解放，日本投降。」[3] 大城縣東窨子頭村堡壘戶李躍熙談道，遇到日偽軍搜查，偽村長會通知地下村長，地下村長再通知到堡壘戶家中。[4] 定南縣區委宣傳委員馬新，就曾得到兩面政權的幫助。他找縣大隊政委匯報工作，路上與偽軍正面相碰，於是跑到堡壘戶尤家鑽洞，偽軍進來搜查。兩面政權的村長來了，「一面向偽治安軍搭訕，一面悄悄地往偽治安軍手裏放了一大把偽幣，」偽軍就撤離了。[5] 可見，兩面政權有助於堡壘戶隱蔽系統的開展。

在以堡壘戶為中心的隱蔽系統中，中共組織還認識到偽軍有時也能夠起一定的作用。「偽軍人員大多數是勞苦群眾，妻兒老小都住在敵佔區，他們大部分是由於生活所迫不得已而為之。」[6] 何況，偽軍不是鐵板一塊，與日軍也有矛盾。因此，共產黨對偽軍宣傳抗日愛國的道理，說明對偽軍的寬大政策，希望他們多做有利於抗日的事，但對那些為虎作倀者則進行嚴厲的懲罰。經過這一過程，一些偽軍對共產黨的活動採取了睜一隻眼閉一隻眼的態度。河間縣一區抗聯會主任何子立在北窩頭村堡壘戶李大嬸家隱蔽，日偽軍突然包圍村子，召開村民大會指名交出何子立。其中，「在邵莊據點當漢奸的焦狗犬是北窩頭人，也跟敵人到了

❶ 劉勞之：《欒城人民的抗日隱蔽鬥爭》，《冀中人民抗日鬥爭資料》第 9 期，第 106 頁。
❷ 冀中平原游擊戰爭如何堅持，能否採用合法的鬥爭形式，在中共內部有過爭論。
❸ 何子立：《可靠的群眾　堅強的堡壘》，杜敬編：《冀中的地洞和堡壘戶》，第 69 頁。
❹ 李躍熙（1936–）口述，河北省大城縣大尚屯鎮東窨子頭村，2017 年 7 月 24 日，宋弘訪談。
❺ 趙俊義：《兩章壯麗的詩篇》，杜敬編：《冀中的地洞和堡壘戶》，第 213 頁。
❻ 王平：《向敵後之敵後進軍》，河北省晉察冀根據地遺址修復與歷史研究促進會等編：《河北抗戰「三親」實錄》（下），河北少年兒童出版社 2005 年版，第 772 頁。

村，鄉親們怕他領着敵人找我。因他當漢奸後，我們對他進行過教育，告訴他不要做壞事，要為我工作。他雖跟着敵人亂轉，也沒有敢說。」[1]在蠡縣也發生過偽軍幫助堡壘戶的事情，「蠡縣 X 村有一堡壘戶住着幹部，敵人進村了，幹部急急忙忙鑽了洞，洞口設在牲口圈內，慌忙之中沒蓋嚴，牲口糞漏了下去，漏出一個小洞來，被鬼子發現問：『那是什麼的？』房東忙說：『那是老鼠洞』，偽軍也幫腔說：『是老鼠洞』，將日本鬼子糊弄過去了。」[2]這種偽軍實際上也就成了隱蔽系統中的一個補充。

通過以上措施，共產黨以堡壘戶為中心，建立了一套比較嚴密的隱蔽保護系統。正是在這個系統之中，保護抗日力量的工作得以展開，主要包括以下幾個方面：

第一、保護傷病員

日軍「掃蕩」之後，傷病員是抗日根據地遇到的一大難題。共產黨、八路軍不僅難以對傷病員進行及時治療，又面臨着日軍的搜查和捕殺，所以隱蔽和保護傷病員就成為堡壘戶工作的一個重要方面。

由於抗日力量的活動空間大大壓縮，以往醫院式的傷病員分配和治療變得非常困難，傷病員救治遂實行化整為零的辦法，分散隱蔽在堡壘戶之中。據冀中七分區的統計，「五一」大「掃蕩」後，共有 600 多名傷病員，分散隱蔽在 7 個縣的農村堡壘戶裏。同一個堡壘戶，有時會因傷員的增加而要增加地洞的數量。安國縣報子營村堡壘戶李大娘先後掩護了多名傷員，「傷員的增加，原來的地洞不夠用了，李大娘和大家一起，在屋裏、豬圈裏、菜窖裏又挖了幾個地洞。」她家便成了「八路軍的一所地下醫院」。[3]

醫療衞生組織也化整為零，分散執行任務。原來的休養所劃分為

---

❶ 何子立：《可靠的群眾　堅強的堡壘》，杜敬編：《冀中的地洞和堡壘戶》，第 71 頁。

❷ 王瑛璞執筆：《抗日戰爭時期冀中九分區婦女抗日救國會的工作》，《冀中人民抗日鬥爭資料》第 14 期，第 66 頁。

❸ 吳西：《難忘的堡壘戶》，《冀中人民抗日鬥爭資料》第 39 期，冀中人民抗日鬥爭史資料研究會辦公室 1986 年編印，第 116、119 頁。

若干醫療小組，分散在不同村莊的堡壘戶。在什麼地方打仗，傷員就在什麼地方安置，由本地醫療小組負責治療，傷員、醫務人員都住在堡壘戶家裏。一般醫療小組每組二三人，以醫生或老衛生員、看護班長為組長，以本縣本村人為小組主要成員，他們「有人熟，地理熟，語言地方化，社會關係多等有利條件。」除了在本村就地醫療外，有時化裝成趕集或走親訪友的，走村串戶進行巡迴醫療。[1] 以上醫療方式，可謂中國歷史上從未有過的創造。

由醫生護士定期給傷病員進行治療、打針，堡壘戶負責日常護理。「這些房東平時要給傷病員餵水、餵飯、端屎、端尿。敵人來了，還得千方百計地掩護下來。」[2] 高陽縣陳家莊的堡壘戶官大奶奶，3 個戰士在她家養傷，大奶奶每天給他們換藥。她省吃儉用，吃菜窩窩頭和稀粥，「千方百計給傷病員做可口飯食，經常烙白面餅，做香椿炒雞蛋。」[3] 深澤縣段莊村堡壘戶田玉春，護理了 12 名傷員，在家裏和村外挖了 5 個洞。抗三團許士魁的鎖骨被打斷，田玉春每天把他扶起扶臥，托着他的頭吃飯。她「經常化裝成串親戚、拾柴禾、要飯的模樣，到每個洞裏給傷員送飯。傷員睡着了，她站崗放哨，燒花椒水以備給傷員洗傷口。」[4] 獻縣坡城村堡壘戶孔令珍家，來了傷病員「就讓他們住下，也有傷重的，換下來的藥布就到大坑裏去洗，洗了就換上。」[5] 在護理過程中，有的堡壘戶還學習和掌握了相應的醫療知識和技術。安國縣堡壘戶李杏閣，「留心觀察醫護人員的每一個動作，默記每一個藥品的名字和用法。不久便學會了一些護理技術，記住了二百二、雷夫努爾、阿斯匹林等 20 餘種藥品的名字，以及他們的作用和用法。能熟練的給傷員洗傷、換藥、紮綳

---

❶ 李亞榮執筆、王恩厚審定：《抗日戰爭時期冀中軍區衛生工作大事記》；王恩厚：《抗日戰爭時期冀中軍區第九軍分區衛生工作史料》，《冀中人民抗日鬥爭資料》第 8 期，冀中人民抗日鬥爭史資料研究會辦公室 1984 年編印，第 13－14、134 頁。

❷ 閻素：《回憶保北地區的抗日鬥爭》，《冀中人民抗日鬥爭資料》第 27 期，第 97 頁。

❸ 梁景才：《官大奶奶》，杜敬編：《冀中的地洞和堡壘戶》，第 137 頁。

❹ 郭昭輝：《她護理了二百多名傷員》，杜敬編：《冀中的地洞和堡壘戶》，第 143 頁。

❺ 孔令珍（1928－）口述，河北省獻縣本齋鄉坡城村，2017 年 8 月 6 日，宋弘訪談。

帶、準確地給傷員送去各種藥品。」[1] 普通農民成為具有一定醫療知識的醫護人員，也是根據地農村的一個創舉。

第二、保護抗日幹部

保護和解救幹部，是堡壘戶更為經常的一個工作。[2] 從筆者蒐集的 30 個被掩護幹部的情況來看，主要是各級基層幹部，包括：黨政幹部如區長、區委書記、縣委宣傳部長、公安局長、縣委祕書、縣長、縣委書記；武裝人員如武委會主任、游擊隊隊長、游擊隊政委、游擊隊成員、武工隊成員；敵工系統如敵工幹事、敵工部部長；職能部門如報社、電台等系統的工作人員；群眾團體如婦救會成員等。[3] 堡壘戶熟悉本地情況，能夠在日偽軍進村時「不慌不忙，在群眾掩護下鑽入地洞，出洞就工作，敵人來就鑽洞，一天來數次，他就鑽數次洞。」[4]

堡壘戶與所保護的幹部一般有比較固定的聯繫，堡壘村和堡壘戶之間有比較明確的幹部分配，不能互住亂住，不是自己負責的單位和人

❶ 商海：《冀中子弟兵的母親李杏閣》，河北省政協文史資料委員會編：《河北文史資料全書・衡水卷》（上），中國文史出版社 2012 年版，第 333 頁。

❷ 堡壘戶無論是掩護傷員還是保護幹部，不可能都是成功的案例。深澤縣委宣傳部長隱蔽在小梨園村堡壘戶家，被日軍發現隱藏的地洞，將人帶走了。清苑縣委組織部長等 8 人隱藏在王力村的地洞，因叛徒出賣，全體被俘。在青縣王胡村，日偽軍包圍了村莊，「房東大娘沉不住，老圍着地洞轉，被漢奸看出了破綻，偽軍找到洞口，我們區委幾位同志全被捕了。」（陳錫：《悼念獻出生命的同志們》，杜敬編：《冀中的地洞和堡壘戶》，第 300 頁；張鵬：《懷念大娘大嫂們》，杜敬編：《冀中的地洞和堡壘戶》，第 345 頁；謝力君：《在特三區堅持鬥爭的片斷回憶》，《銅牆鐵壁》，第 28 頁。）

❸ 杜敬編：《冀中的地洞和堡壘戶》，第 53、55、57、59、61、65、103、111、135 頁；河北省婦女聯合會編：《崢嶸歲月・回憶錄專輯》，第 133、149、155、247、326 頁；河北省婦女聯合會編：《崢嶸歲月・英雄、模範、堡壘戶選輯》，第 27、103、129、182、208、224、306 頁；中共永清縣縣委黨史研究室編印：《永清縣民主革命時期大事記》，第 70 頁；中國共產黨青縣委員會黨史研究室編：《銅牆鐵壁》，第 29、39、126、155 頁；冀中人民抗日鬥爭史資料研究會八分區組等：《冀中八分區抗日鬥爭史資料選編》（下）第 152、232、380 頁；劉錦章主編：《戰鬥的回憶》，第 321、381、399、403；李秉新主編：《血色冀中——「五一」反「掃蕩」六十周年祭》，第 348、398 頁。

❹ 張達：《「五一」變質後的冀中是怎樣堅持下來的》（1945 年 3 月），石家莊市檔案館藏，革命歷史檔案，1-1-26-3。

來了，不承認不接待，以免發生混亂。[1] 但一個幹部不一定只有一個堡壘戶，一個堡壘戶也不一定只與一個幹部建立聯繫。在深東縣，「為保存自己，堅持鬥爭，消滅敵人，縣委帶頭並號召區幹部每人建立幾個堡壘戶，在各戶挖好能戰鬥、能躲藏、能生活、能工作的地道。縣委建了七八處，區幹部都有三五個堅強的堡壘戶。」[2] 從束冀縣傾井村堡壘戶張大娘的情況來看，她掩護過的抗日幹部、戰士多達 100 多人，故被稱為「八路店」「紅色堡壘戶」。[3] 容城縣羅河村 3 個堡壘戶也掩護過上百名，上至冀中十分區領導下到區小隊戰士。[4] 任丘縣邊關村堡壘戶孫大娥接待的幹部也是比較多的，「每天來來往往吃住的人就有幾十號，多的時候住四五十人。」[5] 獻縣趙三角村堡壘戶趙鶴梅也談到，她家當時「炕上都擠滿了，也不知道多少人，前頭屋裏還搭個鋪。」[6] 晉縣東小劉村堡壘戶聶大省家，「差不多每天都有人到她家去，夜裏更熱鬧，剛送這個走，那個又來了；門還沒有關好，外面又有人叫門；才要躺下，房後又有人敲牆哩；柵欄門吱嘍、吱嘍的不斷叫，每天晚上都不能脫衣裳睡，因為一宿還不知道起來多少次呢。有一次夜裏整整起來十一次。」所以，聶大省家被稱為「抗日店」。[7]

為了保護幹部，除了前面所述地洞、地道的保密措施之外，還增加

---

❶ 田汀等：《冀中軍區第十軍分區劇社簡史（先鋒、烽火、北進文工隊）》，《冀中人民抗日鬥爭資料》第 21 期，冀中人民抗日鬥爭史資料研究會辦公室 1985 年編印，第 149 頁。如獻縣中營村區小隊成員白秀英就曾談到，她到獻縣坡城村一家堡壘戶家躲藏的情況：「可是人家當時不知道我的真實身份，不讓我鑽地洞。我沒有辦法就藏在了村外的柴火垛裏」。（白秀英口述，張華、李春蘭整理，趙維椿、張書儉主編：《紅色記憶：崢嶸歲月之革命母親》，河北美術出版社 2015 年版，第 187 頁。）

❷ 楊煜：《反「掃蕩」戰火中的深東縣》，李秉新主編：《血色冀中——「五一」反「掃蕩」六十周年祭》，第 431 頁。

❸ 張文濤：《「八路店」的張大娘》，杜敬編：《冀中的地洞和堡壘戶》，第 65 頁。

❹ 張國旗：《羅河村的堡壘戶》，《拒馬河畔的烽火》，第 470 頁。

❺ 李小江主編：《讓女人説話 · 親歷戰爭》，生活 · 讀書 · 新知三聯書店 2003 年版，第 275 頁。

❻ 趙鶴梅（1930－）口述，河北省獻縣陌南鎮北留缽村，2017 年 8 月 5 日，宋弘訪談。

❼《冀中六分區子弟兵的母親聶大娘》，《冀中人民抗日鬥爭資料》第 28 期，冀中人民抗日鬥爭史資料研究會辦公室 1985 年編印，第 97 頁。

了其他保密細節。譬如，幹部進入堡壘戶之前要約定聯繫暗號。在保北地區，「那時到鄉下住房，先由村裏安排好，由幹部領進去，而後在夜裏直接到自已熟識的房東那裏，先在後房山上捶上幾拳，或者翻牆頭跳到院裏，走到窗跟底下叫幾聲『大娘』。房東就知是自己人來了，很快把門開開，把我們讓進去，忙着燒開水、騰房、騰熱炕。」[1] 河間北窩頭村，堡壘戶與幹部約定的暗號是：「敲幾下即是我們到了，多了少了都不能開門。」[2] 安國縣西張村，堡壘戶王素娥為了方便幹部夜間安全進入，「用一條繩子，一頭拴在自己的胳膊上，一頭拉到窗戶外邊，熟悉的幹部夜間來了，就輕輕一拉繩子，她就開門讓幹部進屋。」[3] 在容城縣，「敵人為了搜捕抗日幹部，根除堡壘戶，有時偽裝成我地下抗日工作人員到村裏試探，有的還自稱是共產黨幹部要求保護。」堡壘戶臧桂芬家識破了這一伎倆，因為「她和縣區幹部定有嚴格的聯繫暗號」。[4] 此外，有的堡壘戶還將幹部化妝為普通農民。獻縣坡城村堡壘戶孔令珍談到：「他們就穿咱莊稼人的衣服，就當來踩親戚」。[5] 冀中抗大二分校第三團文印組七八個人隱蔽到獻縣宋家房子，繼續堅持工作，堡壘戶建議他們脫下機器紮（應為軋——引者注）的衣裳，換上用土布縫的衣服，「真成了咱宋家房子的人了」。[6] 還有的將房屋設施進行了偽裝。在保北新城縣南宮井村，「窗子上還得掛上棉被，防止燈光泄露。到拂曉，主人得早點起來，爬到房山聽聽看看，有無動靜。到白天，婦女、小孩還得在門外假裝做零活，實際上是替我們巡風放哨，直到我們轉移了，房東才算鬆了一口氣。」[7] 在清苑縣大裏各莊村，堡壘戶「要用棉被堵嚴門窗，村外設置化了裝的祕密哨兵，嚴密封鎖消息。有時敵人從炊煙情況判斷有無八

---

❶ 閻素：《回憶保北地區的抗日鬥爭》，《冀中人民抗日鬥爭資料》第 27 期，第 95 頁。
❷ 何子立：《可靠的群眾，堅強的堡壘》，杜敬編：《冀中的地洞和堡壘戶》，第 70 頁。
❸ 田振亞、李劍青：《女英雄們》，杜敬編：《冀中的地洞和堡壘戶》，第 327–328 頁。
❹ 中共容城縣委黨史研究室：《抗日女模範臧桂芬》，《拒馬河畔的烽火》，第 468 頁。
❺ 孔令珍（1928–）口述，河北省獻縣本齋鄉坡城村，2017 年 8 月 6 日，宋弘訪談。
❻ 喬連川：《永遠的懷念》，《冀中人民抗日鬥爭資料》第 23 期，第 64–66 頁。
❼ 閻素：《回憶保北地區的抗日鬥爭》，《冀中人民抗日鬥爭資料》第 27 期，第 95 頁。

路軍，我們便一天做一次飯，上午吃幹糧，一次做兩頓。敵人根據廁所內大便紙和小便的痕跡判斷有無部隊駐過。每到一處，我們都有專人處理，消滅痕跡。」[1] 由此可見，堡壘戶對幹部的保護之細緻。

第三、支持抗日通訊聯絡的運行

隨着日軍對根據地的蠶食、監視和封鎖，中共各級組織的情報站和交通站遭到破壞，相互聯繫和通訊發生了嚴重困難。呂正操談到：「反掃蕩期間最困難的是通訊工作，專靠電台在這樣的游擊環境與技術條件下是不夠的⋯⋯應加強武裝交通和祕密通信站的工作。」[2]

首先，交通站等傳統方式藉助堡壘戶繼續使用。一是由堡壘戶提供交通人員的容身之處。如安國縣，「縣交通站有一名優秀的交通員叫王喜海，他有兩個比較理想的堡壘戶。一個設在西崔章村，一個設在卓頭村。這兩個堡壘戶由於地道挖得巧妙，成了交通站的堅固堡壘。」[3] 由於堡壘戶來往的幹部較多，甚至成為情報站和聯絡站的一個變體。高陽縣的堡壘戶官大奶奶，就是如此。「因為這裏來往人多，官大奶奶知道的情況也多，於是這裏形成了情報站和幹部活動的聯絡點。如果幹部之間一時失掉聯繫，通過官大奶奶很快就能聯繫上。」[4] 二是堡壘戶直接充當交通員，傳遞情報。郭大伯是深南縣小位村的堡壘戶，冀中六地委的《團結報》報社在此隱蔽。郭大伯「每次出去，都能帶回敵人動態。特別是人民群眾的思想、情緒、要求，常常是我們編寫時事講話的依據。」而且為了報社人員的安全，郭大伯「無冬無夏，總是天蒙蒙亮就出村，背

---

❶ 劉政：《粉碎日軍「五一」大「掃蕩」的經歷》，李秉新主編：《血色冀中——「五一」反「掃蕩」六十周年祭》，第 490 頁。

❷ 李景湖整理，張凱審定：《冀中區地下交通（通信）網》，《冀中人民抗日鬥爭資料》第 47 期，第 150 頁。

❸《其他各縣地道鬥爭及故事》，保定歷史文化專輯編委會編：《保定抗日地道鬥爭》，第 292 頁。

❹ 丁廷馨：《高陽軍民與敵巧周旋》，李秉新主編：《血色冀中——「五一」反「掃蕩」六十周年祭》，第 190 頁。

個糞筐，察看情況。」[1]石堅是清苑縣的堡壘戶，區委宣傳委員趙光住在這裏，石堅的父母承擔了保護任務，父親還擔任交通員，負責文件的傳遞和情報的聯絡。「父親擔任了半脫產的地下交通員，每隔一天，到離我村十幾裏的東石橋崗樓取一次我內線關係送出的情報，有時還帶出子彈等軍用品，再祕密送到我們村西八里地的李八莊黨員李培英家，由李交給區幹部。」[2]

不過，「五一」掃蕩後，有線電通信已經無法使用。利用交通站只能傳遞書面文件，而且時間長，有時要十天半月，還有被敵人截獲的危險。[3]所以，電台電報就成為主要的聯繫和通訊方式。但要保持這種方式的進行，就需要堡壘戶的支持。「各分區電台人員之所以能在地道裏保證電波信號不中斷，一個重要的條件是有堡壘戶掩護。」[4]

通訊人員在堡壘戶家裏，一般利用夾壁牆和地道兩種形式存放通訊聯絡工具來進行信號傳輸。以冀中八分區為例，第一種形式，「在下午沒有敵情時，我們便把機器、電池開設在夾壁裏，天線沿房簷架在房頂。還派搖機員在房山，藏在柴禾裏，觀察敵情，隨時撤收天線。這種方式用的不多，因為有夾壁牆的『堡壘戶』很少（我們總共才兩個）。」第二種形式，「我們在滏陽河東有三、四個『堡壘戶』，但大都是利用村中已挖好的地道。白天在房東家隱蔽，夜間在村邊找個磨坊、草棚、菜園小屋開設電台工作。為了減弱馬達聲和擋住燈光，把窗、門都用被子堵上。上半夜工作，下半夜回到『堡壘戶』。這種工作方式，容易暴露，而且只能在上半夜工作，信號弱聯絡不順暢。」[5]為了增加保密性，電台和堡壘戶還挖掘新的地道。譬如冀中十分區，「夜裏十點鐘開始挖，天亮

---

1. 耿耀：《深深的懷念——記艱苦年代的一個堡壘戶》，杜敬編：《冀中的地洞和堡壘戶》，第 324 頁。
2. 石堅：《打不破的銅牆鐵壁》，杜敬編：《冀中的地洞和堡壘戶》，第 108 頁。
3. 屈培壅：《地道電波》，《冀中人民抗日鬥爭資料》第 44 期，第 92 頁。
4. 《其他各縣地道鬥爭及故事》，保定歷史文化專輯編委會編：《保定抗日地道鬥爭》，第 187 頁。
5. 屈培壅等：《抗日戰爭時期冀中軍區第八軍分區無線電通信情況》，《冀中人民抗日鬥爭資料》第 47 期，第 66 頁。

四點前把土運出去，偽裝好。為了挖洞，電台人員分成兩批，一邊堅持工作，一邊開闢新的『堡壘戶』。」[1]

第四、抗日人員子女的「奶母」。

婦女在堡壘戶中佔很大比例，她們還肩負着保育抗日人員子女的工作。1941 年夏，冀中根據地保育委員會建立了保育院，負責區以上脫產婦女幹部的孩子的保育工作。堡壘戶的作用，主要負責給孩子餵奶。「選奶母時，除政治上可靠外，要注意奶母身體健康，無傳染病才行。」具體做法是：距離保育院較近的（冀中七分區）區以上婦女幹部生了小孩，即通知保育院，保育院「派保育員去接，然後和小孩母親一同把小孩送到事先找好的政治上可靠又有奶的『堡壘戶』家試奶。試上幾天，無問題即把小孩留下，否則另換。有時一個小孩需試幾戶才行。」那時「找奶娘主要找死了小孩的堡壘戶家，有時奶娘的小孩死後兩天奶即回了，當時又無牛奶補貼，也沒有更好的辦法使奶娘的奶再來。有時用些土辦法，給奶娘吃些草藥使奶再來，但效果不大。」而離保育院遠的，則「由小孩的母親或母親的工作單位與保育院聯繫好，找好奶娘，保育員與小孩母親約定同時到有奶的堡壘戶家試奶。」日軍「五一」掃蕩後，保育院化整為零，轉入地下隱蔽形式。堡壘戶不僅照顧保育院的孩子，還要掩護保育院的幹部。[2]

保育院之外，平時照顧和收養抗日後代也是堡壘戶的一項工作。獻縣後南旺村堡壘戶蔡芝運，就照顧過烈士的孩子。「有三個，在我這裏管吃管住」，3 個月後才被八路軍接走。[3] 冀中十地委祕書劉陸隱蔽在堡壘戶耿大伯家，孩子出生後，劉陸即調回機關工作，孩子由耿大伯家收養。「在養育孩子的期間，敵人每次『掃蕩』都搜捕這個孩子，但耿大媽把自己的孩子扔給旁人不管，整天抱着劉陸的孩子這家藏那家躲，常常抱着

❶ 閻鈞等整理：《抗日戰爭時期冀中軍區第十軍分區通信簡況》，《冀中人民抗日鬥爭資料》第 47 期，第 99–100 頁。

❷ 李潔心等：《冀中戰時保育院》，《冀中人民抗日鬥爭資料》第 14 期，第 73–77 頁。

❸ 岳如洲（1959–）口述，河北省獻縣陌南鎮前南旺村，2017 年 8 月 7 日，宋弘訪談。

她往外村跑，躲在青紗帳裏。」後來，劉陸犧牲，孩子仍由堡壘戶家收養。[1] 束冀縣二區婦救會主任郭豔如，將兩周歲的孩子托付給堡壘戶李淑娟。由於形勢緊張，孩子始終無法和父母見面，一直由李淑娟撫養。直到 1948 年，郭豔如才將已經 8 歲的孩子從李淑娟那裏領回。[2]

第五、掩護抗戰物資

主要是掩護公糧。「五一」「掃蕩」後，根據地徵收公糧之後常掩藏到堡壘戶家中。高陽縣的堡壘戶官大奶奶，就是如此。「村裏群眾響應人民政府號召，交了六、七百斤公糧，人們怕擔風險，不敢存放。官大奶奶不考慮這些，主動把公糧存放到自己家裏。」[3] 地道或地洞是堡壘戶掩護物資的基本手段。挖掘地道時，會專門設置用於存儲物資的地洞，稱為「儲糧地洞」，目的是「堅壁清野，把糧食隱蔽起來不讓敵人搶走，以供應我抗日政府和部隊吃糧。」在晉縣李羊杯村，1 個藏糧地洞有 13 個小地洞做囤，能藏糧 4 萬多斤，底下鋪一層席、一層麥秸將糧食藏好後，留通風孔，把洞口偽裝好，便可以安全保存起來。[4]

公糧以外，有的堡壘戶、堡壘村還掩護了其他物資。如寧晉縣，堡壘村把小兵工廠搬進地道，「有軍工 30 多名，地上地下相聯結，地面上安有鼓風機開爐冶煉，地下面是鑄造翻砂車間，可鑄造手榴彈，修理槍支，換子彈底火。」[5] 任丘蔡村堡壘戶黃翠家，也藏有八路軍的兵工廠，兵工廠藉助地道和堡壘戶的幫助製造了大量的武器、彈藥。她說：兵工廠「是藏在地下的，地道很深，外面不會聽到聲響。一般都是共產黨派人來給咱們製造兵器，八路軍運來原料。製造槍炮的時候，我都是在外

---

❶ 馬載：《冀中十分區人民在抗日鬥爭的殘酷年代裏》，《回憶冀中十分區抗日鬥爭》，中共廊坊地委黨史資料徵編辦公室 1985 年編印，第 16–17 頁。

❷ 辛集市地方志編纂委員會：《辛集市志》，中國書籍出版社 1996 年版，第 501–502 頁。

❸ 梁景才：《官大奶奶》，杜敬編：《冀中的地洞和堡壘戶》，第 137 頁。

❹ 中共寧晉縣委黨史辦：《寧晉縣的地道抗日鬥爭》，中共河北省委黨史研究室編：《冀中地道戰》，中共黨史出版社 1994 年版，第 363 頁。

❺ 中共寧晉縣委黨史辦：《寧晉縣的地道抗日鬥爭》，中共河北省委黨史研究室編：《冀中地道戰》，第 363 頁。

邊站崗放哨。」[1]

以上五個方面並不能反映堡壘戶工作的全部，他們有時還代替中共組織執行抗日活動，譬如南皮縣黨組織想進入縣城向偽軍家屬散發傳單，但是縣城城門已被控制，何七撥村的堡壘戶姚大娘自己要求進城，完成了任務。[2] 不過，這種情況並不多見。

三、堡壘戶的生存困境與應對

如果說堡壘戶的建立、形成以及保護抗日力量的過程都面臨着諸多困難，而堡壘戶自身的生存所遇到的艱難同樣是難以想像的。只有堡壘戶生存和持續下去，才能保護抗日力量的生存和發展，如何解決這些困難是一個極大的考驗。

堡壘戶面臨的生存困境，主要有兩個方面：

首先，日偽軍的殘害。

這是堡壘戶遭受的最大困境。日偽在搜查抗日人員蹤跡或者平常的清剿中，都會極大地傷害堡壘戶的家庭財產乃至生命安全。「敵人為了孤立我軍人員和地方幹部，對於掩護地方幹部和我軍人員的抗日群眾，採取了極端殘暴的手段，一經發現就放火燒房子、殺人。」[3] 茲舉例如下：

武強縣獨立小隊長竇占一率一個班駐西代村。日偽軍 200 餘人包圍了村莊，闖進堡壘戶溫三餘家，搜捕竇占一等人，年僅 13 歲的溫三餘「在日偽嚴刑逼問中被砍掉幾個手指，始終堅決保密，隻字不吐，表現了中華兒童高度氣節。」[4] 冀中八分區無線電通信搖機班長孫耀先，在獻縣隋莊堡壘戶梁春生家養病。梁春生的兒媳經受敵人拷打、灌涼水等

---

❶ 黃翠（1928-）口述，河北省任丘市蔡村大街村，2017 年 8 月 14 日，宋弘訪談。

❷《中共南皮史話》，中共南皮縣委黨史研究室 1995 年編印，第 81-86 頁。

❸ 吳西：《難忘的堡壘戶》，《冀中人民抗日鬥爭資料》第 39 期，第 115 頁。

❹ 八分區組：《冀中區第八分區人民抗日鬥爭大事記》，《冀中人民抗日鬥爭資料》第 46 期，冀中人民抗日鬥爭史資料研究會辦公室 1987 年編印，第 74 頁。

折磨，始終沒有招認。無線電通信員高繼賢在饒陽縣東九吉村被日偽軍包圍，進入堡壘戶王順芝家的地洞，王順芝家有三人遭受壓槓子、灌涼水、灌尿等毒刑，但未吐一字。[1] 饒陽縣四區幹部在邱孫莊堡壘戶張大娘家開會，被日偽軍包圍。張大娘的女兒銀海帶幹部鑽入地洞，張大娘在外應付日偽軍，被打得嘴角流血，渾身青腫。因她多次掩護抗日人員，日偽軍 5 次放火燒她家的房子。[2] 安平縣南郝村堡壘戶邢小梅，為了保護掩藏在她家的縣區幹部，被日軍多次嚴刑拷打，還把黑油潑在她身上，邊燒邊問，但她始終不說，最後犧牲。[3] 肅寧縣堡壘戶賀大娘家，他的丈夫、兒子、兩個女兒、一個孫子一家 5 口和 3 名區幹部被日偽軍用毒氣熏死在地洞裏。[4]

堡壘村所受的殘害更加嚴重。獻交縣王坡村是一個堡壘村，因多次掩護和破壞日軍進攻計劃，被放火燒了三天，燒毀民房 200 多間，糧食 3000 多斤，樹木全部被砍伐，群眾不得不四處投親靠友。[5] 文安縣陶管營也是一個堡壘村，被日偽軍「放了一把大火把全村的 90% 以上的房屋全部燒掉，火光衝天，濃煙滾滾，一時間將這個全縣抗日有名的陶管營變為焦土。十多名老弱病殘的老百姓被活活燒死、燒傷。」[6]

有的堡壘戶還面臨被叛徒出賣而遭到報復的威脅。叛徒熟悉堡壘戶內情，使得日偽的報復行動更有針對性，導致的後果也更為嚴重。時任冀中十分區政委的曠伏兆指出：「特別是有些投敵叛變分子，冒充抗日

---

❶ 屈培壅等整理：《抗日戰爭時期冀中軍區第八軍分區無線電通信情況》，《冀中人民抗日鬥爭資料》第 47 期，第 72 頁。

❷ 劉俊妥、許青莉：《堅強的堡壘，革命的家庭》，杜敬編：《冀中的地洞和堡壘戶》，第 383–384 頁。

❸ 李劍青：《劉九勝一家》，杜敬編：《冀中的地洞和堡壘戶》，第 378 頁。

❹ 馬其昌：《賀大娘晚年軼事》，《肅寧文史》（二），中國人民政治協商會議肅寧縣委員會 1990 年編印，第 45 頁。

❺《中共泊頭市黨史大事記（1926–1966）》，中共泊頭市委黨史研究室 1991 年編印，第 50 頁。王坡村，又名「王撥子村」，即今河北省泊頭市新立村。可見《為了今天》，中共泊頭市委黨史資料徵集編審委員會 1986 年編印，第 99–101 頁。

❻ 張培堯：《抗戰中的堡壘村陶管營》，《文安文史資料》，第十輯，中國人民政治協商會議文安縣委員會學習文史委員會 2005 年編印，第 22 頁。

人員重新回到他們過去曾經活動過的地方，找過去熟識的革命群眾『接頭』，不少群眾就曾受其欺騙而遭到不幸。」[1] 譬如，晉深極縣一區小隊班長王懷德投敵叛變後，帶領鬼子到處抓人，破壞了一些堡壘戶，幾個堡壘戶房東都被他打得死去活來，就連他曾在一家養過病的房東都打了。一區小隊隊長李耀洲帶領 3 個隊員在宋家莊村堡壘戶家隱蔽，也是他帶着日偽軍包圍了村莊。[2] 大城縣東窨子頭村堡壘戶鄧憲明，因縣大隊隊員董百樹叛變向日軍報告了她家中為共產黨藏文件和槍的事情，而被抓到據點，遭到毒打，「伏天去的，冷了才回來，五六十天。」[3]

其次，堡壘戶經濟條件匱乏。

農民的經濟基礎本來就很差[4]，日軍侵略之後更陷入絕境。如安新縣，「由於敵人的瘋狂掃蕩，群眾不能生產，田園荒蕪，全縣人民只能靠草子、野菜、地梨充飢。飢餓折磨得人們面黃肌瘦，渾身浮腫，逃荒要飯。據端村、東田莊、王家寨、圈頭等十二個村莊統計，一九四二年，就有兩千一百多戶外出逃荒；賣兒賣女，妻離子散的，四百九十戶；有三百九十三人活活餓死。」[5] 安平縣報子營村，過去是一個比較富裕的村莊，全村 220 戶，日軍「五一」掃蕩後，能夠湊合着夠吃的僅有 50 戶，不夠吃的有 160 餘戶，大部分吃糠。[6] 農民對敵負擔極重，冀中九分區一個村的統計表明，負擔包括大閨女費、保甲費、照相費、訓練費、偽軍僱傭費、罰聯絡員費、門牌費、土木工程費、標語被撕罰款等，共計大

---

❶ 曠伏兆：《憶恢復平津保三角區抗日根據地的戰鬥歷程》，《冀中人民抗日鬥爭資料》第 27 期，第 7 頁。

❷ 李耀洲：《獻出生命的夫妻和鄉親們》，杜敬編：《冀中的地洞和堡壘戶》，第 162 頁。

❸ 李躍熙（1936–）口述，河北省大城縣大尚屯鎮東窨子頭村，2017 年 7 月 24 日，宋弘訪談。

❹ 侯建新：《農民、市場與社會變遷——冀中 11 村透視並與英國鄉村比較》，第 191–195 頁；李金錚：《近代中國鄉村社會經濟探微》，人民出版社 2004 年版，第 168–178 頁。一些自然環境惡劣的地區，農民的生活更艱苦，大城縣東窨子頭村堡壘戶李躍熙就談到：「這個地方十年九年來水，十年八年被水泡着」。（李躍熙（1936–）口述，河北省大城縣大尚屯鎮東窨子頭村，2017 年 7 月 24 日，宋弘訪談。）

❺ 安新縣婦聯：《安新縣抗日時期的婦女運動》，《冀中人民抗日鬥爭資料》第 14 期，第 140 頁。

❻ 周政新：《冀中區抗日戰爭時期後三年財政工作的回顧》，《冀中人民抗日鬥爭資料》第 10 期，冀中人民抗日鬥爭史資料研究會辦公室 1984 年編印，第 61 頁。

洋 8412 元。此外，還送雞 200 餘隻、豬 15 頭、車子 1 輛、馬 1 匹、棉花 7000 斤、修崗樓磚 23 萬塊、過節用的方桌十幾個、凳子 40 個。[1]

在此情況下，堡壘戶仍要照顧抗日人員的日常生活，生存壓力就更大了。[2] 在饒陽縣，「廣大婦女群眾、堡壘戶把自己家僅有的一點糧食給同志們吃。大曹莊王丙輝的妻子，把自己僅有的一點糧食給同志們吃，自己卻吃糠咽菜，餓得渾身浮腫，以致餓死。很多婦女都是這樣，自己吃樹根草根，省下糧食給同志們吃。」[3] 饒陽縣七區區委書記蕭峰住過的堡壘戶有幾十個，他們「把你當作自家人，不但同吃同住，而且在當時的條件下，儘量讓你吃好，住好。」楊池村堡壘戶楊贊民，「那年大旱，再加上敵人瘋狂『掃蕩』，耕種困難，農業大減產，許多地塊根本沒收成。在這樣困難的情況下，楊贊民一家吃野蕎麥花、玉米穗、野菜，把好一點的胡蘿蔔、蔓菁、蘿蔔乾讓給我們吃。」[4] 邱孫莊堡壘戶張大娘，「經常到小堤村、北官莊的親戚處借糧食，晚上和大女兒銀海推磨磨面，做飯給同志們送去。自己捨不得吃一個雞蛋，一粒糧食，母女倆吃的是花生皮、棒子核和野菜。」[5] 在安新縣同口鎮，堡壘戶陳雲亭隱藏一個報務員，「為了讓報務員在荒年能健康的工作，陳雲亭和妻子嚴大爭靠野菜充饑，把僅有的一點糧食省給報務員吃。嚴大爭還帶着孩子一邊討飯一邊挖地梨找野菜，後來被活活餓死。留民莊賀繼之為了讓隱藏在家裏的同志們吃上飯，常把個人的衣服賣掉給同志們換飯吃。」[6] 獻縣趙三角村的堡壘戶趙鶴梅談道：「負擔重啊，他們在俺家吃着住着，他們也不起夥，

---

1. 李景湖執筆：《冀中九分區人民抗日鬥爭大事記》，《冀中人民抗日鬥爭資料》第 33 期，冀中人民抗日鬥爭史資料研究會辦公室 1985 年編印，第 67 頁。
2. 個別堡壘戶比較富裕，生存壓力相對較小，如獻縣南莊村堡壘戶邊瑞香家是磨香油的，因此在保護中共幹部時「壓力不是很大」。（邊瑞香（1929– ）口述，河北省獻縣段村鄉南莊一分村，2017 年 8 月 5 日，宋弘訪談。）
3. 饒陽縣婦聯會：《饒陽縣婦女抗日鬥爭記實》，《冀中人民抗日鬥爭資料》第 14 期，第 121 頁。
4. 蕭峰：《難以想像的驚險》，杜敬編：《冀中的地洞和堡壘戶》，第 121 頁。
5. 劉俊妥、許青莉：《堅強的堡壘，革命的家庭》，杜敬編：《冀中的地洞和堡壘戶》，第 383 頁。
6. 安新縣婦聯：《安新縣抗日時期的婦女運動》，《冀中人民抗日鬥爭資料》第 14 期，第 140 頁。

給他們騰出北屋來，他們都住滿了。」[1] 以上材料一方面表明堡壘戶對抗日人員的無私支持，但另一方面也反映了生活壓力的沉重。

以上困境顯然不利於堡壘戶的生存和持續，當然也不利於抗日力量的隱蔽和發展。對於堡壘戶來說，他們只有繼續堅持，想盡辦法弄到糧食。束晉縣彭頭村堡壘戶、婦救會主任趙小格認為，「當時最大的問題是群眾沒有飯吃，特別是貧農、抗屬生活最困難，應當想法先解決。」她便串聯群眾，以合法的面目向保甲所（類似村公所，也是兩面政權）借糧，結果每人借到 30 斤，增強了群眾鬥爭的信心。在此基礎上，趙小格又組織婦女生產自救，開荒種地，「把公路兩旁的荒地都種起來，規定打下糧食歸參加勞動的婦女所有，第二年夏收就得到了好處。」[2] 1942 年秋末，青縣特三區區長謝力君與區助理員李廣躲藏到青縣李三橋村，堡壘戶和群眾進行糧食自救，「有的家中沒有糧食，就到親朋鄰居家去借，還有的拿出家中的東西到集市上變賣，換點糧食給我們吃。」[3] 獻縣西城村堡壘戶榮書華談道，母親被叫去為漢奸做飯，她跟着母親趁機為隱藏在家的抗日幹部「弄」吃的。「漢奸讓一群老太太做飯，我心眼多，攢了一摞火燒，拿回家去，打開地洞，叫幹部吃火燒。」[4]

與此同時，中共抗日政權也盡可能地採取措施，緩解堡壘戶的困境。

首先，對堡壘戶進行救濟和幫助。

糧食救濟是最重要的。在冀中七分區，「游擊隊員經常從區外背來小米，晚間偷偷優待抗屬，抗屬被優待，情緒好了，即給幹部挖洞，掩護幹部，存身處就找到了。」[5] 欒城縣委、縣大隊也強調：「救濟軍、工、烈屬、堡壘戶、可靠戶，必須我們自己在深夜以後悄悄地送到家，不然，

---

❶ 趙鶴梅（1930–）口述，河北省獻縣段村鄉北留缽村，2017 年 8 月 5 日，宋弘訪談。

❷ 婦女組：《抗日戰爭中冀中六分區的婦女工作》，《冀中人民抗日鬥爭資料》第 14 期，第 32 頁。

❸ 謝力君：《在特三區堅持鬥爭的片斷回憶》，《銅牆鐵壁》，第 25 頁。

❹ 榮書華（1927–）口述，河北省獻縣西城鄉西城北村，2017 年 8 月 6 日，宋弘訪談。

❺ 張達：《「五一」變質後的冀中是怎樣堅持下來的》（1945 年 3 月），石家莊市檔案館藏，革命歷史檔案，1-1-26-3。

就可能因此給被救濟戶造成家破人亡的後果。」「在青黃不接或有特殊困難的時候，要親自背糧帶款去救濟；要時刻把群眾的困難記在心上，並設身處地的去解決。」[1] 在安新縣，隱蔽幹部常將公糧交給堡壘戶一起吃。北青村一個堡壘戶老太太陸陸續續掩護縣委祕書王裏等一年多，「我們經常在那兒住，沒出過任何差錯。老太太一個人過日子，生活比較困難，我們就把村裏給的糧食，交給老人一塊兒吃。記得老太太刨來地梨，上碾子軋成面，我們吃過。老太太有棉花籽，上碾子軋了，我們也一起吃了。老太太豁出身家性命掩護我們，我們也幫助老太太度過了困難。」[2]

糧食以外，在借貸上也適當照顧堡壘戶。冀中十分區二聯合縣，1943 年底至 1944 年初，縣政府曾發放小本貸款給老堡壘戶、部分最困難的村幹部和軍烈屬，用於發展生產和解決生活問題。[3] 在饒陽縣，縣長趙誠和實業科幹部組成隱蔽的經濟鬥爭小組，組織互助和信貸組，幫助農民生產自救。[4] 對堡壘戶在掩護過程中所造成的損失，也給予一定的補償。李大娘是晉深極縣五千村的堡壘戶，家裏以做豆腐為生。日偽到李大娘家搜查八路軍，把做豆腐的工具都打壞了，抗日政府給李大娘家送去了新的鍋、碗、盆等，幫助她家儘快恢復生意。[5]

隱蔽的幹部、戰士還從各方面幫助堡壘戶的生產與生活。「如同兄

---

❶ 劉勞之：《欒城人民的抗日隱蔽鬥爭》，《冀中人民抗日鬥爭資料》第 9 期，第 109、114 頁。

❷ 王裏：《我的一些回憶》，杜敬編：《冀中的地洞和堡壘戶》，第 234 頁。

❸《人民是真正的銅牆鐵壁——關於冀中十分區第二聯合縣政權恢復和建設的回憶（1941.9–1945.9）》，《冀中十分區第二聯合縣人民抗日鬥爭史料》，冀中十分區第二聯合縣人民抗日鬥爭史編寫領導小組 1985 年編印，第 102 頁。

❹ 八分區組：《冀中區第八分區人民抗日鬥爭大事記》，《冀中人民抗日鬥爭資料》第 46 期，第 78 頁。

❺ 李耀洲：《獻出生命的夫妻和鄉親們》，杜敬編：《冀中的地洞和堡壘戶》，第 164 頁。這種對掩護過程中堡壘戶的損失進行補償的辦法在新中國成立後還在延續。如 1965 年饒陽縣民政科因饒陽縣堡壘戶席躍章的房屋修繕問題向河北省民政廳請示。民政廳對此批覆：「席躍章因在抗日戰爭時期挖掘地洞，掩護我地方工作人員，住房遭敵人破壞，現四壁已經崩裂不堪，有倒塌危險，要求政府協助解決修造，我的意見，老堡壘戶在戰爭時期確實對革命事業有一定的貢獻，對住房問題，應幫助解決，可在社會救濟款內給予必要的幫助以解決其實際困難。」河北省民政廳：《關於堡壘戶席躍章要求照顧問題的複函饒陽縣人委民政科》（1965 年 5 月 25 日），河北省檔案館藏，中華人民共和國時期檔案，935-5-370。

弟姐妹一樣，擔水、掃院子、起豬圈、掏廁所，跟老鄉一起下地勞動，女同志在家紡線織布，幫助家務勞動。」[1] 有時還幫左鄰右舍出主意，「老大伯、小夥子也有打問二五減租怎麼算法的；在婚姻問題上遇到阻力的姑娘們也來找我們出主意。」[2]

通過以上救濟和幫助，堡壘戶的困境得到了一定程度的緩解。

其次，對堡壘戶給予鼓勵和獎勵。

除了物質上的救濟和援助外，抗日政權給予堡壘戶「慰問鼓勵」。[3] 河間宋家佐村堡壘戶黃意如的兒子黃門樓，十幾歲就是抗日積極分子，送信送情報，區幹部鑽進地洞後他就站崗放哨。一次日軍突襲包圍村莊要搜查區幹部，在敵人的威逼恐嚇下，黃門樓受了苦，但沒有說出區幹部。為了表揚他的英勇，「除鼓勵他外，還由區政府獎給他家一部分糧食。」[4] 定南縣五區吳定莊的堡壘戶馬大伯，被日軍抓住，逼他說出八路軍、幹部、共產黨員和堡壘戶、地洞。他被活埋了 8 次，也沒「供出一兵一卒，一人一事。」縣政府「給他送去了慰問信，表彰他是擁護共產黨、愛護八路軍、堅決抗戰的楷模。」[5] 武強縣前西代村的堡壘戶溫三鬱，在掩護縣一小隊的過程中，手指被日兵用鉗子夾壞，腦袋、脊背被砍，雙手重疊護頭，兩層手指被砍斷了 5 個，但他始終沒說洞口的位置。在冀中八分區召開的群英大會上，溫三鬱被授予「氣節模範」的稱號。在晉察冀邊區第二屆群英大會，又被稱譽為「氣節模範第一名」，榮獲銀質獎章。[6] 以上獎勵措施，增強了堡壘戶保護抗日力量的榮譽感和自信心。

---

❶ 張亮等：《撼天動地，氣壯山河——回憶安平縣的「五一」反掃蕩鬥爭》，《冀中人民抗日鬥爭資料》第 24 期，冀中人民抗日鬥爭史資料研究會辦公室 1985 年編印，第 87 頁。

❷ 勞成之：《黎明前的〈黎明報〉》，《冀中人民抗日鬥爭資料》第 7 期，冀中人民抗日鬥爭史資料研究會辦公室 1984 年編印，第 123 頁。

❸《中共中央北方分局冀中工委關於冀中反「清剿」鬥爭的指示》（1943 年 12 月），中共河北省委黨史研究室編：《冀中歷史文獻選編》（中），第 159 頁。

❹ 何子立：《可靠的群眾，堅強的堡壘》，杜敬編：《冀中的地洞和堡壘戶》，第 76 頁。

❺ 邸作之：《不怕酷刑，不怕活埋》，杜敬編：《冀中的地洞和堡壘戶》，第 217 頁。

❻ 劉鐵城：《小英雄溫三鬱，女強人尹三勝》，杜敬編：《冀中的地洞和堡壘戶》，第 182 頁。

再者，減少堡壘戶的危險並對被捕的堡壘戶進行解救。

為了減少堡壘戶的危險，八路軍、幹部盡可能少到或不到堡壘戶家隱蔽。堡壘戶「一般比較『紅』，目標大，不安全，而且他們生活困難，我們住久了，會增加他們的負擔。」[1] 河間縣南窩頭村有一條「堡壘街」，幾乎家家有地洞，「小街太紅了」，引起了日偽的注意。「為避免再受損失，提高警惕，區小隊、縣區幹部有意迴避，再到南窩頭時儘量少住小街。」[2] 雄縣祁崗村堡壘戶是冀中十分區敵工部機關經常隱蔽的地方，被日偽軍發現，就遭受不少損失。有鑒於此，「擴大了活動範圍，不再固定於一個村莊。住地除祁崗外，又增加了段崗和米西莊。每個地方住三五天就轉移一下。」[3] 獻縣堡壘戶邊瑞香、榮書華、岳如洲也都回憶到，抗日幹部「住三五天就轉移一下」，對減輕堡壘戶的負擔起到了一定作用。[4]

除此以外，中共還允許堡壘戶遇到危險的情況下外出躲避，搬到其他地方，以躲避日偽的迫害。如束鹿縣堡壘戶周黑東，因叛徒出賣被捕，其家人遷到外地。[5] 雄縣堡壘戶劉大娟家，也因此而搬到別處，「院子裏除去敵人的腳印和一人高雜草外，再也沒有人進去了」，在外流浪了一年多才回到村莊。[6] 有的搬到新地方以後繼續做堡壘戶，如河間宋家佐村堡壘戶黃門樓家，因多次掩護抗日幹部而引起日軍的注意，目標太大，就搬到黃家家廟，「又為區幹部在家廟裏挖了個祕密洞口，還是我們的堡壘戶」。[7]

有的堡壘戶被捕，中共組織還利用兩面政權的村長設法營救。老劉是河間縣五黨廟村的堡壘戶，一次縣委書記兼游擊大隊政委張萬明、

---

❶ 石堅：《打不破的銅牆鐵壁》，杜敬編：《冀中的地洞和堡壘戶》，第 109 頁。
❷ 何子立：《可靠的群眾，堅強的堡壘》，杜敬編：《冀中的地洞和堡壘戶》，第 73 頁。
❸ 于覺民：《血的教訓與地道鬥爭》，杜敬編：《冀中的地洞和堡壘戶》，第 265 頁。
❹ 邊瑞香（1929－）口述，河北省獻縣段村鄉南莊一分村，2017 年 8 月 5 日，宋弘訪談；榮書華（1927－）口述，河北省獻縣西城鄉西城北村，2017 年 8 月 6 日，宋弘訪談；岳如洲（1959－）口述，河北省獻縣陌南鎮前南旺村，2017 年 8 月 7 日，宋弘訪談。
❺ 朱康：《這是徹底革命精神》，杜敬編：《冀中的地洞和堡壘戶》，第 154 頁。
❻ 呂錫純：《抗日擁軍模範「官大媽」》，《拒馬河畔的烽火》，第 462－463 頁。
❼ 何子立：《可靠的群眾，堅強的堡壘》，杜敬編：《冀中的地洞和堡壘戶》，第 76 頁。

四區區委書記宋奇峰住在他家，因有人告密，偽軍到他家搜查，搜查無果，把老劉帶走了。幹部們知道情況後，「便叫支部書記責令偽村長（自己人）去城裏疏通關係，花幾塊『大頭』，以求取保釋放他們。」半個月後，老劉被釋放。[1] 大城縣東窨子頭村堡壘戶鄧憲明，因叛徒出賣被抓到據點，中共地下組織通過靜海縣的翻譯官組織營救，因鄧憲明曾認翻譯官的母親為乾媽，於是利用這層關係成功地營救了鄧憲明。[2]

在惡劣的敵後環境中，中共所採取的以上措施和行動，為堡壘戶的安全和生存提供了一定的保障。

結語

日軍的治安強化運動、大「掃蕩」企圖徹底消滅中共華北抗日根據地，但共產黨政權、八路軍不僅生存下來，還得以發展壯大，這不能不說是一個奇跡。尤其是像冀中這樣一個飽受摧殘的地區，能夠一直堅持，為以後恢復和發展創造了條件，是很不容易的。究其原因，無論是政治建設、軍事建設、經濟建設還是社會建設、文化建設，無一不與此有着密切的關係。而堡壘戶，只是反映這一歷史事實的一個側面。在殘酷的對敵鬥爭環境中，儘管有的農民有過猶豫和掙扎，但在愛國精神、中共動員和一系列有效舉措的合力下，事實證明，以堡壘戶為代表的農民中堅，與中共結成生死與共的關係，成為「保存革命力量、保護群眾利益、堅持對敵鬥爭、打擊敵人的『地下長城』」[3]，為抗日力量提供了生存和發展的落腳點與活動空間。「堅持就是勝利」，在這裏得到了最好的詮釋。請看以下幾個親歷者的評價：

之光縣幹部陳哲：「我們的幹部有了堡壘、堡壘戶，就有了安全感，

---

❶ 郭少軍：《憶三次戰鬥》，杜敬編：《冀中的地洞和堡壘戶》，第 348 頁。

❷ 李躍熙（1936– ）口述，河北省大城縣大尚屯鎮東窨子頭村，2017 年 7 月 24 日，宋弘訪談。

❸ 高存信：《粉碎「五一」大「掃蕩」渡過難關贏來勝利》，李秉新主編：《血色冀中——「五一」反「掃蕩」六十周年祭》，第 26 頁。

就敢於在敵人眼皮底下去做教育群眾、發動群眾、組織群眾的各項工作。」「堡壘和堡壘戶既是實際的依托，又是心理上、精神上的寄託，確實功不可沒。」[1]

文新縣幹部張久光：「有了這些抗日堡壘村莊，不僅解決抗日工作人員的食宿問題還使我們在文新境內擴大了迴旋餘地，如果當時沒有這些堡壘村，沒有那些優秀的村級幹部和基本群眾，設想很快進入文新，取得反蠶食鬥爭的勝利，是根本不可能的。」[2]

青縣幹部高傑：「通過堡壘戶，四處串聯群眾。我們先在西嵩坡趙風柱家，西馮村史景林家祕密建立起抗日小組。然後，依靠這兩個村開闢了拋莊、官亭和幾個召莊等村。從此打開了二區抗日鬥爭的局面。霍亞夫同志領導的三、四、五區也是依靠堡壘戶和抗日骨幹力量，通過親戚朋友發動了群眾，逐漸開闢成抗日區。」[3]

河間縣幹部何子立：「我能在河間極為殘酷的環境中，堅持過來，直到勝利，是和依靠群眾、依靠地洞、依靠堡壘戶分不開的。因此我絕不能忘記……為保護我們擔驚受怕舍生忘死的堡壘戶的大娘、大嫂、大伯、大叔、大哥、大姐、小弟、小妹們；絕不能忘記為保護我們而不畏強暴，堅韌不拔，遭敵毒打受傷，堅貞不屈的愛國、愛黨、愛八路軍的堡壘戶。」[4]

以上親歷者的評價或許受情感因素的影響，有所溢美，但基本事實是不可否定的。

日軍「五一」「掃蕩」後，一般將冀中區的局勢表達為「變質」「變色」，呂正操說他當年也認為是「變質」，但後來他在回憶這段歷史時卻改變了看法，「今天看來，在『五一掃蕩』以後，冀中根據地堅持鬥爭的

---

❶ 陳哲：《我們有了安全感》，杜敬編：《冀中的地洞和堡壘戶》，第 247 頁。

❷ 張久光：《抗戰時期文新縣的政府工作》，中共文安縣委黨史研究室編著：《文安抗戰實錄》，解放軍出版社 2005 年版，第 44 頁。

❸ 高傑：《銅牆鐵壁——回憶在青縣的歲月》，《銅牆鐵壁》，第 2 頁。

❹ 何子立：《可靠的群眾，堅強的堡壘》，杜敬編：《冀中的地洞和堡壘戶》，第 69 頁。

形式確實發生了變化，而不能說變質。當時我們分區在，地委以下各級黨委的書記在，地區隊、縣大隊、區小隊、游擊組等各級武裝在，有黨的領導，有人民政權，武裝部隊也只不過由大部隊化成小部隊，從穿軍衣改成穿便衣，只有冀中軍區一級領導機關轉移到路西，其他都在冀中堅持鬥爭，無非是根據地被分割得更細碎了。」[1] 冀中區是否變質還可以繼續討論，果如呂正操所言，堡壘戶的作用至少是不可忽視的。

原刊《抗日戰爭研究》2018年第1期

＊本章與宋弘合作。

❶ 呂正操：《懷念英雄的冀中人民》，呂正操：《論平原游擊戰爭》，第234頁。

讀者與報紙、黨政軍的聯動：《晉察冀日報》的閱讀史

引言

以創作《小兵張嘎》）而聞名的作家徐光耀，革命戰爭年代是一個愛好文藝創作的小青年，讀書、看報、寫日記已成為習慣。他在 1948 年 3 月 30 日的日記寫道：「早飯後，躲在屋裏又是一陣看報。近來我看報的習慣似乎是養成了，每天不看便覺得丟了一件東西似的。」他經常看的這份報紙，就是《晉察冀日報》。他不僅看報，還喜歡剪報、收藏，積累寫作素材。1945 年 5 月 4 日，「用我那『通訊』本子」，把各種報上的好的通訊剪貼下來。如能繼續下去，天長日久，一定能網羅到好多有意思的東西。並且把《晉察冀日報》增刊上的兩個蘇聯英雄介紹——一個是游擊隊長郎諾夫，一個是超等射手莫連赤可夫，剪下來單獨保存起來。」1946 年 11 月 27 日，「昨晚，我 20 分鐘內剪了 30 餘張《晉察冀日報》的剪報，把副刊和漫畫都剪下來。」12 月 16 日，「又剪了一陣報，把《晉察冀日報》副刊的精華都摘下來了，這是生平最滿足的一次剪報。」[1]

不過，徐光耀所閱讀和記錄的，已經是《晉察冀日報》的後期了。該報前身是《抗敵報》，1937 年 12 月在晉察冀邊區創刊，開始由晉察

---

❶ 徐光耀：《徐光耀日記》第 1 卷，河北教育出版社 2015 年版，第 74、229、247 頁；《徐光耀日記》第 2 卷，第 52 頁。

冀軍區政治部主辦，是中共敵後抗日根據地第一份報紙。後相繼成為晉察冀省委機關報、中共北方分局機關報。1940 年 11 月，改為《晉察冀日報》。報社人員最多時，達到 530 人，鄧拓是最直接、最重要的領導人。1948 年 6 月，晉察冀與晉冀魯豫邊區合併為華北解放區，《晉察冀日報》與晉冀魯豫《人民日報》合併成立《人民日報》，作為華北中央局的機關報。歷經 10 年 6 個月零 3 天，共發行 2854 期，是根據地黨報中連續出版時間最長的報紙。為敘述方便，本文一般稱「本報」或《晉察冀日報》。

徐光耀不過是本報的一個讀者，而且他的身份是根據地、解放區的普通幹部，這個時候他先後在冀中區前線劇社工作和華北聯合大學當學員。而本報的讀者，不僅僅限於黨政軍普通幹部，也有高級幹部，還有普通民眾，從徐光耀日記中我們不可能獲悉如此之多的信息，更不可能由此了解到讀者是從哪些渠道得到報紙的、讀者是怎樣閱讀的、讀者閱讀的反應如何、讀者是如何參與報紙的活動的。而這些問題，如果站在讀者的角度來審視，都是非常重要的內容，這也正是本文所要爬梳和闡述的主要任務。檢討近些年的報刊史、圖書史研究，與此最為對應的是閱讀史研究的理論和實踐，閱讀史的核心方法就是讀者視野，它包括誰在閱讀、從哪裏獲得的、如何閱讀、閱讀什麼和為什麼閱讀、閱讀後的反應等。[1] 閱讀史的系列問題，最能綜合反應報紙讀者的立場，故本文名之為《晉察冀日報》的閱讀史。

對《晉察冀日報》的閱讀史進行研究，有一些冒險的感覺，這是我以前很少有過的。以往無論是選題還是蒐集資料，都多少有完成的信心，而這篇文章直到資料蒐集結束之前，並無太大的把握，不知道是否能夠完成。其實，報紙研究本來已有比較成熟的方法，無非是反映報紙的創辦過程、編輯隊伍、欄目設置、刊載內容、辦報思想和社會影響，

---

1. 參見張仲民《從書籍史到閱讀史——關於晚清書籍史 / 閱讀史研究的若干思考》，《史林》2007 年第 5 期，第 156 頁；(法) 羅傑 · 夏蒂埃著，吳泓緲、張璐譯：《書籍的秩序》，商務印書館 2013 年版，第 87–88 頁；李仁淵：《閱讀史的課題與觀點：實踐、過程、效應》，復旦大學歷史系編：《新文化史與中國近代史研究》，上海古籍出版社 2009 年版，第 218 頁。

未嘗不可以依此方法做進一步深入的研究。然而，這種傳統方法有其明顯的缺陷，即主要是從報紙本身出發，介紹和概括報紙上已有的相關內容，即便是社會影響，也多是報紙的自我宣傳以及個別的外界評價，而沒有站在讀者的立場進行闡述。事實上，一份報紙能否產生社會影響，能否實現報紙或報紙領導者所希望達到的目標，沒有讀者的閱讀是難以想像的。報紙如此，刊物、著作、文件、報告等也是如此。然而，從讀者角度進行考察談何容易！其中最難的，是有關這些方面的資料記錄太少、留存太少。也許正因為此，迄今在中國學界成功的閱讀史論著尚屬鮮見。[1] 本文擬從《晉察冀日報》切入，也只能是一個嘗試。恐怕就讀者角度而言，中共革命根據地報紙比晚晴民國時期大報的研究難度更大。晚晴民國時期的大報，曾引起許多知識分子、社會名流的關注，留下的閱讀記錄較多，而中共根據地報紙因其地域、環境和傳播的局限，類似的記錄很少。我們只能從本報、相關領導、機構的講話以及當事人的回憶、日記等，盡最大努力尋找蛛絲馬跡，做一個大致的重現和闡釋。

當然，筆者這一嘗試，不僅僅是改變以往對報紙的傳統研究方法，也試圖從一個側面反映邊區黨和政府政策、措施的落實、中共政權與廣大民眾之間的關係。因此，本文具有閱讀史嘗試和中共革命史研究 [2] 兩個方面的學術意義。

一、黨政軍民皆有讀者

所謂讀者，主要包括讀者數量、讀者區域範圍和讀者構成三個方面。

---

❶ 主要成果有張仲民：《種瓜得豆：清末民初的閱讀文化與接受政治》，社會科學文獻出版社 2016 年版。但還少有對一本書、一份報刊閱讀史所做的專門研究，潘光哲《〈時務報〉和它的讀者》（《歷史研究》2005 年第 5 期）和章清《五四思想界：中心與邊緣〈新青年〉及新文化運動的閱讀個案》（《近代史研究》2010 年第 3 期）是難得一見的代表性成果，但對於讀者的廣泛性以及讀者是從哪些渠道獲得報紙、讀者是如何進行閱讀的等，仍是比較模糊乃至付之闕如。

❷ 筆者提倡「新革命史」研究，在強調「開拓新的研究視點」中就有「閱讀史」，參見本書《再議「新革命史」的理念與方法》。

首先，一份報紙是否有影響力，影響力有多大，讀者數量是一個基本的衡量標準。然而，讀者數量是難以統計的，如後所述，除了直接讀報以外，還有集體聽報的也算讀者，但聽報者究竟有多少，是無從估計的。這裏先用報紙的發行量來說明，發行量與讀者量不是一個概念，但作為讀者量的基礎還是可以肯定的。下表是本報歷年每期的發行份數統計：

本報每期發行份數統計表

年度	1月	6月	12月
1937			1500
1938	1500	2500	6000
1939	7000	8750	8000
1940	11900	17200	3800
1941	5000	17000	5500
1942	8000	6000	
1943	800 乃至數百份		
1945	50000		
1946	50000		
1947	10000		
1948	10000		

資料來源：鄧拓：《晉察冀日報五年來發行工作的回顧》（1942 年 12 月）、《晉察冀郵政的書報發行工作》（1948 年 4 月）、趙國臣、吳述儉：《抗日戰爭、解放戰爭時期〈晉察冀日報〉的發行工作》，中國報刊發行史料編輯組編：《中國報刊發行史料》，光明日報出版社 1987 年版，第 335、349、369－370 頁；陳春森等：《游擊辦報的高峰》，陳春森主編：《晉察冀日報史》，人民出版社 1993 年版，第 148－149 頁；《冀晉郵政管理局 1947 年上半年郵政工作總結》，成安玉等編：《華北解放區交通郵政史料彙編．北嶽區卷》，人民郵電出版社 1992 年版，第 230 頁。

受資料限制，上表統計極不完整。發行量隨着抗戰形勢的變化，呈曲折波動狀態，每遇日軍殘酷掃蕩時，就明顯下降，尤其是 1943 年秋季，劇減至 800 乃至數百份。不過，從總體上看，發行數量仍呈增加之勢。1937年創刊時每期發行1500份，到1938年增至6000份，1939年為8000份，表中沒有顯示的1941年10月增至2.1萬份。1945年抗戰勝利後，更增至5萬份。幾乎同一時期，華北其他三個根據地也辦有黨報，晉綏邊區《抗戰日報》（後改為《晉綏日報》），發行量多時達到1.5萬份；山東根據地《大眾報》，1945年達到2.7萬餘份；晉冀魯豫邊區《人民日報》，1948年5月達到2.5萬餘份。[1] 與這三個根據地黨報相比，《晉察冀日報》的發行量與之差別不大。又據統計，抗戰結束後晉察冀邊區已有195個縣（旗）、近4000萬人口。[2] 假設本報全部發行到晉察冀邊區，以發行量最高的5萬份計算，平均每縣可收到256份、平均800人擁有1份。著名的《申報》1934年發行155900份，總量較大，但發行範圍有27個省份（只有數百份發行國外），幾乎遍及全國。以當時全國總人口4.4億估算，平均2820人擁有1份[3]，比《晉察冀日報》少得多，這是頗令人吃驚的結果。

其次，讀者的區域範圍。

本報的讀者範圍，是隨着邊區範圍的發展而擴大的。在抗戰時期，開始主要在平漢、平綏、同蒲、正太四條鐵路幹線之間的晉察冀核心區——北嶽區的三五個縣份發行。第25期起，擴展到平漢路東的游擊區，在冀中平原得到不少讀者。[4] 此後，又延伸到北嶽、冀中以外的地區。1940年11月，分發到北嶽區的佔85.7%、冀中區10.2%、冀熱察區3.7%、晉東南（北方局及晉冀豫）0.9%、延安0.3%、大後方0.2%。[5]

---

❶ 參見陳力丹、徐志偉《紮根群眾的〈晉綏日報〉》，《新聞前哨》2015年第5期，第82頁；張衍霞《山東戰時郵政的黨報黨刊發行》，《理論學刊》2008年第7期，第36頁；方漢奇主編《中國新聞事業通史》第2卷，中國人民大學出版社1996年版，第1126頁。

❷ 謝忠厚、肖銀成主編：《晉察冀抗日根據地史》，改革出版社1992年版，第593頁。

❸ 張立勤：《20世紀二三十年代民營報業的自主發行模式及其經營策略》，《國際新聞界》2013年第4期，第134頁；姜濤：《人口與歷史——中國傳統人口結構研究》，人民出版社1998年版，第80頁。當然，如後所述，《晉察冀日報》有少量發行到其他地區。

❹ 鄧拓：《〈抗敵報〉五十期的回顧與展望》（1938年7月），《鄧拓文集》第1卷，北京出版社1986年版，第237–238頁。

❺ 晉察冀日報史研究會編：《晉察冀日報社大事記》，陳春森主編：《晉察冀日報史》，第583頁。

讀者雖仍以北嶽核心區為主，但已擴至晉冀魯豫、陝甘寧邊區乃至大後方國統區。一份檔案顯示，河南省及縣黨部曾轉發國民黨中央宣傳部查禁 1941 年 4 月 17、18 日《晉察冀日報》社論的命令，認為對國民黨不利[1]，這也表明本報發行到了國統區。1942 年 5 月，各地區的發行比例發生了一定的變化：北嶽區 75%、冀中區 1%、平北與冀東 10%、晉東南 2%、晉西北 2%、延安與大後方 1%、本社 5%、贈戶 4%。[2] 延安和大後方的比例有一定增加，晉西北也有了讀者。北嶽區比例有所下降，但仍以這一區域為主，難怪晉察冀邊區領導人聶榮臻說《晉察冀日報》不僅是分局機關報，也兼北嶽區黨委機關報的性質。[3] 與此同時，邊區的冀中、平西、冀熱遼等根據地也都創辦了報紙，擁有相應的讀者。中共中央《解放日報》、中共北方局機關報《新華日報》華北版、晉綏邊區的《抗戰日報》等也來到晉察冀邊區。[4]

不僅如此，即便在日本佔領區，也有本報的讀者。在上海佔領區，1939 年中國青年記協給《抗敵報》寫了一封信：「我們遠在大後方，遠在上海，看到了你們的報紙。你們五台山晉察冀根據地的新聞工作者真了不起，在敵人那麼殘酷的『掃蕩』圍攻中，還能站住腳，在游擊戰環境中能堅持出報，都是英雄。不但站住腳，報紙還辦得很好，影響很大。我們大後方的新聞工作者向你們致意！」[5] 在河北敵佔區，日軍也曾蒐集《抗敵報》，時任本報國內新聞組組長的陳春森回憶，進入相持階

❶ 中國國民黨河南省執行委員會：《關於查禁晉察冀日報四月十七日十八日社論的密令》（1941 年 9 月），河南省檔案館藏，M0002-022-00604-019。

❷《新華書店晉察冀分店（即〈晉察冀日報〉社出版發行部發行課）〈暫行工作條例〉》（1942 年 5 月），河北省新聞出版局出版史志編委會、山西省新聞出版局出版史志編委會編：《中國共產黨晉察冀邊區出版史》，河北人民出版社 1991 年版，第 340 頁。

❸《聶榮臻在分局黨報委員會上的結論（摘錄）》（1942 年 11 月），《中國共產黨晉察冀邊區出版史》，第 343 頁。

❹ 李長彬等：《晉察冀邊區發行工作的片斷回憶》，河北新聞出版局出版史志編輯部編：《中國共產黨晉察冀邊區出版史資料選編》，河北人民出版社 1991 年版，第 102 頁。

❺《陳春森會長在座談會上的發言》，陳春森、白貴主編：《吹響民族的號筒——〈晉察冀日報〉》，人民日報社 2013 年版，第 55 頁。

段後，從1939年8月起，日軍對晉察冀腹地阜平縣等地大舉掃蕩，「敵人派特務到曲陽農村，收買我《抗敵報》，並打聽報社的活動」。[1]本報也有意識地通過公開發行和祕密渠道，向敵佔城市輸送偽裝封面的革命報刊。[2]1941年4月，北嶽區黨委對《晉察冀日報》在游擊區、敵佔區與敵佔據點的發行作出規定：「由地委指定各該附近的縣區，單獨定出具體計劃，並吸引游擊區、敵佔區士紳為『特別訂戶』（自由交報費）以擴大爭取其他階層人士。」[3]在接近敵佔區，也有本報的讀者。1942年10月，有一個化名章紅友的讀者，給《晉察冀日報》寫信，暢論時局和對敵鬥爭方略，並諮詢關於擊敗法西斯的時間問題：「何時擊敗東方與西方兩大法西斯強寇，此時間問題，猶有待確切之闡明，以固信心，以正視聽。」[4]不僅如此，本報圖書管理員劉長明回憶，報紙甚至到了國外，「那個時候，是不容易的事情」。[5]但具體情況，不得而知。

抗戰勝利後，本報的讀者範圍，不斷擴大到東北、晉綏、晉冀魯豫、山東、華中等地新解放區，增加了新的讀者。[6]1947年6月，解放軍在津浦路北線發動青滄戰役，本報出版後第三天，就送到新解放的滄縣城裏。[7]發行到國統區的範圍和讀者面，也在擴大。1945年10月底11月初，一批報紙定期送進北平城內。[8]北平讀者「對我們出版物視為珍寶，

---

❶ 陳春森：《報社大發展》，陳春森主編：《晉察冀日報史》，第64頁。
❷ 邢顯廷等：《抗日戰爭和解放戰爭時期的晉察冀新華書店》，《中國共產黨晉察冀邊區出版史資料選編》，第115頁。
❸《通知第十五號——關於晉察冀日報在北嶽區的發行工作》（1941年4月20日），《中國共產黨晉察冀邊區出版史》，第323頁。
❹《關於擊敗法西斯的時間問題》，《晉察冀日報》，1942年10月17日，第1版。
❺《〈晉察冀日報〉老戰士劉長明發言》，陳春森、白貴主編：《吹響民族的號筒——〈晉察冀日報〉》，第25頁。
❻ 智良俊：《晉察冀新華書店在張家口的一年》，《中國共產黨晉察冀邊區出版史資料選編》，第121頁。
❼《青滄戰役中的支前工作》，成安玉等編：《華北解放區交通郵政史料匯編．冀中區卷》，人民郵電出版社1992年版，第219頁。
❽ 秦永川：《祕密運報進北平》，陳春森、白貴主編：《吹響民族的號筒——〈晉察冀日報〉》，第289頁。

有的來信說：『哪怕是有你們的任何一點東西，我們都是珍視的』。」甚至流傳至國外，「一些中外人士，往來於張家口與國統區之間，因此我們的出版物也就被散發到國內外。」[1] 隨着解放戰爭的勝利進展，到 1948 年已經發展到本報一發行，就很快能達到全國各個解放區以及國統區重慶等地。如《中共中央紀念「五一」勞動節口號》於 5 月 1 日發表後，「包括晉察冀解放區各縣，延安、重慶等地，以及全國各個解放區，都在當天或近幾天內見到了中央發佈的『五一口號』」。[2]

再者，讀者是哪些人構成的，此為本節更為重要的內容。

一是讀者面較寬，黨政軍民皆為讀者。聶榮臻在給《晉察冀日報史》所做的序說：「編輯、記者、工人和幹部，他們衝破千難萬險，不斷把報紙發送到黨政軍民機關、團體、學校和廣大讀者手中。」[3] 讀者的廣泛性，還可以通過報紙廣告來說明，刊登廣告的單位基本上可以視為本報的讀者。本報 1938 年 9 月就開始刊登廣告，抗戰勝利後刊登數量顯著增加，從 1945 年 9 月 12 日 -11 月 30 日約一個季度的廣告來看，刊登廣告的單位分為晉察冀邊區、張家口市和冀察區三個層次，其中既有軍政團體機構，也有工商經濟、文化教育單位，這也證明了讀者群體的範圍是比較廣泛的。[4]

還有一些更加具體的資料，也可以說明不同類型的讀者。

其一，黨政機關幹部是一個讀者群。一份區幹部讀報比例的統計顯示，1944 年盂平縣一區 30 個區幹部，能把《晉察冀日報》較完整的看下去的有 12 人，能看下大部分的 14 人，看不下的 4 人。[5] 由此計算，基層幹部中約 87% 左右能直接閱讀報紙。

---

❶ 智良俊：《晉察冀新華書店在張家口的一年》，中國共產黨晉察冀邊區出版史資料選編》，第 122 頁。

❷ 陳春森：《親歷中共中央「五一口號」首刊〈晉察冀日報〉》，陳春森、白貴主編：《吹響民族的號筒——〈晉察冀日報〉》，第 169-170 頁。

❸ 聶榮臻：《〈晉察冀日報史〉序》，陳春森主編：《晉察冀日報史》，第 2 頁。

❹ 據《晉察冀日報》1945 年 9 月 2 日 -11 月 30 日刊登的廣告所做的統計。

❺ 張文昭：《看報紙做工作，做了工作寫通訊》，《晉察冀日報》，1945 年 8 月 5 日，第 4 版。

當事人的回憶，也談到黨政幹部讀報的現象。趙士珍解放戰爭時期擔任過冀熱察區寶源縣郵政局局長，他說：「每年由縣委宣傳部統一預定《晉察冀日報》和《察哈爾日報》等報紙和刊物，每期發給縣、區各機關及村一級基層部門」。[1] 地方幹部的日記，對此也有記錄。李春溪就任冀中區之光縣宣傳部副部長後，1945 年 7 月 19 日的日記寫道，上任第一天，「早晨起來，縣委機關只五六個人，各自默默地學習，我翻閱《晉察冀日報》和《冀中導報》」。升任保定市工作委員會宣傳部副部長後，1946 年 2 月 9 日的日記寫道：「今晨起得早，依然用涼水洗過臉，拿着一卷《冀中導報》和《晉察冀日報》送給 3 個中學生閱讀」。[2]

其二，軍隊幹部、戰士以及學員是另一個讀者群。本報有時報道軍隊讀報的情況，如 1942 年 4 月 3 日，「軍區部隊全體人員普遍深入讀報，努力研究時事，增長智識。軍區八路軍全體人員，一向對報紙非常喜愛，特別是在太平洋戰爭爆發和蘇聯紅軍進入對德反攻的階段以後，讀報人熱潮更形高漲。」[3]

軍隊地方幹部的日記，對此也有反映。王紫峰抗日戰爭和解放戰爭先後擔任冀中區四分區政委、晉察冀軍區第四分區政治部主任、冀晉區一分區司令員等，1940 年 9 月 26 日的日記寫道：「在《抗敵報》上，看到正太路戰鬥時兩個日本站長遺下的兩個小孩子，被我送回之經過。」1942 年 5 月 11 日，看 5 月 5 日的《晉察冀日報》，「上面轉載了毛主席在中央黨校開學典禮上的講演，指出要整頓學風、黨風、文風」。不僅如此，他還表露了對報紙的渴望心情。1945 年 11 月 4 日寫道，「三天沒來報紙了，大概是報館搬家的緣故」。1947 年 1 月 26 日記道，「最近幾

---

❶ 趙士珍：《戰鬥在寶源縣郵局》，成安玉等編：《華北解放區交通郵政史料匯編．冀熱察區卷》，第 256 頁。

❷ 李春溪：《戰時回憶和日記》，中共保定市委黨史研究室 1997 年印，第 53、107、153、162、189 頁。

❸《軍區部隊全體人員普遍深入讀報》，《晉察冀日報》，1942 年 4 月 3 日，第 3 版。

天因為在行動，沒有看到報紙」。[1]

一個軍校學員的日記，也反映了讀報情況。劉榮 1943－1944 年在晉察冀第四分區抗大四大隊學習，1943 年 4 月 11 日的日記寫道：「本日《晉察冀日報》記載，豫省災荒慘重」。8 月 5 日，腹痛很厲害，本想吃點水果，但「剩那幾個錢又訂了報紙看，只有罷休」。10 月 15 日，「反掃蕩清剿整一個月了，沒有看到報紙，很苦悶，國際國內消息簡直一點也聽不到了」。[2]

其三，本報的編者、作者和相關工作人員是第一讀者。這一點，卻恰恰被忽視了。譬如，1942 年 3 月 21 日《晉察冀日報》發表了班威廉的文章《我怎樣來到邊區》，黎陽讀此文章之後，於 4 月 1 日發表《讀班威廉先生〈我怎樣來到邊區〉後感》。而黎陽，就是負責本報國內新聞的陳春森的筆名。[3]1944 年 3 月 10 日本報登載阜平縣特約通訊員王三湘給編輯部的信，說 2 月 24 日所登李衡舟的《阜平九區的減租工作》一文，「發覺有錯誤之處」，原稿作者亦來函解釋。[4] 這表明，本報的特約通訊員不僅是作者，也是讀者，而且關心報紙的刊載質量。

其四，根據地部分農民也是本報的讀者。陳春森回憶，他主持創辦本報副刊《老百姓》，「當時不僅把《老百姓》副刊放在正報上，還印出單張，供邊區廣大農村和各基層單位的讀報組、民校、夜校、牆報、黑板報、廣播站和分散活動的游擊隊採用」。[5] 本報自 1947 年 3 月底以後，在「讀者服務」欄目中設有「尋人啟事」，主要是尋找參軍和參加革命工作的親人。尋人者不少來自農村，雖不能確定他們一定是讀者，但應該是關心報紙或者是讀報、聽報的農民。筆者對當年 3 月至 12 月的「尋

---

❶ 王紫峰：《戰爭年代的日記》，中國文史出版社 1986 年版，第 54、86－88、120、178－179、184、191 頁。

❷ 梁山松等編：《烽火晉察冀：劉榮抗戰日記選》，中國文史出版社 2015 年版，第 34、42－43、58、63、64、70、113、118 頁。

❸ 黎陽：《讀班威廉先生〈我怎樣來到邊區〉後感》，《晉察冀日報》，1942 年 4 月 1 日，第 4 版。

❹《來函照登》，《晉察冀日報》，1944 年 3 月 10 日，第 1 版。

❺ 陳春森：《游擊辦報》，陳春森、白貴主編：《吹響民族的號筒——〈晉察冀日報〉》，第 82 頁。

人啟事」進行了統計，尋人者共計 296 人，其中冀晉區最多，177 人，佔總數的 59.8%；冀中區其次，104 人，佔總數的 35.1%；冀察區最少，15 人，佔總數的 5.1%。[1] 尋人者主要集中在晉察冀邊區的核心區，也即革命老區農村更加關注或者閱讀《晉察冀日報》。

二、讀者獲取報紙與發行系統之關係

報紙發行到讀者手中或者說讀者獲得報紙，是實現閱讀過程的基本前提。然而，讀者拿到報紙只是一剎那，而此前的輸送過程才是最重要的。在敵後殘酷的戰爭環境下，這一輸送渠道是由報社和相關部門共同完成的，尤其是《晉察冀日報》作為黨報，邊區政權的力量更起了重要的組織和推動作用。聶榮臻在回憶晉察冀邊區時，稱讚鄧拓領導下的報社「有一套傳遞報紙的組織和辦法，能在當時的條件下，保證日報及時的傳送到群眾手中」。[2]

重視黨報的發行、推銷和擴大讀者數量，是中共中央的一貫態度。晉察冀邊區也是如此，當時參與《晉察冀日報》發行工作的趙國臣回憶，鄧拓不但注意報紙的編輯、記者和出版印刷，也很重視發行工作，認為「辦好報紙雖然主要是編好報紙的內容，但還要看能不能及時、準確地投送到讀者手裏。他常說，報紙出版了，送不到群眾手中，就等於沒有出版；應該把報紙看作前線作戰戰士的子彈一樣，多給群眾送幾張報紙」。[3] 鄧拓在 1938 年 12 月一篇論述黨報工作的文章中就強調，黨支部要發揮在黨報發行中的作用，「我們要做到有支部的地方就有報紙雜誌代銷的機關」。[4] 中央北方分局（後改為晉察冀分局）書記彭真 1939 年也對晉察冀

---

❶ 據《晉察冀日報》1947 年 3 月 31 日 –12 月 20 日「讀者服務」欄目「尋人」信息統計。
❷ 吳述儉、趙國臣：《敵後辦報艱難的發行》，陳春森主編：《晉察冀日報史》，第 530 頁。
❸ 趙國臣等：《鄧拓關心發行工作》，晉察冀日報史研究會編：《人民新聞家鄧拓》，人民出版社 1987 年版，第 371 頁。
❹ 鄧拓：《論黨報與黨的工作》（1938 年 12 月），《鄧拓文集》第 1 卷，第 245 頁。

邊區的報刊發行工作強調，黨的公開書報發行完全經過《抗敵報》社發行系統，分局設發行工作委員會，各級區黨委、地、縣委設發行科，支部設發行小組，領導各級發行工作。[1]

至於讀者獲得報紙或者說報紙發行的具體途徑，首先是報紙訂閱。本報除了開始免費贈送之外，其他時間都是通過訂閱得到的。其中，訂價是反映報紙與訂戶讀者關係的一個方面，下表為本報歷年訂價統計：

本報訂價表

日期	每份零售價格	幣種
1938 年 1 月 23 日	本城 2 分，外埠 3 分	法幣
1938 年 8 月 16 日	本地 2 分，外地 3 分	法幣
1938 年 10 月 28 日	3 分	法幣
1939 年 1 月 8 日	2 分	法幣
1940 年 5 月 16 日	4 分	法幣
1940 年 11 月 1 日	5 分	法幣
1942 年 8 月 1 日	1 角	邊幣
1943 年 7 月 1 日	2 角	邊幣
1944 年 3 月 1 日	白報紙 8 角，蔴紙 5 角	邊幣
1944 年 10 月 17 日	報紙 1.2 元，蔴紙 8 角	邊幣
1944 年 10 月 24 日	報紙 8 角，蔴紙 5 角	邊幣
1944 年 11 月 2 日	報紙 1.2 元，蔴紙 8 角	邊幣
1944 年 11 月 15 日	報紙 8 角，蔴紙 5 角	邊幣
1944 年 12 月 28 日	2 元	邊幣

❶《彭真同志關於發行工作問題致李富春同志電》（1939 年 12 月），《中國報刊發行史料》第 1 輯，第 25 頁。

續表

日期	每份零售價格	幣種
1945 年 9 月 20 日	3 元	邊幣
1946 年 2 月 1 日	10 元	邊幣
1946 年 4 月 1 日	20 元	邊幣
1946 年 7 月 1 日	50 元	邊幣
1947 年 1 月 8 日	100 元	邊幣
1947 年 4 月 1 日	200 元	邊幣
1947 年 10 月 1 日	500 元	邊幣
1948 年 2 月 1 日	1000 元	邊幣

資料來源：根據《抗敵報》，1938 年 1 月 23 日，第 2 版；1938 年 8 月 16 日，第 4 版；1938 年 10 月 28 日，第 1 版；1939 年 1 月 8 日，第 1 版；1940 年 5 月 16 日，第 1 版。《晉察冀日報》，1942 年 1 月 13 日，第 1 版；1943 年 7 月 1 日，第 1 版；1944 年 3 月 1 日，第 1 版；1944 年 10 月 17 日，第 1 版；1944 年 10 月 24 日，第 1 版；1944 年 11 月 2 日，第 1 版；1944 年 11 月 15 日，第 1 版；1945 年 9 月 20 日，第 1 版；1946 年 2 月 1 日，第 1 版；1946 年 4 月 1 日，第 1 版；1946 年 7 月 1 日，第 1 版；1947 年 1 月 8 日，第 1 版；1947 年 3 月 25 日，第 1 版；1947 年 9 月 20 日，第 2 版；1948 年 2 月 1 日，第 1 版資料整理。
説明：1938 年 8 月正式收取書報費。

上表所示，訂價雖有一定波動，但總體上呈上升趨勢。1938 年 5 月至 1940 年 11 月，每份報紙零售價由法幣 2 分增至 5 分，增加了 1.5 倍，然而同一時期法幣物價增長了 6.5 倍，訂價遠不及物價增長快，對訂戶是有利的。1942 年 8 月至 1947 年 4 月，零售價由邊幣 1 角增至 200 元，增加了 1999 倍，而同期晉察冀邊區的中心阜平縣的物價增長了 1167 倍，訂戶的負擔有所增加。[1]

---

❶ 法幣物價變化據四川聯合大學經濟研究所編《中國抗日戰爭時期物價史料匯編》，四川大學出版社 1998 年版，第 288−290 頁數據資料計算；邊幣物價變化據河北省金融研究所編《晉察冀邊區銀行》，中國金融出版社 1988 年版，第 42 頁數據資料計算。

為了擴大讀者量，報紙對訂戶採取了促銷措施。一是訂購時間越長，平均每份價格越低。1938 年 3 月 25 日規定，1 個月 3 角，2 個月 5 角，4 個月 1 元，全年 3 元。按每月 30 天計算，如果天天出報，1 個月 3 角合每份 1 分，2 個月 5 角、4 個月 1 元合每份 0.8 分；二是推銷數量越多，平均訂費越少。1938 年 4 月 30 日規定，推銷 10 份以上者每份每月 2.5 角，推銷 100 份以上者每月 2 角，推銷 500 份以上者每月 1.5 角；三是訂購時間越長或訂購數量越多，打折優惠也越多。1939 年 6 月 3 日規定，凡在 6 月之內現款定購一年以上者按 9 折優待，現款定購半年以上者 95 折優待。[1] 可見，即便是黨報，也基本上採取了市場經營的辦法。

對於讀者獲取報紙更為重要的，是報紙的發行和輸送渠道。[2] 隨着時間的演變，大致經歷了四個歷史階段：

第一階段，1937 年創刊到 1938 年 10 月。

此時尚未單獨建立報紙發行組織，輸送渠道比較簡單。先是由軍區政治部收發室代辦，後來才有一兩個人管發行。附近機關與二分區的報紙由報社直接送，其他地區的發行主要依靠軍郵、軍隊捎帶，地方上沿村轉送。「沿村轉送」是一種群眾路線的辦法，由報社駐在村的村政府派人傳送到四鄰村莊，再由他們傳到下一個村莊，一村傳一村，一直傳到讀者手中。[3]

1938 年 10 月，成立營業發行部，有交通員三四人，下圖為輸送報紙的路線 [4]：

---

❶《本報重要啟事》，《抗敵報》，1938 年 3 月 25 日，第 2 版；《本報營業部啟事》，《抗敵報》，1938 年 4 月 30 日，第 4 版；《本報啟事》，《抗敵報》，1939 年 6 月 3 日，第 1 版。

❷ 在輸送渠道中，沒有像《大公報》、《申報》等那樣，有沿街叫賣或遞送訂戶的報販、各地代銷店鋪等。

❸ 邢顯廷等：《抗日戰爭和解放戰爭時期的晉察冀新華書店》，《中國共產黨晉察冀邊區出版史資料選編》，第 108 頁。

❹ 鄧拓：《晉察冀日報五年來發行工作的回顧》（1942 年 12 月），《中國報刊發行史料》，第 332 頁。

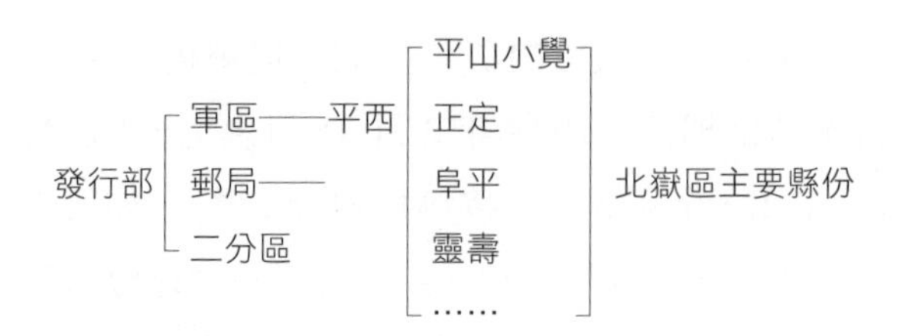

通過以上幾條路線，將本報送往機關、分區和北嶽區的主要縣份。與此同時，晉察冀邊區成立了交通隊，北嶽區各專區、縣成立交通班或交通站，區黨委以及縣委也建立了黨內的交通系統。此為黨政機關的讀者獲得報紙的另一個渠道，不過以上交通組織由各單位分散管理，僅負責各自單位的書報、文件、信函傳遞。

第二階段，1938 年 11 月至 1941 年 4 月。

1938 年 11 月報社正式成立發行組織——發行科，發行工作和讀者獲取報紙的渠道逐漸正規化。隨着戰爭形勢的變化，這一時期報社先後在平山縣土樓村、阜平縣連家溝村和平山縣滾龍溝村駐紮。[1] 在土樓村時，不僅增加了發行科的交通員，還在陳莊、正定、行唐等中心縣建立了派報社，在軍分區所在地設立分社。北嶽區黨委還幫助報社建立了靈壽漫山、阜平馬棚等交通站。在連家溝時，一份資料反映了報社交通員將報紙送往各分社的往返天數，有的 2 天，有的三五天，也有的十多天。在滾龍溝時，報紙發往各地的網絡為：

滾龍溝
- 北方分局、軍區和其他機關單位
- 趙家莊——西柏坡四分區所在地
- 六畝元——漫山——靈丘五分區所在地
- 東岸村——清水村——盂縣二分區所在地
- 其他分區及冀中、延安等地

---

[1] 鄧拓：《晉察冀日報五年來發行工作的回顧》（1942 年 12 月）；趙國臣、吳述儉：《抗日戰爭、解放戰爭時期〈晉察冀日報〉的發行工作》，《中國報刊發行史料》，第 332–333、362–364 頁。

也有個別材料顯示了農村讀者獲取報紙的具體時間。1940 年 2 月，阜平縣宣教組做過一項調查，其中包括「抗敵報是怎樣得到的，運到幾天」？回答是：由區公所沿站傳送到各村，一般用 3 天至 4 天，有時 7 天、8 天甚至 10 天；城鄉由區公所直接送，只用 3 天。[1]

在此階段，中共中央北方分局成立交通科，和晉察冀邊區各機關團體以及北嶽區、冀中區、平西冀熱察區黨委定期聯繫，傳遞黨內信件、文件、黨內刊物。[2] 晉察冀邊委會也組建了交通科，並領導原邊區交通隊，確定了通達各專區的交通幹線，不僅傳遞各自單位的報刊、文件和信函，也幫助本報對報紙的輸送。[3]

第三階段，1941 年 5 月至 1945 年 8 月。

1941 年 5 月，以報社發行科為基礎，在靈壽縣陳莊鎮成立新華書店晉察冀分店，統一負責報紙、書刊的發行、銷售和交通站的管理工作。業務上受延安總店指導，行政上屬於《晉察冀日報》領導，和報社發行科是一個機構兩塊招牌。報紙的發行線路已經比較成熟，新華書店晉察冀分店陳莊站下面分設城南莊站和東岔頭站，作為報紙發行的中轉站。城南莊站經過若干中間小站，分發到一、三、五分區和邊區黨政軍機關和部隊；東岔頭站也經過中間小站，分發到二、四分區行唐、曲陽等地。[4] 為了使報刊、圖書儘快與廣大讀者見面，新華書店晉察冀分店還在各戰略區成立了北嶽支店、冀中支店、冀熱察分店，在專區或縣設立書報銷售處，讀者可在此訂購書報。[5]

1942–1943 年，日軍對冀中區、冀熱察區進行掃蕩，根據地縮小，

---

❶ 阜平縣宣教組：《高阜口、路頭、槐樹底、阜平城宣傳教育工作考查總結》（1940 年 2 月），王謙主編：《晉察冀邊區教育資料選編》社會教育分冊，第 379 頁。

❷ 王覓軒：《中央北方局交通科簡況》，成安玉等編：《華北解放區交通郵政史料匯編．晉察冀邊區卷》，第 449 頁。

❸ 成安玉等編：《華北解放區交通郵政史料匯編．北嶽區卷》，第 55 頁。

❹ 趙國臣、吳述儉：《抗日戰爭、解放戰爭時期〈晉察冀日報〉的發行工作》，《中國報刊發行史料》，第 364–365 頁。

❺ 李長彬等：《晉察冀邊區發行工作的片斷回憶》，《中國共產黨晉察冀邊區出版史資料選編》，第 102 頁。

書報發行工作轉為以北嶽區為主，新華書店的交通組織與政府系統的交通組織合併，統一受邊區交通局領導。由北嶽支店用牲口到晉察冀日報印刷廠將報紙馱來，分卷包裝後送到北嶽區交通大隊，再通過專區、縣的交通分隊、交通站分送到各個地區。1944 年，邊區交通局改為邊區郵政局，全面負責報紙的發行工作，報紙開始走「郵發合一」的路子。除了邊區黨政軍機關、學校的書報仍由發行科直接發送外，其他則包裝送到邊區郵政局，再由郵局轉送到邊區各地。[1] 1945 年，晉察冀邊委會重設交通總局，在冀晉、冀察、冀中區設總局辦事處，各專區設交通總站，各縣設縣站。以區為單位，按村莊分佈狀況、敵情及地形條件，組織群眾力量，設立鄉村交通線及交通站，歸各區交通幹事領導，區交通幹事負責組織區內鄉村交通網及掌管全區書籍報紙的發行。中心集鎮或幹線傳達不到的地區，酌情委委託學校、合作社商店等可靠社會關係設立代辦所。而村級，只負責送取報紙及區村信函。[2] 可見，在戰爭形勢緊張之際，報社與邊區行政機構的合作更加密切了。不過，晉察冀邊區新華書店仍然存在，在各軍區、分區、縣都設有分店與經銷處、分銷處。

在此階段，中央北方分局的交通科繼續發揮着將報紙輸送到相關部門的作用，交通員負責把晉察冀分局及邊區各單位的信件、文件、報刊送往中央以及冀南、山東等根據地，並把中央的文件、指示、信件帶回晉察冀分局。[3] 這一工作到下一階段仍在延續，不贅。

第四階段，1945 年 8 月至 1948 年 6 月。

抗戰勝利後，本報進入張家口，發行工作統一到新華書店晉察冀分店，在冀東、冀中、冀晉、察哈爾、熱河各省區設立支店，地區設辦事

---

❶ 趙國臣、吳迺儉：《抗日戰爭、解放戰爭時期〈晉察冀日報〉的發行工作》，《中國報刊發行史料》，第 369 頁。

❷ 晉察冀邊區行政委員會：《關於建立各級交通組織實行公辦郵政的指示》（1945 年 3 月）、《轉發晉察冀邊區擴大交通會議總結》（1945 年 7 月），成安玉等編：《華北解放區交通郵政史料匯編．晉察冀邊區卷》，第 161－166 頁。

❸ 王覓軒：《中央北方局交通科簡況》，趙醒民：《北方分局交通處建立情況》，成安玉等編：《華北解放區交通郵政史料匯編．晉察冀邊區卷》，第 450－451、461－464、498 頁。

處，縣設總銷處，區設分銷處。讀者私人購買書報到該店門市部或各代銷處接洽。邊區郵政管理局以及下屬各地郵局，仍負責報刊的郵遞。

1946 年 4 月，書、報發行分開，報紙發行由報社發行科和郵局專管，新華書店成為專門出版和發行圖書期刊的機構。邊區各地發行點增至 400 多處，郵路幹線達 31977 華里。[1] 具體運輸方式，以「下安」輸送線為例，該線直屬邊區郵政管理局，從察哈爾的下花園起，經過輝耀堡、倒拉嘴、西合營、盤南頭、曹溝堡、下莊、來源、王安鎮、紫荊關、大龍華、易縣、曲城、鄭村，到冀中的大西莊、安新為止，全線長 705 華里。在上述各個地方，均設置郵站，共計配備交通員 77 人、牲口 32 頭、大車 10 輛。[2]

為了使報紙順利發給讀者，相關部門也採取了一些措施。如新華書店晉察冀分店向讀者徵求意見：「本店所發之報紙，能否按時按期發到讀者手裏？報紙發到各地讀者時有無污損破爛情形？所發份數有無不符情形？在發行上有何缺點？原因為何？應如何改進？」[3] 邊區郵政管理局要求各辦事處、縣局，要儘快檢查傳遞速度特別是區村線路上的速度，各地讀者可根據郵局發行線路，計算報紙收到時間的日期，如有延誤，可向當地郵局詢問檢查。[4] 冀晉區改進對區村的投遞辦法，各縣的區代辦所僱用專人投遞農村信件、報刊，結果一、二區（深山區）到村的信件比過去快 1 天。[5]

在以上各個階段報紙發行的過程中，也出現了一些問題。譬如，

---

❶ 李長彬等：《晉察冀邊區發行工作的片斷回憶》，《中國共產黨晉察冀邊區出版史資料選編》，第 104 頁；《晉察冀邊區郵政八個月工作總結（摘要）》（1946 年 8 月），成安玉等編：《華北解放區交通郵政史料匯編．晉察冀邊區卷》，第 211 頁。

❷《關於下安線的決定》（1946 年 3 月），成安玉等編：《華北解放區交通郵政史料匯編．晉察冀邊區卷》，第 303 頁。

❸《新華書店晉察冀分店徵求徵求讀者意見啟事》，《晉察冀日報》，1946 年 2 月 7 日，第 4 版。

❹《郵局加強報紙發行，並決定防止地主轉寄浮財》，《晉察冀日報》，1947 年 12 月 16 日，第 1 版。

❺《冀晉區的鄉村交通郵政工作》，成安玉等編：《華北解放區交通郵政史料匯編》北嶽區卷，第 270 頁。

報紙印出後沒有送出去，讀者得不到。鄧拓 1942 年 12 月指出：戰爭到來後，由於沒能注意交通員與各分區書店、主要領導機關接頭地點的規定，致使「我們的報紙再印出後，有很多地方無法送出而進行堅壁，這是一件最痛心的事。」[1] 有的地方幹部對報紙發行不關心，1945 年 5 月 27 日《晉察冀日報》指出，靈壽縣二區幹部「對報紙發行看成發行員自己的事，他人不過問。春天一個時期發行員不在，報紙壓了三期，還說『報紙不要緊，放放沒關係』。」[2] 有的地方未能保護好報紙，1945 年 6 月 29 日《晉察冀日報》指出，曲陽縣五區分發報紙「沒有一定的辦法，紊亂得很，有時找便人捎送，有時沿村轉送，也不封捲，因此常發生卡報的現象，因經過的手續太多，送到時大多連字都看不清了，再加上特務分子從中破壞，較遠的村莊向來就看不上報。」[3] 此外，有的村鎮對送到的報紙隨便放在一個地方，或者當廢紙用了。[4]

更值得提出的是，送報的交通員備嘗辛勞乃至犧牲了生命。1942 年 12 月，鄧拓指出：「我們在發行工作上是盡了很大的力量，付了很大的代價，並且我們有很多同志是為了這一工作的堅持而犧牲了。」[5] 在平西山區，老百姓中流傳着一個順口溜：「遠看像個驢，近看是郵政局，」就是「讚揚交通員用捎架背的郵件書籍、報刊像一頭驢馱的那樣多。騎自行車的交通員可帶上百斤郵件報刊，推行七八里大沙灘，從不叫苦。」[6] 趙國臣回憶，「只要報紙印出後，交通員就背着它攀山越嶺、過河涉水，冒着敵人的槍林彈雨，穿越敵人據點，通過敵人封鎖線，日夜兼程把報紙送給讀者。」[7] 尤奔、李長彬也回憶，為了把報紙發出去，只好靠人

---

❶ 鄧拓：《晉察冀日報五年來發行工作的回顧》（1942 年 12 月），《中國報刊發行史料》，第 337 頁。
❷ 縣委宣傳部：《靈壽二區決定加強愛護黨報》，《晉察冀日報》，1945 年 5 月 27 日，第 2 版。
❸ 于民化：《曲陽五區送報快》，《晉察冀日報》，1945 年 6 月 29 日，第 2 版。
❹《阜平五區整理報紙發行工作》，《晉察冀日報》，1945 年 7 月 24 日，第 2 版。
❺ 鄧拓：《晉察冀日報五年來發行工作的回顧》（1942 年 12 月），《中國報刊發行史料》，第 337 頁。
❻《北嶽區交通郵政網絡的設置及發展情況》，成安玉等編：《華北解放區交通郵政史料匯編．北嶽區卷》，第 264 頁。
❼ 趙國臣、吳述儉：《抗日戰爭、解放戰爭時期〈晉察冀日報〉的發行工作》，《中國報刊發行史料》，第 365 頁。

背、驢馱。報社發行交通員中，累病致死的約有 7 人。交通員李連福在背着報紙過河時，被洪水沖走而犧牲。交通發行員羅鳳儀，在送報途中遭遇敵人殺害。發行科的會計弓春芳、發行交通站的站長陳文忠、發行交通員張吉堂、安志學、焦迎秋、劉二銘、李智等 12 人，都是在游擊辦報的轉戰中犧牲的。[1] 以上的辛苦和犧牲表明，讀者獲得報紙的過程浸透着發行交通員的巨大心血和生命代價！

三、集體讀報的新方式

讀者須依靠閱讀這一環節，也就是通過具體的讀報方式和方法，才能實現報紙宣傳的目的。從讀者層面劃分，有黨政機關和團體的閱讀、軍隊的閱讀和普通民眾的閱讀，而以後者數量最大。

黨政機關、團體以及軍隊的閱讀，本文第一節已有所表述，從這些材料可以判斷，讀者閱讀報紙的方式既有個人閱讀，也有集體閱讀。茲再舉幾例，作進一步說明：

中共晉察冀分局交通處總站的工作人員，就是以集體閱讀和個人閱讀的方式讀報的。1944 年調任分局交通總站站長的袁俊剛回憶，交通戰線各級黨組織和各級幹部十分重視思想政治工作，邊區交通處局經常有組織、有計劃的把交通工作幹部調回，進行一兩個月的政治學習。總站也一般在半年左右，分兩次讓幹部、交通員到總站集中，用一周左右時間進行軍事政治訓練。交通處局給各站都訂有一份《晉察冀日報》以及其他政治、文化材料，採取「集體和個人閱讀相結合」的方式進行閱讀。[2] 晉察冀四分區地委宣傳部則強調集體閱讀，1944 年 7 月要求各縣

---

❶ 尤奔：《我在報社做發行工作》，陳春森、白貴主編：《吹響民族的號筒——〈晉察冀日報〉》，第 228–229 頁；李長彬等：《晉察冀邊區發行工作的片斷回憶》，《中國共產黨晉察冀邊區出版史資料選編》，第 105–106 頁。

❷ 齊志良、袁俊剛：《憶抗戰時期交通工作》，成安玉等編：《華北解放區交通郵政史料匯編 · 晉察冀邊區卷》，第 501–502 頁。

區領導應注重推動通訊員向報紙上發表的新聞通訊學習，而「推動、組織」，主要就是集體學習或集體讀報的方式。[1]

有的地方幹部的閱讀方式因為存在問題而受到批評。《晉察冀日報》1945 年 5 月 27 日披露，二區幹部只是滿足於個人閱讀，而沒有向其他人宣傳，有的幹部沒有抓住報紙的核心要害，「不願讀大塊社論，說太費腦子」。[2] 同年 8 月 8 日，本報又指出，十三分區有的幹部接到報紙，隨便作廢，宣化區幹部有的兩個月不看黨報，有的只看大標題，不看內容，生產一類的消息根本不看或很少看。蔚涿縣 7 月初舉行了一次測驗，笑話百出，有的區幹部把莫洛托夫答成法國人，不知道劉少奇是什麼人，「從這就可以說明平常對報紙的閱讀情形了。」[3]

軍隊的閱讀也是既有個人閱讀，又有集體閱讀。戰士安慶華就是一個典型，《晉察冀日報》1942 年 4 月 3 日報道，安慶華是一個非常重視與愛讀報紙的人，每次報紙來了他就拿到班裏去讀，當他在西峪戰鬥中犧牲時，口袋裏還保存着十幾張報紙。該報道還說，凡是有閱讀能力的戰士，都比較重視對報紙的閱讀，「把讀報當成自己的日常生活的一部分，遇到重要的材料的時候還做起筆記來。」[4] 基層連隊幹部不僅為戰士讀，還為當地民眾讀。1943 年《晉察冀日報》創辦《子弟兵》副刊，政治部對各連隊、各單位的指導員提出期望，要在駐在村的冬學裏面組織讀報工作。「根據某部一個同志的經驗，給老百姓讀報，讀一遍之後，再來給他們扼要講解一遍，這樣收效要大。」[5]

與以上情況相比，普通群眾尤其是普通農民的集體閱讀方式最具特色，也最值得注意。

---

❶ 中共晉察冀四分區地委宣傳部：《晉察冀四分區地委宣傳部四分區通訊突擊總結》（1944 年 7 月），山西省檔案館藏，革命歷史檔案 A45-1-5-1。

❷ 縣委宣傳部：《靈壽二區決定加強愛護黨報》，《晉察冀日報》，1945 年 5 月 27 日，第 2 版。

❸ 杜唐：《察南分區通訊會議檢討讀報通訊工作》，《晉察冀日報》，1945 年 8 月 8 日，第 2 版。

❹《軍區部隊全體人員普遍深入讀報》，《晉察冀日報》，1942 年 4 月 3 日，第 3 版。

❺ 晉察冀軍區政治部：《本刊期望於部隊同志的》，《晉察冀日報》，1943 年 2 月 2 日，第 4 版。

普通民眾的文盲率很高，是閱讀報紙的最大障礙。1928 年河北省教育廳對本省 104 個縣統計，失學兒童接近 80%，不少縣份達到 90% 以上。[1] 在此狀態下，絕大多數普通百姓無法自己閱讀，只能靠聽報式的「二級傳播」。儘管如此，一些人對報紙及其消息仍充滿着興趣。張家口一讀者給本報的來信說：「敝人是住在本市極北角相當遠的地區裏，一院有 7 家鄰居的大雜院貧民窟，雖然大多數不識字，但是他們愛聽消息，每天每個人都盼這一張報到來，比小孩盼過年還盼得利害。」[2] 將讀報比作盼望過年，說明部分市民渴望讀報的心情。

對於民眾的文化學習包括報紙閱讀，晉察冀邊區黨和政府給予了高度重視，鼓勵創造新的集體閱讀方式。譬如，中共晉察冀分局 1944 年 2 月指示，日報是向全邊區人民講話的，「應在各重要集市及大道上建立閱報欄，抗聯應加強對讀報小組的領導外，全體幹部必須負責將其內容傳達給全體人民」。[3] 晉察冀邊委會 1945 年 11 月也指示，欲求得群眾學習的持久與不斷的提高，就必須「擴大群眾教育的視野，就要我們進一步在劇團中，在讀報工作中，在黑板報與通訊工作中，在各色各樣的群眾集合的場所，相機的結合起來，以加強群眾的教育」。[4] 地方幹部也是如此，北嶽區四專署專員張沖 1940 年 5 月強調，將學校教育門窗打開與社會教育聯繫起來，「開展午校、夜學和識字班，並組織讀報、講演、壁報、戲劇與晚會，一切群眾所喜好的團體組織」。[5] 本報及其領導人也對報紙的群眾閱讀給予了重視。鄧拓 1938 年 12 月說，各級黨和支部應有計劃地幫助黨報，「普遍建立讀報組，吸收廣大的群眾到無數的讀報組中

---

❶ 河北省教育廳：《河北省各縣普通教育概覽．1928 年度》，1929 年印，第 1–8 頁。
❷《對本報的意見》，《晉察冀日報》，1945 年 9 月 24 日，第 2 版。
❸《中共中央晉察冀分局關於黨報工作的指示》（1944 年 2 月），《中國共產黨晉察冀邊區出版史》，第 349–350 頁。
❹《邊委會 1944 年冬學運動簡要總結》（1945 年 11 月），王謙主編：《晉察冀邊區教育資料選編》社會教育分冊，第 209 頁。
❺ 張沖：《加強教育工作粉碎日寇文化侵略》（1940 年 5 月），王謙主編：《晉察冀邊區教育資料選編》社會教育分冊，第 20 頁。

來，把他們緊密地團結在黨報周圍，同時也就團結在地方黨的周圍。把我們的讀報組普遍深入到山溝小道每一個偏僻的角落裏去，廣泛地提高群眾政治文化水平」。[1] 1944 年 8 月 24 日《晉察冀日報》藉助一篇短評對村裏的讀報工作提出，「你們把讀報工作和各種工作結合起來，把報上的新聞和工作經驗告訴群眾，幫助了村裏各種工作的改造，這個功勞真不小⋯⋯你們要堅持下去，沒有讀報工作的地方，統統應當學習你們的辦法，開展讀報工作」。[2]

集體讀報方式已經成為晉察冀邊區政權的普遍要求，事實上也取得了前所未有的顯著成就。集體讀報的實踐，主要表現在民校教育、民眾教育館、講報館、屋頂廣播、冬學教育以及群眾自發組織的讀報小組等。

其一，民校教育中的讀報活動。民校是連續性較強、時間較長的一種民眾教育形式。民國時期已有建立，中共根據地也予以重視並開展了讀報活動。譬如阜平縣崔家溝民校，教員陳繼和重視生產知識的傳播，從 1943 年春天起，上課主要就是講生產知識，對《晉察冀日報》上的生產知識「一點也不放鬆，並還在村裏蒐集各種有關生產的書籍，每當講課以前，他先研究幾遍要講的課，到處找材料，充實課程內容」。[3] 在安國縣寺下村，1945 年由 40 多歲到 70 多歲的老人自動組織民校老頭班，被大家公認「學習頂好」。他們的學習內容主要是政治教育，有時是念過報之後大家發言。通過加強讀報工作和對外宣傳，民校成了開展群眾教育的核心。[4] 深澤縣大堡村民校，1947 年有 3 個工農班小組，以學習報紙、中心工作、政策法令為中心，每晚上去聽，最長不超過 2 小時。「先講大消息，後講社論和地方消息、生產知識，以便有的老農活忙，堅持

---

❶ 鄧拓：《論黨報與黨的工作》（1938 年 12 月），《鄧拓文集》第 1 卷，第 245 頁。

❷ 青：《給讀報組同志們》，《晉察冀日報》，1944 年 8 月 24 日，第 2 版。

❸《模範民校教員陳繼和》（1944 年 5 月），王謙主編：《晉察冀邊區教育資料選編》社會教育分冊，第 245 頁。

❹ 項柏仁：《目前社會教育簡述》（1946 年 5 月），王謙主編：《晉察冀邊區教育資料選編》社會教育分冊，第 94–95 頁。

不下來，願聽多會兒就聽多會兒，他們絲毫不感到拘束，很願去。」講授方式是採取章回小說的辦法，如四外長會議開的怎樣，一天天地連續講下去，講得他們一天也不願隔。陳仲三（60 多歲的老頭）吃飯較晚，吃一碗飯便趕緊到民校去聽，聽了回來再吃半截飯。上民校的學員們形成了習慣，好像吸煙一樣有癮。[1] 在城市，也有民校涉及到讀報工作。如張家口六區市郊北瓦窯，1946 年 4 月報道，胡萬祥是一個洋車工人，自張市解放後，他組織民校，將報上的材料改編成故事，說給大家聽，提高了學員的政治覺悟。[2]

其二，民眾教育館的讀報活動。民教館是從事民眾教育展覽、開展民眾學習的常設機構，主要設在城鎮。民國時期已有提倡，中共根據地多是繼承了過去的民教館，用於民眾教育包括讀報活動，但主要是到解放戰爭時期，佔領了較多城鎮，民教館的活動才開展起來。在宣化、陽高、平山、晉縣、張家口等地，先後開辦民教館數十處。邊區首府張家口市的情況較好，民教館設有閱覽室、俱樂部、文化棚，組織群眾學習，開展黑板報和讀報工作。經過十多個月的活動證明，「以畫展、流動發報、展覽會、晚會、放映電影或幻燈、廟會宣傳、廣播和讀報工作、小型分散的學習組織，是更為群眾所喜愛，且易於團結教育群眾的」。民眾教育工作尤其是政治教育，收到了明顯成效。[3] 當然，閱讀報紙僅是民教館開展民眾教育的形式之一，是和其他形式的相互配合下發揮作用的。

其三，形式多樣的講報館、張貼報紙和屋頂廣播。講報館以平山縣洪子店最為有名，該館 1944 年 10 月下旬成立，村裏設組織管理委

---

❶《深澤縣第四區大堡村民校工作報告》（1947 年 4 月），王謙主編：《晉察冀邊區教育資料選編》社會教育分冊，第 295–296 頁。

❷《北瓦窯民校在不斷改進中》（1946 年 4 月），王謙主編：《晉察冀邊區教育資料選編》社會教育分冊，第 285 頁。

❸ 項柏仁：《目前社會教育簡述》（1946 年 5 月）、項柏仁：《民教館工作點滴經驗》（1946 年 10 月），王謙主編：《晉察冀邊區教育資料選編》社會教育分冊，第 100、489 頁。

員會，包括佈置股、集日宣傳股、牆報股等。工作內容以講報為主，着重集日的時事宣傳，並組織時事座談會、時事晚會和群眾的讀報運動。館址設在村北的廟裏面，牆上張貼各種地圖，並懸掛晉察冀日報、群眾報。另在大街邊上畫有一個大地圖，分世界、太平洋、歐洲和中國抗戰形勢 4 幅，頂上寫着「天下大事分明」6 個大字，兩邊對聯為「敵後戰場到處勝利，共產黨救國救民」，「正面戰場節節敗退，國民黨腐敗無能。」截至 1945 年 3 月 3 日，共講報 12 次，召開時事座談會 1 次，組織大的集市宣傳 1 次，每次講報都有村劇團的鑼鼓、拉洋片、說快板相配合。各村趕集群眾逐漸形成讀報的習慣，每到十點左右，就有不少人集聚在大地圖處，靜待聽講，鑼鼓一響，三三兩兩的自動迅速集合。講報館內還張貼着通俗的標語，如「不吃飯，餓的慌，不喝水，渴的慌，不聽報，急的慌」；「快快來，快快到，錯過時間聽不了」。[1] 有的地方沒有建立專門的講報館，而是比較簡單地在村裏的牆上或集鎮的公共場所張貼報紙。如前所述，1938 年底，《抗敵報》副刊老百姓創刊後，印了一些單張，大家自己看了以後，或者送給親戚朋友看，或者貼在牆上給大夥看。[2] 屋頂廣播的形式，則是利用農村的一種生活習慣，老百姓每逢吃午飯或晚飯的時候，總是蹲在家門口、樹下、碾子旁或廟台上，邊吃邊聊天，有的村莊就藉此成立屋頂廣播組，利用這個機會選讀《晉察冀日報》上的短小文章以及國內外大事，傳播給老百姓。[3]

其四，冬學的讀報活動。冬學教育是利用冬季農閒期進行民眾教育的一種形式（有時也涉及民校教育），讀報是其中的一項重要活動。在阜平縣高阜口、路頭、槐樹底等村，縣委宣教組 1940 年 2 月所做的工作總結談到，冬學的政治課教材的內容，除了普通政治教材所需的材料之

---

❶ 平山抗聯會：《認真加強群眾事實教育，洪子店創辦講報館》，《晉察冀日報》，1944 年 11 月 18 日，第 1 版；陳肇：《洪子店講報館一月來獲很大成功》，《晉察冀日報》，1944 年 12 月 16 日，第 1 版；蘇奇：《洪子店講報館工作檢查》，《晉察冀日報》，1945 年 3 月 3 日，第 2 版。

❷《先講幾句》，《抗敵報》，1938 年 11 月 22 日，第 4 版。

❸ 李肖白、高洪：《聯繫實際的多種副刊》，陳春森主編：《晉察冀日報史》，第 432 頁。

外，也「擇用抗敵報的重點消息、論文、國家大事、世界大事」。[1] 將報紙作為教師講課的材料，實際上也就起到了向學員讀報的作用。在行唐縣，1945 年的冬學運動中，除了識字班、文娛組等之外，還成立了閱報組，由高小以上文化程度的學員組成。其任務是，研究時事問題，負責介紹報上的新消息、編輯牆報等，以促進學員的學習積極性。[2] 同樣的，宣講報紙材料也等於學員集體讀報了。在盂平縣合河口村、盂陽縣鋼爐村，冬學運動中組織起與讀報工作、黑板報結合的學習小組，讀報成為一種群眾教育的方式。[3] 農村之外，城市也開展起冬學運動，組織工人讀報。如張家口市 1945 年的冬學運動中，參加學習的工人近萬人，建立起工人學校、夜校、識字班以及讀報組等學習形式。[4]

其五，與以上形式相比，農民群眾自發組織的讀報小組更為普遍。到 1944 年 6 月，曲陽縣已有讀報組 170 個。[5] 1945 年 12 月，唐縣有讀報組 293 個，張家口市僅八、九兩區就有讀報組 10 個。[6]

讀報組在晉察冀邊區的中心——阜平縣尤為活躍，相關報道也最多。1940 年 2 月阜平縣宣教組對高阜口、路頭、槐樹底等村所做的調查，反映了讀報組多方面的信息，主要有：每村有 1 至 3 個人負責，讀報給村民聽；每村有抗敵報 1–2 份，還有救國報、大眾報；各村多讀抗敵報；講的辦法是一面讀，一面講，有的讀一句講一句，有的讀一段講一段，還有的只讀不講；讀的時間，有的利用冬學上課的時候，有的利

---

❶ 阜平縣宣教組：《高阜口、路頭、槐樹底、阜平城宣傳教育工作考查總結》（1940 年 2 月），王謙主編：《晉察冀邊區教育資料選編》社會教育分冊，第 370 頁。

❷《行唐縣 1945 年冬學總結》（1945 年），王謙主編：《晉察冀邊區教育資料選編》社會教育分冊，第 183 頁。

❸《邊委會 1944 年冬學運動簡要總結》（1945 年 11 月），王謙主編：《晉察冀邊區教育資料選編》社會教育分冊，第 200–201 頁。

❹ 項柏仁：《目前社會教育簡述》（1946 年 5 月），王謙主編：《晉察冀邊區教育資料選編》社會教育分冊，第 96–97 頁。

❺《曲陽縣社會教育調查統計表》（1944 年 6 月），王謙主編：《晉察冀邊區教育資料選編》社會教育分冊，第 406 頁。

❻ 項柏仁：《目前社會教育簡述》（1946 年 5 月），王謙主編：《晉察冀邊區教育資料選編》社會教育分冊，第 98 頁。

用村民飯後在一起休息的時候，有的利用幹部開會的時候；讀報所用的時間，有的1時或2時，有的根據當時環境而定；讀的內容，着重讀世界大事、國家大事，尤其是戰鬥的勝利消息。此次調查也提出對讀報組改進的意見，如讀報時應該根據對象選擇適當的材料，對於目前時局的中心環節應着重讀講，把報上刊登的新聞和本地具體情況和工作聯繫起來，讀報時要儘量進行通俗的講解等。[1] 在阜平縣龍泉關，小學教員杜亞1942年成立了一個6人讀報小組。在成立讀報小組之前，他就在元和店門口大槐樹底下，經常在吃飯時和集聚的一二十個人閒談國內外的新聞事件。讀報小組成立之後，他便有計劃的利用這種形式讀報了，「他每當新報到來，便事先選擇幾件最重要的事情記一下，到中午時，群眾都端着碗聚在大槐樹底下了，他便趕過去，先拉一陣家常或村裏的閒事，然後再逐漸引到報上，先前人不太多，後來別處的人也湊來聽，每天不下二十餘人。他善於抓住群眾心理，掌握群眾情緒，提高了讀報技術。在讀報時候沒有地圖，群眾對外國人名地名很難記住，於是他便發揮了自己的創造性，把外國地名用中國著名的地方來比（如天津、北平），把外國人名用中國人名來比（如毛澤東、朱德）」。[2] 在高街、小東溝村，1945年7月28日《晉察冀日報》報道了讀報組的經驗。高街村把讀報組變成說報組，不識字但能說善講、熱心聽報的工農群眾可以參加說報組，黑板報的通訊員也當說報員，小學教員任讀報組組長。在晚上納涼、歇晌、吃飯、生產、趕集等場合，給群眾說報，三四個人也不嫌少。給大家說報之後，還領導大家討論。小學生回家時也說報，每天放學後由教員給他們扼要講幾個消息，回家再給自己的父母弟妹宣傳。比如像「七大」文件中兩條路線的問題，學生就說：「俺們老師說國民黨開了個六次大會，主要是討論的壓迫人民打內戰，共產黨在延安開了七次

---

❶ 阜平縣宣教組：《高阜口、路頭、槐樹底、阜平城宣傳教育工作考查總結》（1940年2月），王謙主編：《晉察冀邊區教育資料選編》社會教育分冊，第377–379頁。

❷ 阜平抗聯宣傳部：《阜平龍泉關的讀報經驗》，《晉察冀日報》，1944年6月1日，第4版。

大會，毛主席提出建立聯合政府，更快把日本鬼子打出去。」家長很愛聽，往往學生還未放下書包，家長就問：「你們老師又給你說什麼來呢？快給我學學吧！」[1]

其他縣份如平山、唐縣、井陘、靈壽、淶水、繁峙、完縣、唐縣、曲陽、盂平、定唐、龍華、束鹿縣等地，《晉察冀日報》對那裏的讀報組也都有或多或少的報道。譬如靈壽縣，1943 年 9 月 7 日報道，三區某村遭到敵人蠶食後，一個時期沒有看報，該村某老紳士說：「好久沒有看到咱們報紙了，究竟希特勒怎樣了。如果再看不到報，可真要悶死人了。」其實不只是老紳士，「一天不看報悶得慌」已成為許多群眾的共同感覺。張家莊發行員李萬貴，把村子裏所有能看懂報的人都編成讀報小組，排定甲乙丙丁等符號，報紙送到即按甲乙丙丁的編號輪流傳閱。為了使大家對報紙有更深刻的了解，規定七天召開座談會一次，對一些重要的問題進行討論，然後再讓這些讀報組員分別向大家進行宣傳。李萬貴還經常進行檢查，逢人就問有沒有人講報給大家聽。由於他的積極努力，群眾對報紙都很愛護。[2]

以上事例表明，建立讀報小組、集體讀報已成為一些村民日常生活的一部分，這是中共根據地、解放區湧現的新氣象。

四、讀者的閱讀反應及其互動

讀者閱讀之後的反應，是讀報之後的結果。參與報紙的相關活動是讀者與報紙直接形成的互動關係，也可以說是讀報之後的反應。

讀者閱讀反應的前提，是報紙給讀者呈現了哪些內容？針對讀者尤其是民眾的要求，中共中央晉察冀分局 1944 年 2 月指出，全黨在執行每一任務時，都必須把黨報當作一個不可缺少的武器，充分利用黨報指

❶ 谷惠、楊克：《高街村的讀報經驗》，《晉察冀日報》，1945 年 7 月 28 日，第 4 版。
❷ 安克成：《在鄉村，人民是怎樣傳閱與熱愛着日報》，《晉察冀日報》，1943 年 9 月 7 日，第 3 版。

導工作，總結和交流經驗，反映與指導群眾鬥爭。[1] 可見，貫徹黨和政府的意志、反映廣大民眾的生活是邊區辦報尤其是辦黨報的基本要求。鄧拓作為報社的領導人，對辦報宗旨同樣多次提出要求，如 1938 年 6 月指出，《抗敵報》要成為抗日救亡運動的宣傳者與組織者，要代表廣大群眾的要求，反映和傳達廣大群眾鬥爭的實際情形與經驗，推動各方面的工作。同時又要從廣大群眾的推動與幫助中，得到本身的進步。它是群眾的報紙，它推動別人，同時也受到別人的推動。[2]

本報基本上就是按照以上辦報思想進行編發的。從當事人的回憶和本報的歷史可以看出，不同階段所發表的主要內容是隨着形勢的發展而變化的。1937 年 12 月 –1938 年底，重點宣傳了正面戰場、持久戰、敵後游擊戰、抗日根據地建設、徵收救國公糧、動員群眾、國際反法西斯鬥爭、國際社會聲援中國抗戰；1939 年初至 1940 年底，主要宣傳了抗戰相持階段的持久戰、反對國民黨對根據地的摩擦、聲討漢奸汪精衛、敵後游擊戰尤其是百團大戰的成果、抗日根據地建設的政權建設、經濟建設和財政建設；1941 年初至 1943 年底，側重宣傳了日偽對根據地的大掃蕩、反對國民黨對敵後根據地的摩擦、抗日根據地建設、整風運動、世界反法西斯鬥爭；1944 年初至 1945 年 8 月，主要宣傳了反日偽掃蕩、大生產運動、毛澤東思想、世界反法西斯鬥爭；1945 年 9 月至 1946 年 10 月，重點宣傳了八路軍抗日反攻、與國民黨的鬥爭、反漢奸、反惡霸和減租減息運動、五四指示和土地改革、新文化建設；1946 年 10 月至 1948 年 6 月，更多宣傳了與國民黨軍的軍事鬥爭、土地改革。[3]

以上所着力宣傳的，也就是讀者所閱讀或聽讀的內容。那麼，讀者閱讀本報以上內容之後的反應如何呢？

---

❶《中共中央晉察冀分局關於黨報工作的指示》（1944 年 2 月），《中國共產黨晉察冀邊區出版史》，第 348 頁。

❷ 鄧拓：《〈抗敵報〉五十期的回顧與展望》（1938 年 6 月），《鄧拓文集》第 1 卷，第 235–236 頁。

❸ 陳春森主編：《晉察冀日報史》，第 34–82、116–221、233–346 頁。

直接資料很少，個別日記有一點反映。譬如前面提到的王紫峰，他在 1942 年 5 月 11 日的日記中寫道：看 5 月 5 日的《晉察冀日報》，「上面轉載了毛主席在中央黨校開學典禮上的講演，指出要整頓學風、黨風、文風，特別着重指出在黨內存在着脫離實際的教條主義傾向。我感到這些分析非常恰當，簡直是一針見血」。1943 年 7 月 14 日記道，「今天看到《晉察冀日報》第 1245 期，真使我感到憤怒和憂慮。那些大地主、大資產階級的政治代表們，趁着日寇對華實施新政策而稍稍放鬆軍事進攻的機會，立即發動內戰。他們調集黃河西岸河防與關中駐軍十多個師，包圍了陝甘寧邊區，大炮已經向着八路軍防線轟擊。我主張，八路軍應執行人民的意志，以同樣的方法，回擊這些喪盡天良的蟊賊」。[1] 以上兩篇日記，都是王紫峰看到報紙消息之後與黨中央保持一致的積極反應。徐光耀 1947 年在華北聯合大學文學系學習，12 月 29 日的日記寫道：「近日來，《晉察冀日報》上許多關於土改的文章，亦應從頭理過，以待不久之將來應用。」[2] 他學習報紙上的材料，是為了將來參加土改用的。

更多的，是從本報的報道和當事人的回憶所得到的間接證明。總的說來，讀者產生了對報紙的認同，受到報紙的教育並按此開展活動，從而實現了黨和政府的意志。陳春森的回憶就表明，《抗敵報》創刊的頭一年，連續報道八路軍抗擊日寇、破壞交通、殲滅敵人、解救同胞的勝利消息，迅速獲得了敵後人民群眾的高度信任，讀者紛紛給報社寫信，稱讚這個報紙是「堅決抗日的報紙」，是「老百姓的報紙」，是「代表群眾利益的報紙」。邊區農工青婦救國會和犧盟會稱《抗敵報》是「邊區的喉舌」，「千百萬群眾的學校」，「邊區婦女解放的戰號」，「群眾戰鬥的武器」。邊區人民中出現了愛報、讀報、送報、護報的新氣象。[3] 左錄在

---

❶ 王紫峰：《戰爭年代的日記》，第 86、116 頁。
❷ 徐光耀：《徐光耀日記》第 1 卷，第 434 頁。
❸ 陳春森：《文旗隨戰鼓》，陳春森主編：《晉察冀日報史》，第 3、12、39 頁。

回憶中也說：「黨報每天的宣傳報道和號召，往往被廣大群眾視為黨的指示。黨報發表的每個號召，每篇模範事跡，幹部群眾都照着做，付諸行動。」[1] 有的地方幹部受到本報的刺激或啟發，對當地工作有所改進。如易縣六區幹部讀了 1944 年 4 月 20 日刊登的《易縣六區工作不深入》的批評文章後，自我檢查不足，改變官僚主義作風，經過三個月的努力，「在戰爭、生產、教育各方面都有了轉變」。[2] 盂平一區幹部生產幹事張連芳讀了 1945 年 5 月 30 日登載的通訊《張瑞合作社新發展》之後，吸取該合作社的經驗，將秋下澗合作社的營業分為生產副業、會計、運銷、醫藥四個股，克服了營業上的混雜，發揮了分工的效力。[3] 束鹿縣郭莊村，在 1946 年初的統累稅徵收中，因為讀報組的宣傳工作及時，農民說：「報上已登了，我早準備好了。」結果，不到三天，徵收工作即告完成。[4] 以上材料都表明，民眾讀報獲得了正向效應。

讀者直接參與本報的辦報活動，主要是通過對本報所載有關問題的討論、提出疑惑以及各種建議等，形成與報紙的互動關係。

本報希望得到讀者的意見，鼓勵讀者投稿。《抗敵報》快到 50 期時，1938 年 5 月 13 日決定編輯紀念特刊，「希望各地通訊員、讀者和愛戴『抗敵』的諸君堆給我們許多文章（論文、詩歌、意見書）圖畫材料和你們所願意給『抗敵』以鼓勵、幫助一切」。[5] 為了推動各地讀報組的工作，1944 年 8 月 24 日《晉察冀日報》提出：「光是讀報，你們的工作還不能算完全了，還應當把你們村裏的新聞，把你們戰鬥中、生產中、教育工作中遇到的問題，特別是對我們報紙的意見，寫給我們（我們一定負責解答）。這樣，我們就能根據群眾的意見辦報，更能

❶ 左錄：《人民解放戰爭的宣傳》，陳春森主編：《晉察冀日報史》，第 359 頁。
❷ 李均：《接受本報批評深入整風，易縣六區各種工作現已獲得顯著進步》，《晉察冀日報》，1944 年 7 月 30 日，第 2 版。
❸ 張文昭：《看報紙做工作，做了工作寫通訊》，《晉察冀日報》，1945 年 8 月 5 日，第 4 版。
❹《束鹿郭莊模範讀報組讀報方法值得學習》，《晉察冀日報》，1946 年 2 月 24 日，第 2 版。
❺《本報五十期紀念徵文啟事》，《抗敵報》，1938 年 5 月 13 日，第 2 版。

具體地幫助各種工作的開展」。[1] 解放戰爭時期，1948 年 2 月 27 日提出「現在正需要大家隨時指出我們的錯誤，隨時幫助我們改正，使我們的報紙，真正能夠徹底消滅客裏空作風，樹立革命的實事求是的新聞作風」。[2]

本報副刊更是反映讀者心聲的園地。其中比較重要的，有《老百姓》《海燕》《邊區青年》《讀者論壇》《邊區民眾》《晉察冀群眾》《子弟兵》等。以上副刊不管是創辦還是發展的過程中，都希望讀者提供稿件，發表意見。以辦刊時間較長的《老百姓》為例，1938 年 11 月創刊時就希望「在這『打日本，救中國』的時候，咱們有什麼話要說，有什麼好故事要告訴大夥兒，有些什麼歌子，大家都要寫出來，都把它登在咱們這個《老百姓》報上」。[3] 1941 年 8 月改版，更對讀者表達一種願望：「我們要求大家常常能提出意見來，比如本刊哪些地方應當改進，大家希望多談哪些方面的問題，還應當增加哪一類的文章，哪些文章是大家喜歡的，哪些文章對大家最有幫助……等等，都希望大家一點不客氣的具體的提出來」。[4]

與讀者關係比較密切的，還有比副刊短小靈活的讀者來信之類的欄目。比較重要的，有《讀者信箱》《讀者園地》《有問必答》《科學知識》《讀者來往》《批評與建議》等。以《讀者信箱》、《批評與建議》為例，《讀者信箱》於 1939 年 1 月創，「專門替各界讀者諸君解答生活上、學習上……等各種問題。今後凡各地讀者有疑難問題，本報均盡力解答」。[5]《批評與建議》於 1946 年 1 月創刊，開始主要是《徵求對張市市政的批評與建議》，「本報希望廣大市民及各機關團體部隊學校，就所見所聞，對張市建設工作如政權建設、民主生活、工商業、社

---

❶ 青：《給讀報組同志們》，《晉察冀日報》，1944 年 8 月 24 日，第 2 版。
❷ 編者：《本報要求大家檢查報導的真實性》，《晉察冀日報》，1948 年 2 月 27 日，第 2 版。
❸《先講幾句》，《抗敵報》，1938 年 11 月 22 日，第 4 版。
❹《本刊給讀者的信》，《晉察冀日報》，1941 年 8 月 5 日，第 4 版。
❺《啟事：讀者信箱》，《抗敵報》，1939 年 1 月 10 日，第 2 版。

會治安、文化教育等各項設施，都可提出批評與建議。本報設專欄發表，並負責將所有意見轉告負責當局」。[1] 不過，批評與建議實際上並不限於張家口。

本報登載讀者意見、讀者心聲以及編者解答，自 1938 年 6 月 7 日開始，直至 1948 年 6 月 11 日也即本報停刊前 3 天才結束。筆者對此做了全面的梳理和統計，共計相關文章 213 篇，按不同年度計算，總體上處於上升趨勢。就發表欄目而言，共有 14 個欄目，有的很相似。如果按主題進一步劃分，大致包括 5 個類別，見下表：

讀者意見、讀者心聲統計（1938 年 6 月至 1948 年 6 月）

類別	文章主題（按發表時間先後排列）
綜合 14 篇	目前抗戰形勢是緊接着相持階段還是到了相持階段；皖南事變後中國共產黨的正義行為；抗戰再有兩年就可以勝利；擊敗法西斯的時間；私人啟事；讀文感想；讀後感；何謂民族解放意識的提高；朝鮮學生反日法西斯事件；如何統計數目字；城市建設問題；張市市政設施建設；改進張家口市政的意見；嚴加制止軍政領導機關勤務浪費
軍隊 20 篇	自衞隊問題；連隊新舊幹部的關係；部隊前線青年想回到後方工作；捉漢奸獲獎後的做法；關於「派飯」問題；第二戰場的開闢；對外戰爭中的國境線；蘇聯大敗希特勒後是否會出兵日本；擁軍優抗的形式主義；部隊愛民應該注意的一個問題；敵人侵略遺跡的遺留與消滅問題；將汽油用在戰爭最需要的地方；新年期間注意節約與支援前線；原子彈的政治性；部隊工作人員離婚申請程序；八路軍為人民服務與蔣家軍搶劫屠殺人民；增加襪底與襪套，鞋墊子等慰勞品；不要抄道踏壞麥苗；節省民力
政權 建設 11 篇	劉慶山事件；村選問題；政權與治權分家；抗日根據地要務中的「民主」；幹部工作作風；進城之後幹部的思想轉變；反對進城之後的破壞和浪費現象；知識分子向工農學習什麼；如何提拔新幹部；寬大政策適合於哪類人；邊區法令制訂的法律依據

❶ 本報編輯部：《徵求對張市市政的批評與建議》，《晉察冀日報》，1946 年 1 月 6 日，第 2 版。

續表

類別	文章主題（按發表時間先後排列）
文化教育32篇	邊區文化食糧缺乏；如何開展學習；文藝創作中「民族形式」問題的討論；學習新文學；詩歌的形象和想像問題；介紹科學知識應從群眾中來；愛惜報紙；解決失學兒童的學習與籌辦托兒所；改造庸俗電影；過年注意放炮和火警，肅清漢奸文化殘餘；改造傳統藝人與服務新民主主義文化；組織木刻連環畫與推廣到城市和鄉村；秧歌與高蹺增添新內容；魯迅作品的兩個問題；群眾看《白毛女》給人民劇院的意見；人民劇院的多佔座位和不衛生問題；對人民劇院的意見；希望辦「社會大學」；建立工農同志培訓班；解決店員學習問題；創辦在職幹部講習班與補習班；建立「社會大學」與成立英文夜校；加印王若飛等殉難烈士的照片；創辦婦女補習學校和嬰兒保育院、幹部子弟學校；建立標準鐘和「四八」烈士紀念塔；宣化人民劇院劇目有迷信內容；紀實作品《忍讓》的爭論；禁演反動舊戲；表彰英雄功臣與創辦文藝刊物；加快郵局寄信速度；建議油印文件不寫藝術字
經濟建設19篇	邊區徵收救國公糧辦法；統一累進稅問題；「水租」是否應該廢除；統累稅問題；軍政民工作人員不要踩踏麥苗；合作社與群眾團體的關係；新民主義社會公營工廠有沒有剝削；荒坡地是否納租；租佃關係的一些問題；平山租地問題；機關合作社購買外貨與自給工業的發展；牙行從炭買賣中賺錢太多；合作社中途退股者不分紅利；冀西公營商店和機關合作社出售美貨的現象；富裕中農拿出土地分給缺地的農民屬內部調劑；邊區試驗農場的土地問題；剝削量的計算方法；如何處理與工商業相連的土地財產；合作社不應按成分規定工資和待遇
社會問題48篇	婚姻問題；日軍掃蕩後的房子、防疫；群眾防疫運動；重婚問題；回族的人口與國民黨的污蔑宣傳；財產繼承問題；分家的繼承與過繼；靈壽三區的財產繼承；呼籲為民除狼害；張家口解放後理髮工人仍受櫃上的剝削；呼籲汽車慢行，避免撞人；呼籲市府救濟老弱，改進公共衛生；澡堂衛生、群眾大會準備和針灸醫療；商戶、住戶門前、道旁潑倒污水，行人危險；建議編印新的電話號碼簿；收集玻璃，禁止倒污水；遵守與維持社會秩序；照顧洋車工人，整頓街道衛生，掛號信回執；收集碎銅爛鐵；建露天市場，掃雪清理街道；沒有電力設備的地方採用雷石燈；呼籲人民劇院繼續賣茶水；消滅敵寇遺跡，放花爆不能妨礙交通；節省自來水，注意澡堂公共衛生；建毛主席像，保護行道樹，禁隨便貼廣告；路燈建設和標語口號、公共設備保護；信件的郵寄和回執；撥回消防汽車，防止火災蔓延；節約路燈開關，腳踏車應發車牌；工作人員申請離婚的程序；鐵路運輸的座位和服務；推廣電石燈的使用；火柴使用，游泳池建設；植樹建議；植樹要管栽管活，消防員要掌握消防技術；建設保育院；救濟街頭乞丐，成立聾啞學校；發大水時要有專人撈取什物，處理街道垃圾；國統區災荒嚴重、民眾飢餓、政府敲骨吸髓；國統區各種惡劣現象；醫大附屬醫院對病人的態度值得檢討；介紹治老鼠瘡的醫生；嚴防亂砍樹木；對移民問題的建議、恢復廟會，不能浪費；嚴禁賭博；掛號信郵遞時間太過緩慢

續表

類別	文章主題（按發表時間先後排列）
普通知識48篇	讀報常識；法西斯主義的解釋；新聞電報代表哪些國家；中華民族的含義；溫度表是什麼；心臟病與維他命C；地震是怎樣發生的；黃豆醬的營養價值；百分比計算方法，白天為什麼出星；沙眼病是什麼；仲裁委員會是什麼；什麼是德米揚斯克防線；什麼是地主；何謂「自由主義」；何謂「民主」；親、姻親、和親是什麼；什麼是綏靖政策、綏靖主義；天空發現一大火球怎麼回事；外交使節的幾個概念；日常生產和日常生活的幾個問題；喂小雞的方法；改進捉蟲的方法；糞肥的使用方法；十九個解放區名稱；雞下蛋和孵小雞；母雞下軟蛋怎麼治；蘇聯的16個加盟共和國；月蝕是怎麼回事；什麼是雞尾酒；無線電長波與短波的區別；什麼是民主主義；外國內閣的不管部、播波長怎麼解釋；度量衡問題；無煙煤與煙煤的區別，發酵食物是否有營養；咳嗽病的療法；什麼是「義民」；識譜中半音與全音的區別；太陽黑點是什麼；徵求消滅蒼蠅和老鼠的辦法；治老鼠和滅蠅法；泛亞洲會議的解釋；小米的各種吃法；不同莊稼上糞的種類；古田會議是怎麼回事；蔣介石快速縱隊的數量；食餌性中毒症；西瓜枯萎治法；「外蒙」稱法，革命烈士命名縣份，山東新設縣份；醫療衛生解答；小米雞蛋營養價值，葡萄維他命；痔瘡、小便；聯總、解總和行總的稱法；遲痢症、騎馬癬；近東、中東、遠東和魏瑪共和國、藍衣社的含義；預防白喉與感冒，陷阱打狼法；徵求麻疹偏方
對本報的意見21篇	對本報的幾點意見；刊登稿件有錯誤之處；家庭會議新聞中「熟了扁豆種玉角」有誤；國際述評中的標點錯誤；對報紙改版的意見；對報紙內容的意見以及對邊區建設的建議；報紙通訊不生動，人物傳記沒有讀者；新解放區通訊的「八股」；對本報的批評與建議；對本報內容和送報、訂購的意見；望本報增加內容和改正錯字；糾正本報登載的張家口物價表；本報張家口市政府各種暫行規則的文字修改；改進報紙標題、多登大後方民主運動及文藝作品；多報道生產經驗、國際新聞和國內外時評；建議多刊登戰士的戰鬥、生產、生活內容；部隊燒柴節約報道的疑問；保證新聞的真實性，部隊番號數字不能錯；本報所載北平物價更正；本報對曲陽貧農團的報導不實

資料來源：據《抗敵報》《晉察冀日報》，1938年6月7日－1948年6月11日相關資料整理。

在213篇文章中，有綜合14篇、軍隊20篇、政權建設11篇、文化建設32篇、經濟建設19篇、社會問題48篇、普通知識48篇、對本報意見 21 篇。其中，社會生活、文化生活、普通知識與讀者的生活關係比較密切，也更受關注。而與本報的直接關係，則以讀者對本報發表的改進建議為主。茲舉其中幾例，來說明讀者與本報以及邊區建設的互動關係。

一是關於邊區建設。譬如 1941 年，晉察冀邊區的財政稅收由合理負擔變為統一累進稅，辦法規定和所涉內容比以往更加複雜。從 1 月初到 12 月中旬，本報一直報道有關統累稅政策的社論、討論、宣傳、實驗和實施進程，粗略統計約有 204 篇文章、消息[1]，足見稅收在邊區工作中的重要性。在此過程中，讀者通過讀者來信等形式投稿本報，不斷提出疑惑和建議，本報及時給予解答，以推動統累稅政策的宣傳和開展。僅以 5 月份為例，1941 年 5 月 3 日，某村宋三義來信說，村裏對統一累進稅有兩種解釋，不知是否正確？其一，有人說：「累進稅是累盡稅，要扣每個人的家產累進。」其二，又有人說：「你等着吧！仔細統一累進把狗日的累死。」對以上說法，本報編者明確答覆，給予否定，強調統累稅不是為了「累盡」什麼人，也不是為了「累死」什麼人，而是為了更加鞏固統一戰線，為了使邊區財政經濟建設更加健康、持久。統累稅規定了免徵點和累進最高率，不僅能夠保證極貧苦的人維持節衣縮食的生活，而且包含着一種調節經濟和鼓勵生產的積極意義。[2] 5 月 6 日，劉壬午來信談到一個現象，有的村子是遠近一家，不是伯伯叔叔，就是堂兄堂弟，因此以村為單位來調查財產和收入評定分數，很容易互相包涵，互相隱瞞，誰也不願意「得罪」誰。這些觀點和做法究竟對不對？如果不對，究竟該怎樣克服它呢？對於這種現象，編者認為，這是對國家和民族的欺騙行為，也是不道德的罪惡行為，必須反對那種「村本位主義和資本主義思想」，對包涵隱瞞的行為進行揭發。[3] 5 月 21 日，趙融厚來信

---

❶《晉察冀日報》1941 年 1 月 10 日 –12 月 18 日對統累稅的相關報道和文章。

❷《關於統一累進稅兩種錯誤的說法》，《晉察冀日報》，1941 年 5 月 3 日，第 2 版。

❸《反對本位主義》，《晉察冀日報》，1941 年 5 月 6 日，第 2 版。

問了一個更有意思的問題，他說在進行統累稅實驗時發現，有一個「陰陽」（司喪葬諸事），完全靠剝削群眾而寄生，一年收好多錢，這是否應該納統一累進稅？「如果讓他納稅，那麼他就成了合法的職業了，不納稅吧，他卻收入非常大。因此，這是有關民眾風俗習慣的社會問題，不簡單是一個納稅問題，您說應該怎麼辦？或者不徵稅，通過各團體向群眾宣傳，死了人不要『陰陽』，同時給當『陰陽』的人找正當的職業，如何。」對此，編者給予了比較溫和、圓融的答覆：「陰陽」應該算是一種宗教職業家，他有財產有收入，就應該按照統一累進稅的比率，徵收他一定的稅，一點不能例外。「今天革命的進程，還沒有把一切不合理的歷史因素，完全革除，還沒有使人民完全改換上一種科學的頭腦，一種健康的合理的生活習慣，一般人民今天還沒有破除迷信，那麼各種的『陰陽』、巫祝、神像、木偶不可避免地還會存在的。什麼是合法的，什麼是合理的，這兩者在這裏是要分開來看的。以私有財產制來說，從馬克思主義科學的革命的觀點來看，他是不合理的，但在今天一定的社會經濟和政治條件下，它還是被認為『合法』的。對『陰陽』以及其他類此的不合理的歷史因素的看法，也是如此。」[1] 陰陽先生恐怕是統累稅徵收辦法中出乎意料的問題，但本報通過讀者來信和答覆給予了比較合理的解釋。

二是讀者對本報的改進意見。譬如，徐水縣樊懷遠提出《對本報的幾點意見》，1943 年 4 月 29 日《晉察冀日報》作出答覆，樊的意見大部分接受，但對有的問題也做了解釋：樊的第一點意見是本報社論對邊區建設方面的評論較少，編者認為主要原因是最近着重於揭發敵偽陰謀，敵寇正在中國特別在華北進行着各種新花樣的把戲，這些「東洋景」必須隨時給它拆穿；第二點意見是消息報道要翔實，編者認為這是本報一貫的方針，對各地寄來通訊材料的真實性已經給予了最大注意，不過事

❶《「陰陽」是否要納統一累進稅？》，《晉察冀日報》，1941 年 5 月 21 日，第 2 版。

實上不可能把每一件通訊都去查問確實再來刊登，個別通訊與事實略有出入自亦難免。因此，希望各地通訊員採訪時更加注意，同時也希望讀者隨時發現，來信更正。[1] 1945 年 6 月，周鈞對本報刊登內容和邊區建設也提出了一些建議，譬如治豬雞瘟疫的辦法都是用洋藥，不適合本地口味；近日所登的長篇報告，不如按章節陸續刊登為好。對以上問題，編者一一作了答覆：今後應多注意鄉村易行的藥方；對於長篇文章，由於報紙發行受到交通限制，如分期登載長文章，一旦延期，就頗為不便，故暫時仍照過去的辦法。[2] 可見，本報對讀者的建議認為可行的予以採納，不便施行的則說明理由，編讀之間形成比較良性的互動關係。

結語

此文站在讀者的角度，首次對中共革命史上一份報紙——《晉察冀日報》進行了比較全面的研究。擴大言之，即便從整個中國近現代傳播媒介的歷史來看，大概也是為數極少從讀者角度對一份報紙進行系統研究的文章。與以往傳統的報紙研究方法不同，本文探討了《晉察冀日報》的讀者構成、讀者獲取報紙的渠道、讀者閱讀報紙的方式方法、讀者閱讀報紙的反應與參與等等，由此呈現一幅較新的報紙的面貌。不過，在這裏我更想強調的是，即便我們轉換視角，從讀者的立場進行研究，也不可能就讀者談讀者，實際上仍離不開其他方面的制約。尤其是《晉察冀日報》作為革命根據地和解放區的黨政一體的黨報，不同於一般商業和娛樂報紙，更有其比較顯著的特徵。黨報的最大特點，就是以向民眾貫徹黨和政府的意志為根本宗旨。事實上，無論是讀者隊伍的形成、讀者閱讀的方式方法以及讀者的閱讀反應與直接參與，都能讓人強烈地感受到晉察冀邊區黨政軍的巨大影響和作用。讀者隊伍中，不僅有廣大

---

❶《對本報的幾點意見》，《晉察冀日報》，1943 年 4 月 29 日，第 4 版。
❷《晉察冀日報》，1945 年 6 月 8 日，第 4 版。

民眾，更有黨政軍的各級幹部工作人員（甚至是核心讀者），還有被熟視無睹的報紙編者、記者。讀者獲取報紙的渠道，無不依賴於黨政軍扶持下建立的報紙發行網絡。讀者的閱讀方式方法，無論是黨政軍各級幹部、工作人員還是廣大民眾，都是既有個人閱讀，也有集體閱讀。讀者閱讀的反應和參與，同樣與以上各個層面有着密切的聯繫。更為重要的是，黨政軍尤其是黨政機構、黨政領導對所有這些方面都給予了高度重視，並作出過具體的指示、規定、要求。正是基於此，讀者雖是具有一定自主性、能動性的閱聽者，但更是被動和跟從的接收者，不可忽視黨政軍機構的威力。何況，黨政軍各級幹部、領導本來就是讀者一部分，他們與報紙的互動關係及其影響是不言而喻的。就此意義而言，《晉察冀日報》的閱讀史乃是一部讀者與報紙、與黨政軍聯動的歷史，也可以說是一部塑造閱讀的政治史。

原刊《近代史研究》2018 年第 4 期

外國記者的革命敍事與中共形象

所謂形象，一般是指人們對某一事物的整體感覺、印象和認知，也可以說是事物表現出來的精神面貌和整體狀態。而執政黨的形象，是指社會和公眾對其執政理念、執政行為、執政業績、精神風貌等的整體看法。但形象不是抽象而是通過具體事實的反映，黨的形象不僅體現於黨本身，更體現於政府、軍隊乃至普通民眾，不僅僅是外在理念，更是實際行動，它們之間是互相聯繫，互為反映的。在這一複雜的形象構建系統中，黨群關係、幹群關係是最主要的關係要素。也正因為此，判斷執政黨形象最主要的標準，就是其能否滿足廣大人民群眾的需要，能否得到廣大民眾的信任和擁護。筆者以為，在這一問題的探討中，中國共產黨的執政形象頗具典型意義和研究價值。中共執政形象不僅是一個令人深思的現實課題，也是一個值得回味的歷史問題。在革命戰爭年代，共產黨曾經局部執政，在局部地區和局部範圍內掌握政權。那個時期的共產黨，今天被一些人稱為「古典」共產黨人，他們是一批身懷救國圖強理想的一代革命者。在革命進程中，他們面臨的不僅是軍事問題，也要解決民眾的日常生活問題，從而也就產生了政黨的群眾路線問題。他們雖然與當今的全面執政黨不可同日而語，但其形象建設仍然是中共建設歷史的輝煌一頁。[1] 革命史是千百萬先輩的鮮血凝結而成的，歷史的經

---

❶ 學術界對當代的中共形象的建設已有一些討論，但多較空洞。（相關文章參見劉興旺：《新時期以來中國共產黨政黨形象研究述評》，《中共珠海市委黨校珠海市行政學院學報》2013 年第 5 期）值得注意的是，2014 年 6 月，丹麥哥本哈根商學院和中國當代世界研究中心主辦了「歐洲學者眼中的中國共產黨國際研討會」，主要議題就是探討當代中共形象問題，中共中央政治局常委劉雲山訪問丹麥期間出席了研討會並發言。但關於革命戰爭時代中共形象的歷史，未見有較高學術價值的成果。

驗、歷史的價值不能忘記，曾經的過去總是了解現在的源頭活水。這一時期中共形象的歷史資料非常豐富，既有共產黨自己的遺留，也有社會各界的記錄，皆有其不可磨滅的價值。但形象這個問題有其特殊性，選擇和使用與「研究對象」無關的「他者」的記述進行分析，更有可能呈現其現象與本質特徵。拙文選取的素材，主要是外國記者深入中共根據地、解放區的作品，其中埃德加·斯諾的《西行漫記》、哈里森·福爾曼的《北行漫記》和傑克·貝爾登的《中國震撼世界》，基本上反映了中共蘇區革命、抗日根據地和解放戰爭的整個歷史進程。[1] 他們通過所采訪的領袖人物、農民群眾、普通士兵，具體而生動地反映了中共的執政理念、執政行為、執政績效和精神面貌，尤其是共產黨與民眾之間的關係，從而展現了實實在在的中共形象。幾位記者無黨無派，都是為了了解共產黨革命的真相而到根據地、解放區的，基本上保持了中立立場，至少沒有作偽的動機和行為。[2] 儘管歷史是極為複雜的，眼見不一定為實，甚至帶有某種程度的想像成分 [3]，但他們的觀察和描述仍可以作為一種理解中共革命的視角。

---

❶ 斯諾時任紐約《太陽報》和倫敦《每日先驅報》記者，1936 年 7 月 13 日到達中共中央所在地保安，10 月 12 日離開，采訪了毛澤東等中共高級領導人和紅軍將領，並深入前線了解紅軍的情況。哈里森·福爾曼時任美國合眾社、倫敦泰晤士報記者，1944 年 6 月隨中外記者西北參觀團到達延安，10 月 23 日離開延安，采訪了陝甘寧邊區和晉綏根據地。傑克·貝爾登時任合眾社及《上海晚郵報》記者，1946 年 12 月到達晉冀魯豫邊區，1948 年初離開。幾位記者的人生經歷，詳見他們的著作的序言。

❷ 正如斯諾所說「我和共產黨並無關係，而且在事實上，我從沒有加入過任何政黨……。在這裏我所要做的，只是把我和共產黨員同在一起這些日子所看到、所聽到而且所學習的一切，作一番公平的、客觀的無黨派之見的報告。」（埃德加·斯諾 1938 年中譯本序，《西行漫記》，生活讀書新知三聯書店 1979 年版，第 7 頁）福爾曼也説：「我們新聞記者多半是既非共產黨，也不是共產黨的同情者。……從新聞報道的觀點説，這些以及許多其他相當的問題是需要回答的——根據客觀事實觀察的回答。（哈里森·福爾曼：《北行漫記》，解放軍文藝出版社 2002 年版，第 1–2 頁）而貝爾登的作品，著名漢學家、曾任蔣介石政治顧問的歐文·拉鐵摩爾評論道：與韓丁所寫的《翻身》相比，貝爾登的態度要超然得多。他畢竟是新聞記者，他只是在進行觀察，既不幫忙，也不參與。（歐文·拉鐵摩爾序，傑克·貝爾登：《中國震撼世界》，北京出版社 1980 年版，第 5–9 頁）

❸ 參見周寧《跨文化研究：以中國形象為方法》，商務印書館 2011 年版，第 17–43、289–340 頁。

一、「人民是我們的爹娘」

這句話出自貝爾登的訪談。他說：「農民經常告訴我：『八路軍就像我們的親爹娘一樣』。共產黨反過來則說：『我們是人民的子弟兵，人民是我們的爹娘。』沒有比這更清楚地表明中國共產黨權力的性質了。當你把一種力量看做是親爹娘時，你便承認這種力量是生活中的唯一權威。你就要使自己的希望、行動和思想都符合於這種自稱代表人民意志的力量所制定的道德準則。」[1]

貝爾登的這句話，集中反映了共產黨的人民性，反映了共產黨及其領袖的革命理念，也是一切中共行為、中共形象的根基。

中共領袖在接受斯諾、福爾曼、貝爾登的訪談中，都表達了這一觀點。

在延安紅軍時期，毛澤東對斯諾指出：「人民必須有組織自己和武裝自己的權利。這種自由，蔣介石在過去是不肯給予他們的。⋯⋯當人們大眾獲得了經濟的、社會的和政治的自由，他們的力量就將千百倍的增加，全國人民的真正力量就將顯示出來。」[2] 斯諾認為，毛澤東「對中國人民大眾，特別是農民——這些佔中國人口絕大多數的貧窮飢餓、受剝削、不識字，但又寬厚大度、勇敢無畏、如今還敢於造反的人們——的迫切要求做了綜合和表達，達到了不可思議的程度。」[3]

彭德懷給斯諾的解釋也很鮮明：「游擊隊絕對必須得到農民群眾的擁護和參加。如果沒有武裝農民運動，事實上就沒有游擊隊根據地，軍隊就不可能存在。只有深深紮根於人民的心中，只有實現群眾的要求，只有鞏固農村蘇維埃的根據地，只有掩護在群眾之中，游擊戰才能帶來革命的勝利。」「沒有任何東西，絕對沒有任何東西，比這一點更重要——

---

❶ 傑克．貝爾登：《中國震撼世界》，第583頁。

❷ 埃德加．斯諾：《西行漫記》，第84–85頁。

❸ 埃德加．斯諾：《西行漫記》，第62頁。在整個革命時期，毛澤東關於民眾的闡述很多（參見《毛澤東選集》1–4卷，人民出版社1991年版）。

那就是紅軍是人民的軍隊，它所以壯大是因為人民幫助我們。」他還說：「戰術很重要，但是如果人民的大多數不支持我們，我們就無法生存。我們不過是人民打擊壓迫者的拳頭！」[1]

在晉綏抗日根據地，賀龍對福爾曼說：沒有人民的幫助，我們決不能夠存在下去。日本鬼子正在滅亡我們的國家，我們需要人們的幫助，來反抗敵人，保衛他們的田土與家室。只有人民出錢出力，我們才能在敵後生存、發展與擴張。[2]

日本投降後，在晉冀魯豫邊區，政府主席楊秀峰對貝爾登說：人民成了我的先生，我是他們的學生。知識的真正源泉存在於人民的願望和需要中，或者可以說，存在於人民的心目裏。我應當做人民的勤務員。看問題應當看共產黨的政策是否對人民有好處。判斷任何一個綱領，只有一個標準，就是看它是否有利於人民。我們的政府是為人民服務的。不願意為人民服務的人，必不來這裏。[3]

貝爾登在實地考察和記述中，對共產黨的這一理念，還有多處評論。他指出：「通過反抗蔣介石的國內戰爭和抗日戰爭，共產黨人認識到，離開了人民群眾黨就無法生存。」「中國內戰的實質也就是爭奪農民民心的戰爭。受到兩大勢力爭奪的農民，手中掌握着中國的命運。誰爭取到了農民的擁護，誰就能取得中國的政權。」「要推翻國民黨的國家機器，僅靠現有的力量是遠遠不夠的，必須動員全國人民投入這場解放戰爭。」「對於共產黨來說，沒有農民的支持而打一場戰爭是不堪設想的。」等等。[4]

以上訪談表明，共產黨堅信，中共革命離不開人民群眾的支持。揆

---

❶ 埃德加・斯諾：《西行漫記》，第 251–252 頁。
❷ 哈里森・福爾曼：《北行漫記》，第 132 頁。
❸ 傑克・貝爾登：《中國震撼世界》，第 94、101 頁。
❹ 傑克・貝爾登：《中國震撼世界》，第 79、175、188、201 頁。

諸革命時期中共政策文件以及中共領袖的言論[1]，與斯諾、福爾曼和貝爾登的訪談是完全吻合的。領袖人物的這一信念，對中共革命的進行和完成具有無可替代的精神作用。

問題是，如何贏得民眾的支持？

同樣是貝爾登的記述，對此作了回答。他說：「共產黨人表示要運用其權力為老百姓謀幸福。」「共產黨無論在理論或實際上都是為人民利益工作的。像他們這種白手起家取得的權力，不這樣做斷然是不能勝利的。」「共產黨的權力之所以存在，主要是由於它能夠為人民謀利益。」[2]

更重要的問題是，不僅要聽其言，還要觀其行。也就是說，共產黨是否實現了上述諾言？他們從哪些方面為民眾謀求了利益和幸福？

二、「改變貧農的處境」

這句話出自斯諾的評論。他說：紅軍很少像其他軍隊那樣是強加在農民身上的壓迫和剝削工具。要真正了解農民對共產主義運動的擁護，必須記住它的經濟基礎。紅軍不論到哪裏，他們都毫無疑問地根本改變了佃農、貧農、中農以及所有「貧農」成分的處境。在新區中，取消了一切租稅，使農民們有透口氣的機會。在老區裏，只保留一種單一的累進土地稅和一種單一的小額營業稅。其次，他們把土地分給缺地農民，貧農、佃農、傭農都得到了足以維持生計的土地。第三，他們沒收有錢階級的土地和牲口，分配給窮人。[3]

斯諾的上段敍述，反映了共產黨的革命理念中，首先要解決的是貧苦農民的生計問題，尤其是土地問題和稅收問題，此為贏得民眾擁護的

---

❶ 參見中央檔案館《中共中央文件選集》（1921－1949）相關文件，中共中央黨校出版社 1982－1992 年版，以及中共革命領袖的文集、文選等。

❷ 傑克．貝爾登：《中國震撼世界》，第 587－588、598 頁。

❸ 埃德加．斯諾：《西行漫記》，第 198－199 頁。

物質基礎。對此，彭德懷直言道：「因為群眾只關心他們生計問題的實際解決，因此只有立即滿足他們最迫切的要求才能發展游擊戰。這意味着必須迅速解除剝削階級的武裝。」[1] 這一理念顯然是符合社會實際的。由於貧苦農民佔中國民眾的絕大多數，抓住了貧苦農民就等於解決了民眾的支持問題。

從中共領袖接受訪談的過程中，使人強烈地感受到他們對富人的仇恨和對窮人的同情。富人欺壓窮人的情景，充滿了毛澤東、彭德懷、賀龍等人的少年記憶。[2] 出身「苦力」的將領徐海東，更是情緒激昂，他「真心真意地認為，中國的窮人，農民和工人，都是好人——善良、勇敢、無私、誠實——而有錢人則什麼壞事都幹盡了。……他要為消滅這一切壞事兒奮鬥。」[3] 也許，正是這一精神氣質，成為共產黨重視民眾和發動民眾的原動力。

共產黨之所以要解決土地問題和稅收問題，是由於他們認識到，土地貧乏和苛捐雜稅是導致農民貧困的直接因素。對此，斯諾引用共產黨人的解釋說：「自從南京分裂了革命的有生力量以後，中國的情形是每況愈下了。由於沒有能夠進行土地革命，在全國許多地方的農村人口中間引起了廣大的不滿和公開的造反。農村人口中間普遍存在的貧窮和困苦的情形日益惡化。在許多省份中，賦稅往往已預徵到六十年或六十年以上，農民因無力繳付地租和高利貸的利息，好幾千英畝的土地都任其荒蕪着。當大批農村人口迅速的趨於破產的時候，土地和財富就隨着個體農民的總衰落而日益集中到少數地主和高利貸者的手裏。」[4] 貝爾登所看到的情形，同樣如此：中國當局為了抵禦帝國主義的壓力，而把所有的經濟負擔都推到了社會中最弱的成員身上。貴族和族長們丟下百姓不管，只顧自己發財。「蔣介石政權從中國農民那裏榨取的財富，恐怕比中

---

❶ 埃德加・斯諾：《西行漫記》，第 247–248 頁。
❷ 埃德加・斯諾：《西行漫記》，第 53、110–111、243 頁。
❸ 埃德加・斯諾：《西行漫記》，第 269 頁。
❹ 埃德加・斯諾：《西行漫記》，第 72 頁。

國悠久而曲折的歷史上的任何一個統治者都多。比正式田賦更苛刻的，是各種名目的雜稅，其數值往往十倍於正稅。而兵捐之重，更使農民常常失去全部土地、糧食和衣物，甚至迫使他們賣兒賣女，把妻子給稅吏為傭為妾。」[1]

這一認識，為共產黨解決農民生計問題提供了理論和政策依據。那麼，這一政策的實施結果如何呢？

斯諾從共產黨在華南蘇區的歷史資料中發現：「現在可以證實幾點重要事實，這些事實清楚地說明了紅軍所取得的人民擁護的基礎是什麼。土地給重新分配了，捐稅給減輕了。……和平地區的工人和貧農生活條件大為改善。」[2] 紅軍落腳陝甘寧邊區以後，繼續延續了蘇區時期的策略。共產黨「在農村地區的活動主要集中在解決農民的當前問題——土地和租稅。……共產黨可以自居有功的一些經濟改革措施中，對農民最有重要意義的顯然有這四項：重新分配土地，取消高利貸，取消苛捐雜稅，消滅特權階級。[3] 抗日戰爭時期，共產黨為了抗日民族統一戰線，停止實行沒收地主土地的政策，改為二五減租。「從表面上看來，共產黨似乎與國民黨毫無二致。但是實際上，共產黨的幹部與國民黨的官員是截然不同的，前者堅決執行了減租減息的規定。農民群眾把這一點看在眼裏，原來共產黨的幹部到底不一樣，於是不再罵娘，又擁護共產黨了。」[4] 在日本投降以後的解放區，共產黨又恢復了土地革命政策，稅收負擔也趨於公平合理。貝爾登說：「解放區的農民一般只向政府繳納其收成的百分之八至十五。除此而外，沒有任何雜捐。農民不必向地主繳租，也沒有什麼別的稅。這不是哪一個邊區官員告訴我的，而完全是我自己親自觀察到的。」[5]

---

❶ 傑克．貝爾登：《中國震撼世界》，第120–123、608頁。
❷ 埃德加．斯諾：《西行漫記》，第159頁。
❸ 埃德加．斯諾：《西行漫記》，第194–195頁。
❹ 傑克．貝爾登：《中國震撼世界》，第190–191頁。
❺ 傑克．貝爾登：《中國震撼世界》，第126頁。

共產黨的民生政策，使農民的生活明顯改善。

在陝北接近甘肅邊境的一個叫周家的村子裏，斯諾和農民聊天。一個赤腳的十幾歲的少年說：「我的姊姊三年前餓死了，但是自從紅軍來了以後，咱們不是有足夠的糧食吃嗎？」[1] 貝爾登在晉冀魯豫邊區考察時發現，在舊制度下，華北農民「糠菜半年糧」，人們有破衣爛裳就算是幸運的了。「可是我在新年期間路經華北平原的時候，看見許多人家的囤裏儲存着糧食，這是新解放區的情況。在老解放區，農民一般每三年就能積存出一年的儲備糧。這時十分了不起的。這意味着在水旱之年農民就有了度荒的糧食了。」[2] 他不禁發出感慨：中國人口過多，生活水平是世界所有大國中最低的，人民在死亡線上掙扎。在這樣一個國家中，任何政府所能給予人民的最寶貴的自由，是生存的自由。很明顯，共產黨領導的革命給解放區人民的最大恩典是使他們免於飢餓。土地改革並沒有使農民擺脫貧困，但至少使貧困平等化。它產生了巨大的精神影響，使貧困無地的農民獲得了他們一生中從未有過的感情——希望。[3] 這一見解，誠可謂一針見血！

三、「在這裏人人平等」

這句話來自斯諾對紅軍戰士的提問。一天下午，斯諾參加一軍團二師二團一個連的政治課，他問：紅軍在哪個方面比中國其他軍隊好？有 12 個人立即站起來回答：「紅軍是革命的軍隊。」「紅軍中的生活條件同白軍完全不同。我們在這裏人人平等；在白軍中，士兵群眾受到壓迫。……紅軍官兵生活一樣。」[4]

這種平等，顯然主要是精神意義上的平等，是滿足士兵群眾對平等

---

❶ 埃德加．斯諾：《西行漫記》，第 218 頁。
❷ 傑克．貝爾登：《中國震撼世界》，第 156–158 頁。
❸ 傑克．貝爾登：《中國震撼世界》，第 622 頁。
❹ 埃德加．斯諾：《西行漫記》，第 263 頁。

的渴望。其具體表現，主要有以下三個方面：

一是相互尊重，平等對待。

八路軍副總指揮彭德懷在接受福爾曼採訪時說：共產黨為什麼能夠獲得這樣多的戰績呢？主要是由於他們隊伍中非常高的士氣，尤其是軍官與士兵之間的良好關係。在過去軍閥的軍隊中，官兵沒有和洽的氣氛，軍官虐待士兵，強迫服從。今天，鏟除了這種流弊，產生了一種團結精神，培養了友好與尊敬的空氣。[1]

有不少生動的事例，給斯諾留下了深刻記憶。在安塞縣百家坪，他和駐紮在這裏的交通處的一部分人員一起吃飯。飯是由兩個態度冷淡的孩子端來的。當其中一個孩子從他身邊走過時，他就招呼他：「喂，給我們拿點冷水來。」那個孩子壓根兒不理他。幾分鐘後，他又招呼另外一個孩子，結果也是一樣。這時交通處長李克農在笑他，對他說：「你可以叫他『小鬼』，或者可以叫他『同志』，可是，你不能叫他『喂』。這裏什麼人都是同志。這些孩子是少年先鋒隊員，他們是革命者，所以自願到這裏來幫忙。他們不是傭僕。」[2] 斯諾接觸的其他少先隊員中發現，他們喜歡紅軍，是因為在紅軍中，他們生平第一次受到人的待遇，他們認為自已跟任何人都是平等的。事實上，斯諾在考察過程中，的確「從來沒有看見他們當中有誰捱過打或受欺侮」。[3] 貝爾登在晉冀魯豫邊區調查時也發現，新兵入伍後，感到如同在家裏和在朋友中間那樣溫暖。他們受到悉心愛護，沒有一個人捱過打。指揮員不允許罵士兵，甚至在批評士兵時，也不允許發脾氣。由於八路軍指揮員愛護這些農民，他們都成了很好的戰士。[4] 即便是中共高級將領，也是愛兵如子。有一次，斯諾同彭德懷一起去看一軍團抗日劇團的演出，天黑後天氣開始涼起來，「我突然奇怪地發現彭德懷卻已脫了棉衣。這時我才看見他已把棉衣披在坐在

---

❶ 哈里森·福爾曼：《北行漫記》，第 128 頁。
❷ 埃德加·斯諾：《西行漫記》，第 40–41 頁。
❸ 埃德加·斯諾：《西行漫記》，第 300–301 頁。
❹ 傑克·貝爾登：《中國震撼世界》，第 425–426 頁。

他身旁的一個小號手身上。」[1]

不僅是士兵，農民也感覺到與共產黨幹部沒有多大距離。斯諾前往陝甘寧邊區甘肅前線的時候，一路上借宿農民的茅屋。陪同他的，是外交部派來的共產黨員胡金魁。一天夜裏住在周家村，一些農民到屋裏來聊天。「使我感興趣的是，這次談話是在胡金魁面前進行的，農民們似乎並不怕他是個共產黨『官員』。他們似乎把他看成是自己人——而且，看成是一個農民的兒子。」[2]

其次，同甘苦，共患難。

紅軍指揮員李長林陪同斯諾到保安，他的歷史給了斯諾不少啟示。斯諾說：「我在他身上開始發現一種後來我在這樣奇怪地鐵一般團結的中國革命家身上一再碰到的特有品質。有某種東西使得個人的痛苦或勝利成了大家集體的負擔或喜悅，有某種力量消除了個人的差別，使他們真正忘記了自己的存在，但是卻又發現存在於他們與別人共自由同患難之中。[3] 紅軍指揮員敢於犧牲的戰鬥作風，更給斯諾以強烈刺激。他說：紅軍指揮員中的傷亡率很高。他們向來都同士兵並肩作戰，團長以下都是這樣。紅軍軍官習慣說：『弟兄們，跟我來！』而不是：『弟兄們，向前衝！』」[4] 這一點，正可以解釋紅軍能夠以弱勝強的原因。

陝甘寧邊區政府主席林祖涵給福爾曼所講的大生產之例，也表明共產黨指揮員甘苦與共的精神。在生產運動中，指揮官和他的部隊一樣地工作。團長陳耀中的右手受了很厲害的傷，還是把工作堅持到底。政治委員車濟，在作戰的時候丟掉了一隻右手，不能夠拿耕犁，就給那些在田裏耕種的戰士燒開水。[5]

再者，與人民在一起。

---

❶ 埃德加・斯諾：《西行漫記》，第 240 頁。
❷ 埃德加・斯諾：《西行漫記》，第 219 頁。
❸ 埃德加・斯諾：《西行漫記》，第 49 頁。
❹ 埃德加・斯諾：《西行漫記》，第 233 頁。
❺ 哈里森・福爾曼：《北行漫記》，第 82 頁。

通過對國民黨領袖蔣介石和中共領導人的比較，斯諾發現共產黨與人民的關係非常密切。蔣介石駕臨西安，「城門口的所有道路都遍布憲兵和軍隊的崗哨。沿路的農民都被趕出了家。有些不雅觀的破屋就乾脆拆除。」而「毛澤東、徐海東、林彪、彭德懷毫不在乎地走在紅色中國的一條街上——截然不同，令人難忘。而且總司令並沒有人懸賞要他的首級。這生動地說明誰真的害怕人民，誰信任人民。」[1] 斯諾到保安後，第二次見到毛澤東是個傍晚的時候，他看到「毛澤東光着頭在街上走，一邊和兩個年輕的農民談着話，一邊認真地在做着手勢。南京雖然懸賞 25 萬元要他的首級，可是他卻毫不介意地和旁的行人一起在走。」[2]

在晉冀魯豫邊區總部所在地冶陶，貝爾登也發現，各軍事機關的大門外，不見有人站崗放哨，「將軍們和行政大員們倒確是如同普通士兵和農民一樣，隨意在街上走動，根本不需要護衛。」[3] 邊區政府主席楊秀峰不經常在家，他常常騎上驢，翻山越嶺，長途跋涉，巡防各縣，慰問部隊，與農民談話，聞訊人民疾苦。他說：「我們不能讓人們把我們看成外人，」[4]

以上事例表明，中共領袖不是將自己遠隔於民眾之外，而是與民眾打成一片，從而民眾也不把他們當成外人。不僅如此，共產黨領袖與其他共產黨人甚至忘記了自己，完全將自己置於集體事業之中。斯諾曾交給毛澤東一大串有關他個人的問題要他回答，毛澤東一談就是十幾個晚上，但他很少提到他自己或者他個人在談到的某些事件中的作用。他顯然認為個人是不關重要的，「他也像我所遇見過的其他共產黨人一樣，往往只談委員會啦、組織啦、軍隊啦、決議案啦、戰役啦、戰術啦、「措施」啦等等等等，而很少談到個人的經歷。」[5]

---

❶ 埃德加・斯諾：《西行漫記》，第 354 頁。
❷ 埃德加・斯諾：《西行漫記》，第 61 頁。
❸ 傑克・貝爾登：《中國震撼世界》，第 54 頁。
❹ 傑克・貝爾登：《中國震撼世界》，第 89、98 頁。
❺ 埃德加・斯諾：《西行漫記》，第 103 頁。

四、「人民當家做主」

這句話也是出自斯諾。他說，紅軍「真誠的迫切的宣傳目標始終是要震撼、喚起中國農村中的億萬人民，使他們意識到自己在社會中的責任，喚起他們的人權意識，同儒道兩教的膽小怕事、消極無為、靜止不變的思想鬥爭，教育他們，說服他們，而且沒有疑問，有的時候也纏住他們，強迫他們起來為『人民當家做主』——這是中國農村中的新氣象——而鬥爭，為共產黨心目中的具有正義、平等、自由、人類尊嚴的生活而鬥爭。」[1]

反觀歷史上，農民雖然佔中國人口的絕大多數，但從沒有他們的位置和聲音。毛澤東對斯諾回憶到：他十幾歲時，曾如饑似渴地閱讀凡是能夠找到的一切書籍，尤其是中國的舊小說和故事。有一天他忽然想到，「這些小說有一件事情很特別，就是裏面沒有種田的農民。所有的人物都是武將、文官、書生，從來沒有一個農民做主人公。」「它們頌揚的全都是武將，人民的統治者，而這些人是不必種田的。」[2] 可見，在毛澤東在少年之時，就對農民在歷史上的「失語」表示了失望和不滿。而中共革命的一個重要任務，就是要建立普通民眾佔壓倒多數的政府。

在斯諾看來，蘇維埃從理論上來說，是一種「工農」政府，但在實際執行中，全部選民中不論從成分上來說，還是從職業上來說，都是農民佔壓倒多數。在蘇區選舉中，佃農、僱農、手工業者等比其他階層的代表的名額比例大得多，其目的顯然是要造成「農村無產階級」的某種民主專政。代議制政府結構是從最小的單位村蘇維埃開始建立的，上面是鄉蘇維埃、縣蘇維埃、省蘇維埃，最後是中央蘇維埃。每村各選代表若干人參加上級蘇維埃，以此類推，一直到蘇維埃代表大會的代表。[3]

---

❶ 埃德加．斯諾：《西行漫記》，第 100–101 頁。
❷ 埃德加．斯諾：《西行漫記》，第 109 頁。
❸ 埃德加．斯諾：《西行漫記》，第 195 頁。

村莊選舉頗具特色。福爾曼詳細記述了一個村莊的民主選舉。這個村莊距離延安兩小時的步行路程。選舉的目的是推選出當地參政會的代表。選舉委員會委員由 11 人組成，包括一個富農、一個中農、三個貧農、兩個僱工、三個婦女、一個小學教師。他們負責清查選民資格。候選人一個一個地站起來說明他們的政見。第一個候選人說，他要立即實現毛澤東最近宣佈的 11 項目標。第二候選人聲稱，他同意毛澤東主席的 11 項綱領，並認為應該立即實行，但他又認為最先需要完成的是掘井、建築校舍、開墾荒地等幾項任務。第三個候選人同意前兩人的政綱，但又認為應該對教育特加注意。在福爾曼看來，「關於這一選舉，並無特殊之處，它正像華北華中那些參加 15 個抗日根據地 9000 萬受八路軍及新四軍保護的大眾一樣。」[1] 貝爾登也記述了山西南部石壁村選村幹部的例子。村「農民協會」成立以後，要從 155 名會員中選出若干名村幹部。選舉那天成了一個大喜的節日，鄰村的人也來了，人人興高采烈。大家就如何進行選舉的問題，展開了長時間的熱烈討論。所有的人都是有生以來第一次參加選舉，其中多半是一個大字不識的文盲。最後決定採取往碗裹投放豆子的方式進行選舉。結果有 5 人當選。[2] 這些選舉顯然是極為初步的，但在貝爾登看來，不管共產黨人距離完善的民主還有多麼遙遠，共產黨畢竟喚醒了千百萬中國農民，使他們認識到自己有權選舉官員，從而向民主邁進了巨大的一步。如果一個 500 人的村子是由一個 150 人的農民協會發號施令進行管理，而不再是由一個有權勢的地主任意統治，這當然應該看成是一個很大的進步。[3]

除了最基層的村莊以外，區鎮、縣級以上政權，由於管轄範圍擴大，社會階層廣泛，就大大超越了「農民」性，而更具有「人民」的色彩。貝爾登到晉冀魯豫邊區阜東縣時，縣政府派駐建橋鎮的一位代表前

---

❶ 哈里森・福爾曼：《北行漫記》，第 96–98 頁。
❷ 傑克・貝爾登：《中國震撼世界》，第 224–225 頁。
❸ 傑克・貝爾登：《中國震撼世界》，第 107–108 頁。

來看他。這位代表很為他所屬的這個政府而自豪，他不無得意地說：「我們的政府，是由包括共產黨員、國民黨員、民主人士、無黨無派人士等各方面的人組成的，有老有少，有男也有女。」[1] 福爾曼對晉察冀邊區政府組建的描述，也反映了這一特徵。1938 年 1 月，聶榮臻召集了一個人民代表大會，推選臨時政府。大會參加者來自廣泛的不同階級，有穿着絲織品長袍的大地主，有穿着老棉絮短襖的農民，有幾位蒙古人和回教徒，甚至還有一個穿紅袍的喇嘛。討論根據平等原則，以民主方式選舉，祕密投票。[2]

從觀念上，農民已開始將共產黨的政府作為自己的政府。斯諾說：「我不得不承認，我所接觸到的農民，大多數似乎是擁護蘇維埃和紅軍的。他們有許多人意見批評一大堆，但是問道他們是否願意過現在的生活而不願過以前的生活，答覆幾乎總是有力地肯定的。我也注意到他們大多數談到蘇維埃時用的是「我們的政府」，這使我覺得，在中國農村，這是一種新現象。」[3] 貝爾登也看到：「農民不再象過去那樣懷着驚恐的心理看待政府。他們親眼看到村子的統治者從寶座上滾下來，政府對於他們來說不再是不可抗拒的勢力，不再是高踞於上的、遙遠的、不可駕馭的東西。」「在農村裏，官員們象農民一樣穿着棉布衣褲，象農民一樣說話，象農民一樣生活。他們基本上就是農民。從他們身上看不出他們與普通人有什麼兩樣。他們也不稱作『長官』、『老爺』，甚至也不稱作『先生』。幹麼要稱他們這些？他們都是農民自己推選出來的嘛。」[4] 農民以上的想法和做法，可以說是中國歷史上的一大突破。

不僅如此，共產黨還提倡家庭民主，將民主的意識深入到了民眾的日常生活。

福爾曼記錄了襄垣縣農民李來增一家取消「封建家長制」的做法。

---

❶ 傑克・貝爾登：《中國震撼世界》，第 34 頁。
❷ 哈里森・福爾曼：《北行漫記》，第 134 頁。
❸ 埃德加・斯諾：《西行漫記》，第 197 頁。
❹ 傑克・貝爾登：《中國震撼世界》，第 101–102 頁。

李來增和他的三個兒子、三個媳婦、一個孫子住在一起。因為日寇不斷地「掃蕩」，田地歉收，李家越來越窮。大家都沒有東西吃，沒有衣裳穿了，所以就互相不和。最後，兒媳們都要求父親把田分給他們，使得他們可以賣了田，各走各的路。李來增召集了一次家庭會議，籌謀對付環境的辦法。他們首先進行選舉，推選李來增做家長，推選大兒子做男子小組的領袖，他的妻子做婦女小組的領袖。他們定期開會，開會的時候鼓勵批評和自我批評的精神。每一個人指出別人的缺點，也要指出自己的缺點，坦白地討論糾正和改進的方法。李來增提出來的生產計劃整整地辯論了一個月，經過了大家同意修正之後，這才一致通過。「李家的生產計劃成功了，於是村裏別的家庭立即仿效他們，放棄了封建的家長制，而採取了李家的民主方法。」[1]

共產黨尤其重視男女平等和增強婦女的權力。貝爾登對山西省丁胡村的考察發現，「在許多農村婦女們行使的權力比男人更多，而且往往是比自己的丈夫或兄弟更熱烈地支持八路軍。」「在中國婦女身上，共產黨人獲得了幾乎是現成的、世界上從未有過的最廣大的被剝奪了權力的群眾。由於他們找到了打開中國婦女之心的鑰匙，所以也就找到了一把戰勝蔣介石的鑰匙。」[2]

蔣介石總是說中國人民還沒有準備好實行民主，必須先實行一個時期的訓政。事實上，共產黨在根據地、解放區的民主實踐證明，民主並非不可實施。晉冀魯豫邊區政府副主席戎伍勝對貝爾登說的一句話，嘲笑了蔣介石的理論。「在施行民主之前，先訓練人民，這是毫無用處的。人民要是過上了民主生活，習慣自然會改變。只有體驗民主，才能學會民主。」[3]

---

❶ 哈里森・福爾曼：《北行漫記》，第 64-65 頁。
❷ 傑克・貝爾登：《中國震撼世界》，第 393-394 頁。
❸ 傑克・貝爾登：《中國震撼世界》，第 108 頁。

五、「厲行節約」

這句話同樣來自斯諾。他說：共產黨沒有高薪和貪污的官員和將軍，這是事實，而在其他的中國軍隊中，這些人侵吞了大部分軍費。在軍隊和蘇區中厲行節約。實際上，軍隊給人民造成的唯一負擔，是必須供給他們吃穿。[1]

這段話意味着，共產黨在物質生活上清廉自律，不搞特殊化。

共產黨領導人做出了表率，他們的生活艱苦樸素。毛澤東給斯諾的一個突出印象，就是生活簡樸。「毛澤東和他的夫人住在兩間窯洞裏，四壁簡陋，空無所有，只掛了一些地圖。毛氏夫婦的主要奢侈品是一頂蚊帳。除此之外，毛澤東的生活和紅軍一般戰士沒有什麼兩樣。做了十年紅軍領袖，千百次的沒收了地主、官僚和稅吏的財產，他所有的財物卻依然是一卷鋪蓋，幾件隨身衣物——包括兩套布制服。」[2] 紅軍指揮員李長林對斯諾說：槍炮、糧食、衣服、馬匹、騾子、駱駝、羊等等，所有最好的都要送給我們的紅軍戰士。要是有一匹馬又壯又能跑，就是毛澤東也不能把它留下不送前線！[3] 彭德懷也是如此，斯諾到他的司令部後發現，司令部不過是一間簡單的屋子，內設一張桌子和一條板凳，兩隻鐵製的文件箱，紅軍自繪的地圖，一台野戰電話，一條毛巾，一隻臉盆，和鋪了他的毯子的炕。他同部下一樣，只有兩套制服。他吃的很少很簡單，伙食同部下一樣，一般是白菜、麪條、豆、羊肉，有時有饅頭。[4] 貝爾登在晉冀魯豫邊區考察時，見證了邊區政府主席楊秀峰的工作作風。楊在 6 個月之內就下鄉三次，他說：在外出期間，我們「要帶上糧票，自己做飯。有時我們的工作人員吃得比最苦的農民還差。」人們看到這

---

❶ 埃德加·斯諾：《西行漫記》，第 235 頁。
❷ 埃德加·斯諾：《西行漫記》，第 65 頁。
❸ 埃德加·斯諾：《西行漫記》，第 49 頁。
❹ 埃德加·斯諾：《西行漫記》，第 237 頁。

種情景，自然就覺得邊區的官與國民黨的官到底有些不同。[1]

其他關於共產黨軍政人員艱苦生活的描述，是很多的。

斯諾說，從高級指揮員到普通士兵，吃的穿的都一樣。紅軍指揮員沒有正規薪餉，只有少額生活津貼，他們在經濟上甚至還不如蘇區的工人享受到較多的優待。[2] 他還談到紅軍劇團的例子。紅軍每個軍有自己的劇團，幾乎每個縣都有。「這些劇團的演員們除了伙食和衣着之外，所得生活津貼極微。他們相信自己是在為中國和中國人民工作。他們到哪兒就睡在哪兒，給他們吃什麼就愉快地吃什麼。從物質享受來說，他們無疑是世界上報酬最可憐的演員，然而我沒有見過比他們更愉快的演員了。」[3]

貝爾登在晉冀魯豫邊區也發現，共產黨政府幹部的生活艱苦，物質報酬是談不上的。政府工作人員沒有固定薪金，他們每日配給二十五盎司的糧食和三個半美金的菜金，每月發三分美金的津貼費。他們兩年發一套棉衣。當地官員很少帶家屬，因為糧食有定量，養活不了這麼多人。結果，妻子兒女就呆在老家。不過，他們對艱苦的生活並不介意。[4] 正如邊區政府副主席戎伍勝所說的，大多數在這裏工作的幹部是自願來的。他自己就是個例子，「我跑到這裏是因為我不能忍受蔣管區的情況。我拋棄了家、親屬和待遇優厚的職位。我捨棄這一切是為了革命。我們大家都能幾乎不要任何報酬而工作，有一點吃的就行了。」[5]

1941 年到 1943 年，日寇大掃蕩和大災荒導致共產黨邊區處於歷史上最艱難的時期。為了渡過難關，毛澤東指示黨的全體領導幹部吃樹皮，一切行動聽從黨中央的指示，帶頭厲行節約。黨員幹部、戰士以及

---

❶ 傑克・貝爾登：《中國震撼世界》，第 98 頁。
❷ 埃德加・斯諾：《西行漫記》，第 226、234 頁。當時甚至產生了「絕對平均主義」。（見毛澤東《關於糾正黨內的錯誤思想》，《毛澤東選集》第 1 集，第 90–91 頁）
❸ 埃德加・斯諾：《西行漫記》，第 99 頁。
❹ 傑克・貝爾登：《中國震撼世界》，第 98–99 頁。
❺ 傑克・貝爾登：《中國震撼世界》，第 124–125 頁。

政府機關工作人員的口糧，削減了一半，黨政工作人員的口糧由每天一斤半小米下降到還不到一斤。他們想辦法上山去挖野菜、打折葉，摻點小米對付着吃。[1]

尤其值得提出的，共產黨幹部很少有貪污腐敗的現象。

斯諾說：「我一進蘇區以後就沒有看到過什麼罌粟的影子，貪官污吏幾乎是從來沒有聽到的。」[2] 除了共產黨幹部廉潔自律的精神以外，邊區政府還建立了嚴格的監督機制。陝甘寧邊區政府主席林祖涵對斯諾做了解釋：我們的預算訂得很仔細，盡力節約。因為蘇維埃人員每個人都既是愛國者又是革命家，我們不要工資，我們只靠一點點糧食生活，我們預算之小可能令你吃驚。這整個地區，我們目前的開支每個月只有 32 萬元。斯諾讀了林祖涵主持的《預算制訂大綱》，這個大綱詳盡地介紹了一切防範舞弊的措施。從最高機構一直到村，各級會計在收支方面要受一個委員會的監督。因此，為個人利益篡改賬目是極為困難的。林祖涵說，採用了這個方法，任何舞弊都是辦不到的。[3]

晉冀魯豫邊區副主席戎子和對貝爾登也談到：「我們不像國民黨那樣，不因貪污受賄、營私舞弊而損失巨額金錢。貪污幾乎是不可能的，一切付款和收款都必須通過一個監督委員會辦理，因此幾乎不可能在數字上搞鬼。各地農村的財務機構必須在公告牌上公佈賬目，人和人都可以要求查賬。還有，我們是在為一種理想而鬥爭。要是我們從國民黨統治的貪污腐化的社會跑出來，到這裏又搞那一套，那有什麼意思呢？」[4]

在革命戰爭的歷史環境下，共產黨的軍政幹部的確很難有貪污腐化的空間。不過，如果中共領導要搞生活特殊化，並非完全沒有那個條件。中共幹部能做到廉潔自律，顯示了一種自我革命的勇氣和精神面貌。

---

❶ 傑克．貝爾登：《中國震撼世界》，第 36、79 頁。
❷ 埃德加．斯諾：《西行漫記》，第 201 頁。
❸ 埃德加．斯諾：《西行漫記》，第 207 頁。
❹ 傑克．貝爾登：《中國震撼世界》，第 125 頁。

六、「不可欺壓老百姓」

這句話出自傑克．貝爾登。他說：戰士必學的第一課就是搞好軍民關係。部隊反覆地教育戰士，不可欺壓老百姓，買東西一定要付錢，不許搶劫，住過的民房必須給人打掃乾淨，特別是不得使老百姓感到軍隊在侵犯他們的利益。自然，這樣做是極端重要的，因為中國老百姓通常是憎恨丘八的。八路軍戰士以自己的嚴明紀律及軍民良好關係而自豪。軍民關係的融洽，從戰士對老鄉親熱地稱呼「大嫂」，「小兄弟」等等，也表現出來。[1]

在這方面，共產黨軍隊與日本軍隊、國民黨軍隊截然不同。貝爾登去晉冀魯豫邊區總部的路上經過泊頭，泊頭商會的服務員對他說：日本人在泊頭駐軍近八年，打人殺人，無惡不作。日本人走後，國民黨軍隊在泊頭駐紮四個月。他們也無惡不作，喝茶不給錢，還搶東西，砸家具。最可恨的是，他們在一九四六年扒開運河大堤，淹了老百姓的房子。為了核實這一說法是否屬實，貝爾登還走到鎮外，親眼看見有些民房還泡在水中。[2]

為了保護民眾的利益，共產黨軍隊專門制定了嚴格的紀律。毛澤東對斯諾說：早在井岡山時期，紅軍就給戰士規定了三條簡明紀律：行動聽指揮，不拿貧農一點東西，打土豪要歸功。1928 年會議以後，在上述三條之外，又添了八項。這八項是：一、上門板；二、捆鋪草；三、對老百姓要和氣，要隨時幫助他們；四、借東西要還；五、損壞東西要賠；六、和農民買賣要公平；七、買東西要付錢；八、要講衛生，蓋廁所離住家要遠。這八項執行得越來越成功，到今天還是紅軍戰士的紀律，他們經常背誦。[3] 毛澤東所說，也就是共產黨軍隊「三大紀律，八項注意」

---

❶ 傑克．貝爾登：《中國震撼世界》，第 428–429 頁。
❷ 傑克．貝爾登：《中國震撼世界》，第 26 頁。
❸ 埃德加．斯諾：《西行漫記》，第 147–148 頁。

的由來。

具體的事例，主要表現於以下幾個方面：

首先，不輕易動老百姓的東西。彭德懷的部隊在1928年冬只剩下二千多人，國民黨軍隊把方圓三百里內的所有房子都燒掉了，還搶去了所有糧食，然後對他們進行封鎖。紅軍沒有布，就用樹皮做短衫，把褲腿剪下來做鞋子。頭髮長了沒法剃，沒有住的地方，沒有燈，沒有鹽。即便如此困難，彭德懷仍告誡部隊：「農民也好不了多少，他們剩下的也不多，我們不願碰他們的一點點東西。」[1] 貝爾登路過泊頭，泊頭商會的服務員對他說，他喜歡共產黨領導的八路軍，是因為他們不闖入老百姓的屋子，不搶糧食。[2] 福爾曼在南泥灣，參加了一場戲劇表演。劇中有這樣一個場面，一群抬鋤耙的兵士從田裏回來，一個女人說：「到我的家裏去，我燒飯給你們吃。」兵士們向她道謝，然而拒絕了。女人惱了，「我的鄰居聽見你們經過這裏，我不請你們吃飯，他們看得起我麼？」兵士們笑起來。「多謝多謝，可是我們自己有東西吃，我們不吃老百姓的東西。」在福爾曼看來，「這當然是宣傳——好的宣傳，我們自然疑心他們有意做給我們看。可是要記住這些演員所扮演的實在是他們所過的真正的生活。」[3]

另外，要經過農民的允許，才能拿百姓的東西，或住百姓的房子。新四軍副軍長陳毅對福爾曼說：人民「願意參加我們的軍隊，他們特別高興的是發現我們的軍隊紀律甚佳。我們的軍隊嚴禁沒有得到人民的允許，拿他們的任何東西。在行軍時，我們總抱了這樣的主張，首先把事件和村莊上的父老討論一下，然後才把我們的士兵住在人民的家中過夜。住夜的地方，在我們離開前，小心地打掃清潔，把一起東西照原狀

❶ 埃德加．斯諾：《西行漫記》，第252頁。
❷ 傑克．貝爾登：《中國震撼世界》，第26頁。
❸ 哈里森．福爾曼：《北行漫記》，第42–43頁。

收拾整齊。」[1]

再者，吃百姓的東西要付錢。斯諾與紅軍通訊部隊的 40 名青年一起到保安，在路上，他看到：「他們那點紀律，似乎都是自覺遵守的。我們走過山上的一叢野杏樹，他們忽然四散開來去摘野杏，各個裝滿了口袋，總是有人給我帶回來一把。但是在我們走過私人果園時，卻沒有人去碰一碰裏面的果子，我們在村子裏吃的糧食和蔬菜也是照價付錢的。」[2] 到了保安以後，外交部派胡金魁陪同斯諾到保安以西的甘肅邊境和前線去。在周家村，胡金魁與農民聊天時，農民說紅軍大學最近在遷移騎兵學校的校址時，曾在這個村子裏暫憩幾天，結果使該村的玉米和乾草儲備大為減少。胡金魁問：「他們買東西不付錢嗎？」一個衣服破爛的老頭說：「付的，付的，他們付錢。」胡金魁又問：「白軍收了你的莊稼付給你什麼？」這個老頭回答：「白軍來了怎麼樣？他們要多少多少糧食，從來不說一句付錢的話。如果我們不給，就把我們當共產黨逮起來。如果我們給他們，就沒有錢繳稅。反正不論怎麼樣，我們都沒有力量繳稅。那麼怎麼辦呢？他們就拿我們的牲口去賣。去年，紅軍不在這裏，白軍來了，他們拿走了我的兩頭騾子，四頭豬。騾子每頭值三十元錢，豬長足了值二元錢，他們給了我什麼？他們說我欠了八十元的稅和地租，我的牲口折價四十元，他們還要我四十元。我到哪裏去弄這筆錢？我沒有別的東西給他們偷了。他們要我賣閨女，這是真的！我們有的人只好這樣！沒有牲口沒有閨女的只好到保安去坐牢，許多人給凍死了。」[3]

紅軍長征途中，也曾發生不付錢的情況，但毛澤東說，這是紅軍欠下的唯一外債。1935 年 8 月，毛澤東、周恩來等領導紅軍進入川藏邊界的大草地。紅軍一進入藏族地帶，就第一次遇到了團結起來敵視他們

---

❶ 哈里森．福爾曼：《北行漫記》，第 171 頁。
❷ 埃德加．斯諾：《西行漫記》，第 58 頁。
❸ 埃德加．斯諾：《西行漫記》，第 215–216 頁。

的人民。紅軍即便有錢，也買不到吃的。部族的人堅壁清野，把所有吃的、牲口、家禽都帶到高原去，整個地區沒有了人煙。由於不搶就沒有吃的，紅軍就不得不為了幾頭牛羊打仗。毛澤東告訴斯諾，他們當時流行一句話叫「一條人命買頭羊」。他們在藏民地裏收割青稞，挖掘甜菜和蘿蔔等蔬菜，蘿蔔大得可以一個「夠十五個人吃」。他們就是靠這種微不足道的給養走過了大草地。毛澤東幽默地說：「這是我們唯一的外債，有一天我們必須向藏民償還我們不得不從他們那裏拿走的給養。」[1]

為了維護共產黨的形象，對任何侵害民眾利益，哪怕是微小的行為，也注意給予教育和糾正。譬如，貝爾登前往晉冀魯豫邊區總部所在地冶陶，陪同他的是一位八路軍女青年任琪。在路上，他們遇到一隊隊滿載山貨下平原去的騾車。一次，護送他們的汽車與老鄉的騾車相錯，雙方的輪子勾住了。司機不顧任琪的勸說，還一味往前開，結果把人家的騾車弄翻了，騾子也被拽倒在地。任琪尖銳地批評了汽車司機，說他這樣做不對，會使政府脫離群眾。[2] 福爾曼在綏德的「抗大」還發現，學員每天有兩個小時的生產勞動，而生產勞動的目的之一就是讓他們對農民的利益感同身受。譬如，在菜園裏工作，就可以使他們體會到，如果軍隊走過田野，踐踏老百姓的莊稼，老百姓的感覺是怎樣的。」[3] 也就是說，從觀念上消除對民眾利益的損害。

七、「贏得了人心」

這句話出自貝爾登。他說：到目前為止，共產黨主要是利用權力來提供各種服務。共產黨比國民黨更有效地贏得了人心，因此在中國獲得了勝利。蔣介石脫離人民，不能激勵他們做出重大犧牲。共產黨把人民

---

❶ 埃德加．斯諾：《西行漫記》，第 178 頁。
❷ 傑克．貝爾登：《中國震撼世界》，第 49–50 頁。
❸ 哈里森．福爾曼：《北行漫記》，第 200 頁。

看成是自己的「筋骨」，因此能夠創造驚人的巨大力量。[1]

斯諾在去陝北考察之前，曾提出過許多問題，其中最大的疑惑是，為什麼在 1927 年 4 月蔣介石對共產黨進行了「清洗」以後，仍有成千成萬的人甘冒風險繼續加入共產黨，仍有成千成萬的農民、工人、學生、士兵參加了紅軍？[2] 應當說，貝爾登的上一段話給出了正確的答案。而在我看來，本文所闡述的各個方面，也就是共產黨的執政理念和行為，皆足以使民眾支持和擁護共產黨的革命道路。「只要造反的群眾從你那裏得到，或相信將能得到一些從舊的統治者那裏得不到的東西時，他們就會竭盡其愚忠，以全部熱情和勇氣站在你一邊戰鬥。」[3] 拉鐵摩爾為《中國震撼世界》所做的序言裏也談到：「中國的芸芸眾生，他們正在尋找一個他們覺得能夠代表他們，為他們謀利益的領導，他們將衷心擁護這樣的領導。他們經過年復一年的尋找，堅信中國共產黨就是這樣的領導，並為此而歡欣鼓舞。」[4]

民眾支持與參加共產黨革命的實際證據，或許最能說明共產黨與民眾的這種關係。

在斯諾的實地考察途中，他了解到，農民參加紅軍的例子比比皆是。譬如，在前往保安時，與他一同前往的是紅軍通訊部隊的 40 名青少年。斯諾與他們聊天，問的最多的問題，就是他們為什麼喜歡和參加紅軍？他最先問的兩個人，是在福建和江西參加紅軍的，他們「真的感到有些奇怪地看着我。他們兩人顯然都從來沒有想到過會有人不喜歡紅軍的。」他們說：「紅軍對待我們很好，我們從來沒捱過打。這裏大家都一樣。不像在白區裏，窮人是地主和國民黨的奴隸。這裏大家打仗是為了幫助窮人，救中國。紅軍打地主和白匪，紅軍是抗日的。這樣的軍隊為什麼有人會不喜歡呢？」另有一個是在四川參加的紅軍，他說他的父母

---

❶ 傑克・貝爾登：《中國震撼世界》，第 580 頁。
❷ 埃德加・斯諾：《西行漫記》，第 2 頁。
❸ 傑克・貝爾登：《中國震撼世界》，第 420–421 頁。
❹ 歐文・拉鐵摩爾序，傑克・貝爾登：《中國震撼世界》，第 5 頁。

是貧農，只有4畝田，不夠養活他和兩個姊妹。紅軍到他村子以後，他的父母分到了土地。因此，「他參加窮人的軍隊時，他們並不難過，反而很高興。」還有一個是在湖南參加的紅軍，當紅軍之前為鐵匠學徒。紅軍到他縣裏時，他放下風箱、鍋盤，不再當學徒了，趕緊去參軍，「因為他要同那些不讓學徒吃飽的師傅打仗，同剝削他的父母的地主打仗。他是為革命打仗，革命要解放窮人。紅軍對人民很好，不搶不打，不像白軍。」[1] 正是因為有了以上無數的例子，使得紅軍「在漫長的艱苦的征途上，有成千上萬的人倒下了，可是另外又有成千上萬的人——農民、學徒、奴隸、國民黨逃兵、工人、一切赤貧如洗的人們——參加進來充實了行列。」[2]

更多的農民，則是沒有參加紅軍，但他們支持紅軍、幫助紅軍。

仍是斯諾前往保安的路上，他對此有了親身的感受。「農民們對我的紅軍旅伴並無不滿的流露。有些農民似乎還十分友善，非常向着他們——這同最近分配土地和取消苛捐雜稅大概不無關係。他們很自願地把他們的一點點吃的東西賣給我們，毫不猶豫地收下了蘇區的錢。我們中午或傍晚到達一個村子時，當地蘇維埃主席就立即給我們安排住處，指定爐灶給我們使用。我常常見到農村婦女或她們的女兒自動給我們拉風箱生火，同紅軍戰士說說笑笑。」[3]

在甘肅邊境，斯諾參加一軍團二師二團一個連的政治課。他問：「你怎麼知道農民是真的愛紅軍的呢？」每一個青年似乎都有個人的經歷可以說出來證明，「農民愛我們」。一個說：「我們到新區去的時候，農民們總是自動出來幫助我們做急救工作。他們把我們的受傷的戰士從前線抬回醫院。」另一個說：「我們長征過四川時，農民給我們送來了他們自己做的草鞋，一路上給我們送來了茶和熱水。」第三個說：「我在劉志

---

❶ 埃德加・斯諾：《西行漫記》，第56頁。
❷ 埃德加・斯諾：《西行漫記》，第181頁。
❸ 埃德加・斯諾：《西行漫記》，第58頁。

丹的二十六軍裏在定邊作戰的時候，抵抗國民黨將領高桂滋的進攻。農民們給我們帶來了吃的和喝的。我們不用派人去搞給養，人民會幫助我們。高桂滋的軍隊被打敗了。」還有一個青年談到去年紅軍抗日東征山西時人民的反應。他叫道：「老百姓歡迎我們！他們幾百幾百的來參加我們。他們在我們行軍的路上送茶水和餅來。有許多人從田裏出來參加我們，向我們歡呼。」[1]

福爾曼所見抗戰時期的情況，也是如此。在晉綏根據地，勞動英雄文裏雄發表演講，他說：在國民黨的統治下，我們人民簡直很少有東西吃。自從八路軍來了之後，我們的田地雖然處在戰爭的最前線，但我們反而比以前吃得飽了。我們自願地，也可以說是非常高興地和那些獻出生命來保護我們的家室、我們的父老妻子、我們的田地的八路軍精誠合作，難道有什麼可奇怪的嗎？[2] 朱德也很自信地對福爾曼說：八路軍、新四軍是人民的軍隊，他們受人民的支持。通過人民的幫助，我們可以得到有價值的情報。我們知道敵人的每一移動，我們在自己有利的條件下，才與敵人接觸。當敵人大軍壓境時，我們就到它的大後方，我們相信那裏的人民會支持、保護和給我們提供給養。[3]

貝爾登在晉冀魯豫邊區的所聞所見，同樣如此。「人們看到靠近作戰地區的農民帶了豬、雞走一二十里路到前線慰問戰士，婦女們不給自己丈夫做鞋而給親人八路軍做鞋。這些婦女還把家中唯一的炕頭騰出來給過路的戰士休息，把自己的衣裳剪開做繃帶，並參加慶祝部隊打勝仗的活動。比起蔣管區來，八路軍和農民之間的這種合作是了不起的。」[4] 更令他「有些難以置信的是，可以看到婦女和兒童經過簸篩把最飽滿的糧食交給政府。有些人把鄰居請來鑒定自己要交到村公所去的糧食。如果鄰居說糧食的成色還不夠好，他們就再簸篩一遍。如果你覺得這是難

---

❶ 埃德加・斯諾：《西行漫記》，第 262－265 頁。
❷ 哈里森・福爾曼：《北行漫記》，第 212 頁。
❸ 哈里森・福爾曼：：《北行漫記》，第 174－175 頁。
❹ 傑克・貝爾登：《中國震撼世界》，第 428－429 頁。

以置信的，那麼你應當知道，農民懂得這些糧食不會落入城裏商人或貪官的手裏，而是送給自己的子弟和親人在那裏作戰的軍隊的。」[1]

以上事例充分證明，共產黨在民眾心目中樹立了高大的、正面的形象。否則，要得到民眾的支持，是不可想像的。

餘論

中共革命史有一個「元」問題，就是民眾何以支持與參加中共革命？對此，國內外學術界已多有探討和爭論，大致有土地分配、共產黨的社會經濟改革、民族主義以及中共動員等不同視角。近年更有學者提出，從農民個體或群體參加的動機去考察。筆者以為，這些討論各有道理，但最重要的還是做更多的實證研究來加以證明。[2] 本文雖然意在研究革命時期的中共形象，但藉助於外國記者視野下的具體描述，也為上一問題提供了部分佐證。徵諸中共革命豐富的歷史文獻[3]，我們不難得出他們的記述與中共根據地、解放區的革命實踐具有高度的一致性。我們從他們生動的筆觸中強烈地感受到，那個年代，確有一批堅持革命理想的仁人志士，為了改變中國的落後狀態，為了建立新的社會，為了人民大眾謀幸福，不惜拋頭顱，灑熱血，貢獻了自己的一切。或許可以這樣認為：經濟改革、平等精神、民主意識、清廉自律、保護民眾等等，都孕育和保證了共產黨的光輝形象，也成為民眾支持與參加中共革命的根本動力。

曾幾何時，共產黨革命被國民黨醜化為洪水猛獸、青面獠牙，殺人

---

❶ 傑克．貝爾登：《中國震撼世界》，第 126 頁。

❷ 參見本書《農民何以支持與參加中共革命？》。

❸ 相關文獻極多，僅舉幾個與斯諾、福爾曼和貝爾登所述區域有關的文獻，即可説明此問題：許毅主編：《中央革命根據地財政經濟史長編》2 冊，人民出版社 1982 年版；編寫組：《抗日戰爭時期陝甘寧邊區財政經濟史料摘編》9 冊，陝西人民出版社 1981 年版；劉欣主編《晉綏邊區財政經濟史資料選編》4 冊，山西人民出版社 1986 年版；編寫組：《華北解放區財政經濟史資料選編》2 冊，中國財政經濟出版社 1996 年版。

放火，共產共妻。新中國成立以後，當共產黨從局部執政走向全面執政之時，中共革命的歷史又被神化為高大全的「超人」。改革開發以來，在撥亂反正的同時，又有對中共革命史「妖魔化」的傾向，將此說成是一場陰謀、一場欺騙、一場強加給民眾的革命，是歷代農民戰爭的現代版。然而，無論是醜化、神化和妖魔化，都遠離了歷史的真實，遠離了歷史的主流。一個合格的歷史學者，最基本的要求是站在當時的歷史條件下，儘量做出逼近事實的客觀描述，並給予合理的解釋，而不是超越歷史環境的苛責。三四十年代外國記者的考察和記錄，基本上是反映中共革命的一手資料，對此進行梳理和分析，一定程度上可以回答和糾正醜化、神化和妖魔化之弊。

近代以來，西方眼中的中國政權、官僚和社會形象基本上都是負面的，但外國記者對中共根據地、解放區的考察和記述卻表現出了很大的區別，他們對中共革命的理念與實踐抱持相當的認同，這是西方關於中國形象史的一個巨大變化。這不能不說與中共革命本身帶來的新的社會變化有關。當然，也必須指出，他們沒有迴避中共革命中的問題，他們發現或者預測到中共革命的一些隱憂。譬如村莊選舉，村民對民主選舉開始感到新鮮，而後逐漸厭煩，甚至認為不值得花費時間。在選舉結束之後，也缺乏對官員的監督。除此以外，還存在着共產黨人操縱選舉、缺乏尊重人民意願的現象。[1] 又如，革命導致了共產黨權力的極大增強，但也有不受控制甚至走向神權政治的趨勢。貝爾登認為，毛澤東經常被稱為人民的「救星」，而一個人被尊崇為天上的星宿，那他就成了塵世間的人們高不可攀的人物了。「有理由相信，這一國家機器可能不以他們的意志為轉移，而發展成為不受任何控制的力量。換言之，可能產生新的特權階層，產生高踞於中國人民頭上的經理集團。」換句話說，共產黨的權力如果不受民主程序的制約，就「可能將其個人對社會的觀點

---

❶ 傑克．貝爾登：《中國震撼世界》，第 104–105、107 頁。

隨心所欲地加以發揮。他們可能誤把自己看成上帝，強迫人們接受他們的夢想，而犯嚴重的政治錯誤，最後悍然實行暴政。」甚至，他們還可能打着人民的名義，為專制主義鋪平道路。因為共產黨宣傳「走群眾路線」，人民永遠是對的。而且，一切權力歸人民，他們自己是「人民的兒子」。很明顯，如果人民不會犯錯誤，那麼代表人民的權力也同樣不會犯錯誤。於是，他們的權力就可以不受限制地擴大。此外，貝爾登還認為，也有一批新參加革命的青年知識分子，「他們滿腦子教條，比共產黨本身還要更『馬克思主義』；他們硬搬條條，盲目排外，妄自尊大。他們嘴上也說要聯繫群眾，實際上看不起農民，絲毫不關心農民的生活。」[1] 貝爾登的以上判斷不一定完全正確，但其認識不乏深刻性，有的也得到了驗證。

撫今追昔，更值得思考的是，當今中共執政應該從革命時代的中共形象中汲取哪些歷史的經驗？筆者以為，以民眾利益為核心，注重解決民生問題，追求平等和民主，領導廉潔自律，爭得民眾的擁護，應該是執政黨及其政權穩固的不二法門，也可以說是共產黨執政的永恆命題。在革命歷史上，共產黨依靠民眾，給予民眾，取得了革命勝利；新中國以後，更應該依靠民眾，給予民眾，推進社會主義建設。必須承認，中共全面執政以後，取得了舉世矚目的驚人成就，令國人自豪和驕傲。但也不能不說，當今中國社會矛盾叢生，尤其是貧富分化加劇、社會不公嚴重、貪污腐敗橫行、官僚主義突出、倫理道德滑坡、幹群關係緊張，都使得中共執政形象遇到了巨大的瓶頸。令人欣慰的是，全社會無論上下，都已經意識到了這一危機，也一直在試圖努力解決，尤其是十八大以後新的一屆領導人組成後，真抓實幹，成效顯著。當然，政治與社會治理還遠未完結，我們要看到在一些地方，問題仍然相當之大，在那裏，理論多於實際，口號大於行動，外表多於內涵。本文要強調的是，

---

❶ 傑克・貝爾登：《中國震撼世界》，第 587–588、592–593、626、628 頁。

中共革命的歷史依然有我們值得找回和重視的價值，共產黨是靠踏踏實實爭取人心，不是靠空談大道理，更不是通過強迫，而贏得人民對他們事業的支持。[1] 我更大疑問的是，為什麼在革命時代行之有效的經驗，在和平建設時期卻經常成為一種口號，而非實際行動？這是一個值得思考的根本性問題。顯然，那種因為現在有諸多問題，而從共產黨革命史中尋找所謂「黑暗」、「污點」的辦法，是情緒化而非理性的。在那樣一個腥風血雨的年代，誰也不能否認，共產黨的確是憑藉依靠民眾、給予民眾的理念和行動，完成了歷史賦予的使命。儘管時代不同了，當今中國所面臨的問題與革命時代不可同日而語，但為民眾謀幸福、取得民眾尤其是中下層民眾擁護的精神應該是一致的。我以為，最緊要的問題是，如何以制度建設保證這種精神的弘揚，如何建立黨民共同的信仰和行為準則，最終就是如何做到增強「民心指數」，諸此都是中共執政面臨的巨大挑戰，也嚴峻考驗着中國共產黨的智慧。[2]

原刊《河北學刊》2015 年第 2 期、2016 年 3 期，
《新華文摘》2016 年第 12 期

---

1. 傑克．貝爾登：《中國震撼世界》，第 587 頁。
2. 2012 年 11 月 8 日胡錦濤在中共十八大報告中對此發出了強烈的呼聲：「堅持以人為本、執政為民，始終保持黨同人民群眾的血肉聯繫。為人民服務是黨的根本宗旨，以人為本、執政為民是檢驗黨一切執政活動的最高標準。任何時候都要把人民利益放在第一位，始終與人民心連心、同呼吸、共命運，始終依靠人民推動歷史前進。」此後習近平也多次講到，「我們要與人民心心相印、與人民同甘共苦、與人民團結奮鬥。」「我們要隨時隨刻傾聽人民呼聲、回應人民期待，保證人民平等參與、平等發展權利，維護社會公平正義。……不斷實現好、維護好、發展好最廣大人民根本利益，使發展成果更多更公平惠及全體人民。」（習近平：《在中央政治局會議上關於改進工作作風、密切聯繫群眾的講話》，2012 年 12 月 4 日；《在第十二屆全國人民代表大會第一次會議上的講話》，2013 年 3 月 17 日）

重訪革命：中共「新革命史」的轉向

李金錚　著

責任編輯　王春永
裝幀設計　黎　浪　吳丹娜
排　　版　黎　浪
印　　務　林佳年

出版　開明書店
香港北角英皇道 499 號北角工業大廈一樓 B
電話：（852）2137 2338　傳真：（852）2713 8202
電子郵件：info@chunghwabook.com.hk
網址：http://www.chunghwabook.com.hk

發行　香港聯合書刊物流有限公司
香港新界荃灣德士古道 220-248 號
荃灣工業中心 16 樓
電話：（852）2150 2100　傳真：（852）2407 3062
電子郵件：info@suplogistics.com.hk

印刷　美雅印刷製本有限公司
香港觀塘榮業街 6 號海濱工業大廈 4 樓 A 室

版次　2021 年 7 月初版
2024 年 10 月第五次印刷

規格　16 開（230mm×160mm）

ISBN　978-962-459-069-2